《孟子》今註今譯

羅天昇 著

BOOKOOLA

新天出版

此書獻給：

喜愛儒家思想的人

目錄

圖目錄

自序

　　此書是筆者的第五本中文著作，為方便讀者理解《孟子》原文的背景、喻意及主要解說，此書以現代淺白文字為《孟子》全文重新註譯，並為艱深的字詞附加粵語拼音及漢語拼音，方便誦讀。此書的鋪排以廣大讀者為目標，希望引起各級學生閱讀中國哲學的興趣。筆者於二零一五年開始撰寫的「與古為新系列」提倡現代人「明道」（弘揚智慧）、「利器」（以智慧作為有效的工具）、「與古」（汲取前人經驗）及「為新」（加以創新），希望為古籍的普及化稍盡綿力。

　　我國的「四書」是《論語》、《孟子》、《大學》及《中庸》。《孟子》原文分十四篇、二百六十章，有三萬五千多字，是研究孟子為人、思想，以至儒家思想的重要典籍之一。《孟子》與《論語》均是以記言為主的語體文，《孟子》的風格比《論語》一致、行文連貫，遣詞用字嚴謹，應是少數作者悉心編輯的成品。《孟子》可能是孟子及其弟子（如萬章、公孫丑等）合著，成書於戰國中期至末期。

　　孟子生於戰國時代中期的鄒國，是儒家學說的重要哲學家、思想家，被尊稱為「亞聖」。孟子是魯國貴族孟孫氏的後裔，年幼喪父，由母親撫養成人。根據《史記·孟子荀卿列傳》，孟子曾受業於子思（孔子之孫孔伋）的門人，自學成材，通曉古代經典，深明

古代聖王的道理。根據《孟子》一書，孟子善於運用比喻及寓言闡述其觀點，也擅於分辨別人說話中的對錯（〈公孫丑上〉3.2「知言」）。孟子的性格耿直，心直口快，予人好辯的感覺（〈滕文公下〉6.9）。孟子致力於為民請命，提出改善人民生活的經濟政策（〈梁惠王上〉1.7「制民之產」）。孟子約於四十歲周遊列國，最先往鄒國附近的幾個小國遊說，其後周遊於齊國、宋國、魏國等大國。孟子以推行王道（〈梁惠王上〉1.3）、仁政（〈公孫丑上〉3.1）為己任，曾獲諸侯禮待，更一度擔任齊宣王的客卿，於齊國的稷下學宮講學。孟子於晚年深感其政治主張難以實現，經歷約二十年周遊列國的生涯，於六十多歲返回鄒國授徒講學，與學生一起著書立說。

孟子對孔子推崇備至，認為「自有生民以來，未有孔子也」及「自生民以來，未有盛於孔子也」（〈公孫丑上〉3.2）。孟子自稱「乃所願，則學孔子也」（〈公孫丑上〉3.2）以孔子為學習榜樣。孟子認為「五百年必有王者興，其間必有名世者」（〈公孫丑下〉4.13），以及「由孔子而來至於今，百有餘歲，去聖人之世若此其未遠也，近聖人之居若此其甚也，然而無有乎爾？」（〈盡心下〉14.38）以傳頌孔子之道為己任。孟子身處亂世，仍秉持「當今之世，舍我其誰」（〈公孫丑下〉4.13）的堅毅精神，以鼓吹性善、仁義、王道、仁政為己任，希望減輕民間疾苦。

至此，筆者已於七年內完成「四書」全文的今註今譯，期望於不久將來繼續撰寫「與古為新系列」或為其他古籍註譯，以古人智

慧與讀者互勉。筆者再次衷心感謝家人的全力支持，讓我專心寫作。此書再次承蒙新天出版社黃畋貽先生襄助出版事宜，深表謝意。因個人學識及能力所限，此書的錯漏、文責全由筆者肩負，敬希前輩專家賜教、指導。

羅天昇

2022 年 6 月香港

導讀

　　此書分十四章及四個附錄。筆者特意根據《孟子》原文十四篇的次序編列此書首十四章，並將〈孟子簡介〉、〈孟子概說〉、〈孟子主要人物索引〉及〈孟子名言名句索引〉置於附錄，方便讀者按篇章號碼查閱《孟子》的正文及註譯。根據此編排，此書的第一章是《孟子》第一篇〈梁惠王上〉的註譯，第二章是《孟子》第二篇〈梁惠王下〉的註譯，餘此類推。此書引述《孟子》的篇章時均標示篇名、篇號及章號，譬如〈梁惠王上〉1.1 代表《孟子》原文〈梁惠王上〉篇第一章、〈梁惠王下〉2.8 代表〈梁惠王下〉篇第八章，餘此類推。

　　今傳《孟子》的版本較為一致，但各版本的篇章、斷句、標點及字數稍有不同。此書主要採用楊伯峻《孟子譯注》的篇章編排，文句標點參考了東漢趙岐《孟子註疏》、南宋朱熹《孟子集注》、清代焦循《孟子正義》、錢穆《四書釋義》等書。

　　此書以現代的淺白文字為《孟子》全文重新註譯，方便讀者理解原文的背景、喻意及主要解說。首十四章每章分篇章概論、原文、註釋及語譯四部分：「篇章概論」說明整章的主要內容及重點；「原文」為《孟子》的原文標示現代標點；「註釋」是參考不同文獻後對原文的理解；最後「語譯」將古文翻譯成現代淺白文字，方便閱讀。

附錄一〈孟子簡介〉簡述孟子所生活的戰國時期，孟子的生平、家庭背景、個性，以簡單年譜回顧孟子的一生，然後探討其地位。

附錄二〈孟子概說〉探討《孟子》的基本資料，包括作者、編數、編目、編排、思想及地位等，讓讀者深入了解《孟子》。讀者或可先閱讀此附錄，然後才閱讀首十四章的原文及註譯，有助了解《孟子》的內容。

附錄三〈孟子主要人物索引〉將《孟子》提及的主要人物分為十類，包括：遠古、傳說人物；夏朝人物；商朝人物；周朝人物；孟子弟子；孔子、孔子弟子；諸侯國國君；卿大夫、陪臣、官員；樂師；其他人物，提供簡介並標示篇章號碼，方便查閱。

附錄四〈孟子名言名句索引〉按筆劃序列出《孟子》膾炙人口的名言、名句及相關篇章號碼，以回味《孟子》的精髓。

第一章

梁惠王上

【篇章概論】

本篇是《孟子》十四篇的首篇，共 7 章。除了第六章是孟子與梁（魏）襄王的對話、第七章是孟子與齊宣王的對話之外，其餘都是孟子與梁惠王的對話。首章 1.1 是著名的「義利之辨」，孟子從倫理道德的角度，以仁、義為基礎，批評梁惠王的功利思想。《史記·孟子荀卿列傳》云：「余讀孟子書，至梁惠王問『何以利吾國』，未嘗不廢書而嘆也。曰：『嗟乎，利誠亂之始也！』」司馬遷之所以「廢書而嘆」，是慨嘆利是亂之始。南懷瑾認為 1.1 章的措辭用意很妙，坦率而不掩飾，描述了孟子見梁惠王的不愉快談話。孟子是一位識時務的聖哲，在政策上有思想、遠見、抱負，與梁惠王的急功近利形成強烈對比。[1] 孟子提出仁政的基礎，包括與民偕樂（1.2）、休養生息（1.3）、為民父母（1.4）、省刑薄斂（1.5）及不忍之心（1.7）等。

【1.1】

【原文】

孟子見梁惠王 [(1)]。王曰：「叟 [(2)]！不遠千里而來，亦 [(3)] 將有以利吾國乎？」

孟子對曰：「王何必曰利？亦 [(4)] 有仁義 [(5)] 而已矣。王曰：『何以利吾國？』大夫 [(6)] 曰：『何以利吾家？』士、庶人 [(7)] 曰：『何以利吾身？』上下交征 [(8)] 利，而國危矣！萬乘之國 [(9)]，弑 [(10)] 其君者，必千乘之家；千乘之國，弑其君者，必百乘之家。萬取千 [(11)] 焉，千取百焉，不為不多矣。苟 [(12)] 為後義而先利，不奪不饜 [(13)]。未有仁而遺其親 [(14)] 者也，未有義而後 [(15)] 其君者也。王亦曰仁義而已矣，何必曰利？」

---

1. 南懷瑾：《孟子旁通（一）：梁惠王篇》，台灣：老古文化事業股份有限公司，1995 年 4 月台灣第三次印刷，第 57、59 頁。

《孟子》今註今譯

【註釋】

(1) **梁惠王**：魏惠王（公元前 400 年 - 公元前 319 年），名罃，本來是魏侯，僭稱王，「惠」是諡號。他於公元前 370 年繼父親魏武侯即位，九年後由安邑（今山西省運城市夏縣北）遷都大梁（今河南省開封市西北），所以又稱「梁惠王」。

(2) **叟**：對長者的敬稱，即「老先生」、「老人家」，也可以解作「老頭兒」這不禮貌的稱呼。[2]

(3) **亦**：語氣助詞，無義。

(4) **亦**：「只」的意思；一說直解為「也」。

(5) **仁**：這是《孟子》首個出現的「仁」字，「仁」是仁德、愛心。《說文解字》指「仁」是「親也，從人從二」。段玉裁《說文解字注》云：「親者、密至也」指「仁」是親密，續云：「《禮》注云。人偶相與為禮儀皆同也。按人耦猶言爾我親密之詞。獨則無耦。耦則相親。故其字從人二。」指「仁」涉及人際禮儀，是你我相親的詞；一人為獨，二人才為相親。《論語》及《孟子》均是「仁」的哲學，孟子對仁有其獨特的見解。**義**：這是《孟子》首個出現的「義」字，「義」解合宜。《國語‧周語上》云：「義，所以制斷事宜也。」而《說文解字》指義是「己之威儀也。從我、從羊。」段玉裁《說文解字注》云：「古者威儀字作義。今仁義字用之。儀者、度也。今威儀字用之。誼者、人所宜也。」及「義之本訓謂禮容各得其宜。禮容得宜則善矣。故文王、我將毛傳皆曰。義、善也。

---

2. 南懷瑾：《孟子旁通（一）：梁惠王篇》，台灣：老古文化事業股份有限公司，1995 年 4 月台灣第三次印刷，第 58 頁。

引申之訓也。」指「義」源於禮儀，有合宜之意。《中庸》第二十章云：「仁者，人也，親親為大。義者，宜也，尊賢為大。」也將「義」作「宜」解。

(6) **大夫**：古代官名。西周以後的諸侯國之中，君主以下有卿、大夫共十三級，大夫世襲官位及封地。

(7) **士**：士人。《禮記‧王制》云：「王者之制：祿爵，公、侯、伯、子、男，凡五等。諸侯之上大夫卿、下大夫、上士、中士、下士，凡五等。」指「士」是周代貴族中最低的一層。「士」於貴族政治崩壞之後失勢，流落民間，靠知識技能為生，其後成為社會知識分子的通稱。范文瀾指「士」於中國文化上有巨大的貢獻，於《中國通史簡編》云：「士大體分為四類：一類是學士，如儒、墨、道、名、法、農等專門家，著書立說，反映當時社會各階級的思想，提出各種政治主張，在文化上有巨大貢獻。」[3] **庶人**：平民。

(8) **交**：互相。**征**：爭奪。

(9) **乘**：「輛」的意思，古時一輛由四匹馬拉動的兵車，諸侯國的大小以兵車的數量來衡量。**國、家、室**：崔述《豐鎬考信錄》卷三〈周制度雜考〉云：「天子，有天下者也。諸侯則以『國』稱；卿大夫則以『家』稱；士、庶人則以『室』稱。」古時實行分封制，天子將部分土地分封給兄弟、親屬或功臣，被封者稱為諸侯，封地稱為「國」；諸侯再分封給卿大夫 (低於諸侯) 的封地稱為「采邑」、「家」；士及平民的居處稱為「室」。**萬乘、千乘、百乘**：劉向《戰

3. 范文瀾：《中國通史簡編》修訂本第一編，北京：人民出版社，1958 年，第 246 頁。

國策‧序》云:「晚世益甚,萬乘之國七,千乘之國五,敵侔爭權,蓋為戰國。」指戰國末期的萬乘之國有七個(韓、趙、魏(梁)、燕、齊、楚、秦),千乘之國有五個(宋、衛、中山、東周、西周)。千乘、百乘之家的「家」指擁有封邑的公卿大夫,大的封邑有千乘,小的封邑有百乘。

(10) **弒**:音「試」(粵音 si3、拼音 shì),下級殺上級。

(11) **萬**:(大夫)在一個擁有一萬輛兵車的國家。**取**:擁有。**千**:一千輛兵車。

(12) **苟**:如果。

(13) **奪**:爭奪。**饜**:音「厭」(粵音 jim1、拼音 yàn),滿足。

(14) **仁**:講求仁。**遺**:遺棄。**親**:父母。

(15) **後**:怠慢。

【語譯】

孟子拜見梁惠王。梁惠王說:「老先生!你不遠千里而來,將有甚麼方法對我國有利嗎?」

孟子回答說:「王何必說利?只要有仁義就可以了。王說:『怎樣對我國有利?』大夫說:『怎樣對我的封邑有利?』士人和平民說:『怎樣對我自己有利?』上上下下互相爭奪利益,那國家就危殆了!在一個擁有一萬輛兵車的國家,殺害它君主的人,必定是擁

有一千輛兵車的大夫；在一個擁有一千輛兵車的國家，殺害它君主的人，必定是擁有一百輛兵車的大夫。大夫在一個擁有一萬輛兵車的國家，擁有一千輛兵車；大夫在一個擁有一千輛兵車的國家，擁有一百輛兵車，不能說不多了。但如果他們（大夫）將義放於後而將利置於前，不爭奪就不滿足。從來沒有講求仁卻遺棄父母的人，也從來沒有講求義卻怠慢其君主的人。所以王只說仁義就可以了，何必說利？」

【1.2】

【原文】

孟子見梁惠王。王立於沼上 (1)，顧 (2) 鴻雁麋鹿 (3)，曰：「賢者 (4) 亦樂此乎？」

孟子對曰：「賢者而後樂此，不賢者雖有此，不樂也。《詩》(5) 云：『經始靈臺 (6)，經之、營 (7) 之。庶民攻 (8) 之，不日成 (9) 之。經始勿亟 (10)，庶民子來 (11)。王在靈囿 (12)，麀鹿攸伏 (13)。麀鹿濯濯 (14)，白鳥鶴鶴 (15)。王在靈沼 (16)，於牣魚躍 (17)。』文王 (18) 以民力為臺、為沼，而民歡樂之，謂其臺曰『靈臺』，謂其沼曰『靈沼』，樂其有麋鹿魚鱉 (19)。古之人與民偕 (20) 樂，故能樂也。《湯誓》(21) 曰：『時日害喪 (22)？予及女 (23) 偕亡！』民欲與之偕亡，雖有臺池鳥獸，豈能獨樂哉？」

【註釋】

(1) 沼：池塘。上：邊。齊宣王也曾問孟子「賢者亦有此樂乎？」（〈梁惠王下〉2.4），反映當時一些國君喜歡炫耀。

(2) 顧：顧盼，引申為觀賞。

(3) **鴻雁**：體型較大的雁。**麋鹿**：「麋」音「靡」（粵音 mei4、拼音 mí），鹿科哺乳類動物，因頭臉細長似馬、角多分支似鹿、頸長似駱駝（或說「蹄似牛」）、尾有黑毛似驢，又稱「四不像」。

(4) **賢者**：「賢」指傑出、優秀，賢良的人。

(5) **《詩》**：《詩經・大雅・文王之什・靈臺》，描述周文王興建靈臺、靈囿，獲平民襄助的情況。此章引述〈靈臺〉篇首兩章。

(6) **經**：規劃。**始**：開始。**靈**：美好、善。**靈臺**：台名，故址在今陝西省西安市鄠邑區（原稱鄠縣、戶縣）以東及秦渡鎮以北。

(7) **營**：營造、施工。

(8) **庶民**：普通平民。**攻**：建造。

(9) **不日**：沒幾天、很快。**成**：落成。

(10) **始**：（規劃）初期。**勿**：不。**亟**：著急。

(11) **子來**：像兒子（協助父母）般前來。

(12) **囿**：音「右」（粵音 jau6、拼音 yòu），畜養禽獸的園林。

(13) **麀鹿**：「麀」音「幽」（粵音 jau1、拼音 yōu），母鹿。

攸：同「悠」，悠閒；一說同「所」，用作助詞。**伏**：躺臥。

(14) **濯濯**：「濯」粵音「鑿」zok6、拼音「卓」zhuó，肥胖而有光澤的樣子。

(15) **鶴鶴**：羽毛潔白的樣子。

(16) **靈沼**：池名。

(17) **於**：音「烏」（粵音 wu1、拼音 wū），讚嘆詞。**牣**：音「刃」（粵音 jan6、拼音 rèn），滿（池）。**躍**：跳躍。

(18) **文王**：姓姬，名昌，商代末期周氏族群首領（稱西伯、西伯侯），以仁政得當時天下三分之二，為其次子姬發（其後成為周武王）討伐商代末代君主紂奠定基礎。周武王滅紂後追封父親姬昌為周文王。相傳姬昌曾被商紂囚於羑（粵音「友」jau5、拼音 yǒu）里（今河南省安陽市湯陰縣北）七年，期間著《周易》（今《易經》）。周文王是孔子眼中的聖人之一。

(19) **鱉**：音「別」（粵音 bit3、拼音 bié），或作「鼈」，軟殼水生龜的統稱，又稱甲魚、水魚。**魚鱉**：泛指各式魚類。

(20) **偕**：音「鞋」（粵音 haai4、拼音 xié），同、一起。

(21) **《湯誓》**：《尚書·商書·湯誓》，是商代開國君主成湯討伐夏桀的誓師詞，原句為「時日害喪？予及女偕亡！夏德若茲，

今朕必往！」

(22) **時**：這。**日**：太陽。**害**：通「曷」（粵音 hot3、拼音 hé），古時「何」的假通字，何時。**喪**：毀滅。

(23) **予**：我。**女**：同「汝」（粵音 jyu5、拼音 rǔ），你。

【語譯】

孟子拜見梁惠王。梁惠王站於池塘邊，觀賞大雁、麋鹿，說：「賢良的人也會以此為樂嗎？」

孟子回答說：「賢良的人稍後才以此為樂，不賢良的人即使有這些，也不會快樂。《詩經‧大雅‧文王之什‧靈臺》說：『（周文王）開始規劃靈臺，營造施工。民眾齊來建造，很快便落成。規劃初期並不著急（完成），民眾卻像兒子（協助父母）般前來。周文王在靈囿（園林）遊覽，母鹿悠閒地躺臥，母鹿肥胖而有光澤，白鳥的羽毛潔白。周文王在靈沼遊覽，滿池魚兒在跳躍。』周文王雖然使用了民眾的勞力修建臺、池，可是民眾卻覺得高興，把他的臺稱為『靈臺』，把他的池稱為『靈沼』，以裡面有麋鹿、魚鱉（各式魚類）為快樂。古代的賢君與民同樂，所以能夠享受快樂。相反，《尚書‧商書‧湯誓》說：『你這個太陽（夏桀）甚麼時候毀滅？我們要與你同歸於盡！』百姓希望與夏桀同歸於盡，即使君主擁有臺、池、鳥獸，難道能夠獨自快樂嗎？」

【1.3】

【原文】

梁惠王曰：「寡人 (1) 之於 (2) 國也，盡心焉耳矣 (3)。河內 (4) 凶 (5)，則移其民於河東，移其粟 (6) 於河內。河東凶亦然 (7)。察鄰國之

政⁽⁸⁾，無如⁽⁹⁾寡人之用心者。鄰國之民不加少⁽¹⁰⁾，寡人之民不加多，何也？」

孟子對⁽¹¹⁾曰：「王好戰，請以戰喻⁽¹²⁾：填然鼓之⁽¹³⁾，兵刃既接⁽¹⁴⁾，棄甲曳兵而走⁽¹⁵⁾，或⁽¹⁶⁾百步而後止，或五十步而後止。以五十步笑百步，則何如⁽¹⁷⁾？」

曰：「不可，直⁽¹⁸⁾不百步耳，是亦走也！」

曰：「王如知此，則無望⁽¹⁹⁾民之多於鄰國也。不違農時⁽²⁰⁾，谷不可勝⁽²¹⁾食也；數罟不入洿⁽²²⁾池，魚鱉⁽²³⁾不可勝食也；斧斤以時⁽²⁴⁾入山林，材木不可勝用也。谷與魚鱉不可勝食，材木不可勝用，是使民養生、喪死⁽²⁵⁾無憾也。養生、喪死無憾，王道⁽²⁶⁾之始也。五畝之宅⁽²⁷⁾，樹之以桑⁽²⁸⁾，五十者可以衣帛⁽²⁹⁾矣；雞豚狗彘之畜⁽³⁰⁾，無失其時⁽³¹⁾，七十者可以食肉矣；百畝⁽³²⁾之田，勿奪其時⁽³³⁾，數口之家可以無饑矣；謹庠序之教⁽³⁴⁾，申之以孝、悌之義⁽³⁵⁾，頒白者不負戴⁽³⁶⁾於道路矣。七十者衣帛、食肉，黎民⁽³⁷⁾不饑、不寒，然而不王⁽³⁸⁾者，未之有也⁽³⁹⁾。狗彘食人食而不知檢⁽⁴⁰⁾，塗有餓莩而不知發⁽⁴¹⁾；人死，則曰：『非我也，歲⁽⁴²⁾也。』是何異於刺⁽⁴³⁾人而殺之，曰：『非我也，兵⁽⁴⁴⁾也。』王無罪⁽⁴⁵⁾歲，斯天下之民至⁽⁴⁶⁾焉。」

【註釋】

(1) **寡人**：即「寡德之人」，是古代國君自謙的稱呼。

(2) **於**：介詞，對於。

(3) **焉、耳、矣**：句末助詞，重疊使用以增強語氣。

(4) **河內、河東**：當時魏國土地。黃河從北至南流經魏國，「河內」指黃河以北之地，即今山西省運城市一帶；「河東」指黃河以東之地，即今河南省濟源市一帶。

(5) **凶**：農作物失收，發生饑荒。

(6) **粟**：帶殼穀類，脫殼後爲小米，泛指糧食。

(7) **亦然**：也是這樣。

(8) **察**：考察。**政**：政務。

(9) **無如**：沒有像。

(10) **加**：更。**加少、加多**：減少、增多。

(11) **對**：回答。

(12) **喻**：比喻。

(13) **填然**：形容擊鼓的咚咚聲。**鼓之**：「鼓」作動詞用，敲起戰鼓。

(14) **兵**：兵器。**刃**：刀劍。**既**：已經。**接**：接觸、交鋒。

(15) **棄**：丟掉。**甲**：盔甲。**曳**：拖着。**走**：逃跑。

(16) **或**：有人（士兵）。

(17) **何如**：怎麼樣。

(18) **直**：通「只」，只不過。

(19) **無**：通「毋」，不要。**望**：期望。

(20) **違**：違反、耽誤。**農時**：農業的季節，如《荀子·王制》云：「春耕、夏耘、秋收、冬藏，四者不失時，故五穀不絕。」

(21) **谷**：通「穀」，糧食的統稱。**勝**：完全、盡。

(22) **數**：音「促」（粵音 cuk1、拼音 cù），細密。**罟**：音「古」（粵音 gu2、拼音 gǔ），漁網。**洿**：音「污」（粵音 wu1、拼音 wū），大（池）。

(23) **魚鱉**：「鱉」或作「鼈」，泛指各式魚類。

(24) **斧、斤**：斧頭、錛子（用以削平木料的平頭斧），動詞，砍伐。**以時**：於合適時間。

(25) **養生**：養活生命，引申為養活家庭。**喪死**：「喪」作動詞用，為死者治喪。

(26) **王道**：以仁義治理天下的政治主張。

(27) **畝**：一畝於秦、漢時代約等於現今的 461 平方米。**宅**：宅園。「五畝之宅」一段也見於〈梁惠王上〉1.7，該章以「八口之家」取代「數口之家」。

(28) **樹**：動詞，種植。**桑**：桑樹。桑葉可以養蠶蟲，蠶絲用以編織絲綿襖（「帛」），所以後句說「五十者可以衣帛矣」。

(29) **五十者**：五十歲的人。**衣**：音「意」（粵音 ji3、拼音 yì），動詞，穿上。**帛**：絲綿襖。

(30) **豚**：小豬。**彘**：音「自」（粵音 zi6、拼音 zhì），大豬。**畜**：畜養。

(31) **無**：通「毋」，不要。**失**：錯過。**時**：（禽畜）繁殖季節。

(32) **百畝**：根據古代的井田制度，井田為九百畝，分九格，居中一格為公田，由八家共同耕種，所以「百畝」是一家。關於井田制度可參考〈滕文公上〉5.3。

(33) **奪**：錯過。**時**：（耕作的）時機。

(34) **謹**：謹慎，引申為認真辦好。**庠**：音「詳」（粵音 ceong4、拼音 xiáng），學校（周代的稱謂）。**序**：學校（商代的稱謂）。〈滕文公上〉5.3 亦云：「設為庠序學校以教之，庠者養也，校者教也，序者射也。夏曰『校』，殷曰『序』，周曰『庠』，『學』則三代共之，皆所以明人倫也。」**教**：教育。

(35) **申**：重申。**孝**：孝順父母。「孝」字可能始見於《尚書》，如《尚書·周書·康誥》云：「元惡大憝，矧惟不孝不友！」**悌**：粵音 tai5、拼音 tì，尊敬兄長，引申為尊敬長輩。孝、悌是儒家思想的重要道德規範。**義**：道理。

(36) **頒白者**：「頒」通「斑」，頭髮班白的長者。**負**：背負、揹着。**戴**：以頭頂運載（重物）。比喻年輕人孝敬長者，代長者揹着或以頭頂著東西。

(37) **黎民**：百姓、人民。「黎」於《爾雅》解「眾」，「黎民」即「眾民」，是西周初期對普通人民的稱謂。

(38) **然而**：這樣還不能。**王**：音「旺」（粵音 wong6、拼音 wàng），動詞，稱王（以王者的身份行事）。

(39) **未之有也**：倒裝句式，即「未有之也」。

(40) **食**：首個「食」字是動詞，粵音「寺」zi6、拼音「十」shí，吃、食用；第二個「食」字是名詞，食物。**檢**：通「斂」，收斂，引申為制止。

(41) **塗**：通「途」，路途上。**餓莩**：「莩」通「殍」，音「瞟」（粵音 piu5、拼音 piǎo），餓死的屍體。**發**：發放（糧倉的糧食），以賑濟災民。

(42) **歲**：年成，年度農作物的收成情況。

(43) **刺**：穿刺。

(44) **兵**：兵器。

(45) **無**：不要。**罪**：怪罪。

(46) **斯**：那麼。**至**：前來，引申為歸順。

【語譯】

梁惠王說：「我對於國家事務，真是盡心竭力了。河內發生饑荒，就把當地的災民遷往河東，又把河東的糧食運到河內。河東發生饑荒也是這樣做。考察鄰國的政務，沒有像我這樣用心的了。可是鄰國的人民沒有減少，而我國的人民沒有增多，為甚麼？」

孟子回答說：「王喜歡戰爭，請讓我以戰爭作比喻。戰鼓咚咚敲響，兵器、刀劍已經交鋒，有士兵丟掉盔甲而拖着兵器逃跑，有人跑了一百步而停下，有人跑了五十步而停下。那些跑了五十步的人嘲笑那些跑了一百步的人，可以嗎？」

梁惠王說：「不可以。只不過沒有跑到一百步而已，但同樣是逃跑啊！」

孟子說：「如果王懂得這個道理，就不要期望人民比鄰國多了。不耽誤農業的季節，糧食就吃不完；不將細密的漁網放入池塘（捕魚），各式魚類就吃不完；於合適的時間砍伐林木，木材就用不盡。糧食和魚類吃不完，木材用不盡，是使人民能夠養活家庭、為死者治喪而無憾。養活家庭及為死者治喪而無憾，就是王道的開始。五畝大的宅園，種植桑樹，五十歲的人就能夠穿着絲綿襖。雞、小豬、狗、大豬等不錯過繁殖季節，七十歲的人就能夠吃到肉。百畝大的

田地，不錯過它耕作的時機，幾口人的家庭就能夠免於饑餓。認真辦好學校的教育，重申孝順父母、尊敬長輩的道理，頭髮班白的長者就不用於道上揹著或以頭頂運載重物。七十歲的人能夠穿着絲綿襖、吃到肉，人民不饑餓、不用受寒，這樣仍不能夠稱王，是未曾發生的事情。現在狗和豬吃人的糧食而不懂得制止，路途上有餓死的屍體而不懂得發放糧食賑濟；人死了，就說：『不是我害的，是年度收成不好的緣故。』這和用刀刺人而殺了他沒有分別，卻說：『不是我害的，是兵器殺的。』王不要再歸罪年度收成不好，那麼天下的人民自然會前來歸順。」

【1.4】

【原文】

梁惠王曰：「寡人願安承教 (1)。」

孟子對曰：「殺人以挺與刃 (2)，有以異乎？」

曰：「無以異也。」

「以刃與政 (3)，有以異乎？」

曰：「無以異也。」

曰：「庖 (4) 有肥肉，廄 (5) 有肥馬，民有饑色 (6)，野 (7) 有餓莩，此率獸 (8) 而食人也！獸相食，且人惡 (9) 之；為民父母 (10)，行政 (11) 不免於率獸而食人，惡 (12) 在其為民父母也？仲尼 (13) 曰：『始作俑 (14) 者，其無後 (15) 乎！』為其象 (16) 人而用之也。如之何其使斯民饑而死也？」

【註釋】

(1) **願安**：願意、樂意。**承**：接受。**教**：指教。

(2)**梃**：音「挺」（粵音 ting5、拼音 tǐng），木棒。**刃**：刀。

(3)**政**：政治（引申為苛政）。

(4)**庖**：音「刨」（粵音 paau4、拼音 páo），廚房。

(5)**廄**：馬廄。

(6)**饑**：饑餓。**色**：面色。

(7)**野**：野外。

(8)**率**：率領。**獸**：野獸。

(9)**且**：尚且。**惡**：粵音 wu3、拼音「誤」wù，厭惡。**且人惡之**：即「人且惡之」，人尚且厭惡它（野獸自相殘殺的行為）。

(10) **為民父母**：官員作為人民的父母，如《尚書‧周書‧洪範》云：「天子作民父母，以為天下王。」

(11) **行**：推行。**政**：政務。

(12) **惡**：音「烏」（粵音 wu1、拼音 wū），疑問副詞，如何、怎麼。

(13) **仲尼**：孔子。孔子名丘，字仲尼，春秋末期魯國鄹（音「鄒」，粵音 zau1、拼音 zōu）邑昌平鄉人（今山東省曲阜市東

南尼山附近）。據說孔子母親顏徵在禱於尼丘山（曲阜市東南）而得孔子，生而頭頂中低周高（「圩頂」），故名丘（《史記‧孔子世家》）。古時兄弟取名可以選擇伯、仲、叔、季的排列方式，孔子是伯尼（孟皮）之弟，字仲尼。

(14) 始：最初。作：製作。俑：古代殯葬用的木製或陶製偶人。孔子不滿偶人做得越來越像真人，像以真人陪葬；後來「始作俑者」成為成語，指首開惡例的人。

(15) 後：後代。

(16) 象：同「像」。

【語譯】

梁惠王說：「我樂意接受您的指教。」

孟子回答說：「用木棒打死人與用刀殺死人，有甚麼分別嗎？」

梁惠王說：「沒有甚麼分別。」

孟子說：「用刀殺死人與用政治害死人，有甚麼分別嗎？」

梁惠王說：「沒有甚麼分別。」

孟子說：「廚房裡有肥肉，馬廄裡有肥壯的馬，可是人民有饑餓的面色，野外有餓死的人，這等於率領野獸去吃人！野獸自相殘殺，人尚且厭惡它；作為人民的父母，推行政務卻不免於率領野獸去吃人，那又怎能做人民的父母？孔子說：『最初製作偶人來陪葬的人，應該沒有後代吧！』這是因為偶人做得太像活人，卻用它們來陪葬。那麼對於使人民餓死的人，又該怎辦？」

【1.5】

【原文】

梁惠王曰：「晉國⁽¹⁾，天下莫強⁽²⁾焉，叟之所知也。及寡人之身，東敗於齊⁽³⁾，長子死焉；西喪地於秦七百里⁽⁴⁾；南辱於楚⁽⁵⁾。寡人恥之，願比死者一灑⁽⁶⁾之，如之何則可？」

孟子對曰：「地方百里⁽⁷⁾而可以王⁽⁸⁾。王如施仁政於民，省⁽⁹⁾刑罰，薄稅斂⁽¹⁰⁾，深耕易耨⁽¹¹⁾，壯者以暇日修其孝、悌、忠、信⁽¹²⁾，入以事其父兄，出以事其長上，可使制梃以撻⁽¹³⁾秦、楚之堅甲利兵矣。彼奪其民時⁽¹⁴⁾，使不得耕耨以養其父母；父母凍餓，兄弟妻子⁽¹⁵⁾離散。彼陷溺⁽¹⁶⁾其民，王往而征之，夫⁽¹⁷⁾誰與王敵？故曰：『仁者無敵。』王請勿疑！」

【註釋】

(1)**晉國**：指魏國。晉國戰國時期由韓、趙、魏三家所分，此三家稱為「三晉」，所以魏國君臣有時仍以晉國自稱。

(2)**莫強**：沒有比它更強大。

(3)**東敗於齊**：公元前 341 年，魏國與齊國戰於馬陵，魏國以龐涓及太子申（梁惠王長子）為統帥，齊國以田忌為大將、孫臏為軍師。魏國大敗，龐涓被殺，太子申被俘而死。

(4)**西喪地於秦七百里**：馬陵之戰後，魏國屢敗於秦國，梁惠王割讓了河西（黃河以西）之地和上郡十五個縣約七百里土地。

(5) **南辱於楚**：公元前 324 年，魏國於襄陵被楚將昭陽擊敗，

梁惠王喪失八個城邑。

(6) **比**：替、為。**一**：全、都。**灑**：洗刷。

(7) **地方百里**：縱橫各一百里的土地。

(8) **王**：音「旺」（粵音 wong6、拼音 wàng），動詞，稱王（以王者的身份行事）。

(9) **省**：減少。

(10) **薄**：減輕。**稅斂**：「斂」指稅收，賦稅。

(11) **深耕**：即「深耕細作」，盡力耕作。**易**：疾、速，勤快地。**耨**：音「獳」（粵音 nau6、拼音 nòu），除草。

(12) **壯者**：年輕力壯的人。**孝、悌、忠、信**：也見於〈盡心上〉13.32，孝順、尊敬長輩、忠誠、守信。

(13) **制**：拿起；一說製造。**撻**：音「韃」（粵音 taat3、拼音 tà），抵抗。

(14) **彼**：它們（指秦國和楚國）。**奪**：妨礙。**時**：民眾耕種的時間。

(15) **妻子**：妻子、兒女。

《孟子》今註今譯

(16) **陷溺**：陷於深淵之中。

(17) **夫**：音「扶」（粵音 fu4、拼音 fú），句首的發語詞。

【語譯】

　　梁惠王說：「魏國，（以前）天下沒有國家比它更強大了，這是老先生您所知道的。可是到了我手中，在東邊被齊國打敗，我的長子犧牲了；在西邊喪失了七百里土地給秦國；在南邊又受辱於楚國。我為這些事感到羞恥，希望替所有死難者盡洗此恨，要怎麼做才可以？」

　　孟子回答說：「只要有縱橫各一百里的土地就可以稱王。如果王對人民施行仁政，減少刑罰，減輕賦稅，深耕細作，勤快地除草，讓年輕力壯的人在閒暇時學習孝順、尊敬長輩、忠誠、守信等品德，在家侍奉父、兄，在外尊敬長輩、上級。這樣就可以讓他們拿起木棒，對抗擁有堅實盔甲、銳利兵器的秦國與楚國軍隊。因為它們（秦國、楚國）妨礙了人民耕種的時間，使他們不能深耕細作、除草以供養父母；父母受凍挨餓，兄弟、妻子、兒女分散。它們使人民陷於深淵之中，王前往征伐它們，有誰能與您抵抗？所以說：『有仁德的人天下無敵。』王不要懷疑！」

【1.6】
【原文】

　　孟子見梁襄王 (1)，出，語 (2) 人曰：「望 (3) 之不似人君，就 (4) 之而不見所畏 (5) 焉。卒然 (6) 問曰：『天下惡乎定 (7)？』

　　吾對曰：『定於一 (8)。』

『孰 (9) 能一之？』

對曰：『不嗜 (10) 殺人者能一之。』

『孰能與 (11) 之？』

對曰：『天下莫不與也。王知夫苗 (12) 乎？七、八月之間旱 (13)，則苗槁 (14) 矣。天油然作雲 (15)，沛然 (16) 下雨，則苗渤然興 (17) 之矣。其如是，孰能御 (18) 之？今夫天下之人牧 (19)，未有不嗜殺人者也。如有不嗜殺人者，則天下之民皆引領而望 (20) 之矣。誠如是也，民歸之，由 (21) 水之就下，沛然誰能御之？』」

【註釋】

(1) **梁襄王**：梁惠王的兒子，名嗣，公元前 318 年至公元前 296 年在位。

(2) **語**：動詞，告訴。

(3) **望**：遠望。

(4) **就**：靠近。

(5) **所畏**：值得敬畏的地方，指梁襄王沒有威嚴。

(6) **卒然**：「卒」同「猝」（粵音 cyut3、拼音 cù），突然。

(7) **惡**：音「烏」（粵音 wu1、拼音 wū），疑問副詞，怎樣。
定：安定。

(8) **一**：統一。

(9) **孰**：誰。

(10) **嗜**：喜歡。

(11) **與**：追隨。

(12) **知**：了解。**苗**：禾苗（的生長情況）。

(13) **七、八月**：指周代曆法的七、八月，相當於夏曆的五、六月，正值禾苗需要雨水的季節。**旱**：乾旱，沒有雨水。

(14) **槁**：枯槁、枯乾。

(15) **油然**：自然地。**作**：產生。**雲**：烏雲。

(16) **沛然**：盛大、洶湧。

(17) **浡然**：蓬勃地。**興**：生長。

(18) **御**：阻擋。

(19) **人牧**：「牧」原指牧牛、牧羊，引申為治理人民的人（統治者）。

(20) **領**：頸。**望**：盼望。

(21) **由**：同「猶」，像。

【語譯】

孟子拜見梁襄王，出來以後，告訴人說：「遠望他不像個國君，靠近他也看不見威嚴。他突然問我：『天下怎樣才能安定？』

我回答說：『統一了就會安定。』

他又問：『誰能統一天下？』

我回答說：『不喜歡殺人的君王能統一天下。』

他又問：『有誰跟隨他（不喜歡殺人的君王）？』

我回答說：『天下的人沒有不跟隨他的。王了解禾苗的情況嗎？七、八月之間乾旱，禾苗就枯乾。天上自然地產生烏雲，洶湧的下起雨來，禾苗就會蓬勃生長起來。像這樣，誰能阻擋？現在天下的統治者，沒有不喜歡殺人的。如果有不喜歡殺人的人，那麼天下的人民就都伸長頸盼望著他。真的如此，人民歸服他，就像水向下奔流，洶湧的水勢有誰能阻擋？」

【1.7】

【原文】

齊宣王⁽¹⁾問曰：「齊桓、晉文⁽²⁾之事，可得聞乎？」

孟子對曰：「仲尼之徒無道⁽³⁾桓、文之事者，是以後世無傳焉，臣未之聞也。無以⁽⁴⁾，則王⁽⁵⁾乎！」

曰：「德⁽⁶⁾何如，則可以王矣？」

曰：「保民而王，莫之能御⁽⁷⁾也。」

曰：「若寡人者，可以保民乎哉？」

《孟子》今註今譯

曰：「可。」

曰：「何由 [8] 知吾可也？」

曰：「臣聞之胡齕 [9] 曰：『王坐於堂上，有牽牛而過堂下者，王見之，曰：「牛何之 [10]？」對曰：「將以釁鐘 [11]。」王曰：「舍 [12] 之！吾不忍其觳觫 [13]，若無罪而就死地 [14]。」對曰：「然則廢釁鐘與 [15]？」曰：「何可廢也？以羊易之！」』不識有諸 [16]？」

曰：「有之。」

曰：「是心足以王矣。百姓皆以王為愛 [17] 也，臣固知王之不忍也！」

王曰：「然。誠有百姓者。齊國雖褊 [18] 小，吾何愛一牛？即不忍其觳觫，若無罪而就死地，故以羊易之也。」

曰：「王無異 [19] 於百姓之以王為愛也。以小易大，彼惡知之 [20]？王若隱 [21] 其無罪而就死地，則牛羊何擇焉？」

王笑曰：「是誠 [22] 何心哉？我非愛其財而易之以羊也，宜乎 [23] 百姓之謂我愛也。」

曰：「無傷 [24] 也，是乃仁術也，見牛未見羊也。君子之於禽獸也，見其生，不忍見其死；聞其聲 [25]，不忍食其肉。是以君子遠庖廚 [26] 也。」

王說 [27] 曰：「《詩》 [28] 云：『他人有心，予忖度 [29] 之。』夫子之謂也！夫我乃行之，反而求之 [30]，不得吾心。夫子言之，於我心有戚戚 [31] 焉。此心之所以合於王者，何也？」

曰：「有復 [32] 於王者曰：『吾力足以舉百鈞 [33]，而不足以舉一羽；明足以察秋毫之末 [34]，而不見輿薪 [35]。』則王許 [36] 之乎？」

曰：「否。」

「今恩足以及禽獸，而功不至於百姓者，獨何與 [37]？然則一羽之不舉，為不用力焉；輿薪之不見，為不用明 [38] 焉；百姓之不

見保⁽³⁹⁾，為不用恩焉。故王之不王，不為也，非不能也。」

曰：「不為者與不能者之形⁽⁴⁰⁾，何以異⁽⁴¹⁾？」

曰：「挾太山以超北海⁽⁴²⁾，語人曰：『我不能。』是誠不能也。為長者折枝⁽⁴³⁾，語人曰：『我不能。』是不為也，非不能也。故王之不王，非挾太山以超北海之類也；王之不王，是折枝之類也。老吾老⁽⁴⁴⁾，以及人之老；幼吾幼，以及人之幼。天下可運於掌⁽⁴⁵⁾。《詩》⁽⁴⁶⁾云：『刑於寡妻⁽⁴⁷⁾，至於兄弟，以御於家、邦⁽⁴⁸⁾。』言舉斯心加諸彼而已。故推恩足以保四海⁽⁴⁹⁾，不推恩無以保妻子⁽⁵⁰⁾。古之人所以大⁽⁵¹⁾過人者，無他焉，善推其所為而已矣。今恩足以及禽獸，而功不至於百姓者，獨何與？權⁽⁵²⁾，然後知輕重；度⁽⁵³⁾，然後知長短。物皆然，心為甚。王請度之！抑王興甲兵⁽⁵⁴⁾，危士臣，構怨⁽⁵⁵⁾於諸侯，然後快⁽⁵⁶⁾於心與？」

王曰：「否。吾何快於是？將以求吾所大欲也。」

曰：「王之所大欲，可得聞與？」王笑而不言。

曰：「為肥甘⁽⁵⁷⁾不足於口與？輕煖不足於體與？抑為采色⁽⁵⁸⁾不足視於目與？聲音不足聽於耳與？便嬖⁽⁵⁹⁾不足使令於前與？王之諸臣皆足以供之，而王豈⁽⁶⁰⁾為是哉？」

曰：「否。吾不為是也。」

曰：「然則王之所大欲可知已。欲辟⁽⁶¹⁾土地，朝⁽⁶²⁾秦、楚，莅中國而撫四夷⁽⁶³⁾也。以若⁽⁶⁴⁾所為，求若所欲，猶緣木⁽⁶⁵⁾而求魚也。」

王曰：「若是其甚⁽⁶⁶⁾與？」

曰：「殆⁽⁶⁷⁾有甚焉。緣木求魚，雖不得魚，無後災。以若所為，求若所欲，盡心力而為之，後必有災。」

曰：「可得聞與？」

曰：「鄒⁽⁶⁸⁾人與楚⁽⁶⁹⁾人戰，則王以為孰勝？」

曰：「楚人勝。」

曰：「然則小固不可以敵大，寡固不可以敵眾，弱固不可以敵強。海內之地，方千里者九，齊集有其一。以一服八，何以異於鄒敵楚哉？盍[70]亦反其本矣。今王發政、施仁，使天下仕者皆欲立於王之朝，耕者皆欲耕於王之野，商賈皆欲藏於王之市，行旅皆欲出於王之塗[71]，天下之欲疾其君者皆欲赴愬[72]於王。其若是，孰能御之？」

王曰：「吾惛[73]，不能進[74]於是矣。願夫子輔吾志，明以教我。我雖不敏，請嘗試之。」

曰：「無恆產[75]而有恆心者，惟士為能。若民[76]，則無恆產，因無恆心。苟無恆心，放辟邪侈[77]，無不為已。及陷於罪，然後從而刑之，是罔[78]民也。焉有仁人在位，罔民而可為也？是故明君制[79]民之產，必使仰足以事父母，俯足以畜[80]妻子；樂歲[81]終身飽，凶年[82]免於死亡。然後驅[83]而之善，故民之從之也輕[84]。今也制民之產，仰不足以事父母，俯不足以畜妻子；樂歲終身苦，凶年不免於死亡。此惟救死而恐不贍[85]，奚暇[86]治禮儀哉？王欲行之，則盍反其本矣？五畝之宅[87]，樹之以桑，五十者可以衣帛矣。雞豚狗彘之畜，無失其時，七十者可以食肉矣。百畝之田，勿奪其時，八口之家可以無饑矣。謹庠序之教，申之以孝悌之義，頒白者不負戴於道路矣。老者衣帛食肉，黎民不饑不寒，然而不王者，未之有也。」

【註釋】

(1) **齊宣王**：姓田，名辟疆。齊威王之子，齊湣王之父，約公元前 319 年至公元前 301 年在位。

(2) **齊桓、晉文**：「春秋五霸」中的齊桓公、晉文公。齊桓公姓姜名小白，齊襄公之弟。姜小白因襄公無道而出走，其後襄公被弒，小白回國即位，公元前 685 年至公元前 643 年在位，任用管仲為相，成就霸業。晉文公姓姬名重耳，晉獻公次子。姬重耳流亡國外十九年，獲秦穆公協助返回晉國，公元前 636 年至公元前 628 年在位，任用賢才。

(3) **徒**：學生。**道**：講述。

(4) **無以**：「以」同「已」，不得已（如果一定要說）。

(5) **王**：讀去聲，動詞，稱王天下之道。

(6) **德**：德行。

(7) **御**：阻擋。

(8) **何由**：憑甚麼。

(9) **胡齕**：「齕」音「核」（粵音 hat6、拼音 hé），人名，齊宣王的臣僚。

(10) **何**：哪裡。**之**：動詞，去、往。

(11) **釁**：粵音「刃」jan6、拼音「信」xìn，古代禮儀之一。凡新器物首次使用，殺牲以血塗在器物表面的縫隙，以作祭祀。**釁**

鐘：新鑄成而經「釁禮」祭祀的鐘。

(12) **舍**：釋放。

(13) **觳觫**：粵音「酷束」huk6 cuk1、拼音「槲宿」hú sù，恐懼發抖。

(14) **死地**：置諸死地。

(15) **與**：同「歟」（音「余」，粵音 jyu4、拼音 yú），疑問語氣詞，相等於「嗎」。

(16) **識**：知道。**諸**：這回事。

(17) **愛**：吝嗇。

(18) **褊**：音「貶」（粵音 bin2、拼音 biǎn），狹小。

(19) **異**：詫異。

(20) **彼**：他們。**惡**：怎能。**之**：代詞，指齊宣王的用心。

(21) **若**：若果。**隱**：惻隱、憐憫。

(22) **誠**：究竟。

(23) **宜乎**：難怪。

(24) **無傷**：無傷大雅、沒有關係。

(25) **聲**：原指叫聲，引申為禽獸被殺時的哀鳴。

(26) **庖廚**：廚房。

(27) **說**：同「悅」（粵音 jyut6、拼音 yuè），喜悅。

(28) **《詩》**：《詩經‧小雅‧小旻之什‧巧言》，是一首譏諷周王被讒言所迷惑，導致禍亂的詩歌。

(29) **忖度**：「忖」粵音「湍」cyun2、拼音 cǔn，揣測。

(30) **反**：反過來。**求**：尋找。**之**：代詞，原因。

(31) **戚戚**：感動的感覺。

(32) **復**：同「覆」，回覆、報告。

(33) **鈞**：古代重量單位，三十斤為一「鈞」。

(34) **明**：原指明察，引申為視力。**秋毫**：野獸於秋天新長的細毛。**末**：末端。**秋毫之末**：比喻細微難見的東西。

(35) **輿**：車子。**薪**：木柴。

(36) **許**：讚許、相信。

(37) **獨**：究竟。**何**：為甚麼。**與**：同「歟」（音「余」，粵音 jyu4、拼音 yú），疑問語氣詞。**獨何與**：究竟為甚麼。

(38) **明**：名詞，引申為眼睛。

(39) **見**：得到。**保**：保護。

(40) **形**：情況。

(41) **異**：不同。

(42) **挾**：用手臂夾著。**太山**：泰山。**超**：跨越。**北海**：古時也稱「滄海」，現今的渤海。

(43) **折枝**：折斷樹枝；一說「枝」通「肢」，「折枝」解「勞動肢體」（為長者效勞）。

(44) **老吾老、幼吾幼**：首個「老」、「幼」字是動詞，分別解尊敬、愛護；第二個「老」、「幼」字是名詞，分別指長輩、幼童。

(45) **運**：轉動。**運於掌**：在手掌上轉動，比喻治理天下很容易。

(46)《詩》：《詩經・大雅・文王之什・思齊》，是一首歌頌周文王具備修身、齊家、治國等良好德行的詩歌。

(47) 刑：同「型」，為……樹立榜樣。寡妻：即「寡人之妻」，國君（指周文王）的妻子。

(48) 御：推廣。家、邦：諸侯國的封邑、國家。

(49) 四海：全國、天下。古人以為中國居於世界中心，四周為大海，「四海之內」泛指國內。

(50) 推恩：推廣恩惠。妻子：妻子、兒女。

(51) 人：聖賢之人；一說指君主。大：形容詞，超過。

(52) 權：原指秤錘，動詞，指稱物。

(53) 度：量度；後句「王請度之」的「度」字解權衡。

(54) 抑：連詞，相當於「難道」。興：發動。甲兵：盔甲及兵器，泛指軍隊。

(55) 構：構建。怨：仇怨。

(56) 快：痛快。

(57) **肥甘**：肥美而甘甜（的食物）。

(58) **采色**：「采」同「彩」，（鮮艷的）色彩。

(59) **便嬖**：音「駢秘」（粵音 pin4 pei3、拼音 pián bì），乖巧的侍從。

(60) **豈**：難道。

(61) **辟**：「辟」同「闢」，開闢、開拓。

(62) **朝**：使⋯⋯來朝。

(63) **蒞**：音「利」（粵音 lei2、拼音 lì），原指來臨，引申為君臨天下。**撫**：安撫。**四夷**：古時漢人自以為居於世界中心，將外族統稱為「夷」，以東、南、西、北四個方位將外族稱為「四夷」（東夷、南蠻、西戎、北狄（貊））。

(64) **若**：人稱代詞，你。

(65) **緣木**：爬到樹上。

(66) **甚**：嚴重。

(67) **殆**：副詞，大概、恐怕。

(68) **鄒**：國名，即當時的小國邾國，位於今山東省鄒城市東南。

(69) **楚**：楚國，春秋、戰國時期的大國。

(70) **盍**：音「合」（粵音 hap6、拼音 hé），何不、為甚麼不。

(71) **塗**：同「途」，道路。

(72) **赴**：前往。**愬**：通「訴」，投訴（本國的君主）。

(73) **惛**：同「昏」，昏亂、糊塗。

(74) **進**：領悟；一說做到。

(75) **恆產**：固定產業，如土地、田園、林木、牧畜等。

(76) **若**：至於。**民**：（普通）人民。

(77) **放**：放縱。**辟**：同「僻」，旁門左道。**邪**：邪惡。**侈**：放縱揮霍。**放辟邪侈**：放縱邪慾、為非作歹。

(78) **罔**：通「網」、以網搜捕，引申為陷害。

(79) **制**：訂立制度、政策。

(80) **畜**：撫養。

(81) **樂**：收成好。**歲**：歲月。

(82) **凶**：收成不好。**年**：歲月。

(83) **驅**：督促。

(84) **輕**：輕鬆、容易。

(85) **贍**：足夠、充足。

(86) **奚**：疑問詞，哪有。**暇**：餘暇。

(87) **五畝之宅......未之有也**：此段也見於〈梁惠王上〉1.3，但該章以「數口之家」代「八口之家」。

【語譯】

齊宣王問道：「齊桓公、晉文公的事跡，可以講給我聽聽嗎？」

孟子回答說：「孔子學生沒有講述齊桓公、晉文公的事跡，所以後世沒有流傳，我也沒有聽說過。如果一定要說，那就談談稱王天下之道吧！」

齊宣王問：「要有怎樣的德行，才可以稱王？」

孟子說：「保護人民而稱王，就沒有人能阻擋了。」

齊宣王說：「像我這樣的人，可以保護人民嗎？」

孟子說：「可以。」

齊宣王說：「憑甚麼知道我可以？」

孟子說：「我聽胡齕（齊宣王的臣僚）說過：有一次王坐在

殿堂上，有人牽着牛從殿堂下經過，王看見了，問：『把牛牽到哪裡？』牽牛的人回答：『要將牠殺了取血祭鐘（釁鐘的祭祀儀式）。』王說：『釋放牠吧！我不忍心看牠恐懼發抖的樣子，好像沒有犯罪就被置諸死地。』牽牛的人回答：『那麼要廢除釁鐘的祭祀儀式嗎？』王說：『怎可以廢除？用羊來代替牠（牛）吧！』不知道有沒有這回事？」

齊宣王說：「有的。」

孟子說：「這樣的心思就可以稱王了。百姓都以為王是吝嗇，我本來就知道王是不忍心啊！」

齊宣王說：「是的。確實有這樣的百姓。齊國雖然狹小，但我怎會吝嗇一頭牛？我就是不忍心看牠恐懼發抖的樣子，好像沒有犯罪就被置諸死地，所以用羊來代替牠。」

孟子說：「王不必對百姓認為您吝嗇而感詫異。以小（羊）代替大（牛），他們（百姓）怎能體會您的用心？若果王憐憫牠（牛）沒有犯罪就被置諸死地，那又為甚麼會在牛和羊之間取捨？」

齊宣王笑著說：「這究竟是甚麼心理？我不是吝嗇錢財而以羊來代替牛的，也難怪百姓說我吝嗇。」

孟子說：「沒有關係，這是仁愛的方法，是您見到牛而沒有見到羊（恐懼發抖）的緣故。君子對於飛禽走獸，見到牠們活着，就不忍心見到牠們死去；聽到牠們哀鳴，便不忍心吃牠們的肉。所以君子總是離遠廚房的。」

齊宣王高興地說：「《詩經·小雅·小旻之什·巧言》說：『別人有甚麼心思，我能揣測到。』正是說您吧！我做了這件事，反過來尋找原因，卻不明白自己的內心。您這麼一說，使我內心有所感動。這種心思之所以合乎稱王天下之道，為甚麼？」

孟子說：「假如有人向王報告：『我的力氣能夠舉起三千斤（百

鈞），可是拿不起一根羽毛；我的視力能夠看到野獸於秋天新長細毛的末端，可是看不見一車柴木。』王相信這樣的話嗎？」

齊宣王說：「不相信。」

孟子說：「現在您的恩惠能夠推廣到禽獸，可是功績卻未能推廣到百姓，究竟為甚麼？事實上一根羽毛也拿不起，是因為不肯用力氣；一車柴木也看不見，是因為不肯用眼睛看；百姓得不到保護，是因為君主不肯施行恩惠。所以王沒有稱王天下，是不肯做，並非做不到。」

齊宣王說：「不肯做與做不到的情況，有甚麼不同？」

孟子說：「用手臂夾著泰山跨越北海，對別人說：『我做不到。』這是真的做不到。為長者折斷一根樹枝，對別人說：『我做不到。』這是不肯做，並非做不到。所以王沒有稱王天下，並非用手臂夾著泰山跨越北海的一類；王沒有稱王天下，是為長者折斷一根樹枝的一類。尊敬自己的長輩，以至推廣到尊敬別人的長輩；愛護自己的幼童，以至推廣到愛護別人的幼童。這樣治理天下就像在手掌上轉動東西一樣（容易）。《詩經·大雅·文王之什·思齊》說：『（周文王）為妻子樹立榜樣，推廣到兄弟，從而推廣到（諸侯國）封邑及國家。』說的就是把這樣的心思應用到其他人而已。所以推廣恩惠足以保住國家，不推廣恩惠就連妻子、兒女也保不住。古代的聖賢之所以遠遠超過一般人，沒有別的原因，只是善於推廣他們的作為罷了。如今王的恩惠能夠推廣到禽獸，可是功績卻未能推廣到百姓，究竟為甚麼？稱一稱，然後才知道輕重；量一量，然後才知道長短。所有東西都是這樣，人心更是如此。王請權衡一下！難道王要發動軍隊，危害將士、臣僚的生命，與別的諸侯國結怨，然後才覺得心裡痛快嗎？」

齊宣王說：「不是。我怎會為此痛快？我是想藉此實現我最大

的願望。」

孟子說：「王最大的願望，可以說來聽聽嗎？」齊宣王笑而不說話。

孟子說：「是為了肥美而甘甜的食物不夠吃嗎？輕暖的衣服不夠穿嗎？還是為了鮮艷的色彩不夠看嗎？美妙的音樂不夠聽嗎？乖巧的侍從不夠使喚嗎？這些東西王的群臣都能夠供應，難道王真是為了這些嗎？」

齊宣王說：「不是。我不是為了這些。」

孟子說：「那麼，王最大的願望就可以知道了。您是想開拓疆土，使秦國、楚國來朝貢，君臨中國而安撫四周的外族。不過用您的做法去追求您的願望，就像爬上樹去捉魚一樣。」

齊宣王說：「有這麼嚴重嗎？」

孟子說：「恐怕比這還要嚴重。爬上樹去捉魚，雖然捉不到魚，不會有甚麼後患。用您的做法去追求您的願望，盡心盡力去做，往後必定有禍害。」

齊宣王說：「可以說來聽聽嗎？」

孟子說：「（假如）鄒國和楚國打仗，王認為誰會取勝？」

齊宣王說：「楚國取勝。」

孟子說：「那麼，小的原本敵不過大的，人少的原本敵不過人多的，弱的原本敵不過強的。現在四海之內（中國）的面積是方圓千里共九塊，齊國全部的土地只佔其中一塊。以其中一塊去征服其他八塊，這跟鄒國和楚國為敵有甚麼分別？何不返回根本著手？現在王改革政治、施行仁政，使天下做官的人都想到王的朝廷來任職，耕種的人都想到王的田野來耕種，做生意的人都想到王的市場來經營，旅客都想到王的道路來旅行，天下痛恨其君主的人都想前往王這裡來投訴。如果做到這樣，誰能阻擋？」

齊宣王說：「我昏亂不明，不能領悟這一步了。希望您輔助我實踐志向，明白地教導我。我雖然不聰明，卻願意嘗試。」

　　孟子說：「沒有固定產業卻有堅定的心志，只有士人（讀書人）做得到。至於一般人民，沒有固定產業，因而沒有堅定的心志。如果沒有堅定的心志，就會為非作歹，甚麼事都做得出來。等到他們犯了罪，然後加以處罰，這是陷害人民。哪裡有仁慈的人在位執政卻去陷害百姓？所以賢明的國君為人民制定產業政策，一定要讓他們上足以贍養父母，下足以撫養妻子、兒女；收成好的歲月就豐衣足食，收成不好的歲月也不致餓死。然後督促人民走善良的道路，他們也就很容易聽從。現在各國的國君為人民制定產業政策，上不足以贍養父母，下不足以撫養妻子、兒女；收成好的歲月尚且艱難困苦，收成不好的歲月更是性命難保。到了這地步，百姓連保命都恐怕來不及，哪裡還有甚麼工夫來修養禮儀？王如果想施行仁政，為甚麼不從根本著手？五畝大的宅園，種植桑樹，五十歲的人就能夠穿着絲綿襖。雞、小豬、狗、大豬等不錯過繁殖季節，七十歲的人就能夠吃到肉。百畝大的田地，不錯過它耕作的時機，八口人的家庭就能夠免於饑餓。認真辦好學校的教育，重申孝順父母、尊敬長輩的道理，頭髮班白的長者就不用於道上揹著或以頭頂運載重物。七十歲的人能夠穿着絲綿襖、吃到肉，民眾不饑餓、不用受寒，這樣仍不能夠稱王，是未曾發生的事情。」

第二章

梁惠王下

【篇章概論】

本篇有 16 章，首十二章是孟子與齊宣王的對話，圍繞「與民同樂」（2.1）。孟子認為君主要抑制自己的私慾（包括好樂、好財、好色等）（2.5），致力推己及人、選賢與能、以民為本，以推行王道（「則王矣」）的仁政。孟子認為君主應該捨棄小勇（2.3），而實踐王道造福人民的大勇（「王請大之」）。孟子也透過商湯流放夏桀、周武王伐商紂的故事（2.8），帶出「民為貴」、「君為輕」（〈盡心下〉14.14）的概念。孟子與鄒國及滕國君主的對話（2.12 - 2.15）反映他對仁政的堅持，就算國家面對軍事、外交威脅，君主仍要重仁、輕利。

【2.1】

【原文】

莊暴 (1) 見孟子，曰：「暴見於王 (2)，王語暴以好樂 (3)，暴未有以對也。」曰：「好樂何如？」

孟子曰：「王之好樂甚 (4)，則齊國其庶幾 (5) 乎！」

他日，見於王曰：「王嘗語莊子以好樂，有諸？」

王變乎色，曰：「寡人非能好先王之樂 (6) 也，直 (7) 好世俗之樂耳。」

曰：「王之好樂甚，則齊其庶幾乎！今之樂，由 (8) 古之樂也。」

曰：「可得聞與？」

曰：「獨樂樂 (9)，與人樂樂，孰樂？」

曰：「不若與人。」

曰：「與少樂樂，與眾樂樂，孰樂？」

曰：「不若與眾。」

「臣請為王言樂。今王鼓樂於此，百姓聞王鐘鼓之聲，管籥 (10)

之音，舉疾首蹙頞⁽¹¹⁾而相告⁽¹²⁾曰：『吾王之好鼓樂，夫何使我至於此極⁽¹³⁾也？父子不相見，兄弟妻子離散！』今王田獵於此，百姓聞王車馬之音，見羽旄之美⁽¹⁴⁾，舉疾首蹙頞而相告曰：『吾王之好田獵，夫何使我至於此極也？父子不相見，兄弟妻子離散！』此無他⁽¹⁵⁾，不與民同樂也。今王鼓樂於此，百姓聞王鐘鼓之聲、管籥之音，舉欣欣然有喜色而相告曰：『吾王庶幾無疾病與！何以能鼓樂也？』今王田獵於此，百姓聞王車馬之音，見羽旄之美，舉欣欣然有喜色而相告曰：『吾王庶幾無疾病與！何以能田獵也？』此無他，與民同樂也。今王與百姓同樂，則王矣！」

【註釋】

(1) **莊暴**：齊宣王的近臣。

(2) **王**：指齊宣王。

(3) **好**：喜愛。**樂**：音樂。

(4) **甚**：非常。

(5) **則**：那麼。**其**：就。**庶**：治理。**幾**：不錯。

(6) **先王之樂**：古代聖王（如堯、舜、周文王、周武王等）的音樂。

(7) **直**：只是。

(8)**由**：來自。

(9) **樂樂**：首個「樂」字是動詞，解享受、欣賞；第二個「樂」字是名詞，指音樂。

(10) **管籥**：「籥」粵音「若」jeok6、拼音「粵」yuè，笙、簫兩種樂器。

(11) **舉**：全部。**疾首**：因心中有憎恨而頭痛。**蹙頞**：粵音「促壓」cuk1 aat4、拼音「促鱷」cù è，因心中愁悶而皺著鼻樑。

(12) **相告**：互相議論。

(13) **極**：極端（地步）。

(14) **羽旄**：「羽」是君王出遊車隊所豎立的羽毛，一般以雄雞羽毛製成；「旄」音「毛」，以牛尾裝飾的旌旗。「羽旄」指君主出遊的車隊。**美**：華麗、盛大。

(15) **他**：其他（原因）。

【語譯】

　　莊暴（齊宣王的臣子）來見孟子，說：「我被王（齊宣王）召見，王對我說他喜愛音樂，我不知應該怎樣回答他。」接著又說：「喜愛音樂，究竟好不好？」

　　孟子說：「如果王非常喜愛音樂，那麼齊國就能治理得不錯

《孟子》今註今譯

了！」

有一天，孟子被齊宣王召見，說：「您曾經告訴莊暴，說您喜愛音樂，有這回事嗎？」

齊宣王的面色變了，說：「我並不是喜愛古代音樂，只是喜愛世俗的流行音樂罷了。」

孟子說：「如果王非常喜愛音樂，那麼齊國就能治理得不錯了！現在的音樂，是來自古代音樂的。」

齊宣王說：「可以說來聽聽嗎？」

孟子說：「獨自享受音樂的快樂，比起與別人享受音樂的快樂，哪一種更快樂？」

齊宣王說：「不如與別人。」

孟子說：「與少數人享受音樂的快樂，比起與多數人享受音樂的快樂，哪一種更快樂？」

齊宣王說：「不如與多數人。」

孟子說：「請讓我為王談談音樂。假如現在王在這裡奏樂，百姓聽到鐘與鼓的聲音，笙與簫的演奏，全部頭痛（憎恨）、皺著鼻樑（愁悶）而互相議論說：『我們的王這樣喜愛音樂，為甚麼使我們到達這種地步？父子不能見面，兄弟妻子分離！』假如現在王在這裡打獵，百姓聽到王車及馬的聲音，看到王車隊的華麗，全部頭痛、皺著鼻樑而互相議論說：『我們的王這樣喜愛打獵，為甚麼使我們到達這種地步？父子不能見面，兄弟妻子分離！』這沒有別的原因，是因為王不與民眾一起快樂。假如現在王在這裡奏樂，百姓聽到鐘與鼓的聲音、笙與簫的演奏，全部喜悅、面露歡欣而互相議論說：『我們的王大概沒有生病吧！要不然怎能彈奏音樂？』假如現在王在這裡打獵，百姓聽到王車及馬的聲音，看到王車隊的華麗，全部喜悅、面露歡欣而互相議論說：『我們的王大概沒有生病

吧！要不然怎能打獵？』這沒有其他原因，是因為王與民眾一起快樂。如果現在王與百姓一起快樂，就可以稱王天下了！」

【2.2】

【原文】

齊宣王問曰：「文王之囿⁽¹⁾ 方七十里，有諸？」

孟子對曰：「於傳⁽²⁾ 有之。」

曰：「若⁽³⁾ 是其大乎？」

曰：「民猶⁽⁴⁾ 以為小也！」

曰：「寡人之囿方四十里，民猶以為大，何也？」

曰：「文王之囿方七十里，芻蕘者⁽⁵⁾ 往焉，雉兔者⁽⁶⁾ 往焉，與民同之。民以為小，不亦宜⁽⁷⁾ 乎？臣始至於境⁽⁸⁾，問國之大禁⁽⁹⁾，然後敢入。臣聞郊關⁽¹⁰⁾ 之內有囿方四十里，殺其麋鹿者，如殺人之罪，則是方四十里為阱⁽¹¹⁾ 於國中。民以為大，不亦宜乎？」

【註釋】

(1) **文王**：周文王姬昌，參見〈梁惠王上〉1.2 的註釋。**囿**：音「右」（粵音 jau6、拼音 yòu），畜養禽獸的園林。

(2) **傳**：粵音 zyun6、拼音 zhuàn，文獻。

(3) **若**：疑問詞，真的（那麼大嗎）。

(4) **猶**：還。

(5) **芻**：草。**蕘**：音「饒」（粵音 jiu4、拼音 ráo），燃燒用

的柴草。**芻蕘者**：割草砍柴的人。

(6) **雉**：野雞。**雉兔者**：捕獵鳥獸的人。

(7) **宜**：合宜、應該。

(8) **始**：最初。**境**：（齊國）邊境。

(9) **大**：重要。**禁**：禁令。

(10) **郊**：郊區。**關**：關卡。

(11) **阱**：陷阱。

【語譯】

齊宣王問道：「（聽說）周文王畜養禽獸的園林（「囿」）方圓七十里，有此事嗎？」

孟子回答：「文獻有這樣的記載。」

齊宣王問：「真的那麼大嗎？」

孟子說：「可是民眾還認為太小！」

齊宣王說：「我的園林方圓四十里，可是民眾還認為太大，為甚麼？」

孟子說：「文王的園林方圓七十里，割草砍柴的人可以去，捕獵鳥獸的人也可以去，與民眾共享。民眾認為太小，不也是應該的嗎？我最初到齊國的邊境時，先問清楚齊國的重要禁令，然後才敢入境。我聽說郊區的關卡內有一個園林，方圓四十里，殺了裡面的

麋鹿，就如同犯了殺人罪，那麼這是在關卡內設下方圓四十里的陷阱。民眾認為太大，不也是應該的嗎？」

【2.3】
【原文】

齊宣王問曰：「交鄰國有道⁽¹⁾乎？」

孟子對曰：「有。惟仁者為能以大事小，是故湯事葛⁽²⁾，文王事昆夷⁽³⁾；惟智者為能以小事大，故太王事獯鬻⁽⁴⁾，勾踐事吳⁽⁵⁾。以大事小者，樂天者也；以小事大者，畏天⁽⁶⁾者也。樂天者保天下，畏天者保其國。《詩》⁽⁷⁾云：『畏天之威⁽⁸⁾，於時保之⁽⁹⁾。』」

王曰：「大哉言矣！寡人有疾⁽¹⁰⁾，寡人好勇。」

對曰：「王請無好小勇。夫撫劍疾視⁽¹¹⁾曰：『彼惡敢⁽¹²⁾當我哉！』此匹夫之勇，敵一人者也。王請大之！《詩》⁽¹³⁾云：『王赫斯怒⁽¹⁴⁾，爰整其旅⁽¹⁵⁾，以遏徂莒⁽¹⁶⁾，以篤周祜⁽¹⁷⁾，以對⁽¹⁸⁾於天下。』此文王之勇也。文王一怒而安天下之民。《書》⁽¹⁹⁾曰：『天降下民，作之君⁽²⁰⁾，作之師⁽²¹⁾。惟曰⁽²²⁾：其助上帝⁽²³⁾寵⁽²⁴⁾之。四方有罪、無罪惟我在⁽²⁵⁾，天下曷敢有越厥志⁽²⁶⁾？』一人衡行⁽²⁷⁾於天下，武王恥⁽²⁸⁾之，此武王之勇也。而武王亦一怒而安天下之民。今王亦一怒而安天下之民，民惟恐王之不好勇也！」

【註釋】

(1) **道**：原則。

(2) **湯**：成湯、商湯，商（殷）代開國君主，是儒家尊崇的聖人之一。**事**：侍奉。**葛**：葛伯，姓嬴，古代小國葛國的國君。葛國是商的鄰國，故城在今河南省商丘市寧陵縣以北。商湯事葛伯一事

見於〈滕文公下〉6.5。

(3) **昆夷**：也作「混夷」，周朝初年西戎的國名。

(4) **太王**：或作「大王」，姬亶父，周武王的曾祖父，被周武王追封為「周太王」。**獫狁**：音「熏玉」（粵音 fan1 juk6、拼音 xūn yù），又稱「獫狁」、「玁狁」、「薰育」，當時北方的少數民族，秦、漢時稱為匈奴，亦即〈梁惠王下〉2.15 提及的「狄人」。

(5) **勾踐**：春秋時越國國君（公元前 497 年至公元前 465 年在位），於公元前 494 年為吳王夫差所敗，其後「臥薪嘗膽」發奮圖強，最終於公元前 473 年滅吳。**吳**：指春秋時吳國國君夫差。

(6) **畏天**：敬畏天命。孟子也提倡「樂天」（〈梁惠王下〉2.3）、「順天」（〈離婁上〉7.7）、「知天」及「事天」（〈盡心上〉13.1）。

(7) **《詩》**：《詩經‧周頌‧清廟之什‧我將》，是一篇祭上天和周文王的詩歌。

(8) **威**：威嚴。

(9) **於時**：「時」通「是」，於是。**之**：國家。

(10) **疾**：毛病、缺點。

(11) **撫劍**：按著劍。**疾視**：怒目而視。

(12) **惡敢**：「惡」音「烏」（粵音 wu1、拼音 wū），豈敢。

(13)《**詩**》：《詩經‧大雅‧文王之什‧皇矣》，是一篇贊歎周文王大勇的詩歌。

(14) **赫**：發怒的樣子。**斯其**：他（周文王）的。**怒**：怒氣。

(15) **爰**：音「圓」（粵音 jyun4、拼音 yuán），於是。**整**：整頓。**旅**：軍旅、軍隊。

(16) **遏**：阻止。**徂**：粵音「曹」cou4、拼音「殂」cú，前往，引申為入侵。**莒**：音「舉」，粵音 geoi2、拼音 jǔ，莒國，故城在今山東省日照市莒縣，公元前 431 年為楚國所滅。

(17) **篤**：加厚、增添。**祜**：音「互」（粵音 wu6、拼音 hù），福祉。

(18) **對**：報答。

(19)《**書**》：《尚書‧周書‧泰誓》，是周武王伐商紂的誓詞。

(20) **作**：替。**君**：君王。

(21) **師**：君師。

(22) **惟曰**：（天意）只是這樣說。

(23) **上帝**：至上之神。

(24) **寵**：寵愛。

(25) **在**：在這裡（監察）。

(26) **曷**：何、甚麼（人）。**越**：放縱。**厥**：用法同「其」。**志**：心志（而作亂）。

(27) **一人**：指商朝末代君主商紂，與〈梁惠王下〉2.8的「一夫」同義。**衡行**：橫行。

(28) **恥**：（覺得）可恥。

【語譯】

齊宣王問道：「和鄰國交往有甚麼原則嗎？」

孟子回答說：「有。只有仁德的人能以大國的身份侍奉小國，所以商湯侍奉葛伯，周文王侍奉昆夷。只有明智的人能以小國的身份侍奉大國，所以周太王侍奉獯鬻，越王勾踐侍奉吳王夫差。以大國身份侍奉小國的，是以天命為樂的人；以小國身份侍奉大國的，是敬畏天命的人。以天命為樂的人可以保住天下，敬畏天命的人可以保住其國家。《詩經·周頌·清廟之什·我將》說：『敬畏上天的威嚴，於是能夠保住國家。』」

宣王說：「這話真高明！不過，我有一個缺點，就是愛好勇

敢。」

孟子說：「請王不要愛好小勇。按著劍、怒目而視，說：『他怎敢抵擋我！』這是平凡人的勇敢，只能對付一個人。請王將它擴大！《詩經・大雅・文王之什・皇矣》說：『文王發動他的怒氣，於是整頓軍隊，阻止入侵莒國的敵人，以增添周國的福祉，以報答天下人的期望。』這是周文王的勇敢。周文王一發怒就安定了天下的民眾。《尚書・周書・泰誓》說：『上天降生了民眾，替他們降生君王，替他們降生了君師。天意只是這樣說：他們（君王和君師）協助上帝（至上之神）寵愛民眾。四方有罪的和無罪的民眾都由我在這裡監察，天下有誰敢放縱其心志（而作亂）？』有一個人（商紂）在天下橫行霸道，周武王覺得可恥，這是周武王的勇敢。周武王也是一發怒就安定了天下的民眾。如果現在王一發怒就安定了天下的民眾，那麼民眾唯恐王不愛好勇敢！」

【2.4】
【原文】

齊宣王見孟子於雪宮 (1)。王曰：「賢者亦有此樂乎？」

孟子對曰：「有。人不得 (2)，則非其上 (3) 矣。不得而非其上者，非 (4) 也；為民上而不與民同樂者，亦非也。樂民之樂者，民亦樂其樂；憂民之憂者，民亦憂其憂。樂以 (5) 天下，憂以天下，然而不王者，未之有也。昔者齊景公 (6) 問於晏子 (7) 曰：『吾欲觀於轉附、朝儛 (8)，遵 (9) 海而南，放於琅邪 (10)。吾何修 (11) 而可以比於先王觀也？』晏子對曰：『善哉問也！天子適 (12) 諸侯曰巡狩 (13)；巡狩者，巡所守也。諸侯朝於天子曰述 (14) 職；述職者，述所職也，無非事者。春省耕而補不足 (15)，秋省斂而助不給 (16)。夏諺 (17) 曰：「吾王不游 (18)，吾何以休？吾王不豫 (19)，吾何以助？一游一豫，為諸侯度 (20)。」

今也不然：師行而糧食，饑者弗 (21) 食，勞者弗息。睊睊胥讒 (22)，民乃作慝 (23)。方命 (24) 虐民，飲食若流 (25)；流連荒亡，為諸侯憂。從流下而忘反謂之流，從流上而忘反謂之連；從獸無厭 (26) 謂之荒，樂酒 (27) 無厭謂之亡。先王無流連之樂、荒亡之行。惟君 (28) 所行也。』景公說 (29)，大戒 (30) 於國，出舍於郊 (31)，於是始興 (32) 發補不足。召大師 (33) 曰：『為我作君臣相說之樂！』蓋《徵招》、《角招》 (34) 是也。其詩曰：『畜君何尤 (35)？』畜君者，好君也。」

【註釋】

(1) **雪宮**：齊宣王的行宮。古代帝王在正宮以外臨時居住的宮室，相當於現今的別墅。梁惠王也曾詢問孟子「賢者亦樂此乎？」（〈梁惠王上〉1.2）。

(2) **不得**：得不到（快樂）。

(3) **非**：動詞，非難、埋怨。**上**：君主。

(4) **非**：不對。

(5) **以**：因為。

(6) **齊景公**：姓姜，名杵臼（音「貯舅」，粵音 cyu2 kau5、拼音 chǔ jiù），春秋時代齊國國君，公元前 547 年至公元前 490 年在位，「景」是諡號。齊景公曾問政於孔子，見於《論語‧顏淵》12.11，孔子的回答是「君君，臣臣，父父，子子。」（君主要盡

君主之道，臣僚要盡臣僚之道，父親要盡父親之道，兒子要盡兒子之道）。

(7) **晏子**：春秋時齊國賢相，姓晏名嬰（「子」是尊稱），字仲，以「平」為諡號，於齊靈公、齊莊公及齊景公時期執政。

(8) **觀**：遊覽。**轉附、朝儛**：均為山名，據說分別是之罘山（今山東省烟台市芝罘島上）、召石山（今山東省榮成市東北）。

(9) **遵**：沿著（海邊）。

(10) **放**：一直（走到）。**琅邪**：音「狼耶」（粵音 long4 je4、拼音 láng yé），山名，在今山東省諸城市東南。

(11) **修**：做；一說修為。

(12) **適**：到。

(13) **巡狩**：「狩」也作「守」，天子巡視各諸侯國。

(14) **述**：報告。

(15) **省**：視察。**不足**：糧食不足的人。

(16) **斂**：收成。**給**：足夠。

(17) **夏**：夏朝。**諺**：諺語。

(18) **游**：或作「遊」，出遊。

(19) **豫**：義同「遊」，巡遊、走動。

(20) **度**：法度、榜樣。

(21) **弗**：不、沒有。

(22) **睊睊**：「睊」音「眷」（粵音 gyun3、拼音 juàn），怒目側視的樣子。**胥**：音「需」（粵音 seoi1、拼音 xū），全面、都。**讒**：說壞話，抱怨。

(23) **乃**：便。**慝**：粵音「溺」nik1、拼音 tè，壞事。

(24) **方**：違反。**命**：天命。天的命令（安排），非人為、人力未能支配的事情。《說文解字》云：「命，使也。」即天命使人如此。《漢書・董仲舒傳》對策云：「天令之謂命。人受命於天，固超然異於羣生，貴於物也。故曰『天地之性人為貴』。明於是天性，知自貴於物，故孔子曰『不知命無以為君子』。二文皆主德命意。故君子知命之原於天，必亦則天而行。故盛德之至，期於同天。」指君子了解天命便能主宰萬物。

(25) **流**：（浪費飲食如）流水。

(26) **從獸**：打獵。**厭**：厭倦。

(27) **樂酒**：愛好飲酒。

(28) **惟**：就。**君**：您，指齊景公。

(29) **說**：同「悅」，喜悅。

(30) **大**：充分。**戒**：戒備、準備。

(31) **出舍**：駐紮。**郊**：郊外。

(32) **始興**：打開（糧倉）。**補**：補助。**不足**：糧食不足的人。

(33) **大師**：讀「太師」，古代的首席樂官。

(34)**《徵招》、《角招》**：「徵」與「角」是古代五音（宮、商、角、徵、羽）的其中兩音，「招」同「韶」，樂曲名。

(35) **蓄**：愛護。**尤**：過錯。

【語譯】

齊宣王在雪宮接見孟子。齊宣王說：「賢良的人也有這種快樂嗎？」

孟子回答說：「有。人們得不到這種快樂，就會埋怨他們的君主。得不到這種快樂就埋怨君主，是不對的；作為人民的君主而不與人民一起快樂，也是不對的。君主為人民的快樂而快樂，人民也會為君主的快樂而快樂；君主以人民的憂愁而憂愁，人民也會為

君主的憂愁而憂愁。快樂是因為天下而快樂，憂愁是因為天下而憂愁，這樣還不能稱王天下，是從來沒有的事。從前齊景公問晏嬰說：『我想到轉附、朝舞兩座山遊覽，沿着海邊向南行，一直走到琅邪山。我該怎樣做才能與先王的遊覽相比？』晏嬰回答說：『問得好！天子到諸侯國去，叫做巡狩；巡狩，就是巡視各諸侯所守的疆土。諸侯去朝見天子，稱為述職；述職，就是報告自己的職責，沒有與工作無關的事。春天視察耕種的情況，補助糧食不足的人；秋天視察收成的情況，協助收成不足的人。夏朝諺語說：「我王不出來巡視，我怎能休息？我王不出來走動，我怎能得到補助？巡視及走動，是諸侯的榜樣。」現在卻不是這樣，君主出遊時向人民索取糧食，饑餓的人沒有飯吃，勞累的人得不到休息。人民側目怒視而全面抱怨，他們便做壞事。這種出遊違背天命，虐待人民，吃喝浪費如同流水；流連忘返，荒亡無行，使諸侯為之擔憂。從上游玩樂至下游而忘返叫做流；從下游玩樂至上游而忘返叫做連；打獵不知厭倦叫做荒；愛好飲酒而不知滿足叫做亡。先王沒有流連的享樂，也沒有荒亡的行為。就看您怎樣做了。』齊景公聽了很高興，先在都城內做好充分準備，駐紮在郊外，然後打開糧倉發放糧食，補助糧食不足的人。他召見首席樂官說：『給我創作一首君與臣互相喜悅的樂曲！』那就是《徵招》、《角招》。其中的歌詞說：『畜君有甚麼過錯？』畜君，就是愛護君主的意思。」

【2.5】
【原文】

　　齊宣王問曰：「人皆謂我毀明堂 (1)。毀諸？已乎 (2) ？」

　　孟子對曰：「夫明堂者，王者之堂也。王欲行王政，則勿毀之矣。」

　　王曰：「王政可得聞與？」

對曰：「昔者文王之治岐 ⁽³⁾ 也，耕者九一 ⁽⁴⁾，仕者世祿 ⁽⁵⁾，關市譏而不征 ⁽⁶⁾，澤梁無禁 ⁽⁷⁾，罪人不孥 ⁽⁸⁾。老而無妻曰鰥 ⁽⁹⁾，老而無夫曰寡，老而無子曰獨，幼而無父曰孤。此四者，天下之窮民而無告 ⁽¹⁰⁾ 者。文王發政、施仁 ⁽¹¹⁾，必先 ⁽¹²⁾ 斯四者。《詩》 ⁽¹³⁾ 云：『哿 ⁽¹⁴⁾ 矣富人，哀此煢獨 ⁽¹⁵⁾！』」

王曰：「善哉言乎！」

曰：「王如善 ⁽¹⁶⁾ 之，則何為不行？」

王曰：「寡人有疾 ⁽¹⁷⁾，寡人好貨 ⁽¹⁸⁾。」

對曰：「昔者公劉 ⁽¹⁹⁾ 好貨。《詩》 ⁽²⁰⁾ 云：『乃積乃倉，乃裹餱糧 ⁽²¹⁾，於橐於囊 ⁽²²⁾。思戢用光 ⁽²³⁾。弓、矢斯張 ⁽²⁴⁾，干、戈、戚揚 ⁽²⁵⁾，爰方啟行 ⁽²⁶⁾。』故居 ⁽²⁷⁾ 者有積倉，行者有裹糧也，然後可以爰方啟行。王如好貨，與百姓同 ⁽²⁸⁾ 之，於王何有 ⁽²⁹⁾？」

王曰：「寡人有疾，寡人好色。」

對曰：「昔者大王 ⁽³⁰⁾ 好色，愛厥 ⁽³¹⁾ 妃。《詩》 ⁽³²⁾ 云：『古公亶父 ⁽³³⁾，來朝走馬 ⁽³⁴⁾，率西水滸 ⁽³⁵⁾，至於岐下。爰及姜女 ⁽³⁶⁾，聿來胥宇 ⁽³⁷⁾。』當是時也，內無怨女 ⁽³⁸⁾，外無曠夫 ⁽³⁹⁾。王如好色，與百姓同之，於王何有？」

【註釋】

(1) **毀**：拆毀。**明堂**：指泰山明堂，是天子巡狩時接見諸侯的地方。明堂其後成為帝王宣明政教，以及舉行朝會、祭祀等重大儀式的地方。南懷瑾指明堂是舉辦祭祀、朝會諸侯、饗功、養老、教學、選士等重大活動的場所。⁴

(2) **已**：止、不做。

---

4. 南懷瑾：《孟子旁通（一）：梁惠王篇》，台灣：老古文化事業股份有限公司，1995 年 4 月台灣第三次印刷，第 250 頁。

《孟子》今註今譯

(3) **岐**：岐山，在今陝西省寶雞市岐山縣一帶。

(4) **耕者九一**：指井田制。九百畝的耕地以井字形分為九區，每區各一百畝。外圍八區屬於私田，由八戶各自耕種；居中一區屬於公田，由八戶共同耕種，收入歸公家，稱為「九一稅制」。

(5) **仕**：官員。**祿**：俸祿。

(6) **關**：關卡。**市**：市場。**譏**：檢查。**征**：通「徵」，徵稅。

(7) **澤梁**：水澤中用來堵水捕魚的泥壩，泛指捕魚設備。**禁**：禁止。

(8) **孥**：或作「帑」，音「奴」（粵音 nou4、拼音 nú），兒女，引申為妻子、兒女。

(9) **鰥**：音「關」（粵音 gwaan1、拼音 guān），年老無妻或喪妻的人。

(10) **窮**：困苦。**無告**：無所依靠。

(11) **發政**：頒發政令。**施仁**：施行仁政。

(12) **先**：優先考慮。

(13) **《詩》**：《詩經·小雅·節南山之什·正月》，是一首諷

刺周幽王的詩歌，充滿憂傷、憤懣的情緒。

(14) **哿**：音「可」（粵音 ho2、拼音 kě），可以（過得不錯）。

(15) **哀**：可憐。**煢**：音「瓊」（粵音 king4、拼音 qióng），孤單無依。**獨**：孤獨。

(16) **善**：動詞，覺得好。

(17) **疾**：缺點。

(18) **貨**：錢財。

(19) **公劉**：人名，周朝始祖后稷的曾孫，為周朝奠定基業。

(20) **《詩》**：《詩經·大雅·生民之什·公劉》，是一首敍述古代周部落首領公劉帶領族人遷徙而發展農業的詩歌。

(21) **裹**：動詞，包裹。**餱糧**：「餱」或作「糇」（音「喉」），乾糧。

(22) **於**：裝進。**橐**：粵音「托」tok3、拼音「駝」tuó，小袋。**囊**：大袋。

(23) **思**：句子開端的語氣詞，無義。**戢**：音「輯」，收聚，引申為集合人民。**用**：同「以」。**光**：發揚光大。

(24) **弓、矢**：弓箭。**張**：張開。

(25) **干、戈、戚**：盾、平頭戟、斧三種兵器。**揚**：舉起。

(26) **爰**：於是。**方**：開始。**啟行**：出發遠行。

(27) **居**：留守。

(28) **同**：一樣。

(29) **何有**：春秋時期常用語，即「何難之有」（有甚麼困難）。

(30) **大王**：即太王，周太王古公亶父。古公亶父遷往岐山的相關事跡見於〈梁惠王下〉2.14 及 2.15。

(31) **厥**：代詞，通「其」，他的。

(32) **《詩》**：《詩經·大雅·文王之什·綿》，是一首周人記述祖先古公亶父事跡的詩歌。

(33) **古公亶父**：周文王的祖父周太王。

(34) **來朝**：清早。**走馬**：騎馬奔馳。

(35) **率**：沿着。**西**：指豳邑（今陝西省咸陽市旬邑縣西南），

「豳」是古地名，音「賓」（粵音 ban1、拼音 bīn）。滸：水邊、河岸。

(36) **姜女**：周太王的妃子姜氏，也稱「太姜」。

(37) **聿**：粵音「月」jyut6、拼音「喻」yù，語首詞，無義。**胥**：動詞，視察。**宇**：屋宇。

(38) **怨女**：不嫁而抱怨的女子。

(39) **曠夫**：不娶而單身的男子。

【語譯】

齊宣王問道：「別人都建議我拆毀明堂，是拆毀好？還是不要？」

孟子回答說：「明堂，是王的殿堂。王如果要施行王政，就不要拆毀它。」

宣王說：「王政的情況，可以說來聽聽嗎？」

孟子回答說：「從前周文王治理岐山，向農民徵收九分抽一的稅，官員世代繼承俸祿，關卡與市場只檢查而不徵稅，捕魚設備不予禁止，罪犯的懲罰不牽連妻子、兒女。年老而無妻的稱為鰥夫，年老而無夫的稱為寡婦，年老而無子女的稱為獨老，年幼而無父的稱為孤兒。這四類人，是天下困苦而無所依靠的人。周文王頒發政令、施行仁政，一定優先考慮這四類人。《詩經‧小雅‧節南山之什‧正月》說：『富人可以過得不錯了，可憐這些孤單無依、孤獨的人！』」

宣王說：「這番話說得好！」

孟子說：「王如果覺得好，那為甚麼不實行？」

宣王說：「我有個缺點，我喜愛錢財。」

孟子回答說：「從前公劉喜愛錢財。《詩經・大雅・生民之什・公劉》說：『積囤糧食在倉庫，包裹好乾糧裝進小袋、大袋。集合人民以發揚光大，將弓箭張開，盾、平頭戟、斧等兵器舉起，於是出發遠行。』因此留守的人有積囤糧食的倉庫，出行的人有包裹好的乾糧，然後可以出發遠行。王如果喜愛錢財，與百姓一樣，對於稱王天下有甚麼困難？」

宣王說：「我有個缺點，我喜愛女色。」

孟子回答說：「從前周太王（古公亶父）喜愛女色，寵愛他的妃子姜氏。《詩經・大雅・文王之什・綿》說：『古公亶父，清早騎馬奔馳，沿着漆邑西邊的河岸，直到岐山山腳。於是帶著姜氏，視察地點興建屋宇。』當時，沒有不嫁而抱怨的女子，也沒有不娶而單身的男子。王如果喜愛女色，與百姓一樣，對於稱王天下有甚麼困難？」

【2.6】

【原文】

孟子謂齊宣王曰：「王之臣有托 (1) 其妻子於其友，而之楚游 (2) 者。比其反 (3) 也，則凍餒 (4) 其妻子，則如之何？」

王曰：「棄 (5) 之。」

曰：「士師不能治士 (6)，則如之何？」

王曰：「已 (7) 之。」

曰：「四境之內不治⁽⁸⁾，則如之何？」

王顧⁽⁹⁾左右而言他。

【註釋】

(1) **托**：託付。

(2) **之**：到。**游**：同「遊」，遊玩。

(3) **比**：至、等到。**反**：同「返」。

(4) **凍**：受冷。**餒**：粵音「女」noi5、拼音「哪」něi，饑餓。

(5) **棄**：絕交。

(6) **士師**：獄官，執掌刑罰禁令，如《論語集注》云：「士師，獄官。」及《周禮‧秋官司寇》云：「士師之職：掌國之五禁之法，以左右刑罰：一曰宮禁，二曰官禁，三曰國禁，四曰野禁，五曰軍禁。皆以木鐸徇之於朝，書而縣於門閭。」指士師掌管國家刑禁的法律（「五禁之法」）；一說司法官。**士**：官員，指士師的下屬。

(7) **已**：撤換。

(8) **四境之內**：國內。**治**：治理。

(9) **顧**：轉頭（張望）。

孟子對齊宣王說：「如果王有一個官員，把妻子、兒女託付給他的朋友照顧，自己到楚國遊玩。等他回來時，發現妻子、兒女受冷而饑餓。對這樣的朋友，應該怎辦？」

齊宣王說：「和他絕交！」

孟子說：「如果司法官不能管好他的下屬，應該怎辦？」

齊宣王說：「撤換他！」

孟子說：「一個國家治理不好，應該怎辦？」

齊宣王轉頭左右張望，談論別的事情。

【2.7】

【原文】

孟子見齊宣王曰：「所謂故國 (1) 者，非謂有喬木 (2) 之謂也，有世臣 (3) 之謂也。王無親臣 (4) 矣，昔者所進 (5)，今日不知其亡 (6) 也。」

王曰：「吾何以識其不才而舍 (7) 之？」

曰：「國君進賢，如不得已，將使卑踰尊 (8)，疏踰戚 (9)，可不慎 (10) 與？左右 (11) 皆曰賢，未可也；諸大夫皆曰賢，未可也；國人皆曰賢，然後察 (12) 之；見賢焉，然後用之。左右皆曰不可，勿聽；諸大夫皆曰不可，勿聽；國人皆曰不可，然後察之；見不可焉，然後去 (13) 之。左右皆曰可殺，勿聽；諸大夫皆曰可殺，勿聽；國人皆曰可殺，然後察之；見可殺焉，然後殺之。故曰國人殺之也。如此，然後可以為民父母。」

【註釋】

(1) **故國**：歷史悠久的國家。

(2) **喬木**：高大的樹木。

(3) **世臣**：世代建功的官員。

(4) **親臣**：親信的官員。

(5) **進**：進用、任用。

(6) **亡**：去向。

(7) **識**：識別。**才**：才能。**舍**：同「捨」，捨棄。

(8) **卑**：地位低的人。**踰**：超越，提拔到......之上。**尊**：地位高的人。

(9) **疏**：關係疏遠的人。**戚**：關係親近的人。

(10) **慎**：慎重。

(11) **左右**：左右的親信。

(12) **察**：考察。

(13) **去**：撤換。

孟子拜見齊宣王，說：「所謂歷史悠久的國家，不是說有高大的樹木，而是說有世代建功的官員。現在王已沒有親信的官員，過去所任用的人，現在不知其去向了。」

齊宣王說：「我應該怎樣識別哪些沒有才能的人而捨棄他們？」

孟子說：「國君任用賢才，如果迫不得已，會將地位低的人提拔到地位高的人之上，會將關係疏遠的人提拔到關係親近的人之上，可以不慎重嗎？左右的親信都說他好，還不可以；各位大夫都說他好，還不可以；全國的人都說他好，然後考察他。發現他真的好，然後才任用他。左右的親信都說他不好，不可聽從；各位大夫都說他不好，不可聽從；全國的人都說他不好，然後考察他；發現他真的不好，再撤換他。左右的親信都說他該殺，不可聽從；各位大夫都說他該殺，不可聽從；全國的人都說他該殺，然後考察他；發現他真的該殺，然後才殺他。所以說這是全國的人殺他的。這樣，才可以作為人民的父母。」

【2.8】

【原文】

齊宣王問曰：「湯放桀 [(1)]，武王伐紂 [(2)]，有諸？」

孟子對曰：「於傳 [(3)] 有之。」

曰：「臣弒 [(4)] 其君，可乎？」

曰：「賊 [(5)] 仁者謂之『賊』，賊義者謂之『殘』 [(6)]，殘、賊之人謂之『一夫』 [(7)]。聞誅 [(8)]『一夫』紂矣，未聞弒君也！」

【註釋】

(1) **湯**：成湯、商湯，商（殷）代開國君主，是儒家尊崇的聖人之一。**放**：放逐。**桀**：夏代末代君主，名履癸，「桀」是諡號。桀荒淫無度、暴虐，敗於成湯後死於南巢。

(2) **紂**：商代末代君主，名辛，「紂」是諡號。紂是暴君，被西伯侯姬發（其後的周武王）大敗於牧野，自焚於鹿臺。

(3) **傳**：粵音 zyun6、拼音 zhuàn，文獻。

(4) **弒**：音「試」（粵音 si3、拼音 shì），貶義詞，下級殺上級。

(5) **賊**：破壞。南懷瑾認為「賊」指違反仁道的統治者，「殘」是違反、毀壞義理和道義的人，「獨（一）夫」是冷酷無情、心智不完整、精神有缺陷的領導人。[5]

(6) **殘**：殘酷。

(7) **一夫**：獨夫、冷酷無情的領導人。

(8) **誅**：褒義詞，殺。

【語譯】

齊宣王問說：「商湯放逐夏桀，武王討伐商紂，有這回事嗎？」

孟子回答說：「文獻有這樣的記載。」

宣王說：「官員殺害他的國君，可以嗎？」

孟子說：「破壞仁道的叫做『賊』，破壞義的叫做『殘』，殘

5. 南懷瑾：《孟子旁通（一）：梁惠王篇》，台灣：老古文化事業股份有限公司，1995 年 4 月台灣第三次印刷，第 303 頁。

《孟子》今註今譯

酷、賊害的人叫做『獨夫』。我只聽說（周武王）殺了『獨夫』商紂，沒聽說殺了國君啊！」

【2.9】
【原文】

孟子見齊宣王，曰：「為巨室 (1)，則必使工師 (2) 求大木。工師得大木，則王喜，以為能勝其任 (3) 也。匠人斲 (4) 而小之，則王怒，以為不勝其任矣。夫人幼而學之，壯而欲行之，王曰：『姑舍女 (5) 所學而從我！』則何如？今有璞玉 (6) 於此，雖萬鎰 (7)，必使玉人 (8) 雕琢之。至於治 (9) 國家，則曰：『姑舍女所學而從我！』則何以異於教玉人雕琢玉哉？」

【註釋】

(1) **為**：興建。**巨**：巨大。**室**：宮室。

(2) **使**：派遣。**工師**：管理工匠的長官，大工匠；後句的「匠人」指小工匠或木工。

(3) **勝**：勝任。**任**：職務。

(4) **斲**：音「琢」（粵音 deok3、拼音 zhuó），砍削。

(5) **姑**：姑且。**舍**：同「捨」，放棄。**女**：同「汝」（粵音 jyu5、拼音 rǔ），你。

(6) **璞玉**：未經加工的玉石。

(7) **鎰**：粵音「日」jat6、拼音「譯」yì，古代重量單位，相等於二十兩。

(8) **玉人**：治玉工匠。

(9) **治**：治理。

【語譯】

孟子去見齊宣王，說：「興建巨大的宮室，就必須派遣工匠的長官（大工匠）去尋找大木材。工匠的長官找到了大木材，王就高興，認為他能勝任。小工匠把木材砍削變小了，王就發怒，認為他不能勝任。一個人自幼學習一種本事，長大後便希望去實踐它，王卻說：『姑且放棄你所學的，照我的方法去做！』這樣怎辦？假如這裡有一塊未經雕琢的玉石，即使它重一萬鎰（二十萬兩），亦必須讓治玉的工匠去琢磨它。至於治理國家，則說：『姑且放棄你所學的，照我的方法去做！』這與教導治玉的工匠去雕琢玉石有甚麼分別？」

【2.10】

【原文】

齊人伐燕 (1)，勝之。宣王問曰：「或謂寡人勿取 (2)，或謂寡人取之。以萬乘之國伐萬乘之國，五旬而舉之 (3)，人力不至於此。不取，必有天殃 (4)。取之，何如？」

孟子對曰：「取之而燕民悅，則取之。古之人有行之者，武王是也 (5)。取之而燕民不悅，則勿取。古之人有行之者，文王是也 (6)。以萬乘之國伐萬乘之國，簞食、壺漿 (7)，以迎王師，豈有他哉？避

水火 [(8)] 也。如水益深，如火益熱，亦運 [(9)] 而已矣。」

【註釋】

(1) **齊人伐燕**：公元前 315 年（齊宣王五年），燕王噲自比堯而進行禪讓，將王位讓給相國（宰相）子之，大子平不服而起兵，燕國內亂。齊宣王趁機攻打燕國，燕國人民打開城門歡迎齊軍，燕王噲及子之被殺。齊國佔領燕國一事的發展見於同章〈梁惠王下〉2.11、〈公孫丑下〉4.8 及 4.9 等。

(2) **取**：佔領。

(3) **旬**：十天。**舉**：成功。**五旬而舉之**：根據《史記·燕召公世家》記載，「士卒不戰，城門不閉，燕君噲死，齊大勝。」齊軍五十天就攻陷燕國首都。

(4) **天殃**：天降的災禍。齊宣王認為攻打燕國太順利，如內文「人力不至於此」，是天意。不佔領燕國是違背天意，必有災殃。

(5) **武王是也**：指周武王討伐商紂，人民覺得高興。

(6) **文王是也**：指周文王控制天下之三分之二，仍侍奉殷（商）而沒有造反。

(7) **簞**：音「單」（粵音 daan1、拼音 dān），古代盛飯的有蓋圓形小竹器（竹筐），此處作動詞用。**食**：粵音「寺」zi6、拼音「十」shí，飯。**漿**：湯或酒。

(8) **水火**：以水深、火熱來形容不良的統治。

(9) **運**：轉換。

【語譯】

齊國攻打燕國，大獲全勝。齊宣王問道：「有人勸我不要佔領燕國，也有人勸我佔領它。以一個擁有萬輛兵車的國家去攻打同樣擁有萬輛兵車的國家，五十天就成功了，單靠人力是做不到的（應是天意）。不佔領它，必定有天降的災禍。佔領它，怎麼樣？」

孟子回答說：「佔領它而燕國的人民高興，就佔領它。古人有這樣做的，周武王便是。佔領它而燕國的人民不高興，就不要佔領它。古人有這樣做的，周文王便是。以一個擁有萬輛兵車的國家去攻打同樣擁有萬輛兵車的國家，人民用竹筐裝着飯，用壺裝著湯、酒來迎接王的軍隊，難道有別的原因嗎？只是想擺脫水深火熱的統治罷了。如果（佔領後）水淹得更深，如果火燒得更熱，亦只不過是轉換一個（不良的）統治者罷了。」

【2.11】
【原文】

齊人伐燕，取之。諸侯將謀救燕。宣王曰：「諸侯多謀伐寡人者，何以待 (1) 之？」

孟子對曰：「臣聞七十里為政於天下者，湯 (2) 是也。未聞以千里畏人者也。《書》(3) 曰：『湯一征 (4)，自葛 (5) 始。』天下信 (6) 之，東面而征，西夷 (7) 怨；南面而征，北狄怨，曰：『奚為後我 (8)？』民望之，若大旱之望雲霓 (9) 也。歸市者 (10) 不止，耕者不變。誅其君而弔 (11) 其民，若時雨 (12) 降，民大悅。《書》(13) 曰：『徯我後 (14)，

後來其蘇 [15]！」今燕虐其民，王往而征之，民以為將拯己於水火之中也，簞食、壺漿以迎王師。若殺其父兄，繫累 [16] 其子弟，毀其宗廟 [17]，遷其重器 [18]，如之何其可也？天下固畏齊之強也，今又倍 [19] 地而不行仁政，是動天下之兵也。王速出令，反其旄、倪 [20]，止其重器，謀於燕眾 [21]，置 [22] 君而後去之，則猶可及止也。」

【註釋】

(1) **待**：應對。

(2) **湯**：成湯、商湯，商（殷）代開國君主，是儒家尊崇的聖人之一。

(3) **《書》**：「湯一征，自葛始」一句是《尚書》的逸文。

(4) **一征**：初征。

(5) **葛**：葛國，古代商的鄰國，故城在今河南省商丘市寧陵縣北。

(6) **信**：信賴。

(7) **西夷、北狄**：古時西面及北面的落後民族。

(8) **奚**：為甚麼。**為後我**：把我們放到後面。

(9) **雲**：烏雲。**霓**：虹霓，彩色的圓弧外圈，被視為下雨的徵兆。

(10) **歸市者**：做生意的人。

(11) **弔**：安撫。

(12) **時雨**：及時雨。

(13) **《書》**：《尚書‧商書‧仲虺之誥》，原文是「徯予后，後來其蘇。民之戴商，厥惟舊哉！」

(14) **徯**：等待。**后**：指王、君主。「後來其蘇」中的「後」字同解。

(15) **蘇**：通「甦」，復活。

(16) **繫累**：「累」是大繩索，「繫累」解捆綁，引申為囚禁。

(17) **宗廟**：古時天子、諸侯祭祀祖先的廟宇。

(18) **重器**：貴重的器具、寶物。

(19) **倍**：增加一倍。

(20) **反**：送返。**旄**：通「耄」，（燕國被俘虜）八十、九十歲的長者。**倪**：小孩。

(21) **謀**：商議。**眾**：各界。

(22) **置**：選立。

【語譯】

　　齊國攻打燕國，佔領了它。其他諸侯國謀劃拯救燕國。齊宣王說：「諸侯國多有謀劃來攻打我，怎樣應對他們？」

　　孟子回答說：「我聽說過，憑藉方圓七十里的土地就能統治天下，商湯就是。沒有聽說憑藉方圓千里的土地而畏懼的。《尚書》說：『商湯征伐，從葛國開始。』天下人都信賴他，他向東方征伐，西方的夷人就抱怨；他向南方征伐，北方的狄人就抱怨，他們說：『為甚麼把我們放到後面？』人民盼望他，就像大旱時盼望烏雲和虹霓（下雨）一樣。做生意的人沒有停止做生意，耕種的人照常耕種。商湯誅殺暴君（夏桀）而安撫他的人民，就像及時雨從天而降一樣，人民非常高興。《尚書‧商書‧仲虺之誥》說：『等待我們的君王，君王來了，我們就復活！』現在燕國虐待它的人民，王前往征伐它，燕國的人民以為您將會把他們從水深火熱中拯救出來，所以用竹筐裝着飯，用壺裝著湯、酒來迎接王的軍隊。可是您卻殺了他們的父兄，囚禁他們的子弟，毀壞他們的宗廟，搬走他們的寶物，這怎可以？天下各國本來害怕齊國強大，現在齊國的土地增加了一倍，卻不施行仁政，這是招致天下各國動武。王趕快發出命令，送返從燕國俘虜的長者及小孩，停止搬走它的寶物，與燕國各界商議，選立一位國君，然後從燕國撤離。這樣還可以及時制止各國興兵。」

【2.12】

【原文】

鄒與魯哄 (1)。穆公 (2) 問曰：「吾有司 (3) 死者三十三人，而民

莫之死⁽⁴⁾也。誅⁽⁵⁾之，則不可勝誅；不誅，則疾視其長上⁽⁶⁾之死而不救，如之何則可也？」

孟子對曰：「凶年饑歲⁽⁷⁾，君之民老弱轉乎溝壑⁽⁸⁾，壯者散而之四方⁽⁹⁾者，幾⁽¹⁰⁾千人矣；而君之倉廩實⁽¹¹⁾，府庫充⁽¹²⁾，有司莫以告⁽¹³⁾，是上慢而殘下⁽¹⁴⁾也。曾子⁽¹⁵⁾曰：『戒⁽¹⁶⁾之！戒之！出乎爾⁽¹⁷⁾者，反乎爾者也。』夫民今而後得反之也。君無尤⁽¹⁸⁾焉！君行仁政，斯民親其上，死其長矣。」

【註釋】

(1) **鬨**：或作「鬩」，原解爭吵，引申為交戰。

(2) **穆公**：鄒穆公，戰國時代鄒國君主，約公元前 382 年至公元前 330 年在位。

(3) **有司**：主管事務的官吏。

(4) **莫之死**：即「莫死之」的倒裝，「之」指「有司」，沒有人為他們（官吏）而死。

(5) **誅**：殺。

(6) **疾**：痛恨。**長上**：長官。

(7) **凶年饑歲**：災荒、饑饉的歲月。

(8) **轉**：輾轉（死於）。**溝**：田溝。**壑**：粵音「確」kok3、拼

音「賀」hè，山溪。

(9) **散**：離散。**之**：到達（實際是逃難）。**四方**：或作「對方」，各方。

(10) **幾**：幾乎、接近。

(11) **倉廩**：「廩」音「凜」（粵音 lam5、拼音 lǐn），官方糧倉。**實**：堆滿（糧食）。

(12) **府庫**：政府倉庫。**充**：裝滿（財物）。

(13) **莫以告**：不報告。

(14) **上慢**：對上怠慢（國君）。**殘下**：對下殘害（人民）。

(15) **曾子**：曾參（粵音 sam1、拼音 shēn），字子輿（音「余」，粵音 jyu4、拼音 yú），孔子弟子曾晳（曾蒧、曾點）之子，魯國武城人（今山東省臨沂市費縣西南）。少孔子 46 歲（公元前 505 年 - 公元前 435（或 436）年），是孔子年紀最小的學生之一。為人謹慎，以孝著稱。

(16) **戒**：警惕。

(17) **爾**：你。**出乎爾、反乎爾**：你所做的事，後果會報復於你（身上）。

(18) 尤：責怪。

【語譯】

鄒國與魯國交戰。鄒穆公問道：「我的官吏死了三十三人，而人民卻沒有人為官吏而死。殺了他們（人民），殺不了那麼多；不殺他們，又痛恨他們看著自己的長官死去而不去營救。怎辦才可以？」

孟子回答說：「在災荒、饑饉的歲月，您人民之中年老體弱的人輾轉死於田溝、山溪，年輕力壯的人離散而逃往各方，接近一千人了；然而您的糧倉堆滿糧食，政府倉庫裝滿財物，官吏卻沒有向您報告，這是對上怠慢國君，對下殘害人民。曾子說：『警惕啊！警惕啊！你所做的事，後果會報復於你身上。』人民如今有報復的機會了。您不要責怪人民了！若果您施行仁政，人民就會親近他們的長官，肯為他們的長官而犧牲了。」

【2.13】
【原文】

滕文公 (1) 問曰：「滕 (2)，小國也，間 (3) 於齊、楚。事 (4) 齊乎？事楚乎？」

孟子對曰：「是謀非吾所能及 (5) 也。無已 (6)，則有一焉：鑿斯池 (7) 也，築斯城也，與民守之。效死 (8) 而民弗去，則是可為也。」

【註釋】

(1) 滕文公：戰國時代滕國國君，公元前 326 年繼位，崇尚孟子之學，多次問政於孟子。

(2) **滕**：古國名，西周分封的諸侯國，姬姓，開國國君是周文王的第十四子錯叔繡，故城在今山東省滕州市西南。公元前 414 年為越國所滅，不久復國，公元前 296 年被宋國所滅。

(3) **間**：或作「閒」，處於。

(4) **事**：侍奉，引申為歸順。

(5) **是**：這個。**謀**：策略。**及**：想及。

(6) **無已**：一定要（我）說。

(7) **鑿**：挖深。**池**：城池、護城河。

(8) **效死**：犧牲性命。

【語譯】

滕文公問道：「滕國，是一個小國，處於齊國和楚國之間。是歸順齊國？還是歸順楚國？」

孟子回答說：「這種策略不是我能想及的。一定要我說，就有一個辦法：把護城河挖深，把城牆建築得堅固，與人民一起守衛它。人民寧願犧牲性命也不離開，那就可以有些作為了。」

【2.14】
【原文】

滕文公問曰：「齊人將築薛 (1)，吾甚恐，如之何則可？」

孟子對曰：「昔者大王居邠[2]，狄人侵之，去之岐山之下居焉。非擇而取之，不得已也。苟為善[3]，後世子孫必有王者矣。君子創業垂統[4]，為可繼[5]也。若夫成功，則天[6]也。君如彼何[7]哉？強[8]為善而已矣。」

【註釋】

(1) **薛**：國名，鄰近滕國，故城在今山東省滕州市西南。**築薛**：齊國滅了薛國，開始築建城牆，滕文公擔心齊國繼而進逼滕國。

(2) **大王**：「大」音「太」，姬亶父，周武王的曾祖父，被周武王追封為「周太王」。**邠**：同「豳」（音「賓」，粵音 ban1、拼音 bīn），即豳邑（今陝西省咸陽市旬邑縣西南），「豳」見於〈梁惠王下〉2.5。

(3) **為善**：做善事。

(4) **垂統**：奠定傳統。

(5) **繼**：繼承下去。

(6) **則**：就要（看）。**天**：天命。

(7) **彼**：指齊國。**如彼何**：即「如何彼」，如何對待齊國。

(8) **強**：音「鏹」（粵音 keong5、拼音 qiǎng），勉強。

《孟子》今註今譯

【語譯】

滕文公問道：「齊國人將要修築薛城的城墻，我很害怕，怎辦才可以？」

孟子回答說：「從前周太王住於邠地，北狄的人侵犯他；太王就離開，遷到岐山之下居住。他並非選擇到那裡居住，而是不得已。若是做善事，後世子孫必定有稱王天下的。君子創立基業、奠定傳統，是為了可以繼承下去。至於成功與否，就要看天命了。您能如何對待齊國？只有勉強多做善事而已。」

【2.15】

【原文】

滕文公問曰：「滕，小國也，竭力以事大國，則不得免 (1) 焉，如之何則可？」

孟子對曰：「昔者大王居邠，狄人侵之。事之以皮幣 (2)，不得免焉；事之以犬馬，不得免焉；事之以珠玉 (3)，不得免焉。乃屬其耆老 (4) 而告之曰：『狄人之所欲者，吾土地也。吾聞之也：君子不以其所以養人 (5) 者害人。二三子 (6) 何患乎無君？我將去之。』去 (7) 邠，踰梁山 (8)，邑於岐山之下居 (9) 焉。邠人曰：『仁人也，不可失也。』從之者如歸市 (10)。或曰：『世守 (11) 也，非身之所能為 (12) 也，效死 (13) 勿去！』君請擇於斯二者。」

【註釋】

(1) **免**：免遭侵犯。

(2) **皮**：野獸的毛皮。**幣**：繒帛、絲綢。「皮幣」於古代是貴重的禮物。

(3) **珠玉**：珍珠、寶玉。

(4) **屬**：通「囑」，囑付，引申為召集。**耆老**：長者（指德高望重者）。

(5) **養人**：養活人（指土地）。

(6) **二三子**：你們、各位，見於《論語》多章。

(7) **去**：離開。

(8) **踰**：越過。**梁山**：山名，在今陝西省咸陽市乾縣西北。

(9) **邑**：動詞，建築城邑。**居**：定居。

(10) **歸市**：趕市集。

(11) **世守**：世世代代守衛（的土地）。

(12) **身**：自身、自己。**為**：作主。

(13) **效死**：犧牲性命。

【語譯】

滕文公問道：「滕，是一個小國，已竭盡心力去侍奉大國，還

是無法免遭侵犯，怎辦才可以？」

孟子答道：「從前周太王住在邠地，狄人（當時北方的落後民族）前來侵犯。太王獻上毛皮、絲綢，不能免遭侵犯；獻上狗和馬，不能免遭侵犯；獻上珍珠、寶玉，仍不能免遭侵犯。太王就召集邠地的長者而告訴他們說：『狄人想要的，是我們的土地。我聽說過：君子不拿他用來養活人的東西（土地）來害人。你們何必擔心沒有君主？我將要離開這裡。』他於是離開邠地，越過梁山，於岐山之下建築城邑定居。邠地的人說：『這是一位有仁德的人，不可失去他。』追隨的人如趕市集一樣踴躍。也有人說：『這是我們世世代代守衛的土地，不是自己所能作主的，犧牲性命也不離開！』請您在這兩種辦法選取其一。」

【2.16】

【原文】

魯平公將出 [(1)]，嬖人臧倉者請 [(2)] 曰：「他日君 [(3)] 出，則必命有司所之 [(4)]。今乘輿已駕 [(5)] 矣，有司未知所之，敢請 [(6)]。」

公曰：「將見孟子。」

曰：「何哉？君所為輕身以先於匹夫 [(7)] 者！以為賢 [(8)] 乎？禮義由賢者出，而孟子之後喪踰前喪 [(9)]，君無見 [(10)] 焉！」

公曰：「諾 [(11)]。」

樂正子 [(12)] 入見，曰：「君奚為 [(13)] 不見孟軻也？」

曰：「或告寡人曰：『孟子之後喪踰前喪。』是以不往見也。」

曰：「何哉君所謂『踰』者？前以士 [(14)]，後以大夫；前以三鼎 [(15)]，而後以五鼎與？」

曰：「否。謂棺槨衣衾之美 [(16)] 也。」

曰：「非所謂『踰』也，貧富不同也。」

樂正子見孟子曰：「克⁽¹⁷⁾告於君，君為⁽¹⁸⁾來見也。嬖人有臧倉者沮⁽¹⁹⁾君，君是以不果⁽²⁰⁾來也。」

曰：「行⁽²¹⁾，或使⁽²²⁾之；止⁽²³⁾，或尼⁽²⁴⁾之。行、止，非人所能也。吾之不遇魯侯⁽²⁵⁾，天⁽²⁶⁾也。臧氏之子⁽²⁷⁾焉能使予⁽²⁸⁾不遇哉？」

【註釋】

(1) **魯平公**：魯國國君，姓姬名叔，又名「旅」，「平」是諡號。**將出**：準備外出。

(2) **嬖人**：「嬖」粵音「譬」pei3、拼音「疵」bì，國君所寵愛的小臣。**臧倉**：戰國末期魯國人，魯平公的男寵。**請**：請問。

(3) **他日**：以往。**君**：敬稱，您（指魯平公）。

(4) **命**：告訴。**有司**：執事官員。**所之**：往何處去。

(5) **駕**：（備好）駕車的馬。**乘輿已駕**：車馬已經準備妥當。

(6) **敢請**：冒昧請問。

(7) **匹夫**：無官職的一般平民。

(8) **賢**：賢良的人。

(9) **後喪、前喪**：孟子先喪父，後喪母；「後喪」指孟子母親

的喪事，「前喪」指孟子父親的喪事。**踰**：（排場）超過。

(10) **無見**：不要去見（孟子）。

(11) **諾**：答話的回應，相當於現在的「嗯」、「好」。

(12) **樂正**：複姓，名克，「子」是敬稱，孟子學生。

(13) **奚為**：為甚麼。

(14) **士、大夫**：以士人禮、以大夫禮。**前、後**：孟子父親的喪事、孟子母親的喪事。

(15) **鼎**：古代器皿，指盛載祭品的鼎。**三鼎**：士的祭禮，以三個鼎盛載祭品。根據周代的列鼎制度，天子用九鼎，諸侯用七鼎，大夫用五鼎，士用三鼎或一鼎；至東周，天子、諸侯用九鼎，卿用七鼎，大夫用五鼎，士用三鼎或一鼎。**五鼎**：大夫的祭禮，以五個鼎盛載祭品。

(16) **棺**：古代大官的棺木分兩層，內層叫「棺」，用以放置屍體。**椁**：音「國」（粵音 gwok3、拼音 guǒ），或「槨」，棺木的外層。**衣**：斂屍的衣，壽衣。**衾**：粵音「襟」kam1、拼音「欽」qīn，覆於斂衣外的單被，或稱「壽被」。**棺椁衣衾**：泛指喪葬用品。**美**：華美。

(17) **克**：樂正子自稱。

(18) **為**：將要

(19) **沮**：同「阻」，阻止。

(20) **果**：如願。

(21) **行**：做事（去見孟子）。

(22) **使**：促使。

(23) **止**：不做事（不去見孟子）。

(24) **尼**：通「泥」，阻滯、阻止。

(25) **遇**：見面。**魯侯**：魯國君主原是侯爵，僭稱「公」。此「侯」指魯平公是諸侯，並非稱其爵位。

(26) **天**：天命。

(27) **臧氏之子**：「子」即「人」，即「這姓臧的人」。

(28) **焉能**：怎能。**予**：我。

【語譯】

魯平公準備外出，他的寵臣臧倉請示說：「以往您外出，一定告訴執事官員往何處。現在車馬已經準備妥當，而執事官員還不知

《孟子》今註今譯

道往何處去，因此冒昧請示。」

魯平公說：「將去見孟子。」

臧倉說：「您降低身份去見一個普通百姓，為甚麼？以為他是賢良的人嗎？禮義出自賢良的人，但孟子為母親辦的喪事，排場超過先前為父親辦的喪事，您不要去見他吧！」

魯平公說：「好。」

樂正子（孟子學生）拜見魯平公，說：「您為甚麼不見孟軻？」

魯平公說：「有人告訴我：『孟子為母親辦的喪事，排場超過先前為父親辦的喪事。』所以我不去見他。」

樂正子說：「您所說的『超過』指甚麼？是指先前用士的禮，後來用大夫的禮；先前用三個鼎擺放祭品，後來用五個鼎擺放祭品嗎？」

魯平公說：「不是，是指喪葬用品（包括內棺、外棺、壽衣、壽被等）的華美。」

樂正子說：「這不能說是『超過』，而是因為前後貧富不同的緣故。」

樂正子去見孟子，說：「我告訴國君（魯平公），國君打算來見您的。有一個叫臧倉的寵臣阻止他，所以他不能如願前來。」

孟子說：「人要做事，是有人促使他的；不做事，是有人阻止他的。做事或不做事，並非人力所能左右的。我不能與魯侯見面，是天命。這姓臧的人怎能使我不能與魯侯見面？」

第三章

公孫丑上

【篇章概論】

此篇共 9 章，主要談論仁政、王道與霸道之別、浩然之氣，以及人皆有不忍人之心等。孟子批評當時一些諸侯國的暴政，認為「霸道」是靠武力達致目標，人民不會心悅誠服，「王道」則會得到人民的擁護（3.1、3.3-3.5）。孟子提出實踐仁政的五項具體政策（「尊賢使能」、「廛而不征」、「譏而不征」、「助而不稅」、「無夫、里之布」）（3.5）。孟子也論及個人修養及人性等議題，包括「不動心」（3.2）、培養「浩然之氣」（3.2）、「知言」（3.2）、反求諸己（3.7）、捨己從人（3.8）、與人為善（3.8）等。孟子更提出著名的「人皆有不忍人之心」及「四端說」（惻隱之心、羞惡之心、辭讓之心、是非之心），作為仁、義、禮、智的開端（3.6）。

【3.1】

【原文】

公孫丑 [(1)] 問曰：「夫子當路 [(2)] 於齊，管仲、晏子 [(3)] 之功，可復許 [(4)] 乎？」

孟子曰：「子誠 [(5)] 齊人也，知管仲、晏子而已矣。或問乎曾西 [(6)] 曰：『吾子與子路孰賢 [(7)]？』曾西蹵然 [(8)] 曰：『吾先子 [(9)] 之所畏也！』曰：『然則吾子與管仲孰賢？』曾西艴然 [(10)] 不悅，曰：『爾何曾比予 [(11)] 於管仲？管仲得君如彼其專 [(12)] 也，行乎國政 [(13)] 如彼其久也，功烈如彼其卑 [(14)] 也！爾何曾比予於是！』」曰：「管仲，曾西之所不為 [(15)] 也，而子為我願 [(16)] 之乎？」

曰：「管仲以其君霸 [(17)]，晏子以其君顯 [(18)]。管仲、晏子猶不足為與？」

曰：「以齊王，由反手 [(19)] 也。」

曰：「若是，則弟子之惑滋 [(20)] 甚。且以文王之德，百年而後

《孟子》今註今譯

崩⁽²¹⁾，猶未洽⁽²²⁾於天下；武王、周公⁽²³⁾繼之，然後大行⁽²⁴⁾。今言王若易⁽²⁵⁾然，則文王不足法⁽²⁶⁾與？」

曰：「文王何可當⁽²⁷⁾也？由湯至於武丁，賢聖之君六、七作⁽²⁸⁾，天下歸殷久矣，久則難變也。武丁朝⁽²⁹⁾諸侯，有天下，猶運⁽³⁰⁾之掌也。紂之去⁽³¹⁾武丁未久也，其故家遺俗⁽³²⁾、流風、善政⁽³³⁾，猶有存者；又有微子、微仲、王子比干、箕子、膠鬲⁽³⁴⁾，皆賢人也，相與輔相⁽³⁵⁾之，故久而後失之也。尺地，莫非其有也；一民，莫非其臣也；然而文王猶方百里起，是以難也。齊人有言曰：『雖有智慧，不如乘勢；雖有鎡基⁽³⁶⁾，不如待時⁽³⁷⁾。』今時則易⁽³⁸⁾然也：夏后、殷、周之盛，地未有過千里者也，而齊有其地矣；雞鳴狗吠相聞，而達乎四境，而齊有其民矣。地不改辟⁽³⁹⁾矣，民不改聚⁽⁴⁰⁾矣；行仁政而王，莫之能御⁽⁴¹⁾也。且王者之不作⁽⁴²⁾，未有疏⁽⁴³⁾於此時者也；民之憔悴⁽⁴⁴⁾於虐政，未有甚於此時者也。饑者易為食⁽⁴⁵⁾，渴者易為飲。孔子曰：『德之流行，速於置郵⁽⁴⁶⁾而傳命。』當今之時，萬乘之國行仁政，民之悅之，猶解倒懸⁽⁴⁷⁾也。故事半古之人，功必倍之，惟此時為然⁽⁴⁸⁾。」

【註釋】

(1) **公孫丑**：孟子學生，齊國人。

(2) **夫子**：敬稱，相當於「您」。**當路**：當權。

(3) **管仲**：姓管名夷吾，字仲，齊國人，春秋時期法家先驅。齊桓公的宰相，輔助桓公成為「春秋五霸」之一。**晏子**：「晏」粵音 aan3、拼音 yàn，姓晏名嬰。春秋時期齊國的賢大夫，於齊靈公、齊莊公及齊景公時期執政。

(4) **復**：復興。**許**：期許、期待。

(5) **誠**：果然是。

(6) **或**：有人。**曾西**：曾申，字子西，魯國人，孔子學生曾參的次子。

(7) **吾子**：相當於「吾兄」、「老兄」。**子路**：姓仲名由（公元前 541 年 - 公元前 480 年），字子路，又名季路，少孔子九歲（《史記‧仲尼弟子列傳》），魯國卞邑人（今山東省濟寧市泗水縣東卞橋鎮）。孔子學生，性急、粗魯，但行事果斷、具治國用兵才能。子路曾任季子宰（公元前 498 年），其後隨孔子周遊列國。返魯國之前（公元前 488 年）任衛蒲邑宰。孔子回魯國後，子路曾事魯國大夫季康子，於公元前 480 年死於衛國動亂。**孰**：誰。**賢**：賢能、優勝。

(8) **蹵然**：「蹵」同「蹴」（粵音 cuk1、拼音 cù），不安的樣子。

(9) **先子**：已逝世的長輩，曾西指其先父曾參。

(10) **艴然**：「艴」粵音「忽」fat1、拼音「伏」fú，臉色一沉而很不高興的樣子。

(11) **爾**：你。**何**：為何。**曾**：音「層」（粵音 cang4、拼音 céng），竟然。**予**：我。

(12) **得君**：（管仲）得到君主（指齊桓公）的信任。**如彼**：如此。
專：專一。

(13) **行**：執掌。**國政**：國家政務。

(14) **功烈**：功勳業績、功績。**卑**：卑微。

(15) **不為**：「為」音「維」（粵音 wai4、拼音 wéi），不屑做。

(16) **為**：以為。**願**：願意。

(17) **以**：輔佐。**霸**：稱霸。

(18) **顯**：揚名。

(19) **由**：通「猶」，有如。**由反手**：「手」指「掌」，易如反掌。

(20) **惑**：疑惑。**滋**：更。

(21) **百年而後崩**：相傳周文王（約公元前 1152 年 - 約公元前 1056 年）享年九十四歲，「百年」泛指長壽。

(22) **洽**：統一。

(23) **周公**：姓姬，名旦，周文王姬昌之子，周武王姬發之弟，因其封邑在周（今陝西省寶雞市岐山縣北），爵為上公，故稱「周

公」、「周公旦」或「旦叔」。周公輔助武王伐紂，於周成王（姬誦，武王之子）年幼即位後攝政，建立西周的禮法及樂制。周公是孔子眼中有偉大德行的人（聖人）之一。

(24) **大行**：大力推行（王道）。

(25) **易**：容易。

(26) **法**：效法。

(27) **當**：比得上。

(28) **作**：量詞，相當於現今的「起」、「位」。

(29) **朝**：使......來朝見。

(30) **運之掌**：（將物件）於手掌上轉動，引申為容易。

(31) **去**：距離。

(32) **其**：指武丁；一說泛指商朝先王。**故家**：原有家族。**遺俗**：遺留的風俗。

(33) **流風、善政**：流傳的風俗、良好的政治。

(34) **微子**：名啓，商（殷）紂王的同母兄長 [6]，「微」是封國

6. 《呂氏春秋·仲冬紀·當務》云：「紂之同母三人，其長曰微子啟，其次曰中衍，其次曰受德。受德乃紂也，甚少矣。紂母之生微子啟與中衍也尚為妾，已而為妻而生紂。紂之父、紂之母欲置微子啟以為太子，太史據法而爭之曰：『有妻之子，而不可置妾之子。』紂故為後。用法若此，不若無法。」描述微子的母親原是帝乙之妾，她於紂出生前已被立為正室。帝乙死後，紂作為正室之子，其兩位兄長是妾之子，紂遂被立為太子。

名（今山東省濟寧市梁山縣西北），「子」是爵名。姬發（周武王）滅殷，周公（周公旦）於武王死後攝政，以微子統率殷族，封於宋，微子成為宋國始祖。**微仲**：微子之弟，名衍，紂王之兄，周朝宋國第二任國君。微仲去世後，其子稽繼位，是為宋稽公。**比干**：名干，「比」是封國名，紂王的叔父。比干屢次力諫紂王，不獲接納，最後被紂王剖心而死。**箕子**：名胥余，紂王叔父，「箕」是封國名，「子」是爵名。紂王無道，箕子多次進諫不果，披散頭髮假裝瘋顛，最終淪為奴隸而遭紂王囚禁。**膠鬲**：「鬲」音「隔」，紂王的大臣，相傳他是西伯侯姬昌推薦給紂王。孟子形容「膠鬲舉於魚鹽之中」（見〈告子下〉12.15），是選拔於魚鹽買賣之中的人才。

(35) **相與**：共同。**輔相**：「輔」及「相」均解相助，輔助。

(36) **鎡基**：農具，相當於現今的鋤頭之類。

(37) **待**：等待。**時**：農時。

(38) **時**：時勢。**則**：算是。**易**：容易。

(39) **改**：再。**辟**：同「闢」，開闢。

(40) **聚**：增加。

(41) **御**：阻擋。

(42) **作**：出現。

(43) **疏**：等待。

(44) **憔悴**：原指面色瘦弱、難看，引申指人民受暴政迫害。

(45) **易為食、易為飲**：「易」指「容易（滿足）」，吃甚麼都容易滿足、喝甚麼都容易滿足。

(46) **置郵**：「置」和「郵」均是名詞，相當於後代的驛站。

(47) **解**：解救。**倒懸**：被倒掛的人。

(48) **為然**：才是如此。

【語譯】

公孫丑問道：「如果先生在齊國當權，管仲、晏子（嬰）的功業，可以期待再復興嗎？」

孟子說：「你果然是齊國人，只知道管仲、晏子。曾經有人問曾西（孔子學生曾參之次子）：『您和子路（孔子學生）相比，誰更賢能？』曾西不安地說：『子路是我先父所敬畏的人！』那人又問：『那麼您和管仲相比，誰更賢能？』曾西臉色一沉而很不高興地說：『你竟然拿我與管仲相比？管仲得到君主（齊桓公）的信任是如此專一，執掌國家政務是如此長久，功業卻如此卑微！你竟然拿我與他相比！』」孟子接着說：「管仲，是曾西所不屑做的，而你以為我願意學習他嗎？」

公孫丑說：「管仲輔佐其君主稱霸天下，晏子輔佐其君主（齊景公）揚名。管仲、晏子還不值得學習嗎？」

孟子說：「以齊國的實力去稱王天下，易如反掌。」

公孫丑說：「如果是這樣，那麼學生就更加疑惑了。況且以周文王的仁德，接近一百歲才死，仍不能統一天下。周武王、周公繼承他的事業，然後才大力推行王道。現在您把稱王天下說得容易，那麼周文王也不值得效法嗎？」

孟子說：「怎能比得上周文王？由商湯至武丁，賢明的君主有六、七位，天下歸順商朝已經很久了，久了就難以改變。武丁使諸侯來朝見，統治天下就像將物件於手掌上轉動一樣容易。紂王距離武丁的年代並不算久，武丁原有家族遺留的風俗，流傳的風俗及良好的政治，仍然得以保存；紂王又有微子啟、微仲、王子比干、箕子、膠鬲，都是賢良的人，共同輔佐紂王，所以很久之後才失去天下。當時沒有一尺土地不屬於紂王，沒有一個人不是他的臣民；然而周文王仍能從方圓百里的小地方興起，所以是很困難的。齊國人有句話說：『雖然有智慧，不如乘著形勢；雖然有鋤頭，不如等待農時。』現在的時勢（推行王道）算是容易的：夏、商、周三朝興盛時，土地沒有超過方圓千里，而現在齊國就有這麼大的土地了；雞鳴狗吠的聲音互相聽聞，而直達四周的邊境，而齊國有這麼多人民了。土地不需要再開拓，人民不需要再增加；如果推行仁政而稱王天下，沒有人能夠阻擋。何況稱王天下的人沒有出現，沒有比現在等待得更久了；人民被暴虐政權所迫害，沒有像現在這樣嚴重的了。饑餓的人吃甚麼都容易滿足，口渴的人喝甚麼都容易滿足。孔子說：『道德的流行，比驛站傳達命令還要快。』現在這個時候，於擁有一萬輛兵車的大國施行仁政，人民愛戴它，就像解救被倒掛的人一樣。所以只要做到古人一半的事情，功效必定是古人的一倍，只有這個時候才能如此。」

【3.2】

【原文】

公孫丑問曰：「夫子加齊之卿相 (1)，得行道 (2) 焉，雖由此霸王 (3)，不異 (4) 矣。如此，則動心 (5) 否乎？」

孟子曰：「否。我四十不動心。」

曰：「若是，則夫子過孟賁 (6) 遠矣。」

曰：「是不難，告子 (7) 先我不動心。」

曰：「不動心有道 (8) 乎？」

曰：「有。北宮黝 (9) 之養勇 (10) 也：不膚撓 (11)，不目逃 (12)；思以一毫挫 (13) 於人，若撻之於市朝 (14)。不受於褐寬博 (15)，亦不受於萬乘 (16) 之君。視刺 (17) 萬乘之君，若刺褐夫 (18)。無嚴 (19) 諸侯，惡聲 (20) 至，必反 (21) 之。孟施舍 (22) 之所 (23) 養勇也，曰：『視不勝猶勝 (24) 也。量敵而後進 (25)，慮勝而後會 (26)，是畏三軍 (27) 者也。舍 (28) 豈能為必勝哉？能無懼而已矣。』孟施舍似曾子，北宮黝似子夏。夫二子之勇，未知其孰賢 (29)，然而孟施舍守約 (30) 也。昔者曾子謂子襄 (31) 曰：『子好勇乎？吾嘗聞大勇於夫子 (32) 矣：自反而不縮 (33)，雖褐寬博，吾不惴 (34) 焉。自反而縮，雖千萬人吾往矣！』孟施舍之守氣，又不如曾子之守約也。」

曰：「敢問夫子之不動心，與告子之不動心，可得聞與？」

「告子曰：『不得於言 (35)，勿求於心；不得於心，勿求於氣。』不得於心，勿求於氣，可；不得於言，勿求於心，不可。夫志，氣之帥 (36) 也；氣，體之充 (37) 也。夫志至 (38) 焉，氣次 (39) 焉。故曰：『持 (40) 其志，無暴 (41) 其氣。』」

「既曰『志至焉，氣次焉』，又曰『持其志，無暴其氣』者，何也？」

曰：「志壹 (42) 則動氣，氣壹則動志也。今夫蹶者、趨 (43) 者，是氣也，而反動其心。」

「敢問夫子惡乎長⁽⁴⁴⁾？」

曰：「我知言⁽⁴⁵⁾，我善養吾浩然之氣⁽⁴⁶⁾。」

「敢問何謂浩然之氣？」

曰：「難言也。其為氣也，至大至剛⁽⁴⁷⁾，以直養而無害⁽⁴⁸⁾，則塞⁽⁴⁹⁾於天地之間。其為氣也，配義與道⁽⁵⁰⁾；無是，餒⁽⁵¹⁾也。是集義所生⁽⁵²⁾者，非義襲而取⁽⁵³⁾之也。行有不慊⁽⁵⁴⁾於心，則餒矣。我故曰告子未嘗知義，以其外之⁽⁵⁵⁾也。必有事焉而勿正⁽⁵⁶⁾，心勿忘，勿助長也。無若宋人然⁽⁵⁷⁾：宋人有閔⁽⁵⁸⁾其苗之不長而揠⁽⁵⁹⁾之者。芒芒然歸⁽⁶⁰⁾，謂其人⁽⁶¹⁾曰：『今日病⁽⁶²⁾矣，予助苗長矣！』其子趨而往視之，苗則槁⁽⁶³⁾矣。天下之不助苗長者寡矣。以為無益而舍之者，不耘⁽⁶⁴⁾苗者也；助之長者，揠苗者也。非徒⁽⁶⁵⁾無益，而又害之。」

「何謂知言？」

曰：「詖辭，知其所蔽⁽⁶⁶⁾；淫辭，知其所陷⁽⁶⁷⁾；邪辭，知其所離⁽⁶⁸⁾；遁辭，知其所窮⁽⁶⁹⁾。生於其心，害於其政；發於其政，害於其事。聖人復起⁽⁷⁰⁾，必從⁽⁷¹⁾吾言矣。」

「宰我、子貢，善為說辭⁽⁷²⁾；冉牛、閔子、顏淵，善言德行；孔子兼之，曰：『我於辭命⁽⁷³⁾則不能也。』然則夫子既聖矣乎？」

曰：「惡！是何言也！昔者子貢問於孔子曰：『夫子聖矣乎？』孔子曰：『聖，則吾不能；我學不厭而教不倦也。』子貢曰：『學不厭，智也；教不倦，仁也。仁且智，夫子既聖矣！』夫聖，孔子不居，是何言也！」

「昔者竊⁽⁷⁴⁾聞之：子夏、子游、子張，皆有聖人之一體⁽⁷⁵⁾；冉牛、閔子、顏淵，則具體而微⁽⁷⁶⁾。敢問所安⁽⁷⁷⁾？」

曰：「姑舍是⁽⁷⁸⁾。」

曰：「伯夷⁽⁷⁹⁾、伊尹⁽⁸⁰⁾何如？」

曰：「不同道。非其君不事 (81)，非其民不使 (82)，治則進 (83)，亂則退 (84)，伯夷也。何事非君，何使非民；治亦進，亂亦進，伊尹也。可以仕則仕，可以止則止，可以久則久，可以速則速，孔子也。皆古聖人也，吾未能有行 (85) 焉；乃所願 (86)，則學孔子也。」

「伯夷、伊尹於孔子，若是班 (87) 乎？」

曰：「否。自有生民 (88) 以來，未有孔子也！」

曰：「然則有同與 (89)？」

曰：「有。得百里之地而君之 (90)，皆能以朝諸侯，有天下。行一不義，殺一不辜 (91) 而得天下，皆不為也，是則同。」

曰：「敢問其所以異？」

曰：「宰我、子貢、有若，智足以知聖人，汙不至阿其所好 (92)。宰我曰：『以予 (93) 觀於夫子，賢於堯、舜 (94) 遠矣。』子貢曰：『見其禮而知其政，聞其樂 (95) 而知其德；由百世之後，等百世之王，莫之能違 (96) 也。自生民以來，未有夫子也！』有若曰：『豈惟民哉！麒麟 (97) 之於走獸，鳳凰 (98) 之於飛鳥，泰山之於丘垤 (99)，河海之於行潦 (100)，類 (101) 也。聖人之於民，亦類也；出於其類，拔乎其萃 (102)。自生民以來，未有盛於孔子也！』」

【註釋】

(1) **加**：給予（擔任）。**卿相**：「相」是百官之首，一般由上卿擔任，所以稱為「卿相」。

(2) **得**：得以。**行**：推行。**道**：（自己的）主張。

(3) **霸王**：（達成）霸王的事業。

(4) **不異**：即「不以為異」，不覺得奇怪。

(5) **動心**：心志受動搖。

(6)**孟賁**：「賁」音「賓」（粵音 ban1、拼音 bēn），古代勇士，衛國人。《史記‧范睢蔡澤列傳》云：「成荊、孟賁、王慶忌、夏育之勇焉而死。」提及孟賁及夏育兩位勇士。《戰國策‧秦策三》云：「夏育、太史啟叱呼駭三軍，然而身死於庸夫。」裴駰《史記集解》引許慎曰：「勇賁，衛人。」唐代司馬貞《史記索隱》云：「賁，孟賁；育，夏育也。《尸子》云：『孟賁水行不避蛟龍，陸行不避兕虎。』」期後「賁育」成為勇士的代稱。

(7) **告子**：戰國時期思想家，與孟子同期；姓名不詳，一說名不害，曾受教於墨子。

(8) **道**：方法。

(9) **北宮黝**：戰國時期齊國勇士，複姓北宮，名黝。

(10) **養**：培養。**勇**：勇氣。

(11) **撓**：通「撓」，屈曲，引申解退縮；一說發抖。**膚撓**：肌膚被刺而退縮。

(12) **目逃**：轉睛逃避。

(13) **思**：認為。**一毫**：「毫」指毫毛，一點。**挫**：挫折、屈辱。

(14) **撻**：鞭打。**市朝**：市集或朝廷。

(15) **受於**：受辱於。**褐**：粗布衣服。**寬博**：寬大的衣服。**褐寬博**：當時卑賤者的衣服，引申為穿著粗布寬大衣服的普通平民，與下文「褐夫」的意思相同。

(16) **萬乘**：一萬輛兵車的國家（大國）。

(17) **視**：看待、看成。**刺**：刺殺。

(18) **褐夫**：穿著粗布衣服的普通平民。

(19) **無**：不。**嚴**：畏懼。

(20) **惡聲**：難聽的說話。

(21) **反**：反擊。

(22) **孟施舍**：姓孟名舍，生平不詳，一說他與上文「孟賁」是同一人。

(23) **所**：即「所以」，用來。

(24) **視**：看成。**勝**：取勝（的形勢）。**猶**：一樣。

(25) **量敵**：衡量敵人的力量。**後進**：然後才前進。

(26) **慮勝**：考慮到可以取勝。**會**：會戰、交戰。

(27) **三軍**：軍隊的統稱。根據周朝的制度，一「軍」有一萬二千五百人，天子有六軍，大的諸侯國有三軍（上軍、中軍、下軍）。

(28) **舍**：孟施舍自稱。

(29) **孰**：誰。**賢**：優勝。

(30) **守**：持守、掌握。**約**：要領、關鍵，指孟施舍能夠持守（勇氣的）要領。牟宗三則認為「守約」二字是「慎獨」的精神。[7]

(31) **子襄**：曾參（曾子）弟子。

(32) **夫子**：指孔子。

(33) **自反**：自我反省。**縮**：直，理直氣壯；「不縮」是理曲、理窮。根據《禮記・檀弓上》「古者，冠縮縫；今也，衡縫。」「縮」解直，「衡」解橫。

(34) **惴**：（使）畏懼、威嚇（人民）。

(35) **得**：有所得，引申為通達。**言**：言語。**求**：求助於。**心**：

---

7. 牟宗三：《中國哲學十九講：中國哲學之簡述及其所涵蘊之問題》，台北：學生書局，2002 年 8 月，第 80 頁。

心志。**氣**：意氣。

(36) **帥**：統帥。

(37) **充**：充斥（的力量）。

(38) **至**：「之所至」，到哪裡。

(39) **次**：跟著。

(40) **持**：持守、堅守。

(41) **暴**：毀壞，引申為妄動。

(42) **壹**：專一。

(43) **蹶**：跌倒。**趨**：奔跑。

(44) **惡乎**：疑問代詞，解「何所」、是甚麼。**長**：長處，指不動心的特點。

(45) **知言**：懂得分析言辭。

(46) **養**：培養。**浩然**：盛大、剛正。**氣**：精神。**浩然之氣**：浩大剛正的精神。

(47) **至**：最。**大**：強大。**剛**：剛健。

(48) **直**：正直。**無害**：不加妨礙。

(49) **塞**：充滿。

(50) **義**：合宜的事。**道**：原指道路，引申為正道、正路。學者對「道」的理解紛紜，包括人生的正路，是應予遵循的規範，人藉著道德修養而體現的理想境界，或自然界及人類行為的規律。

(51) **無是**：沒有這些（義、道）。**餒**：粵音「女」neoi5、拼音「哪」něi，衰弱。

(52) **集**：積累。**生**：產生。

(53) **襲**：從外而入。**取**：取得。

(54) **行**：行為。**慊**：粵音「欠」him3、拼音「怯」qiè，滿意、滿足，「不慊」是有缺失。**不慊於心**：內心知道（行為）有缺失。

(55) **其**：指義。**外之**：「之」指浩然之氣，把義看成浩然之氣以外的東西。

(56) **有事**：有所作為。**正**：同「止」，中止。

(57) **然**：那樣。

(58) **閔**：通「憫」，擔心。

(59) **揠**：音「壓」（粵音 aat3、拼音 yà），拔。

(60) **芒芒然**：非常疲倦的樣子。**歸**：回家。

(61) **其人**：他的家人。

(62) **病**：累透。

(63) **槁**：音「稿」（粵音 gou2、拼音 gǎo），枯槁、枯萎。

(64) **耘**：除雜草。

(65) **非徒**：非但。

(66) **詖**：音「庇」（粵音 bei3、拼音 bì），偏頗。**辭**：言詞。
蔽：蒙蔽。

(67) **淫**：過度、過份。古人指過份以至失當的地步為「淫」，
如「淫祀」（不應祭祀而去祭祀的祭禮）、「淫雨」（過久的雨水）
等。**陷**：沉溺。

(68) **邪**：邪僻。**離**：叛離（正道）。

(69) **遁**：閃縮。**窮**：（理屈而）辭窮。

(70) **復起**：復活。

(71) **從**：認同。

(72) **說辭**：說話。

(73) **辭命**：「命」同「令」，辭令。

(74) **竊**：私下。

(75) **有**：得到。**一體**：某一方面（長處）。

(76) **具體**：全面地。**微**：微妙；一說為微小。

(77) **所安**：自居。

(78) **姑**：姑且。**舍**：捨棄（不談）。**是**：這些。

(79) **伯夷**：商朝賢人，商朝末年孤竹國第八代君主孤竹君的長子。孤竹君的三位兒子依長幼為伯夷、亞憑、叔齊。孤竹君將死時，遺命立叔齊為繼承人。孤竹君死後，叔齊以兄弟倫理為由讓位給長兄伯夷，伯夷則以父命不可違而不接受，最後二人逃到姬昌（商朝滅亡之後被追封為周文王）控制的區域，孤竹君的二子亞憑繼承君位。姬發（姬昌之子、其後的周武王）起兵伐紂，伯夷、叔齊認為姬發是臣弒君，不忠、不孝，曾攔截馬車勸阻。周滅商後，伯夷、叔齊以吃周朝的糧食為恥，寧可採野草充饑，最終餓死於首陽山。

(80) **伊尹**：商湯的宰相，輔助商湯滅夏桀。

(81) **事**：侍奉。

(82) **使**：使喚。

(83) **進**：進取。

(84) **退**：退隱。

(85) **行**：做到。

(86) **乃所願**：至於我所希望的。

(87) **班**：相同、一樣。

(88) **生民**：人類。

(89) **同**：相同。**與**：同「歟」（音「余」，粵音 jyu4、拼音 yú），疑問語氣詞，相等於「嗎」。

(90) **君**：動詞，成為君主。**之**：指伯夷、伊尹及孔子三人。

(91) **不辜**：無辜的人。

(92) **汙**：原解卑鄙，引申為誇大。**阿**：偏袒。**所好**：「好」音「耗」

（粵音 hou3、拼音 hào），喜歡所喜愛的人。

(93) **予**：我。

(94) **堯**：姓伊祁，名「放勳」，「堯」是諡號。因封於唐，也稱「唐堯」。堯是中國古代「五帝」之一，是儒家推崇的聖人之一。**舜**：姓姚，有虞氏，名重華，史稱「虞舜」，也是「五帝」之一。相傳舜出身寒微，克盡孝道，受堯帝賞識而獲遜位，也是儒家推崇的聖人之一。南懷瑾認為儒家思想沒有想到自己成為堯、舜，只是希望在位的帝王能夠成為堯、舜，而是走臣道路線，只是希望「致君堯、舜」。[8]

(95) **樂**：樂章。

(96) **違**：違背（「見其禮而知其政，聞其樂而知其德」的規律）。

(97) **麒麟**：中國古代神話傳說中的神獸，公獸為麒，母獸為麟，象徵祥瑞。麒麟的頭似龍，身體似馬，形態似鹿，尾似牛尾，背部有毛紋。許慎於《說文解字》云：「麒，仁獸也，麋身、牛尾、一角。」及「麟，大牝鹿也。」《禮記·禮運》云：「麟、鳳、龜、龍，謂之『四靈』。」麒麟是「四靈」之首。

(98) **鳳凰**：古代傳說中的神鳥，鳳是雄鳥、凰是雌鳥。傳說鳳鳥曾於舜和周文王時代出現，象徵太平盛世。

---

8. 南懷瑾：《孟子旁通（一）：梁惠王篇》，台灣：老古文化事業股份有限公司，1995 年 4 月台灣第三次印刷，第 199 頁。

(99) **丘垤**：「垤」音「迭」（粵音 dit6、拼音 dié），小土堆。

(100) **行**：行人路。**潦**：音「老」（粵音 lou5、拼音 lǎo），積水。

(101) **類**：同類。

(102) **出**：凸出。**拔**：挺拔。**萃**：同類。**出於其類，拔乎其萃**：凸出於他的同類，挺拔於他的同類，其後被引申為「出類拔萃」。

【語譯】

公孫丑問道：「如果先生擔任齊國的卿相，得以推行自己的主張，即使達成霸王的事業，也不覺得奇怪的。如果是這樣，您會動心嗎？」

孟子說：「不會。我四十歲以後就不動心了。」

公孫丑說：「如果是這樣，先生就遠超孟賁（古代勇士）了。」

孟子說：「這樣不難，告子比我先做到不動心。」

公孫丑說：「不動心有方法嗎？」

孟子說：「有。北宮黝培養勇氣的方法是：肌膚被刺不退縮，眼睛被刺不轉睛逃避；他認為受一點挫折，就像在市集或朝庭被鞭打一樣。他不肯受辱於普通平民，也不肯受辱於擁有一萬輛兵車的國家（大國）的君主。他把刺殺擁有一萬輛兵車的國家的君主，看待成刺殺普通平民一樣。他不畏懼諸侯，聽到難聽的說話，必定反擊。孟施舍培養勇氣的方法，是說：『我把不能取勝的形勢看成能夠取勝一樣。如果先衡量敵人的力量然後才前進，考慮到可以取勝然後才交戰，這是畏懼敵人的三軍。我孟施舍怎能做到必勝？能夠無所畏懼而已。』孟施舍像曾子，北宮黝像子夏。這兩人的勇氣，

不知道誰較為優勝，然而孟施舍能夠持守（勇氣）的要領。從前曾子對子襄說：『你喜歡勇敢嗎？我曾經從先生（指孔子）那裡聽到甚麼是大勇：自己反省而覺得理曲，即使對方是一個普通平民，我不去威嚇他。自己反省而覺得理直，即使對方有千萬人，我也往前走！』孟施舍所持守的勇氣，又及不上曾子所持守（勇氣）的要領。」

公孫丑說：「請問先生的不動心，和告子的不動心，可以說給我聽嗎？」

孟子說：「告子說：『言語不通達，不必求助於心志；心志不通達，不必求助於意氣。』心志不通達，不必求助於意氣，是可以的；言語不通達，不必求助於心志，是不可以的。心志，是意氣的統帥；意氣，是充滿於體內的力量。心志到哪裡，意氣就跟著到哪裡。所以說：『要堅守自己的心志，不要妄動意氣。』」

公孫丑說：「既然說『心志到哪裡，意氣就跟著到哪裡』，又說『要堅守自己的心志，不要妄動意氣』，為甚麼？」

孟子說：「心志專一就能帶動意氣，意氣專一就能帶動心志。譬如一個人跌倒、奔跑，是意氣的帶動，而反過來帶動了他的心志。」

公孫丑說：「請問先生的長處是甚麼？」

孟子說：「我懂得分析言辭，我善於培養我的浩然之氣（浩大剛正的精神）。」

公孫丑說：「請問甚麼是浩然之氣？」

孟子說：「難以說清楚的。它作為一種氣，是最強大的、最剛健的，用正直去培養它而不加妨礙，它就能充斥於天地之間。它作為一種氣，是與義及道相配合的；沒有這些（義、道），它會衰弱。它是積累義而產生的，並不是義從外而內而取得的。若果內心知道

行為有缺失，它就會衰弱。所以我說，告子從來不懂得義，因為他把義看作是浩然之氣以外的東西。（浩然之氣的培養，）必須有所作為而不中止，內心不要忘記它，也不要刻意幫助它。不要像那個宋人一樣：宋國有一個人擔心自己的禾苗不長高而把它們拔高。他非常疲倦地回家，告訴他的家人說：『今天累透了，我幫助禾苗長高了！』他的兒子跑過去看禾苗，禾苗都枯萎了。天下不拔苗助長的人是少見了。以為浩然之氣無益而放棄它的，就是不為禾苗除雜草的人；刻意幫助它生長的，是拔苗的人。（拔苗助長這種行為）不但無益，反而損害了浩然之氣。」

公孫丑問：「甚麼是懂得分析言辭？」

孟子說：「聽到偏頗的言辭，知道它在哪方面被蒙蔽；聽到過份的言辭，知道它在哪方面沉溺；聽到邪僻的言辭，知道它在哪一方面違背（正道）；聽到閃縮的言辭，知道它在哪方面辭窮。（這四種言辭）從人的心裡產生，會危害政治；若施行於政治，會危害（國家）事務。如果聖人復活，必定認同我的說法。」

公孫丑說：「（孔子學生）宰我、子貢善於說話，冉牛、閔子、顏淵善於闡述德行；孔子兼而有之，（卻謙虛地）說：『我對於辭令是不行的。』（先生兼有知言、培養浩然之氣的長處）那麼先生已經是聖人了吧？」

孟子說：「可惡！這是甚麼話！從前子貢向孔子提問說：『先生是聖人了吧？』孔子說：『做聖人，我做不到；我只是學習不厭倦，而教誨人不倦怠而已。』子貢說：『學習不厭倦，是明智；教誨人不倦怠，是仁愛。仁愛而且明智，先生當然是聖人了！』聖人，連孔子都不敢自居，你說的是甚麼話！」

公孫丑說：「從前我私下聽人說：子夏、子游、子張，都得到聖人（孔子）某方面的長處；冉牛、閔子、顏淵，就全面地得到聖

人的長處而微妙。請問您自居於哪一種人？」

孟子說：「姑且不談這些。」

公孫丑說：「伯夷、伊尹怎麼樣？」

孟子說：「（伯夷、伊尹）與孔子的取態不同。不是他理想的君主，他不侍奉；不是他理想的人民，他不使喚；天下平治就進取，天下混亂就隱退，這是伯夷。侍奉不理想的君主有何關係（不要緊），使喚不理想的人民有何關係；天下平治也進取，天下混亂也進取，這是伊尹。可以出仕（做官）就出仕，可以不做就不做；可以長久留任就長久留任，可以迅速離任就迅速離任，這是孔子。這三人都是古代的聖人，我未能做到任何一樣；至於我所希望的，就是學孔子。」

公孫丑說：「伯夷、伊尹和孔子，不是一樣嗎？」

孟子說：「不是。自從有人類以來，沒有人像孔子的人！」

公孫丑說：「然則他們三個人有相同之處嗎？」

孟子說：「有的。如果得到縱橫百里的土地而讓他們成為君主，他們都能夠使諸侯來朝服而統領天下；但是要他們做一件不義的事，殺一個無辜的人而取得天下，他們都不會去做，這就是他們相同的地方。」

公孫丑說：「請問他們有不同之處嗎？」

孟子說：「宰我、子貢、有若這三個人，他們的智慧足以了解聖人（孔子）；即使誇大一些，亦不至於偏袒他們所喜愛的人。宰我說：『根據我對夫子（孔子）的觀察，他遠比堯、舜賢能。』子貢說：『看見他們（歷代君王）的禮制，就可以推測他們的政事；聽見他們的樂章，就可以推測他們的道德；由百代之後，等待百代的君王，沒有人能違背（「見其禮而知其政，聞其樂而知其德」的規律）。自從有人類以來，沒有像孔子的人！』有若說：『豈止人

類是這樣！麒麟之於走獸，鳳凰之於飛鳥，泰山之於小土堆，河海之於行人路的積水，原本都是同類。聖人之於人民，也是同類；不過他凸出於其同類，挺拔於其同類。自從有人類以來，沒有人比孔子更偉大的了！』」

【3.3】

【原文】

孟子曰：「以力假⁽¹⁾仁者霸，霸必有大國；以德行仁者王，王不待⁽²⁾大：湯⁽³⁾以七十里，文王以百里。以力服人者，非心服也，力不贍⁽⁴⁾也；以德服人者，中心悅而誠服也，如七十子⁽⁵⁾之服孔子也。《詩》⁽⁶⁾云：『自西自東，自南自北，無思不服⁽⁷⁾。』此之謂也。」

【註釋】

(1) **假**：假借。

(2) **待**：等待，引申為依靠。

(3) **湯**：成湯、商湯，商（殷）代開國君主，是儒家尊崇的聖人之一。

(4) **贍**：粵音 sim6「剡」，較常讀「善」sin6，拼音 shàn，足夠。

(5) **七十子**：泛指孔子的弟子。據說弟子逾三千人，其中學有所成的七十多人。如《史記‧仲尼列傳》云：「孔子曰『受業身通者七十有七人』，皆異能之士也。德行：顏淵、閔子騫、冉伯牛、

《孟子》今註今譯

仲弓；政事：冉有、季路；言語：宰我、子貢；文學：子游、子夏。師也辟，參也魯，柴也愚，由也喭，回也屢空。賜不受命而貨殖焉，億則屢中。」《隋書‧經籍志》亦云：「《論語》者，孔子弟子所錄。孔子既敘六經，講於洙、泗之上，門徒三千，達者七十。」

(6)《詩》：引自《詩經‧大雅‧文王有聲》，是一首描述周文王遷往豐（今陝西省西安市灃河以西）、周武王建都於鎬（今陝西省西安市灃河以東）的事跡，歌頌君王功德的詩歌。

(7) 思：助語詞，無義。

【語譯】

孟子說：「用武力假借仁義之名稱為「霸」，要稱霸必須有強大的國力；用道德推行仁義而統一天下稱為「王」，要稱王不需要依靠強大的國力：商湯僅以縱橫七十里的土地，周文王僅以縱橫一百里的土地。用武力來征服別人的，別人並不是真心服從，只不過是力量不足反抗而已；用道德使人服從的，是心悅誠服，就像七十弟子服從於孔子一樣。《詩經‧大雅‧文王有聲》說：『從西至東，從南至北，無不心悅誠服。』說的就是這個意思。」

【3.4】
【原文】

孟子曰：「仁則榮 (1)，不仁則辱 (2)。今惡 (3) 辱而居不仁，是猶惡濕而居下 (4) 也。如惡之，莫如貴德而尊士 (5)，賢者在位，能者在職。國家閒暇 (6)，及是時明其政刑 (7)；雖大國，必畏之矣。《詩》

⁽⁸⁾ 云：『迨天之未陰雨⁽⁹⁾，徹彼桑土⁽¹⁰⁾，綢繆牖戶⁽¹¹⁾。今此下民⁽¹²⁾，或敢侮予⁽¹³⁾？』孔子曰：『為此詩者，其知道乎！能治其國家，誰敢侮之？』今國家閒暇，及是時般樂怠敖⁽¹⁴⁾，是自求禍也。禍福無不自己求之者。《詩》⁽¹⁵⁾云：『永言配命⁽¹⁶⁾，自求多福。』《太甲》⁽¹⁷⁾曰：『天作孽⁽¹⁸⁾，猶可違⁽¹⁹⁾；自作孽，不可活⁽²⁰⁾。』此之謂也。」

【註釋】

(1) **仁**：（實行）仁政。**榮**：榮耀。

(2) **辱**：恥辱。

(3) **惡**：粵音 wu3、拼音「誤」wù，厭惡。

(4) **濕**：潮濕。**下**：下游。

(5) **貴**：崇尚。**尊**：尊重。**士**：士人，周代貴族中最低的一層。

(6) **閒暇**：安詳。

(7) **及**：趁着。**是時**：這時機。**明**：動詞，彰顯。**政刑**：政令、刑法。

(8) **《詩》**：《詩經・邪風・鴟鴉》，是一首以動物寓言故事借寓人生哲理的詩歌。

(9) **迨**：音「代」（粵音 doi6、拼音 dài），趁着。**陰雨**：天陰、下雨。

(10) **徹**：剝取。**桑土**：「土」通「杜」（粵音 dou6、拼音 dù），即「桑杜」，桑樹根的皮。

(11) **綢繆**：纏縛，引申為修補。**牖**：音「友」（粵音 jau5、拼音 yǒu），窗子。**戶**：門戶。

(12) **今此**：從此。**下民**：「民」指「人」，樹下的人。《詩經‧邪風‧鴟鴞》以鴟鴞命名，鴟鴞是形似黃雀但身形較小的鳥，築巢於樹上。〈鴟鴞〉篇以鳥的口吻，稱鳥巢下的人為「下民」。《莊子‧齊物論》云：「民食芻豢，麋鹿食薦，蝍且甘帶，鴟鴉嗜鼠，四者孰知正味。」其中「鴟鴉嗜鼠」成為成語，比喻人有不同的愛好。

(13) **侮**：欺侮。**予**：我。

(14) **般**：通「盤」（粵音 pun4、拼音 pán），享樂。**怠**：懶惰。**敖**：通「邀」，出遊。

(15) **《詩》**：《詩經‧大雅‧文王》，是一首歌頌周文王姬昌並警戒後王的詩。

(16) **永**：長久。**言**：語助詞，無特別意義；一說「言」直解「說」，「永言」解「經常說」。**配**：配合。**命**：天命。

(17)《太甲》：《尚書‧商書‧太甲》，是商朝賢相伊尹對商湯王之孫大甲（或稱「太甲」）的訓話。原《太甲》上、中、下三篇已佚失，現存《太甲上》是後人的偽作。大甲繼承帝位後不遵守祖父的法典，被伊尹置於桐宮（故址在今山西省運城市萬榮縣西，一說在今河北省邯鄲市臨漳縣）思過三年，悔過自新後被接回首都亳都。

(18) 作：造成。孽：罪孽。

(19) 違：躲避（而生存）。

(20) 活：《尚書‧商書‧太甲》原文作「逭」（音「換」，粵音 wun6、拼音 huàn），「活」是「逭」的借字，解逃避（懲罰）。

【語譯】

孟子說：「實行仁政就有榮耀，不實行仁政就有恥辱。現今的人厭惡恥辱卻又居於不仁的境地，這就像厭惡潮濕而居於下游一樣。假如厭惡恥辱，不如崇尚道德而尊重士人，使賢德的人處於官位，使有才能的人擔任職務。國家安詳，趁着這時機彰顯政令、刑法；即使是大國，必定畏懼它。《詩經‧邠風‧鴟鴞》說：『趁着天還未天陰下雨，剝取桑樹根的皮，以修補窗子和門戶。從此樹下的人，誰敢欺侮我？』孔子說：『寫這首詩的人，懂得道理呀！能夠治理好自己的國家，誰敢欺侮他？』如今國家安詳，趁着這時機享樂、懶惰、出遊，是自己尋找禍害。禍害和幸福無不是自己尋找的。《詩經‧大雅‧文王》說：『長久配合天命，自己尋找更多幸

《孟子》今註今譯

福。」《尚書‧商書‧太甲》說：『上天造成的災禍，人還可以躲避（而生存）；自己造成的罪孽，卻是不可逃避（懲罰的）。』說的就是這個意思。」

【3.5】
【原文】

孟子曰：「尊賢使能 (1)，俊傑 (2) 在位，則天下之士皆悅，而願立於其朝矣；市 (3)，廛而不征 (4)，法而不廛 (5)，則天下之商 (6) 皆悅，而願藏 (7) 於其市矣；關 (8)，譏 (9) 而不征，則天下之旅 (10) 皆悅，而願出 (11) 於其路矣；耕者，助 (12) 而不稅，則天下之農皆悅，而願耕於其野 (13) 矣；廛 (14)，無夫、里之布 (15)，則天下之民皆悅，而願為之氓 (16) 矣。信 (17) 能行此五者，則鄰國之民仰之 (18) 若父母矣。率其子弟，攻其父母，自有生民以來未有能濟 (19) 者也。如此，則無敵於天下。無敵於天下者，天吏 (20) 也。然而不王者，未之有也。」

【註釋】

(1) **尊**：尊重。**賢**：賢德的人。**使**：任用。**能**：具才能的人。

(2) **俊傑**：才智出眾的人。

(3) **市**：在市場。

(4) **廛**：音「纏」（粵音 cin4、拼音 chán），存放貨物的空地；一說貨倉。**征**：同「徵」，徵稅。

(5) **法**：依法（收購滯銷的貨物）。**廛**：意思與「廛而不征」

的「廛」字不同，指貨物積壓。

(6) 商：商人。

(7) 藏：存放（貨物）。

(8) 關：關卡。

(9) 譏：查問、稽查。

(10) 旅：旅客。

(11) 出：經過。

(12) 助：根據井田制（參見〈梁惠王下〉2.5「耕者九一」），協助耕種居中的公田。

(13) 野：田野。

(14) 廛：意思與前句的兩個「廛」字不同，此處指民居。

(15) 布：錢，引申為稅。**夫、里之布**：古代兩種額外的稅，即「夫布」、「里布」。「夫布」是無業者需要繳納的勞役稅，而「里布」是不耕種而丟空土地的土地稅。

(16) 氓：音「盟」（粵音 mang4、拼音 méng），外來的移民。

《孟子》今註今譯

(17) **信**：真正。

(18) **仰**：仰慕。**之**：執政者。

(19) **濟**：成功。

(20) **天吏**：奉行天命的官吏（執政者）。

【語譯】

孟子說：「尊重賢德的人，任用具才能的人，才智出眾的人處於官位，那麼天下的士人都會高興，而願意在他的朝廷擔任官職了；在市場，提供空地以存放貨物而不徵稅，依法收購滯銷的貨物而不致積壓，那麼天下的商人都會高興，而願意在這樣的市場存放貨物了；關卡，只稽查而不徵稅，那麼天下的旅客都會高興，而願意經過這樣的道路了；耕種的人，只按井田制助耕公田的部分而不徵稅，那麼天下的農民都會高興，而願意在這樣的田野耕種了；民居，沒有額外的勞役稅和土地稅，那麼天下的民眾都會高興，而願意成為外來的移民了。真正能夠做到這五項（的執政者），那麼鄰近國家的民眾都會視他如父母一樣仰慕。如果有誰要率領這樣的民眾來攻打他，就好像率領兒女去攻打自己的父母一樣，自有人類以來就沒有能夠成功的。像這樣，就會天下無敵。天下無敵的人叫做『天吏』（奉行天命的官吏）。然而還不能稱王天下的，是從來沒有的。」

【3.6】

【原文】

孟子曰：「人皆有不忍人 (1) 之心。先王有不忍人之心，斯有

不忍人之政矣。以不忍人之心，行不忍人之政，治天下可運之掌[2]上。所以謂人皆有不忍人之心者，今人乍[3]見孺子[4]將入於井，皆有怵惕、惻隱[5]之心，非所以內交[6]於孺子之父母也，非所以要譽[7]於鄉黨[8]朋友也，非惡其聲而然也。由是觀之，無惻隱之心，非人也；無羞惡[9]之心，非人也；無辭讓[10]之心，非人也；無是非之心，非人也。惻隱之心，仁之端[11]也；羞惡之心，義之端也；辭讓之心，禮之端也；是非之心，智之端也。人之有是四端也，猶其有四體也。有是四端而自謂不能者，自賊者也；謂其君不能者，賊其君者也。凡有四端於我[12]者，知皆[13]擴而充之矣，若火之始然[14]，泉之始達[15]。苟[16]能充之，足以保[17]四海；苟不充之，不足以事父母。」

【註釋】

(1) **忍**：忍心（傷害）。**不忍人**：憐恤、同情別人。

(2) **運之掌**：也見於〈公孫丑上〉3.1，（將物件）於手掌上轉動，引申為容易。

(3) **乍**：突然。

(4) **孺子**：「孺」同「儒」（粵音 jyu4、拼音 rú），幼童、小孩。

(5) **怵惕**：「怵」粵音「卒」zeot1、拼音「觸」chù，驚恐、警惕。**惻隱**：同情、憐憫。杜維明認為孟子堅信所有人內在均有惻隱之心、羞恥之心、辭讓之心及是非之心[9]，孟子是從心善來說性善[10]。

---

9. 杜維明：《仁與修身：儒家思想論集》，北京：生活讀書新知三聯書店，2013 年 6 月，第 67 頁。
10. 杜維明：《靈根再植：八十年代儒學反思》，北京：北京大學出版社，2016 年 4 月，第 105 頁。

《孟子》今註今譯

(6) **內交**：「內」通「納」，結交。

(7) **要譽**：「要」同「邀」（粵音 jiu1、拼音 yāo），求取；「要譽」是博取名譽。

(8) **鄉黨**：鄉親。鄰、里、鄉、黨是古代地方單位的名稱，以家的數量計，依次為：5 家為鄰、25 家為里、500 家為黨、2,500 家為州（即 5 黨）、12,500 家為鄉（即 25 黨）。

(9) **羞惡**：因自己不好而覺得羞恥，看到別人不好而覺得憎惡。

(10) **辭讓**：謙讓、婉拒。

(11) **端**：開端、起源。

(12) **我**：同「己」，自身。

(13) **知**：懂得。**皆**：全部（指四端）。

(14) **然**：同「燃」，燃燒。

(15) **達**：流動。

(16) **苟**：如果。

(17) **保**：安定。

【語譯】

孟子說：「每個人都有憐恤別人的心。先王有憐恤別人的心，所以才有憐恤人民的政治。用憐恤別人的心，施行憐恤人民的政治，治理天下就好像將物件於手掌上轉動那樣容易。之所以說每個人都有憐恤別人的心，原因是：如果現在有人突然看見一個小孩快要掉進井裡，都會產生驚恐、同情的心。這不是為了與那小孩的父母結交，不是為了向鄉親朋友博取聲譽，也不是因為厭惡那小孩的哭聲而這樣做。由此看來，沒有同情心，不算人；沒有羞恥心，不算人；沒有謙讓心，不算人；沒有是非心，不算人。同情心，是仁的開端；羞恥心，是義的開端；謙讓心，是禮的開端；是非心，是智的開端。人有這四種開端，就像他有四肢一樣。有這四種開端卻自稱不能實行的，是自己殘害自己的人；說他的君主不能實行的，是殘害他君主的人。凡是有這四種開端於自己身上的人，懂得將它們全部擴充，就像火開始燃燒，泉水開始流動。如果能夠擴充它們，便足以安定天下；如果不能夠擴充它們，就連父母都侍奉不了。」

【3.7】

【原文】

孟子曰：「矢人 (1) 豈不仁於函人 (2) 哉？矢人唯恐不傷人，函人唯恐傷人。巫、匠亦然 (3)，故術 (4) 不可不慎也。孔子曰：『里仁為美 (5)，擇不處仁，焉得智？』夫仁，天之尊爵 (6) 也，人之安宅 (7) 也。莫之御 (8) 而不仁，是不智也。不仁、不智，無禮、無義，人役 (9) 也。人役而恥為役，由 (10) 弓人而恥為弓，矢人而恥為矢也。如恥之，莫如為仁。仁者如射：射者正己而後發；發而不中，不怨勝己者，

《孟子》今註今譯

反求諸己 [11] 而已矣。」

【註釋】

(1) **矢人**：造箭的人。

(2) **函人**：造盔甲的人。

(3) **巫**：巫醫。**匠**：木匠，指造棺材的木匠。巫醫希望自己的醫術高明，求醫而死去的病者越少越好；造棺材的木匠或許希望棺材暢銷，死者越多，工作就有保障。

(4) **術**：謀生之術，引申指選擇職業。

(5) **里仁為美**：引自《論語‧里仁》首句，人能夠居於仁道才是美好。

(6) **尊**：尊貴。**爵**：爵位。

(7) **安**：安穩。**宅**：居所。

(8) **莫**：沒有人。**御**：阻擋。

(9) **役**：僕役。

(10) **由**：同「猶」，好像。

(11) **反求諸己**：反過來求索於自己。《論語·衛靈公》15.21 云：「君子求諸己，小人求諸人。」指君子求索於自己，小人求索於別人。熊十力認為「反求諸己」是正道，他說「今人只知向外，看得一切不是，卻不肯反求自身不是處，此世亂所以無已也。先聖賢之學，廣大悉備，而一點血脈，只是『反求諸己』四字。」[11]

【語譯】

孟子說：「造箭的人難道不如造盔甲的人仁慈嗎？造箭的人唯恐自己造的箭不能傷害人，造盔甲的人卻唯恐箭傷害人。巫醫和造棺材的木匠也是這樣，所以選擇職業不可不謹慎。孔子說：『人能夠居於仁道，才是美好。若選擇不處於仁道，怎能說得上是明智？』仁，是上天尊貴的爵位，是人間安穩的居所。沒有人阻擋卻不選擇仁，是不明智。不仁、不智，無禮、無義的人，只好做別人的僕役了。做人家的僕役卻恥於做僕役，就好像造弓的人卻恥於造弓，造箭的人卻恥於造箭。如果真的引以為恥，不如實行仁。實行仁就好像射箭：射箭的人先端正自己的姿勢然後才放箭；發射而沒有射中，不埋怨勝過自己的人，而是反過來求索於自己（查找自己的問題）。」

【3.8】

【原文】

孟子曰：「子路[(1)]，人告之以有過，則喜。禹[(2)]聞善言，則拜[(3)]。大舜有大[(4)]焉：善與人同[(5)]，舍己從人，樂取於人以為善。自耕稼[(6)]、陶、漁以至為帝，無非取於人者。取諸人以為善，是與人為善[(7)]者也。故君子於莫大乎與人為善。」

---

11. 熊十力：《十力語要》卷三《黎滌玄記語》，北京：中華書局，1996 年，第 332-333 頁。

【註釋】

(1) **子路**：孔子學生，姓仲名由，字子路，又名季路，少孔子九歲。

(2) **禹**：姓姒，史稱「大禹」、「夏禹」，善於治水，注重農業發展。相傳其父夏鯀以堵塞的方法治水而失敗，禹改用疏導方法，十多年內三過家門而不入，最終治水成功。禹其後受舜帝禪讓，成為夏朝的開國之君。

(3) **拜**：行拜禮。

(4) **有**：同「又」、更。**大**：偉大、了不起。

(5) **善**：行善。**同**：共同。**善與人同**：與別人共同行善。

(6) **稼**：禾的穗和果實，泛指農作物。

(7) **為**：行。**與人為善**：與別人一起行善。

【語譯】

孟子說：「子路，別人告訴他有過失，他就高興。夏禹聽到好的言論，就給別人行拜禮。偉大的舜更加了不起：與別人共同行善，捨棄自己的缺點，跟從別人的優點，樂於吸取別人的優點來行善。從他耕種農作物、做陶器、捕魚一直到做帝王，不過是吸取別人的優點。吸取別人的優點來行善，就是與別人一起行善。所以君子最重要的就是與別人一起行善。」

【3.9】

【原文】

孟子曰：「伯夷 [(1)]，非其君不事，非其友不友。不立於惡人之朝 [(2)]，不與惡人言。立於惡人之朝，與惡人言，如以朝衣、朝冠坐於塗炭 [(3)]。推惡惡 [(4)] 之心，思與鄉人立 [(5)]；其冠不正，望望然去之 [(6)]，若將浼焉 [(7)]。是故諸侯雖有善其辭命而至 [(8)] 者，不受也；不受也者，是亦不屑就已 [(9)]。柳下惠 [(10)] 不羞汙君 [(11)]，不卑小官；進不隱賢 [(12)]，必以其道 [(13)]，遺佚 [(14)] 而不怨，阨窮而不憫 [(15)]。故曰：『爾為爾，我為我；雖袒裼裸裎 [(16)] 於我側，爾焉能浼我哉！』故由由然與之偕而不自失 [(17)] 焉。援而止之而止 [(18)]；援而止之而止者，是亦不屑去已。」

孟子曰：「伯夷隘 [(19)]，柳下惠不恭 [(20)]；隘與不恭，君子不由 [(21)] 也。」

【註釋】

(1) **伯夷**：商朝賢人。

(2) **惡人**：壞人，指壞的統治者。**朝**：朝廷。

(3) **朝衣、朝冠**：上朝廷的禮服、禮帽。**塗炭**：塗是污泥，炭是炭灰，比喻污穢之物。穿朝衣、戴朝冠而坐於污泥、炭灰上，內心痛苦、不安。

(4) **推**：推廣。**惡惡**：首個「惡」字是動詞，解厭惡；第二個「惡」字是名詞，解壞人。

(5) **思**：助語詞，無義。**鄉人**：鄉親。**與……立**：站在一起。

(6) **望望然**：失望地。**去之**：離開。

(7) **浼**：音「每」（粵音 mui5、拼音 měi），污染。**焉**：猶「他」，指伯夷。下文「不自失焉」的「焉」亦是代名詞，指自身的操守。

(8) **善其辭命**：把言辭說得婉轉。**至**：來（請他做官）。

(9) **不屑**：「屑」原解「清潔」，「不屑」是「不以……為潔」，不值得。**就**：屈就、屈節。**已**：助語詞。

(10) **柳下惠**：魯國大夫，姓展名獲，字子禽（或「季」），「柳下」是受封地的名稱，「惠」是妻子倡議給他的私諡（並非國家正式授予），人稱「柳下惠」。

(11) **羞**：（認為）羞恥。**汙君**：「汙」同「污」，行為污穢的君主。

(12) **進**：做官。**隱**：隱藏。**賢**：才能。

(13) **道**：直道、正直之道。柳下惠以正直之道行事的事跡見於不少古藉，譬如《論語·微子》18.2 提及柳下惠對直道的看法，云：「直道而事人，焉往而不三黜？枉道而事人，何必去父母之邦？」

(14) **遺**：被遺棄。**佚**：音「逸」，隱遁。**遺佚**：被遺棄不用。

(15) **阨窮**：「阨」同「厄」，窮困。**憫**：憂愁。

(16) **袒裼裸裎**：「袒」、「裸」及「裎」均指裸露，「裼」原指包覆嬰兒的被褥；「袒裼」是脫去外衣、露出裡衣，「裸裎」是光著身體，「袒裼裸裎」指赤身露體。

(17) **由由然**：悠然自得。**偕**：（與「汙君」、「袒裼裸裎」者）並處。**自失**：自己失去正直之道。

(18) **援**：原指拉、牽引，引申為挽留。**止之**：使他留任。**援而止之而止**：（他辭職的時候）獲挽留而他就留任。

(19) **隘**：狹窄，氣量小。

(20) **不恭**：不嚴肅；一說態度傲慢。

(21) **由**：遵循。

【語譯】

　　孟子說：「伯夷，不是他理想的君主不去侍奉，不是他認為可交往的朋友不去結交。不在壞人（統治者）的朝廷做官，不與壞人說話。在壞人的朝廷做官，與壞人說話，就好像穿著上朝庭的禮服，戴著上朝庭的禮帽，坐在污泥和炭灰上（痛苦不安）。他推廣這厭惡壞人的心理，與鄉親站在一起；假如某鄉親的帽子戴得不端正，他就失望地離開，好像他將要被污染似的。所以諸侯們雖然把言辭說得婉轉，來請他做官，他不接受；他不接受的原因，是不值得屈

就去做他們的官而已。柳下惠不以侍奉污穢的君主為羞恥，不以做小官為卑微；做了官就不隱藏自己的才能，必定以他正直之道去處事，即使被君主遺棄不用也不埋怨，窮困也不憂愁。所以他曾說：『你是你，我是我；雖然你赤身露體站在我旁邊，你怎能污染我？』所以他悠然自得地和別人（「汙君」、「袒裼裸裎」者）並處，卻不會自己失去正直之道。（他辭職的時候）獲挽留他就留任；獲挽留他就留任，也是因為不值得拋棄正直之道而離去。」

　　孟子說：「伯夷氣量小（狹隘），柳下惠不嚴肅；氣量小和不嚴肅，君子是不遵循的。」

第四章

公孫丑下

【篇章概論】

本篇共 14 章，主要圍繞孟子的言行及待人接物的事跡。第一章闡述人和比天時及地利重要，失道者眾叛親離（4.1）。孟子認為君子倚仗仁義，不比富有的諸侯國君主失禮（4.2），不受重金收買（4.3、4.10），也知錯能改（4.9）。統治者要禮賢下士（4.2、4.11）、明白己過（4.4）、盡忠職守（4.5）及聽從勸諫（4.13）。孟子認為上天如果希望天下太平，自負地說「當今之世，舍我其誰也？」（4.13）。

【4.1】
【原文】

孟子曰：「天時不如地利，地利不如人和 (1)。三里之城，七里之郭 (2)，環 (3) 而攻之而不勝。夫環而攻之，必有得天時者矣；然而不勝者，是天時不如地利也。城 (4) 非不高也，池 (5) 非不深也，兵革 (6) 非不堅利也，米、粟 (7) 非不多也；委 (8) 而去之，是地利不如人和也。故曰：域民不以封疆 (9) 之界，固國不以山谿 (10) 之險，威 (11) 天下不以兵革之利。得道者 (12) 多助，失道者寡助。寡助之至 (13)，親戚畔 (14) 之；多助之至，天下順 (15) 之。以天下之所順，攻親戚之所畔；故君子有 (16) 不戰，戰必勝矣。」

【註釋】

(1) **天時、地利、人和**：根據「環而攻之而不勝」一句，「天時」指影響戰爭的時機、氣候等因素，「地利」指有利於戰爭的地理環境，「人和」指人心所向、團結等。

(2) **三里之城，七里之郭**：內城叫「城」，外城叫「郭」。古

時內外城的比例一般是三里之城、七里之郭。

(3) **環**：包圍。

(4) **城**：城牆。

(5) **池**：護城河。

(6) **兵**：兵器。**革**：原指皮革，因古代的甲冑曾經以皮革製造，引申指甲冑。

(7) **米、粟**：米和粟均是穀類農作物，泛指糧食。

(8) **委**：通「遺」，遺棄。

(9) **域**：原指界限，「域民」引申為留住人民。**疆**：疆界。

(10) **固**：安定。**谿**：原指山間的小河流，泛指河流。

(11) **威**：威鎮、震懾。

(12) **得道者**：尋獲道義的人。

(13) **助**：幫助（的人）。**至**：極點。

(14) **畔**：同「叛」，背叛。**之**：獲得幫助少的人。

(15) **順**：歸服。

(16) **有**：或者、要麼。

【語譯】

孟子說：「天時不如地利，地利不如人和。一個內城只有三里，外城只有七里的小城，包圍而攻打它卻不能取勝。既然包圍而攻打它，必定有遇到天時的時候；然而不能取勝，是天時不如地利的緣故。城牆並非不夠高，護城河並非不夠深，兵器和甲冑並非不夠堅固、鋒利，糧草並非不夠多；卻遺棄城池而逃走，是地利不如人和的緣故。所以說：留住人民不是靠封鎖國家的疆界，安定國家不是靠山嶽和河流的險阻，威鎮天下不是靠銳利的兵器。獲得道義的人所得的幫助多，失去道義的人所得的幫助少。一個獲得幫助少的人，連親戚都會背叛他；獲得幫助多的人，全天下的人歸服於他。以全天下人歸服的力量，去攻打連親戚都背叛他的人；所以君子或者不作戰，如果作戰必定會勝利。」

【4.2】
【原文】

孟子將朝王 [(1)]，王使人來曰：「寡人如 [(2)] 就見者也，有寒疾 [(3)]，不可以風。朝 [(4)]，將視朝 [(5)]，不識 [(6)] 可使寡人得見乎？」

對曰：「不幸而有疾，不能造 [(7)] 朝。」

明日，出弔於東郭氏 [(8)]。公孫丑曰：「昔者辭 [(9)] 以病，今日弔，或者不可乎？」

曰：「昔者疾，今日愈 [(10)]，如之何不弔？」

王使人問疾，醫來。

孟仲子⁽¹¹⁾對曰：「昔者有王命，有采薪之憂⁽¹²⁾，不能造朝。今病小愈，趨⁽¹³⁾造於朝，我不識能至⁽¹⁴⁾否乎。」

使數人要於路⁽¹⁵⁾，曰：「請必無歸，而造於朝。」

不得已，而之景丑氏⁽¹⁶⁾宿焉。

景子曰：「內⁽¹⁷⁾則父子，外則君臣，人之大倫⁽¹⁸⁾也。父子主恩⁽¹⁹⁾，君臣主敬⁽²⁰⁾。丑見王之敬子也，未見所以敬王也。」

曰：「惡！是何言也！齊人無以仁義與王言者，豈以仁義為不美也？其心曰：『是何足與言仁義也』云爾⁽²¹⁾，則不敬莫大乎是。我非堯、舜之道，不敢以陳⁽²²⁾於王前，故齊人莫如我敬王也。」

景子曰：「否，非此之謂也。《禮》曰：『父召無諾⁽²³⁾，君命召不俟駕⁽²⁴⁾。』固⁽²⁵⁾將朝也，聞王命而遂不果⁽²⁶⁾，宜與夫《禮》若不相似然⁽²⁷⁾！」

曰：「豈謂是與⁽²⁸⁾？曾子曰：『晉、楚之富，不可及也；彼以其富，我以吾仁；彼以其爵，我以吾義。吾何慊⁽²⁹⁾乎哉？』夫豈不義而曾子言之？是或一道也。天下有達尊三⁽³⁰⁾：爵一，齒⁽³¹⁾一，德一。朝廷莫如⁽³²⁾爵，鄉黨莫如齒，輔世長⁽³³⁾民莫如德。惡得有其一以慢⁽³⁴⁾其二哉？故將大有為之君，必有所不召之臣；欲有謀焉，則就之⁽³⁵⁾。其尊德樂道，不如是，不足與有為也。故湯之於伊尹⁽³⁶⁾，學焉而後臣之，故不勞⁽³⁷⁾而王；桓公之於管仲，學焉而後臣之，故不勞而霸。今天下地醜德齊⁽³⁸⁾，莫能相尚⁽³⁹⁾；無他，好臣其所教，而不好臣其所受教。湯之於伊尹，桓公之於管仲，則不敢召。管仲且猶不可召，而況不為⁽⁴⁰⁾管仲者乎？」

【註釋】

(1) **朝**：音「潮」（粵音 ciu4、拼音 cháo），朝見。**王**：指齊王。

(2) **如**：宜、當，本應該。

(3) **寒疾**：受風寒而患病。

(4) **朝**：音「招」（粵音 ziu1、拼音 zhāo），（翌日）早上。

(5) **視朝**：「朝」音「潮」（粵音 ciu4、拼音 cháo），臨朝聽政。《禮記·曾子問》有「諸侯相見，必告於禰，朝服而出視朝」的說法。

(6) **不識**：不知道。

(7) **造**：造訪，到......去。

(8) **出**：出門。**弔**：弔喪。**東郭氏**：齊國大夫。

(9) **昔者**：說話者之時或以前的時間，指昨天。**辭**：託辭。

(10) **愈**：痊癒，病情好轉。

(11) **孟仲子**：孟子的堂兄弟，曾跟隨孟子學習。

(12) **薪**：柴草。**采薪之憂**：「采」通「採」，原指因生病不能去採集木柴（「薪」），引申為生病。

(13) **趨**：已經。

(14) **至**：到達。

(15) **要**：通「邀」（粵音 jiu1、拼音 yāo），攔截。**路**：根據後文「請必無歸」，應指孟子歸家的路。

(16) **景丑氏**：齊國大夫。

(17) **內、外**：在家、在外。

(18) **倫**：倫理關係。古代以君臣、父子、兄弟、夫妻、朋友之間的倫理體系為「五倫」，其中「君臣」居首，「父子」次之。

(19) **恩**：恩德。

(20) **敬**：恭敬。

(21) **云爾**：而已。

(22) **陳**：陳述。

(23) **父召無諾**：父親召喚，作為兒子的應該馬上動身，不可慢條斯理。《禮記·曲禮上》云：「父召無諾，先生召無『諾』，『唯』而起。」其中「唯」和「諾」均表示應答，緩時用「諾」，急時用「唯」。

(24) **不俟駕**：（君主召喚，應該立刻上朝，）不等待馬車準

備好就出發。「君命召不俟駕」並非出自《禮記 · 曲禮上》,《論語 . 鄉黨》10.20 則提及孔子「君命召,不俟駕行矣」的做法。

(25) **固**:本來。

(26) **果**:事情的結果符合預期為之「果」。**不果**:不去上朝。

(27) **宜**:義同「殆」,恐怕。**若**:有點。**相似**:相符。**然**:語氣助詞,吧。

(28) **謂**:說。**是與**:這些。

(29) **慊**:粵音「欠」him3、拼音「怯」qiè,不足、少。

(30) **達尊**:認為尊貴。**三**:有三項。

(31) **齒**:原指「牙齒」,引申為年齡。

(32) **莫如**:最好、最重要。

(33) **長**:增長。

(34) **惡**:怎可以。**慢**:待慢、輕視。

(35) **就**:遷就,即君主應親自到臣子那裡去。**之**:指不能召喚的臣。

(36) **湯**：成湯、商湯，商（殷）代開國君主，是儒家尊崇的聖人之一。**伊尹**：商湯的宰相，輔助商湯滅夏桀。

(37) **勞**：費力。

(38) **天下**：指天下的諸侯。**地**：轄地。**醜**：相同。**德**：德行。**齊**：齊一、同等。**地醜德齊**：比喻彼此的條件相約。

(39) **相**：彼此。**尚**：凌駕。

(40) **不為**：不屑做（《孟子》多章記述了孟子不屑管仲所為的說法）。

【語譯】

孟子準備去朝見齊王，恰巧齊王派人來說：「我本應該來看您，但受風寒而患病，不可以吹風。如果您（明早）來朝見，我將臨朝聽政，不知道可以讓我見到您嗎？」

孟子回答說：「我也不幸有病，不能上朝廷去。」

第二天，孟子要出門去齊國大夫東郭氏的家弔喪。公孫丑說：「昨天您託辭有病謝絕朝見，今天卻去弔喪，這或許不好吧？」

孟子說：「昨天病了，今天好轉，為甚麼不去弔喪？」

齊王派人來問候孟子的病情，醫生也來了。

孟仲子答道：「昨天王有命令，他生病了，不能上朝廷去。今天病情稍為好轉，已經上朝廷去了，但我不知道他能否到達。」

孟仲子派數人到孟子歸家的路上去攔截，告訴孟子：「請必定不要回家，而趕快上朝廷去！」

孟子不得已而在景丑的家歇宿。

景丑說:「在家有父子,在外有君臣,這都是重要的倫理關係。父子之間以恩德為主,君臣之間以恭敬為主。我見齊王尊敬您,卻沒見您尊敬齊王。」

孟子說:「哎!這是甚麼話!齊國人沒有以仁義向齊王進言,難道他們認為仁義不好嗎?他們心裡說:『這個人(齊王)哪裡值得和他講仁義』如此而已,沒有比這更不恭敬的了。我不是堯、舜之道,就不敢在齊王面前陳述,所以齊國人沒有比我更尊敬齊王的。」

景丑說:「不,我不是說這些。《禮記・曲禮》說:『父親召喚,(答『唯』而馬上動身)不答『諾』(慢條斯理);君主召喚,不等待馬車準備好就出發。』你本來準備去朝見,聽到王的命令卻反而不去,恐怕與《禮記》所說有點不相符吧!」

孟子說:「我豈是說這些?曾子說:『晉國、楚國的財富,不可以比得上。但他倚仗他的財富,我倚仗我的仁;他倚仗他的爵位,我倚仗我的義。我有甚麼比他少?』不合道義的話,難道曾子會說嗎?這句話或許有點道理。天下認為尊貴的事情有三項:爵位是一項,年齡是一項,道德是一項。朝廷中,最重要的是爵位;鄉里中,最重要的是年齡;輔助君主治世、增長人民,最重要的是道德。怎可以得到一項而輕視其餘兩項?所以即將有大作為的君主,必定有他不能召喚的臣。如果有事要商議,就遷就他(親自到臣那裡去)。他尊重道德、喜愛道義,如果不這樣,便不足以和他有所作為了。因此商湯對於伊尹,先向他學習,繼而以他為臣,所以不費力就稱王於天下;齊桓公對於管仲,先向他學習,繼而以他為臣,所以不費力就稱霸於諸侯。現在天下的諸侯,轄地相同、德行同等,彼此不能凌駕別人;沒有其他原因,是他們喜歡以聽從他的話的人

為臣，卻不喜歡以能夠教導他的人為臣。商湯對於伊尹，齊桓公對於管仲，就是不敢召喚。管仲尚且不可以召喚，況且那不屑做管仲的人（指孟子自己）？」

【4.3】

【原文】

陳臻 [(1)] 問曰：「前日 [(2)] 於齊，王饋兼金一百 [(3)] 而不受；於宋，饋七十鎰 [(4)] 而受；於薛 [(5)]，饋五十鎰而受。前日之不受是，則今日之受非也；今日之受是，則前日之不受非也。夫子必居一 [(6)] 於此矣！」

孟子曰：「皆是也。當在宋也，予將有遠行；行者必以贐 [(7)]，辭曰：『饋贐。』予何為不受？當在薛也，予有戒心 [(8)]，辭曰：『聞戒，故為兵 [(9)] 饋之。』予何為不受？若於齊，則未有處也 [(10)]。無處而饋之，是貨之 [(11)] 也。焉有君子而可以貨取乎？」

【註釋】

(1) **陳臻**：孟子學生。

(2) **前日**：以前。

(3) **兼金**：上等金、好金。因其價格雙倍於普通金，所以稱為「兼金」。**一百**：即一百鎰（古代重量單位）。

(4) **饋**：贈送。**鎰**：粵音「日」jat6、拼音「譯」yì，古代重量單位，相等於二十兩。「鎰」也見於〈公孫丑下〉2.9。

(5) **薛**：春秋時有薛國，但在孟子的時代已被齊國所滅。此「薛」指齊威王給田嬰（號「靖郭君」）的封地，或稱「薛地」，在滕州市東南。

(6) **居一**：居於其一（有做錯）。

(7) **行者**：遠行的人。**贐**：音「盡」（粵音 zeon6、拼音 jìn），贈送予遠行者的財物（盤纏）。

(8) **戒心**：（怕有人加害）戒備之心。趙歧《孟子註疏》認為孟子「有戒備不虞之心也。時有惡人欲害孟子，孟子戒備。」

(9) **為兵**：買兵器。

(10) **未有處**：原指沒有出處，引申為沒有理由（接受盤纏）。

(11) **貨**：動詞，收買。**之**：指孟子。

【語譯】

陳臻問道：「以前在齊國，齊王送給您好金一百鎰，您不接受；在宋國，宋王送給您七十鎰，您卻接受了；在薛地，薛君送給您五十鎰，您也接受了。如果以前的不接受是對的，那現在的接受便是錯了；如果現在的接受是對的，那以前的不接受便是錯了。於接受與不接受二者之間，老師必定居於其一（有做錯）吧！」

孟子說：「都是對的。當在宋國的時候，我準備遠行；對遠行的人必定贈送一些盤纏，宋王說：『贈送一些盤纏。』我為甚麼

不接受？當在薛地的時候，（聽說有人有意加害）我有戒備之心，薛君說：『聽說您需要戒備，所以贈送買兵器的錢。』我為甚麼不接受？至於在齊國，就沒有任何理由了。沒有任何理由卻要贈送給我，這是收買我。哪有君子可以被收買？」

【4.4】
【原文】

孟子之平陸 [(1)]，謂其大夫 [(2)] 曰：「子之持戟之士 [(3)]，一日而三失伍 [(4)]，則去 [(5)] 之否乎？」

曰：「不待 [(6)] 三。」

「然則子之失伍 [(7)] 也亦多矣！凶年饑歲 [(8)]，子之民，老羸轉於溝壑 [(9)]，壯者散 [(10)] 而之四方者，幾 [(11)] 千人矣！」

曰：「此非距心之所得為 [(12)] 也。」

曰：「今有受人之牛羊而為之牧之 [(13)] 者，則必為之求牧與芻 [(14)] 矣。求牧與芻而不得，則反諸 [(15)] 其人乎？抑亦立而視其死與 [(16)]？」

曰：「此則距心之罪也。」

他日見於王 [(17)] 曰：「王之為都 [(18)] 者，臣知 [(19)] 五人焉；知 [(20)] 其罪者，惟孔距心。」為王誦 [(21)] 之。

王曰：「此則寡人之罪也。」

【註釋】

(1) **之**：至、到，下文「之四方者」的「之」同義。**平陸**：齊國邊境的都邑，在今山東省濟寧市汶上縣北。

(2) **大夫**：指邑宰（長官，相等於現今的縣長），根據後句「惟孔距心」，此長官的姓名是孔距心。

(3) **子**：對平陸長官的敬稱，相當於「您」、「先生」。**戟**：一種兵器。**士**：士兵。**持戟之士**：手持戟的士兵，泛指士兵。

(4) **伍**：古時軍隊的編制單位，以五人為一「伍」，百人為一「卒」，此處指軍隊的班次。**失伍**：應在班卻失班，失職。

(5) **去**：革職；一說殺掉。

(6) **待**：等到。

(7) **然**：然則、那麼。**子**：指平陸的長官。**失伍**：朱熹《孟子集注》云：「子之失伍，言其失職，猶士之失伍也。」指孟子認為平陸的長官身為上級卻監管不力，是失職。

(8) **凶年饑歲**：災荒、饑饉的歲月。〈梁惠王下〉2.9 有「凶年饑歲，君之民老弱轉乎溝壑，壯者散而之對方者，幾千人矣」的類似說法。

(9) **羸**：音「雷」（粵音 leoi4、拼音 léi），瘦弱的人。**轉**：輾轉（死於）。**溝**：田溝。**壑**：粵音「確」kok3、拼音「賀」hè，山溪。

(10) **壯者**：年輕力壯的人。**散**：離散。

(11) **幾**：幾乎、接近；一說解多數。

(12) **所得為**：力量所能做到，如趙歧《孟子註疏》「此乃齊王之失政，不肯賑窮，非我所得專為也」所言，這是齊宣王不肯賑濟災民所致。

(13) **今有……者**：（假如）現在有人。**受人**：接受別人。**為**：替。**牧**：動詞，牧養。**之牧之**：首個「之」字指牛羊的主人，第二個「之」字指牛羊，「之牧之」是替別人牧養牛羊。

(14) **為**：替。**之**：牛羊。**求**：尋找。**牧、芻**：牧地、飼養的草。

(15) **反諸**：「反」同「返」，「諸」即「於」，把牛羊還給牠們的主人。

(16) **抑**：還是。**立**：站著。**與**：同「歟」（音「余」，粵音jyu4、拼音yú），語氣助詞，相當於「呢」。**視其死與**：看著牠們（牛羊）餓死。

(17) **見於王**：獲齊宣王召見。

(18) **為**：治理。**都**：都邑。

(19) **知**：認識。

(20) **知**：明白。

(21) **誦**：說。**之**：孟子和孔距心的對話。朱熹《孟子集注》云：

「為王誦其語，欲以風（按：諷）曉王也。」認為孟子藉此諷刺齊宣王。

【語譯】

孟子到了平陸（位於齊國邊境的城邑），對當地的長官孔距心說：「如果您的士兵，一天內三次失班，您會否將他革職？」

孔距心回答說：「不必等到三次（就革除他）。」

孟子說：「那麼您自己的失職也很多！在災荒、饑饉的歲月，您人民之中年老體弱的人輾轉死於田溝、山溪，年輕力壯的人離散而逃往各方，接近一千人了！」

孔距心回答說：「這不是我距心的力量所能做到的。」

孟子說：「假如現在有人，接受別人的牛羊而替人牧養，就當然要替牛羊尋找牧地和飼養的草了。如果找不到牧地和飼養的草，那麼是把牛羊還給牠們的主人？還是站著而看著牛羊餓死？」

孔距心回答說：「這就是我距心的罪過了。」

某日，孟子獲齊宣王召見，說：「王的地方長官，我認識五位；明白自己的罪過的，只有孔距心一個人。」於是向齊宣王複述了自己和孔距心的對話。

齊宣王：「這就是我的罪過了。」

【4.5】
【原文】

孟子謂蚳鼃 (1) 曰：「子之辭靈丘 (2) 而請士師 (3)，似 (4) 也，為其可以言 (5) 也。今既數月矣，未可以言與？」

蚳鼃諫於王而不用 (6)，致為臣而去 (7)。

齊人曰：「所以為蚳鼃則善 (8) 矣，所以自為則吾不知也。」

《孟子》今註今譯

公都子 (9) 以告。

曰：「吾聞之也：有官守 (10) 者，不得其職則去；有言責 (11) 者，不得其言則去。我無官守，我無言責也；則吾進退，豈不綽綽然有餘裕 (12) 哉？」

【註釋】

(1) **蚳鼃**：戰國時代齊國大夫。「蚳」音「遲」（粵音 ci4、拼音 chí），戰國時姓氏之一；「鼃」是「蛙」的本字。

(2) **辭**：辭職。**靈丘**：齊國邊境的邑名。

(3) **請**：請求。**士師**：獄官，執掌刑罰禁令，如《周禮·秋官司寇》云：「士師之職：掌國之五禁之法，以左右刑罰：一曰宮禁，二曰官禁，三曰國禁，四曰野禁，五曰軍禁。皆以木鐸徇之於朝，書而縣於門閭。」指士師掌管國家刑禁的法律（「五禁之法」）；一說法官。

(4) **似**：似乎（有道理）。

(5) **其**：（士師）這個職位。**言**：（向齊王）進言。

(6) **諫**：進諫。**用**：被採納。

(7) **致**：歸還。**為臣**：「為」音「圍」（粵音 wai4、拼音 wéi），做官。**致為臣**：辭職。**去**：離去。

(8) **為**：（孟子）為蚳鼃進諫的事打算。**善**：好。趙歧《孟子註疏》云：「齊人論者譏孟子為蚳鼃謀，使之諫不用而去，則善矣。不知自諫不用而不去，故曰我不見其自為謀者。」指齊國人譏諷孟子不懂自諫，意見不被採納卻不離去。

(9) **公都子**：孟子學生，齊國人，戰國時學者。

(10) **官守**：官位職守。

(11) **言責**：進言的責任。

(12) **綽綽然**：非常寬裕，趙歧《孟子註疏》云：「綽、裕，皆寬也」。**有餘裕**：有餘地，足以應付，孟子此言其後成為成語「綽綽有餘」。

【語譯】

孟子對蚳鼃說：「您辭去靈丘長官而請求做獄官，似乎有道理，因為這個職位可以（向齊王）進言。現在已經幾個月了，還不能進言嗎？」

蚳鼃向齊王進諫而不被採納，因此辭職而離去。

有齊國人（譏諷孟子）說：「孟子為蚳鼃進諫的事打算是好的；但他自己所打算的是甚麼，那我就不知道了。」

公都子把這番話告訴了孟子。

孟子說：「我聽說過：有官位職守的人，如果不能盡其職責就應該離去；有進言責任的人，如果其進言不被採納就應該離去。我既沒有官位職守，又沒有進言的責任；那我的進退，豈不是非常寬

裕而足以應付嗎？」

【4.6】

【原文】

孟子為卿 (1) 於齊，出弔於滕 (2)，王使蓋大夫王驩為輔行 (3)。王驩朝暮見 (4)，反 (5) 齊、滕之路，未嘗與之言行事 (6) 也。

公孫丑曰：「齊卿 (7) 之位，不為小矣；齊、滕之路，不為近矣；反之而未嘗與言行事，何也？」

曰：「夫既或治之 (8)，予何言哉？」

【註釋】

(1) **為**：擔任。**卿**：客卿。「卿」是古代官名，春秋戰國時期授予非國人的高級官職。他們獲朝庭以客禮相待，故稱為「客卿」。

(2) **出**：出使。**弔**：弔喪。**滕**：滕國，西周分封的諸侯國，姬姓，開國國君是周文王的第十四子錯叔繡，故城在今山東省滕州市西南。

(3) **蓋**：粵音「鴿」gap3、拼音「個」的第二聲 gě，齊國邊境的邑名，故城位於今山東省臨沂市沂水縣西北。**大夫**：指邑宰（長官，相等於現今的縣長）。**王驩**：字子敖，趙歧《孟子註疏》云：「齊之諂人，有寵於王。後為右師（官名）。」指王驩是齊王的寵臣。**為輔行**：擔任副使。

(4) **朝暮見**：（孟子與王驩）早晚都相見。

(5) **反**：同「返」，往返。

(6) **行事**：出使的公事。朱熹《孟子集注》云：「孟子不悅其為人，雖與同使而行，未嘗與之言行事，不願與之相比也。」指孟子不喜歡王驩的為人，見王驩持齊王寵愛而獨斷行事，不與他爭論（「比」）。

(7) **齊卿**：如朱熹《孟子集注》云：「王驩蓋攝卿以行，故曰齊卿。」王驩以邑長官的身份兼理齊國國卿的地位。

(8) **之**：出弔的事務。**夫既或治之**：既然獨斷行事。如朱熹《孟子集注》云：「言有司已治之矣。」指有主管事務的官員已經辦理有關事務，批評王驩雖然是副使，卻持着齊王寵愛而獨斷專行。

【語譯】

孟子在齊國擔任客卿，受命出使滕國弔喪，齊王派蓋邑長官王驩擔任副使。王驩與孟子早晚都相見，但孟子在往返齊、滕的途中從沒有與王驩談及出使的公事。

公孫丑問道：「齊國國卿（指王驩）的地位，不算小了；齊、滕的路程，不算近了；往返期間卻沒有和他談及出使的公事，為甚麼？」

孟子說：「他王驩既然獨斷行事，我還說甚麼？」

【4.7】
【原文】
孟子自齊葬於魯 (1)，反 (2) 於齊，止於嬴 (3)。

充虞請 [4] 曰：「前日不知虞之不肖 [5]，使虞敦匠事 [6]。嚴 [7]，虞不敢請；今願竊 [8] 有請也，木若以 [9] 美然！」

曰：「古者棺椁無度 [10]，中古 [11] 棺七寸，椁稱之 [12]。自天子達 [13] 於庶人，非直為觀 [14] 美也，然後盡於人心 [15]。不得 [16]，不可以為悅 [17]；無財，不可以為悅。得之為 [18] 有財，古之人皆用之，吾何為獨不然？且比化者無使土親膚 [19]，於人心獨無恔 [20] 乎？吾聞之也：君子不以天下儉其親。」

【註釋】

(1) **自齊葬於魯**：孟子的母親隨子到齊國，其後去世，孟子將母親的遺體運到魯國安葬。

(2) **反**：同「返」，返回。

(3) **止**：停留並歇宿。**嬴**：古時邑名，故城在今山東省萊蕪市西北。

(4) **充虞**：孟子學生。**請**：請教。

(5) **知**：嫌棄。**不肖**：（謙稱）無才能。

(6) **敦**：治理、監督。**匠事**：木匠製作棺木的事。

(7) **嚴**：（時間）緊迫。

(8) **竊**：私下。

(9) **木**：孟子母親的棺木。**若**：似乎。**以**：太。

(10) **古者**：根據後句「中古棺七寸」，「中古之前」即上古時代。**棺椁**：古代的棺木分兩層，內層叫「棺」（放置屍體），外層叫「椁」（或「槨」），音「國」（粵音 gwok3、拼音 guǒ）。**無度**：沒有尺寸的規定。

(11) **中古**：據趙歧《孟子註疏》云：「謂周公制禮以來。」中古指周公制訂禮制以後的時代。

(12) **之**：指「棺」層。**稱之**：音「秤」（粵音 cing3、拼音 chèng），「椁」層的厚度與「棺」層相稱。

(13) **達**：以至。

(14) **直**：僅僅。**觀**：外觀。

(15) **人心**：人的孝心。

(16) **得**：符合禮制規定（而可以用）。

(17) **悅**：稱心、如意。

(18) **為**：解「與」。

(19) **比**：通「庇」（粵音 bei3、拼音 bì），庇護、保護。**化者**：

死者。**土**：泥土。**親**：接觸。**膚**：原指肌膚，引申為遺體。

(20) **恔**：音「效」（粵音 haau6、拼音 xiào），欣慰。

【語譯】

孟子從齊國到魯國安葬母親後，返回齊國，在嬴歇宿。

充虞（孟子學生）請教說：「前些日子您不嫌棄我無才能，讓我監督木匠製作棺木的事。當時時間緊迫，我不敢請教。現在私下有件事想請教，棺木似乎太漂亮了吧！」

孟子回答說：「上古時對棺椁（槨）沒有尺寸的規定，中古時（周公制訂禮制以後）規定棺層厚七寸，椁層的厚度與棺層相稱。從天子至普通人民，並非僅僅以外觀為漂亮，而是要盡人的孝心。因為禮制規定而不可以用，不能覺得稱心滿意；沒有錢（做棺椁），不能覺得稱心滿意。禮制規定可以用而又有錢，古人都這樣用了，為甚麼唯獨我不能？況且保護死者的遺體不與泥土接觸，於人的孝心就不欣慰嗎？我聽說過：君子不會因為天下的緣故而節儉於自己的父母。」

【4.8】

【原文】

沈同 (1) 以其私 (2) 問曰：「燕可伐與 (3) ？」

孟子曰：「可。子噲 (4) 不得與人燕，子之 (5) 不得受燕於子噲。有仕 (6) 於此，而子悅 (7) 之，不告於王，而私與之吾子之祿爵 (8)。夫士 (9) 也，亦無王命而私受之於子，則可乎？何以異於是？」

齊人伐燕。或問曰：「勸齊伐燕，有諸？」

曰：「未也。沈同問：『燕可伐與？』吾應之曰：『可。』彼

然⁽¹⁰⁾而伐之也。彼如曰：『孰可以伐之？』則將應⁽¹¹⁾之曰：『為天吏⁽¹²⁾，則可以伐之。』今有殺人者，或問之曰：『人可殺與？』則將應之曰：『可。』彼如曰：『孰可以殺之？』則將應之曰：『為士師⁽¹³⁾，則可以殺之。』今以燕伐燕⁽¹⁴⁾，何為勸之哉？」

【註釋】

(1) **沈同**：齊國大臣。

(2) **私**：私人身份。

(3) **伐**：攻打。**與**：同「歟」（音「余」，粵音 jyu4、拼音 yú），疑問語氣詞，相等於「嗎」。

(4) **子噲**：燕王噲，姬姓燕氏，戰國時期燕國的第三十八任國君（公元前 320 年至公元前 318 年在位）。燕王噲讓宰相子之專權，聽信鹿毛壽之言效法堯禪讓予許由的做法，將王位禪讓予子之，子之接受。

(5) **子之**：燕王噲的宰相，其後篡位自成燕王，於齊國攻打燕國時被殺。

(6) **仕**：出仕、做官。

(7) **子**：你，指沈同。**悅**：喜歡。

(8) **祿爵**：俸祿、爵位。

(9) **夫**：音「扶」，助詞。**士**：從仕（做官）的人。

(10) **彼**：他（指沈同）。**然**：以為可以。

(11) **應**：回答。

(12) **天吏**：奉行天命的官吏（執政者）。

(13) **士師**：獄官，執掌刑罰禁令。

(14) **以燕伐燕**：以無異於燕國的國家（即齊國）去攻打燕國。朱熹《孟子集注》：「言齊無道，與燕無異，如以燕伐燕也。」指齊國企圖吞併燕國，與燕國一樣無道。

【語譯】

齊國大臣沈同以私人身份問孟子：「燕國可以攻打嗎？」

孟子說：「可以。燕王子噲不應將燕國交給別人，子之（燕國宰相）不應從子噲手中接受燕國。譬如這裡有一位官員，而你喜歡他，不向國君稟告，就私自將你的俸祿和爵位給他。這位官員也沒有得到國君的命令，就私自從你手中接受了俸祿和爵位，這樣可以嗎？燕國私相授受的事與這有何分別？」

齊人去攻打燕國，有人問孟子說：「您勸齊國攻打燕國，有這件事嗎？」

孟子說：「沒有。沈同曾問我：『燕國可以攻打嗎？』我回答他說：『可以。』他就以為可以而去攻打燕國。他如果問：『誰可

以攻打燕國？』我就會回答他說：『是奉行天命的官吏（天吏），才可以攻打燕國。』譬如有一個殺了人的人，有人問我說：『這人可以處死嗎？』我就會回答他說：『可以。』他如果問：『誰可以處死他？』我就會回答他說：『作為獄官，才可以處死他。』現在以無異於燕國的國家（即齊國）去攻打燕國，我為甚麼去勸它？」

【4.9】
【原文】

燕人畔 (1)。王曰：「吾甚慙 (2) 於孟子。」

陳賈 (3) 曰：「王無患 (4) 焉。王自以為與周公孰仁且智 (5)？」

王曰：「惡！是何言也！」

曰：「周公使管叔監殷 (6)，管叔以殷畔。知而使之，是不仁也；不知而使之，是不智也。仁、智，周公未之盡 (7) 也，而況於王乎？賈請見而解 (8) 之。」

見孟子，問曰：「周公，何人也？」

曰：「古聖人也。」

曰：「使管叔監殷，管叔以殷畔也，有諸？」

曰：「然 (9)。」

曰：「周公知其將畔而使之與？」

曰：「不知也。」

「然則聖人且有過 (10) 與？」

曰：「周公弟也，管叔兄也。周公之過，不亦宜 (11) 乎？且古之君子，過則改之；今之君子，過則順之 (12)。古之君子，其過也，如日月之食 (13)，民皆見之；及其更 (14) 也，民皆仰之。今之君子，豈徒 (15) 順之，又從為之辭 (16)。」

【註釋】

(1) **畔**：通「叛」，背叛齊國佔領燕國後，燕人另立太子不為燕王，拒絕歸附齊國，齊宣王認為是背叛。

(2) **慙**：同「慚」，慚愧。孟子在齊國吞併燕國後曾勸齊王推行仁政（見〈梁惠王下〉2.10-2.11），齊王不聽；所以當燕人背叛齊國，齊王心感慚愧。

(3) **陳賈**：齊國大夫。

(4) **無**：不要。**患**：憂慮。

(5) **孰**：誰。**仁**：仁愛。**智**：明智。

(6) **使**：指派。**管叔**：周武王之弟。武王滅殷後，封紂王之子武庚祿父為諸侯，以延續殷族的世系，治理殷人。武王分封三位弟弟霍叔於霍（今山西省霍州市）、管叔於管（今河南省鄭州市）、蔡叔於蔡（今河南省駐馬店市上蔡縣），監視武庚，是為「三監」。武王於滅商後的第二年駕崩，年幼的周成王繼位，由叔父周公攝政。管叔和蔡叔認為周公想篡位，連同武庚叛亂，是為「三監之亂」。周公奉命討伐，殺武庚、管叔，放逐蔡叔，平定叛亂。**監**：監管。**殷**：殷族遺民。

(7) **盡**：完全做到。

(8) **解**：解釋。

(9) **然**：對。

(10) **過**：過失。

(11) **宜**：合宜、自然。

(12) **順**：順應（將錯就錯）。**之**：指過失。

(13) **食**：通「蝕」。

(14) **更**：改正。

(15) **徒**：但、僅。**豈徒**：不僅。

(16) **從**：隨着。**辭**：辯護。

【語譯】

（齊國佔領燕國後，）燕國人背叛齊國。齊王說：「我非常有愧於孟子。」

陳賈說：「王不要憂慮。王自以為與周公相比，誰更仁愛而明智？」

齊王說：「呀！你這是甚麼話？」

陳賈說：「周公指派管叔（周公之兄）監管殷人，管叔卻憑藉殷人叛亂。周公如果預知而指派他，是不仁愛；不預知而指派他，是不明智。仁愛和明智，連周公都沒有完全做到，何況王？請讓我見孟子解釋這件事。」

陳賈去見孟子，問道：「周公是怎樣的人？」

孟子說：「古時候的聖人。」

陳賈說：「周公指派管叔監管殷人，但管叔卻憑藉殷人叛亂，有這回事嗎？」

孟子說：「對。」

陳賈說：「周公指派管叔時預知他將會叛亂嗎？」

孟子說：「不知道。」

陳賈說：「那麼聖人也會有過失嗎？」

孟子說：「周公是弟弟，管叔是哥哥。周公的過失，不也很自然嗎？況且古時候的君子，有過失就改正；現今的君子，有過失卻順應過失（將錯就錯）。古時候的君子，他們的過失如同日蝕、月蝕一樣，人民都見得到；當他們改正時，人民都會仰望他們。現今的君子，不僅順應過失，還隨着過失為之辯護。」

【4.10】

【原文】

孟子致為臣而歸 ⁽¹⁾。王就見 ⁽²⁾ 孟子，曰：「前日願見而不可得，得侍 ⁽³⁾ 同朝，甚喜。今又棄寡人而歸，不識可以繼此 ⁽⁴⁾ 而得見乎？」

對曰：「不敢請耳 ⁽⁵⁾，固所願 ⁽⁶⁾ 也。」

他日，王謂時子 ⁽⁷⁾ 曰：「我欲中國而授孟子室 ⁽⁸⁾，養弟子以萬鐘 ⁽⁹⁾，使諸大夫國人皆有所矜式 ⁽¹⁰⁾。子盍 ⁽¹¹⁾ 為我言之？」

時子因陳子 ⁽¹²⁾ 而以告孟子，陳子以時子之言告孟子。

孟子曰：「然夫 ⁽¹³⁾ 時子惡知其不可也？如使予欲富，辭十萬而受萬，是為欲富乎？季孫 ⁽¹⁴⁾ 曰：『異哉子叔疑 ⁽¹⁵⁾！使己為政 ⁽¹⁶⁾，不用，則亦已矣，又使其子弟為卿 ⁽¹⁷⁾。人亦孰 ⁽¹⁸⁾ 不欲富貴？而獨於富貴之中有私龍斷 ⁽¹⁹⁾ 焉。』古之為市 ⁽²⁰⁾ 也，以其所有易 ⁽²¹⁾ 其

所無者，有司者治之耳。有賤丈夫 (22) 焉，必求龍斷而登之，以左右望而罔市利 (23)。人皆以為賤，故從而征 (24) 之。征商 (25) 自此賤丈夫始矣。」

【註釋】

(1) **致**：歸還。古時有「致仕」、「致祿」、「致政」等說法，其中「致」字解「歸還」。**歸**：回鄉。**致為臣而歸**：孟子辭職準備回鄉。

(2) **王**：齊宣王。**就見**：專門去看望。

(3) **侍**：通「事」，辦事。

(4) **識**：知道。**繼此**：以後。

(5) **請**：請求。**耳**：而已。

(6) **固**：本來。**所願**：我的願望。

(7) **時子**：齊宣王的臣子。

(8) **中國**：「中」是介詞，「國」指國都，在國都（指臨淄城）中。**授**：送贈。**室**：房屋。

(9) **養**：供養。**鍾**：古代量器。戰國時期各國的度量衡單位尚未統一，其中齊國有升、斗、區、釜、鍾等容量單位，一斗四升，

一區四斗，一釜四區，一鍾十釜（即六石四斗）。**萬鍾**：六萬四千石糧食，引申指非常豐厚的待遇。

(10) **諸**：各位。**矜**：敬重。**式**：效法。

(11) **盍**：音「合」（粵音 hap6、拼音 hé），能否。

(12) **陳子**：孟子學生陳臻。

(13) **然夫**：可是。有版本將「然夫時子惡知其不可也」斷句為「然，夫時子惡知其不可也」其中「然」字相當於「嗯」或「哦」，也通。

(14) **季孫**：趙歧《孟子註疏》云：「孟子弟子也」，而朱熹《孟子集注》認為「不知何時人」。

(15) **異**：奇怪。**子叔疑**：此人的身份不詳。

(16) **為政**：做官。

(17) **卿**：卿大夫，古時高級長官的第一等，如《禮記·王制第五》云：「諸侯之上大夫卿、下大夫、上士、中士、下士，凡五等。」

(18) **亦孰**：有誰。

(19) **龍**：通「壟」，高出地面的土堆。**龍斷**：即「壟斷」，把持市場、獨佔利益。

(20) **為市**：做生意。

(21) **易**：交換。

(22) **賤**：卑鄙。**丈夫**：成年男子的通稱。《穀梁傳·文公十二年》云：「男子二十而冠，冠而列丈夫。」指男子到二十歲行冠禮，戴冠帽後可以稱為丈夫。

(23) **罔**：通「網」，網羅。**市利**：市場的利益。

(24) **征**：通「徵」，徵稅。

(25) **商**：商人。

【語譯】

　　孟子辭職準備回鄉。齊宣王專門去看望孟子，說：「從前希望見到你而沒有機會，後來能夠同朝辦事，我很高興。現在你又要拋棄我而回鄉，不知道以後還能相見嗎？」

　　孟子回答說：「我不敢請求而已，這本來就是我的願望。」

　　另一天，齊王對時子（齊宣王的臣子）說：「我想在都城中送一幢房屋給孟子，用萬鐘糧食來供養他的學生，使各位大夫和國民都有所敬重、效法。你能否替我告訴孟子？」

　　時子托陳臻把這個想法告訴孟子，陳臻就把時子的話轉告孟

子。

孟子說：「可是時子那知道這事不妥當？如果我想發財，辭去十萬鐘俸祿的官職而去接受一萬鐘，這是想發財嗎？季孫說：『子叔疑這人真奇怪！自己去做官，不受重用，那就算了吧，卻促使自己的子弟去做卿大夫。有誰人不想做官發財？可是他卻要在做官發財之中獨自壟斷。』古時做生意，拿自己所有的去交換自己所沒有的，有專責的部門管理這些事。有一個卑鄙男子，必定要找一個斷而高的土壟登上去，藉以左右觀望，而網羅市場的利益。別人都認為這人卑鄙，所以向他徵稅。徵收商稅就是從這個卑鄙男子開始的。」

【4.11】

【原文】

孟子去 (1) 齊，宿於晝 (2)。有欲為王留行 (3) 者，坐而言 (4)；不應，隱几而臥 (5)。

客不悅，曰：「弟子齊宿 (6) 而後敢言，夫子臥而不聽，請勿復 (7) 敢見矣。」

曰：「坐，我明語子 (8)。昔者魯繆公 (9) 無人乎子思之側 (10)，則不能安 (11) 子思；泄柳、申詳 (12) 無人乎繆公之側，則不能安其身 (13)。子為長者 (14) 慮，而不及子思，子絕 (15) 長者乎？長者絕子乎？」

【註釋】

(1) **去**：離開。

(2) **晝**：齊國邑名，位於齊國國都臨淄西南，是孟子從齊國返鄒國必經之地。

(3) **留行**：挽留。

(4) **坐**：趙歧《孟子註疏》云：「客危坐而言。」即正身而坐（恭敬地坐着）。**言**：進言（挽留孟子）。

(5) **隱**：依靠着，如朱熹《孟子集注》云：「隱，憑也。」**几**：小桌子。**隱几而臥**：朱熹《孟子集注》云：「客坐而言，孟子不回應倚几而臥。」指孟子依靠着小桌子而睡覺。

(6) **齊**：同「齋」，齋戒。**宿**：前一天。

(7) **請**：希望。**勿復**：不再。

(8) **明**：明白地。**語**：告訴。**子**：你，指出言挽留孟子的人。

(9) **魯繆公**：魯國第二十九任君主，姓姬名顯，公元前 410 年至公元前 377 年在位。繆公禮賢下士，尤為尊崇子思（孔伋）。

(10) **子思**：孔子之孫，孔伋（公元前 483 年 - 公元前 402 年）。元代文宗至順元年（1330 年），子思被追封為「述聖公」，後世尊稱為「述聖」。子思相傳是孔子弟子曾參（曾子）的弟子。根據《史記・孟子荀卿列傳》，孟子學於子思門下，是子思的再傳弟子。《韓非子・顯學》記載，「自孔子之死也，有子張之儒，有子思之儒，有顏氏之儒，有孟氏之儒，有漆雕氏之儒，有仲良之儒，有樂正氏之儒，有孫氏之儒。」孔子去世後儒家分為八派，領導人物包

括子思及孟子。另《荀子·非十二子》云：「子思唱之，孟軻和之」，荀子視子思及孟子為一派（後世稱為「思孟學派」）而大肆批評。

無人乎子思之側：如果沒有人在子思身邊。朱熹《孟子集注》云：「繆公尊禮子思，常使人候伺，道達誠意於其側，乃能安而留之。」指魯繆公尊崇子思，經常派人在子思身邊侍候，希望子思能安心留在魯國。

(11) **安**：（使）安心。

(12) **泄柳**：春秋時代魯國人，魯繆公時期的賢臣（事跡見於〈滕文公下〉6.7）。**申詳**：朱熹《孟子集注》云：「泄柳，魯人。申詳，子張之子。繆公尊之不如子思，然二子義不苟容，非有賢者在其君之左右，維持調護之，則亦不能安其身矣。」認為申詳是孔子學生子張（顓孫師）之子。

(13) **安其身**：使自身（泄柳、申詳二人）安心。

(14) **長者**：年紀大、背份高的人，此處是孟子自稱。

(15) **絕**：決絕。

【語譯】

孟子離開齊國，在晝縣歇宿。有一個想替齊王挽留的人，恭敬地坐着向孟子進言；孟子不回應，倚着小桌子睡覺。

客人不高興，說：「學生前一天進行齋戒，然後才敢進言，先生卻躺臥著睡覺而不聽，我希望不再與你相見了。」

孟子說：「你請坐，讓我明白地告訴你。從前魯繆公如果沒有人在子思身邊，就不能使子思安心（留在魯國）；泄柳和申詳如果沒有人在魯繆公身邊，就不能使自身安心。你為我這老人家的考慮，卻及不上魯繆公對待子思，是你對老人家決絕？還是我這老人家對你決絕？」

【4.12】

【原文】

孟子去齊，尹士[1]語人曰：「不識[2]王之不可以為湯、武，則是不明[3]也；識其不可，然且至，則是干澤[4]也；千里而見王，不遇[5]故去，三宿而後出晝，是何濡滯[6]也？士則茲不悅[7]。」

高子[8]以告。

曰：「夫尹士惡知予哉？千里而見王，是予所欲[9]也；不遇故去，豈[10]予所欲哉？予不得已也。予三宿[11]而出晝，於予心猶[12]以為速。王庶幾改之[13]，王如改諸，則必反[14]予。夫出晝而王不予追也，予然後浩然有歸志[15]。予雖然，豈舍[16]王哉？王由足用[17]為善。王如用予，則豈徒齊民安，天下之民舉[18]安！王庶幾改之，予日望[19]之！予豈若是小丈夫[20]然哉？諫於其君而不受則怒，悻悻然[21]見於其面，去則窮日之力[22]而後宿哉？」

尹士聞之，曰：「士誠[23]小人也！」

【註釋】

(1) **尹士**：齊國人。

(2) **識**：知道。

(3) **明**：明智。

(4) **干**：求取。**澤**：通「祿」，俸祿。

(5) **遇**：知遇、獲賞識。

(6) **何**：何等、那樣。**濡**：原指沾濕，引申為停滯。**滯**：停留、遲緩。「濡滯」是拖泥帶水。

(7) **士**：尹士自稱。**茲**：（對）這、此。**悅**：高興。

(8) **高子**：齊國人，孟子學生。

(9) **予**：我。**欲**：希望。

(10) **豈**：反問語，難道。

(11) **三宿**：歇宿三晚。

(12) **猶**：還是。**足用**：足以。

(13) **庶幾**：可能。**改**：改變。**之**：主意。

(14) **反**：同「返」，召回（孟子）。

(15) **浩然**：原指水勢盛大，引申為不可阻遏、沒有留戀的樣子。

歸志：回鄉的意志。

(16) **舍**：通「捨」，捨棄。

(17) **由**：通「猶」，還是。

(18) **舉**：全部。

(19) **望**：盼望。

(20) **小丈夫**：器量小的人。

(21) **悻悻然**：憤恨難平的樣子。

(22) **窮日之力**：窮盡一天的力氣。

(23) **誠**：真是。

【語譯】

　　孟子離開齊國，尹士對別人說：「不知道齊王不可能成為商湯、周武王，那是不明智；知道齊王不可能做到，然而仍要來，那是為了求取俸祿。跋涉千里來見齊王，不獲賞識便離開，歇宿三晚才離開晝邑，為甚麼那樣拖泥帶水？我對此很不高興。」

　　高子把這番話告訴孟子。

　　孟子說：「那個尹士怎能了解我？跋涉千里來見齊王，是我所希望的。不獲賞識便離開，難道是我所希望的嗎？我是不得已（無

可奈何）的。我歇宿三晚才離開畫邑，在我內心還是覺得太快了。齊王可能改變主意，如果齊王改變主意，就必定召我回去。我離開畫邑而齊王沒有派人追我，我才沒有留戀地有回鄉的意志。我雖然這樣做，難道真會捨棄齊王嗎？齊王還是足以推行善政的。齊王如果任用我，那麼豈止齊國的人民得以安定，連天下的人民都得以安定！齊王可能改變主意，我天天盼望着！我難道像那種器量小的人嗎？向君主進諫而不獲接受就發怒，臉上流露着憤恨難平的樣子，離開時窮盡一天的力氣才肯投宿嗎？」

尹士聽到這番話，說：「我真是個小人！」

【4.13】

【原文】

孟子去齊，充虞路 (1) 問曰：「夫子若有不豫色然 (2)。前日虞聞諸夫子曰：『君子不怨天，不尤人 (3)。』」

曰：「彼一時，此一時 (4) 也！五百年必有王者興 (5)，其間必有名世者 (6)。由周而來，七百有餘歲矣。以 (7) 其數，則過矣；以其時考之，則可矣。夫天未欲平治天下也！如欲平治天下，當今之世，舍 (8) 我其誰也？吾何為不豫哉？」

【註釋】

(1) **充虞**：孟子學生。**路**：路上。

(2) **豫**：高興。**然**：的樣子。

(3) **怨**：埋怨。**尤**：責怪。**不怨天，不尤人**：孟子引《論語·憲問》14.35 的話，孔子說：「不怨天，不尤人，下學而上達。知我者，

其天乎！」

(4) **時**：時候。

(5) **王者**：推行王道的君主。**興**：興起。

(6) **名世者**：聞名於世的人，指德高望重、能夠輔佐君主實現王道的人。朱熹《孟子集注》云：「名世，謂其人德業聞望，可名於一世者，為之輔佐。」

(7) **以**：按照。

(8) **舍**：除了。

【語譯】

孟子離開齊國，充虞在路上問道：「先生似乎有點不高興的樣子。以前我聽先生說過：『君子不埋怨天，不責怪別人。』」

孟子說：「那時是一個時候，現在是一個時候！每五百年必定有推行王道的君主出現，期間也必定有聞名於世的人（能夠輔佐君主實現王道）。從周朝以來，已經七百年了。按年數計算，已經超過了五百年；以時勢來看，應該可以了。大概上天還不想天下太平吧！如果想天下太平，當今世上，除了我還有誰？我為甚麼不高興？」

【4.14】
【原文】

孟子去齊，居休 (1)。公孫丑問曰：「仕而不受祿，古之道 (2)乎？」

曰：「非也。於崇 (3) 吾得見王，退而有去志 (4)。不欲變，故不受也。繼而有師命 (5)，不可以請 (6)。久 (7) 於齊，非我志也。」

【註釋】

(1) **休**：地名，近孟子家鄉，如清代考證家閻若璩於《四書釋地・序》云：「休城在今兗州府（按：山東省）滕縣北一十五里，距孟子家百里。」

(2) **道**：做法。

(3) **崇**：齊國地名。

(4) **退**：退下後。**去**：離開（齊國）。**志**：想法。朱熹《孟子集注》云：「孟子始見齊王，必有所不合，故有去志。」指孟子於崇地初見齊王，預見將來有合不來的情況，退下後心萌去意。

(5) **師命**：古時軍隊的編制以二千五百人為一「師」，五百人為一「旅」，「師命」、「師旅」引申為戰事（當時齊國攻打燕國）。

(6) **請**：請求（離開）。

(7) **久**：久居。

【語譯】

孟子離開齊國，住在休邑。公孫丑問孟子說：「做官却不接受俸祿，這是古代的做法嗎？」

　　孟子說：「不是的。在崇地我得以見到齊王，退下後心萌去意。我不想改變這想法，所以不接受俸祿。接着（齊國）有戰事，不方便請求離開。長久地留在齊國，並非我的意願。」

第五章

滕文公上

本篇僅有 5 章，5.2 至 5.5 四章的篇幅較長，內容主要是孟子對滕文公期望行仁政的政策建議。孟子向滕文公講述性善及堯、舜之道（5.1）、守孝三年以盡孝道（5.2）、節儉、薄斂（「為仁不富」）（5.3）及井田制（5.3）等概念。孟子於 5.4 章駁斥農家（許行、陳相）有關「賢者與民共耕而食」的主張，認為社會的不同行業各司其職，分工合作才是正道。孟子於 5.5 章駁斥墨家（夷之）有關「薄喪」與「兼愛」（愛無等差）的主張，以不孝子「不葬其親者」的寓言闡述儒家的「孝子、仁人」之心，愛應該有等差之別。

【5.1】

【原文】

滕文公為世子 ⁽¹⁾，將之 ⁽²⁾ 楚，過宋而見孟子。孟子道性善，言必稱 ⁽³⁾ 堯、舜。

世子自楚反，復見孟子。孟子曰：「世子疑吾言乎？夫道一而已矣。成覸 ⁽⁴⁾ 謂齊景公曰：『彼 ⁽⁵⁾，丈夫 ⁽⁶⁾ 也；我，丈夫也，吾何畏彼哉？』顏淵曰：『舜，何人也？予，何人也 ⁽⁷⁾？有為者亦若是。』公明儀 ⁽⁸⁾ 曰：『文王我師也 ⁽⁹⁾，周公豈欺我哉？』今滕 ⁽¹⁰⁾，絕 ⁽¹¹⁾ 長補短，將五十里也，猶可以為善國 ⁽¹²⁾。《書》 ⁽¹³⁾ 曰：『若藥不瞑眩 ⁽¹⁴⁾，厥疾不瘳 ⁽¹⁵⁾。』」

【註釋】

(1) **世子**：國家規定的繼承人，即太子。「世」和「太」的古音相似，古書常通用。滕文公是滕國第三十任君主，姓姬，名宏，滕定公之子，與孟子同期。

(2) **之**：到、前往。趙歧《孟子註疏》云：「使於楚。」滕文公於周顯王四十三年（公元前 326 年）以世子身份出使楚國，途經宋國時兩次拜見孟子。

(3) **稱**：稱述、講述。

(4) **覸**：或作「覵」、「覵」，音「澗」（粵音 gaan3、拼音 jiàn）。**成覸**：齊國勇士。

(5) **彼**：他（與成覸角力的對手）。

(6) **丈夫**：男子；一說男子漢。

(7) **舜，何人也；予，何人也**：舜，是甚麼人？我，是甚麼人。或斷句為「舜何？人也；予何？人也。」解作「舜是甚麼？是人；我是甚麼？是人。」也通。

(8) **公明儀**：複姓公明，名儀，春秋時代魯國武城人。《禮記‧祭義》提及公明儀問曾子曰：「夫子可以為孝乎？」鄭玄注曰「曾子弟子」，指公明儀是曾參（孔子弟子）的學生。此公明儀並非成語「對牛彈琴」中的戰國時代音樂家。

(9) **文王我師也**：周文王是我的老師，如朱熹《孟子集注》云：「『文王我師也』蓋周公之言。」認為此句是周公的話。

(10) **滕**：滕國。

(11) **絕**：截斷。

(12) **猶**：還。**善國**：好國家。

(13) **《書》**：以下兩句出自《尚書‧商書‧說命》，原文為「若藥弗瞑眩，厥疾弗瘳。」此章以「不」代「弗」。

(14) **瞑眩**：頭暈眼花。孟子以藥性作比喻，勸滕世子下定決心行善。

(15) **厥**：那個（病）。**疾**：疾病。**瘳**：音「抽」（粵音cou1、拼音 chōu），痊癒。

【語譯】

滕文公做太子時，要前往楚國，路過宋國時與孟子見面。孟子講人性本善的道理，言談必定稱述堯、舜。

太子從楚國回來時，又去見孟子。孟子說：「太子懷疑我的話嗎？道理只有一個罷了。成瞷對齊景公說：『他，是一個男子；我，也是一個男子，我為甚麼怕他？』顏淵說：『舜，是甚麼人？我，是甚麼人？有作為的人都應該像他那樣。』公明儀說：『周文王是我的老師，周公難道會欺騙我嗎？』現在的滕國，將疆土截長補短，方圓將近五十里，還可以治理成一個好國家。《尚書‧商書‧說命》說：『如果藥不能使人頭暈眼花，那個病是不會痊癒的。』」

【5.2】
【原文】

滕定公 [(1)] 薨 [(2)]，世子謂然友 [(3)] 曰：「昔者孟子嘗與我言於宋，於心終不忘。今也不幸至於大故 [(4)]，吾欲使子問於孟子，然後行事。」

然友之鄒 [(5)]，問於孟子。

孟子曰：「不亦善乎！親喪，固所自盡 [(6)] 也。曾子曰 [(7)]：「生，事之以禮；死，葬之以禮，祭之以禮，可謂孝矣。」諸侯之禮，吾未之學也；雖然，吾嘗聞之矣。三年之喪 [(8)]，齊疏之服 [(9)]，飦粥之食 [(10)]，自天子達於庶人，三代共之 [(11)]。」

然友反命 [(12)]，定為三年之喪。父兄百官 [(13)] 皆不欲也，曰：「吾宗國 [(14)] 魯先君莫之行，吾先君亦莫之行也，至於子之身而反之 [(15)]，不可。且志 [(16)] 曰：『喪祭從先祖。』曰：『吾有所受 [(17)] 之也。』」

謂然友曰：「吾他日未嘗學問 [(18)]，好馳馬試劍。今也父兄百官不我足 [(19)] 也，恐其不能盡 [(20)] 於大事，子為我問孟子。」然友復之鄒問孟子。

孟子曰：「然 [(21)]。不可以他求 [(22)] 者也。孔子曰：『君薨，聽於冢宰 [(23)]，歠 [(24)] 粥，面深墨 [(25)]，即位而哭；百官有司莫敢不哀，先之也。』上有好者，下必有甚焉者矣。君子之德，風也；小人之德，草也。草尚之風，必偃 [(26)]。是在世子。」

然友反命。世子曰：「然。是誠在我。」五月居廬 [(27)]，未有命戒 [(28)]。百官族人可 [(29)]，謂曰知 [(30)]。及至葬，四方來觀之，顏色之戚，哭泣之哀，弔者大悅 [(31)]。

【註釋】

(1) **滕定公**：滕文公之父，戰國時代滕國第二十九任君主，姬姓，子爵。

(2) **薨**：音「轟」（粵音 gwang1、拼音 hōng），古時諸侯

國君主之死，如《公羊傳‧隱公三年》云：「天子曰崩，諸侯曰薨，大夫曰卒，士曰不祿。」

(3) **然友**：人名，滕國太子（其後的滕文公）的老師。

(4) **大故**：重大事故，諱指父喪。

(5) **之**：到、前往。鄒與滕相距僅四十餘里，所以滕文公先詢問孟子而後行事。**鄒**：鄒國。

(6) **自盡**：竭盡自己心力。

(7) **曾子曰**：這幾句見於《論語‧為政》2.5，是孔子向學生樊遲解釋孝的說話。孟子指曾子所說，或另有根據。

(8) **三年之喪**：子女為父母服喪的三年喪期。《論語‧陽貨》17.21 詳述宰我（宰予）認為三年之喪太長，一年喪期已足夠，被孔子指責為不仁。

(9) **齊**：音「咨」（粵音 zi1、拼音 zī），衣服的縫邊。《儀禮‧喪服》云：「疏衰裳，齊。」古代喪服稱為「衰」，下邊不縫邊的稱為「斬衰」，下邊縫齊的稱為「齊衰」，音「咨崔」（粵音 zi1 ceoi1、拼音 zī cuī）。**齊疏之服**：穿着以麻布製成的喪服。

(10) **飦**：同「饘」，音「氈」（粵音 zin1、拼音 zhān），稠粥。《禮記‧檀弓》云：「厚曰饘，稀曰粥。」按禮制規定，弔喪者於

喪事期間僅吃粥，待死者下葬後才改吃粗疏的飯食。**粥**：稀粥。**飦粥**：粥。**之食**：（以粥為）糧食。

(11) **三代**：夏、商、周。**共之**：都這樣做。

(12) **反命**：「反」同「返」，回去覆命、匯報。

(13) **百官**：各級官員。

(14) **宗國**：魯、滕兩國的始祖都是周文王姬昌的兒子，魯國的始祖周公姬旦是周文王的第四子，滕國的始祖姬繡（又稱錯叔繡）是周文王的庶十四子。因周公為長輩，其餘姬姓諸國（包括滕國）均以魯為宗國。

(15) **反**：違反。**之**：（宗國、祖先）喪禮的規定。

(16) **志**：記載國家世系的書，現代寫作「誌」。

(17) **受**：繼承。

(18) **學問**：學藝問禮。

(19) **不我足**：即「不足我」，對我不滿。

(20) **盡**：竭盡心力。

(21) **然**：是。

(22) **他求**：即「求他」，強求他人。

(23) **聽**：（政務）聽命。**冢宰**：官名，又稱「太宰」，掌管國君宮廷事務的官員。

(24) **歠**：音「淩」（粵音 zyut3、拼音 chuò），飲。

(25) **墨**：黑色。

(26) **君子之德......必偃**：出自《論語‧顏淵》12.19，原文是季康子問政於孔子，孔子回答：「子為政，焉用殺？子欲善而民善矣！君子之德，風；人小之德，草。草，上之風，必偃。」其中《孟子》的「尚」與《論語》的「上」同義。

(27) **五月居廬**：居於喪廬中五個月。按當時禮制，諸侯去世要五個月才下葬，太子期間需要在「孝廬」守喪。

(28) **命戒**：命令、指示。

(29) **族人**：親屬。**可**：贊同。

(30) **知**：知禮。

(31) **悅**：滿意。

【語譯】

滕定公去世，太子對然友說：「從前孟子曾在宋國與我交談，我心裡始終沒有忘記。現在不幸出現重大事故（指父喪），我想請您去請問孟子，然後才辦喪事。」

然友前往鄒國去問孟子。

孟子說：「問得好啊！父母的喪事，本來就應該竭盡自己心力。曾子說：『父母在生時，按禮侍奉他們；父母去世後，按禮安葬他們，按禮祭祀他們，可以叫做孝了。』諸侯的禮節，我沒有學過，雖然我曾聽說過。三年的喪期，穿着以麻布製成的喪服，以粥為食糧。從天子到普通百姓，夏、商、周三代都這樣做。」

然友回去向太子匯報，太子決定實行三年的喪期。滕國的父老、各級官員都不願意，說：「我們的宗國魯國，歷代君主沒有實行（三年的喪期），我們滕國的歷代君主也沒有實行，到了您手上卻要違反喪禮的規定，這是不應該的。而且記載上說：『喪葬、祭祀一律依照祖先的規矩。』並說：『我們應該把這些繼承下去。』」

太子對然友說：『我過去未曾學藝問禮，喜歡騎馬舞劍。現在父老、各級官員們都對我不滿，恐怕他們不能在喪事上盡力了，您替我請問孟子。」然友又到鄒國去問孟子。

孟子說：「是的，不可以強求他人。孔子說：『君王去世，政務聽命於冢宰（掌管國君宮廷事務的官員），喝粥，臉色深黑，在孝子之位而哭泣，大小官吏沒有人敢不悲哀，是因為太子自己帶頭。』在上位者有所喜好，下面必定有更進一步的人。在上位者的品德，就像風；在下位者的品德，就像草。草加以風吹，必定隨風倒臥（被感化）。事情取決於太子。」

然友回去向太子匯報。太子說：「是的，這件事確實取決於我。」太子居於喪廬五個月，沒有頒布任何命令、指示。各級官員、

親屬都很贊同，說太子知禮。到舉行葬禮時，各地的人都來觀禮，太子容顏的悲傷、哭泣的哀痛，使前來弔喪的人非常滿意。

【5.3】

【原文】

滕文公問為國 (1)。

孟子曰：「民事不可緩 (2) 也。《詩》(3) 云：『晝爾於茅，宵爾索綯；亟其乘屋，其始播百谷 (4)。』民之為道 (5) 也，有恆產者 (6) 有恆心，無恆產者無恆心；苟無恆心，放辟邪侈 (7)，無不為已。及陷乎罪，然後從而刑之，是罔民 (8) 也。焉 (9) 有仁人在位，罔民而可為也？是故賢君必恭儉禮下，取於民有制。陽虎 (10) 曰：『為富不仁矣，為仁不富矣。』夏后氏五十而貢 (11)，殷人七十而助 (12)，周人百畝而徹 (13)，其實皆什一也。徹者，徹 (14) 也；助者，藉 (15) 也。龍子 (16) 曰：『治地莫 (17) 善於助，莫不善於貢。』貢者校數歲之中以為常 (18)。樂歲粒米狼戾 (19)，多取之而不為虐，則寡取之；凶年糞 (20) 其田而不足，則必取盈 (21) 焉。為民父母，使民盻盻然 (22)，將終歲勤動 (23)，不得以養其父母，又稱貸而益之 (24)，使老稚轉乎溝壑 (25)，惡在其為民父母也！夫世祿 (26)，滕固行之矣。《詩》(27) 云：『雨我公田，遂及我私 (28)。』惟助為有公田。由此觀之，雖周亦助也。設為庠、序、學、校 (29) 以教之。『庠』者養也，『校』者教也，『序』者射也。夏曰『校』，殷曰『序』，周曰『庠』，『學』則三代共之 (30)，皆所以明人倫 (31) 也。人倫明於上 (32)，小民親於下 (33)。有王者起，必來取法，是為王者師也。《詩》(34) 云：『周雖舊邦，其命維新 (35)。』文王之謂也。子力行之，亦以新子之國。」

使畢戰 (36) 問井地。

孟子曰：「子之君將行仁政，選擇而使子，子必勉之！夫仁政，

必自經界 (37) 始。經界不正，井地不均，谷祿 (38) 不平，是故暴君、汙吏必慢 (39) 其經界。經界既正，分田制祿可坐而定也。夫滕壤地褊小 (40)，將為君子 (41) 焉，將為野人 (42) 焉。無君子莫治野人，無野人莫養 (43) 君子。請野九一而助 (44)，國中什一使自賦 (45)。卿以下必有圭田 (46)，圭田五十畝。餘夫 (47) 二十五畝。死徙無出鄉 (48)，鄉田同井 (49)，出入相友 (50)，守望 (51) 相助，疾病相扶持，則百姓親睦。方里而井，井九百畝；其中為公田，八家皆私百畝，同養公田。公事畢，然後敢治私事，所以別野人 (52) 也。此其大略也，若夫潤澤 (53) 之，則在君與子矣。」

【註釋】

(1) **為國**：治理國家的方法。

(2) **民事**：人民的事務，當時以農務為主。**緩**：耽擱。

(3) **《詩》**：引自《詩經·豳風·七月》，是一首描述農家事務的詩歌。

(4) **畫**：日間。**茅**：收割茅草（以蓋屋頂）。**宵**：夜間。**索綯**：絞搓繩索（以修蓋茅屋）。**亟**：急、趕快。**乘**：作「升」解，爬上（屋頂）。**屋**：屋頂。**其始**：年初。**播**：播種。**百谷**：即「百穀」，泛指各式農作物。

(5) **道**：規律。

(6) **有恆產者**：有固定產業的人。

(7) **放**：放蕩。**辟**：偏僻、怪癖。**邪**：不正當。**侈**：奢侈、不節制。

(8) **罔民**：「罔」同「網」，網羅，引申指陷害人民。

(9) **焉**：副詞，豈。

(10) **陽虎**：魯國執政大夫季孫氏的家臣，曾專魯政，叛國而最終出走他國。

(11) **夏后氏**：夏朝。**五十而貢**：夏朝的田稅制度，每一男子授田五十畝，按產量徵收百分之十（相等於五畝）的定額稅。「貢」是「貢納」的意思。

(12) **殷人**：商朝。**七十而助**：商朝的田稅制度，井田分為九區，每區七十畝，每家耕種一區，借助各家力量共同耕種中央的公田，毋須為各家（八家）的私田納稅。

(13) **周人**：周朝。**徹**：周代的田稅制度，十分取一，如何晏《論語集解》引鄭玄云：「周法什一而稅謂之徹。徹，通也，為天下之通法。」

(14) **徹者，徹也**：首個「徹」字指徹的稅制，第二個「徹」字解抽取。

(15) **藉**：通「借」，借力相助。

(16) **龍子**：古代賢人，身份不詳。

(17) **莫**：沒有比（助的稅制好）。

(18) **校**：或作「挍」，比較，引申為核算。**歲**：年。**中**：平均數。**以為常**：作為每年常規的稅款。

(19) **樂歲**：收成豐盛的年頭。**粒米**：即「米粒」。**狼戾**：根據朱熹《孟子集注》云：「猶狼籍，言多也。」收成好時米粒吃不完，散亂堆積於地。

(20) **凶年**：收成不好的年頭。**糞**：以糞水作肥料，施肥。

(21) **盈**：滿，全額稅款。

(22) **盻盻然**：勤苦不休息的樣子，如趙歧《孟子註疏》云：「勤苦不休息之貌。」一說憤恨怒視，如朱熹《孟子集注》云：「恨視也。」

(23) **勤動**：勤苦勞動。

(24) **稱貸**：借貸。**益**：湊足。**之**：指稅款。

(25) **轉**：輾轉（死於）。**溝**：田溝。**壑**：粵音「確」kok3、拼音「賀」hè，山溪。〈梁惠王下〉2.12有「君之民老弱轉乎溝壑」

的類似寫法。

(26) **世**：世代。**祿**：（承襲）俸祿。

(27) **《詩》**：引自《詩經・豳風・七月》，是一首描述農家事務的詩歌。

(28) **雨我公田，遂及我私**：雨先灑到公家耕種的田地（公田），然後灑到我們的私田，是先公後私的美德。

(29) **庠、序、學、校**：古時學校的名稱，根據朱熹的說法，「庠」（音「詳」，粵音 ceong4、拼音 xiáng）旨在養老，「序」是學習「射」（射術，六藝之一）的學校，「學」是公立學校，而「校」旨在教導人民，如朱熹《孟子集注》云：「庠以養老為義，校以教民為義，序以習射為義，皆鄉學也。學，國學也。」

(30) **共之**：（「學」是夏、商、周三代）共用的名稱。

(31) **明**：明白。**人倫**：人與人之間的倫理。

(32) **上**：在上位者。

(33) **親**：（人民）和睦相親；一說人民會親附在上位者。**下**：人民。

(34) **《詩》**：《詩經・大雅・文王》，是一首歌頌周文王並警

戒後王的詩歌。

(35) **周**：周朝。**舊邦**：古舊的國家。**其命**：指周朝承受的天命。**維**：語氣詞，是。**新**：簇新。

(36) **畢戰**：滕國的大臣。

(37) **經界**：田地的分界。

(38) **谷**：穀物、農作物。**祿**：古代官吏的俸祿以穀物計算，作為食物配給，所以薪俸稱為「穀祿」。

(39) **慢**：忽視。

(40) **壤地**：疆土。**褊小**：狹小。

(41) **君子**：在上位者，尤指管治的官吏。

(42) **野人**：在田野的人，指農民。

(43) **莫**：不能。**養**：供養。

(44) **野**：郊野之地。**九一而助**：九分取一的助的稅制。

(45) **國中**：都城中間。**自賦**：自行繳納的稅制。

(46) **卿**：卿大夫，古時高級長官的第一等。**圭田**：卿大夫用

於祭祀的田。

(47) **餘夫**：「夫」即「人」，其餘的人。朱熹於《孟子集注》引程子云：「一夫，上父母，下妻子，以五口八口為率，授田百畝。如有弟，是餘夫也；年十六，則授田二十五畝，俟其壯而有室，然後更受百畝之田。」指「餘夫」是戶主的弟弟，到十六歲時授予土地二十五畝，成年娶妻便授予一百畝田，是厚待農民的做法。

(48) **死**：老死。**徙**：遷徙。**無出鄉**：不離開本鄉。

(49) **同井**：朱熹《孟子集注》云：「同井也，八家也。」耕種公田的八戶人家。

(50) **友**：猶「伴」，伴隨。

(51) **守望**：守衞、瞭望（以防盜）。

(52) **別野人**：區別君子與農民，如朱熹《孟子集注》云：「公田以為君子之祿，而私田野人之所受；先公後私，所以別君子、野人之分也。不言君子，據野人而言，省文耳。」

(53) **潤澤**：潤飾，引申為調整、完善。

【語譯】
滕文公問治理國家的方法。
孟子說：「人民的事務不可以耽擱。《詩經・豳風・七月》說：『日間收割茅草，夜間絞搓繩索；趕快爬上屋頂（鋪茅草），

年初為各式農作物播種。』人民的一般規律是：有固定產業的人有恆心，沒有固定產業的人沒有恆心；一旦沒有恆心，就會做出放蕩、偏僻、不正當或不節制的行為，無所不為。等到犯了罪，然後懲治他們，這是陷害人民。那有仁德的人在位，卻去做出陷害人民的事？因此，賢明的君主必定謙恭儉樸，對下級有禮，向人民徵稅有制度可依。陽虎說：『要致富就不能講仁德，要講仁德就不能致富。』夏朝以五十畝為單位採用貢的稅制，商朝以七十畝為單位採用助的稅制，周朝以一百畝為單位採用徹的稅制，其實質都是十分取一（地稅）。徹是抽取的意思，助是借力相助的意思。龍子說：『管理土地沒有比助的稅制更好的，沒有比貢的稅制更不好的。』貢制是以核算數年收成的平均數作為每年常規的稅款。收成豐盛的年頭穀米散亂堆積，多收取稅款也不算暴虐，還認為少收取了。收成不好的年頭，給田施糞肥收成也不足，卻必定收取全數的稅款。作為人民的父母，使人民勤苦不休息的樣子，即使終年勤苦勞動，仍不足以贍養自己的父母，還要借貸來湊足稅款，致使長者、小孩輾轉死於田溝、山溪，那裡算得上為人民的父母？世代承襲俸祿，滕國原本已經實行了。《詩經‧小雅‧大田》說：『雨先灑到我們的公田，然後灑到我們的私田。』只有助的稅制才有公田。由此可見，即使周代也實施助的制度。設立庠、序、學、校來教育人民，『庠』旨在養老，『校』旨在教導，『序』旨在射術。夏朝稱為『校』，商朝稱為『序』，周朝稱為『庠』，『學』則是夏、商、周三代共用的名稱，都是用來使人明白人與人之間的倫理。在上位者明白倫理的道理，普通人民就能和睦相親。如果有稱王天下的人興起，必定前來取經效法，這樣便成為稱王天下者的老師了。《詩經‧大雅‧文王》說：「周朝雖然是一個古舊的國家，它承受的天命卻是新的。」是指周文王。您致力推行它，也可以使你的國家革新一番。

滕文公派畢戰去問井田制度。

孟子說：「您的君主要推行仁政，經過挑選而派您來，您一定要盡力！施行仁政，必定要從田地的分界開始。田地的分界不平均，作為俸祿的農作物收成就不公平，所以暴君和貪官必定忽視田地的分界。田地的分界劃分得公正，分配田地和制定俸祿就可以輕鬆地確定。滕國的疆土雖然狹小，但也有管治的官吏，也有農民。沒有管治的官吏，就沒有人管治農民；沒有農民，就不能供養管治的官吏。建議在郊野採用九分取一的助的稅制，都城中採用十分取一而人民自行繳納的稅制。卿以下的官吏必定給圭田（以供祭祀），圭田的大小是五十畝。其他人口給二十五畝。老死或遷徙都不離開本鄉，鄉里共同耕種一塊田，出入互相伴隨、共同守衛瞭望、互相幫助，有疾病互相扶持，百姓就會親愛和睦。縱橫一里的土地劃為一個井田，一個井田有九百畝，中央的一塊（一百畝）是公田。其餘八家都給私田一百畝，共同耕種公田。完成了公田的事，然後才可以耕種私田，這是為了區別官吏與農民。這是井田制的大概，至於調整完善，就靠君主和您了。」

【5.4】

【原文】

有為神農之言 [1] 者許行 [2]，自楚之 [3] 滕，踵門 [4] 而告文公曰：「遠方之人聞君行仁政，願受一廛而為氓 [5]。」

文公與之處 [6]。其徒數十人，皆衣褐 [7]，捆屨、織席以為食 [8]。

陳良之徒陳相與其弟辛 [9]，負耒耜 [10] 而自宋之滕，曰：「聞君行聖人之政，是亦聖人也，願為聖人氓。」

陳相見許行而大悅，盡棄其學而學焉。

陳相見孟子，道許行之言曰：「滕君則誠賢君也；雖然，未聞道也。賢者與民並耕而食，饔飧 [11] 而治。今也滕有倉廩、府庫 [12]，

則是厲⁽¹³⁾民而以自養也，惡得賢⁽¹⁴⁾？」

　　孟子曰：「許子必種粟⁽¹⁵⁾而後食乎？」

　　曰：「然。」

　　「許子必織布而後衣乎？」

　　曰：「否，許子衣褐。」

　　「許子冠乎？」

　　曰：「冠。」

　　曰：「奚冠？」

　　曰：「冠素⁽¹⁶⁾。」

　　曰：「自織之與？」

　　曰：「否，以粟易⁽¹⁷⁾之。」

　　曰：「許子奚為不自織？」

　　曰：「害⁽¹⁸⁾於耕。」

　　曰：「許子以釜甑爨⁽¹⁹⁾，以鐵耕⁽²⁰⁾乎？」

　　曰：「然。」

　　「自為之與？」

　　曰：「否，以粟易之。」

　　「以粟易械器者，不為厲陶冶⁽²¹⁾；陶冶亦以其誠器易粟者，豈為厲農夫哉？且許子何不為陶冶，舍⁽²²⁾皆取諸其宮⁽²³⁾中而用之？何為紛紛然與百工⁽²⁴⁾交易？何許子之不憚煩？」

　　曰：「百工之事，固不可耕且為也。」

　　「然則治天下獨可耕且為與？有大人⁽²⁵⁾之事，有小人之事。且一人之身⁽²⁶⁾，而百工之所為備。如必自為而後用之，是率天下而路⁽²⁷⁾也。故曰：或勞心，或勞力。勞心者治人，勞力者治於人；治於人者食人，治人者食於人，天下之通義也。當堯之時，天下猶未平，洪水橫流，氾⁽²⁸⁾濫於天下，草木暢茂，禽獸繁殖，五穀不

登⁽²⁹⁾，禽獸偪⁽³⁰⁾人，獸蹄鳥跡之道交於中國⁽³¹⁾。堯獨憂之，舉舜而敷⁽³²⁾治焉。舜使益掌火，益烈山澤而焚之，禽獸逃匿。禹疏九河⁽³³⁾，瀹濟、漯⁽³⁴⁾而注諸海，決汝、漢⁽³⁵⁾，排淮、泗⁽³⁶⁾而注之江，然後中國可得而食也。當是時也，禹八年於外，三過其門而不入，雖欲耕，得乎？后稷⁽³⁷⁾教民稼穡⁽³⁸⁾，樹藝⁽³⁹⁾五谷；五谷熟而民人育⁽⁴⁰⁾。人之有道也：飽食、煖衣、逸居而無教，則近於禽獸。聖人有⁽⁴¹⁾憂之，使契為司徒⁽⁴²⁾，教以人倫：父子有親，君臣有義，夫婦有別，長幼有敘⁽⁴³⁾，朋友有信。放勳⁽⁴⁴⁾曰：『勞之來⁽⁴⁵⁾之，匡之直⁽⁴⁶⁾之，輔之翼⁽⁴⁷⁾之，使自得之，又從而振德⁽⁴⁸⁾之。』聖人之憂民如此，而暇耕乎？堯以不得舜為己憂，舜以不得禹、皋陶⁽⁴⁹⁾為己憂。夫以百畝之不易⁽⁵⁰⁾為己憂者，農夫也。分人以財謂之惠，教人以善謂之忠，為天下得人者謂之仁。是故以天下與人易，為天下得人難。孔子曰⁽⁵¹⁾：『大哉堯之為君！惟天為大，惟堯則之。蕩蕩乎民無能名⁽⁵²⁾焉！君哉舜也！巍巍乎有天下而不與焉！』堯、舜之治天下，豈無所用其心哉？亦⁽⁵³⁾不用於耕耳。吾聞用夏變夷⁽⁵⁴⁾者，未聞變於夷者也。陳良，楚產⁽⁵⁵⁾也，悅周公、仲尼之道，北學於中國。北方之學者，未能或之先⁽⁵⁶⁾也，彼所謂豪傑之士也。子之兄弟事之數十年，師死而遂倍⁽⁵⁷⁾之！昔者孔子沒⁽⁵⁸⁾，三年之外⁽⁵⁹⁾，門人治任⁽⁶⁰⁾將歸，入揖於子貢，相向⁽⁶¹⁾而哭，皆失聲，然後歸。子貢反，築室於場⁽⁶²⁾，獨居三年，然後歸。他日，子夏、子張、子游以有若似聖人，欲以所事孔子事之，強曾子。曾子曰：『不可。江漢以濯⁽⁶³⁾之，秋陽以暴⁽⁶⁴⁾之，皜皜乎不可尚⁽⁶⁵⁾已。』今也南蠻鴃舌之人⁽⁶⁶⁾，非先王之道，子倍子之師而學之，亦異於曾子矣。吾聞出於幽谷、遷於喬木⁽⁶⁷⁾者，未聞下喬木而入於幽谷者。《魯頌》⁽⁶⁸⁾曰：『戎、狄是膺⁽⁶⁹⁾，荊、舒是懲⁽⁷⁰⁾。』周公方且膺之，子是⁽⁷¹⁾之學，亦為不善變矣！」

「從許子之道，則市賈不貳 (72)，國中無偽，雖使五尺之童 (73) 適市，莫之或欺。布帛長短同，則賈相若；麻縷絲絮輕重同，則賈相若；五谷多寡同，則賈相若；屨大小同，則賈相若。」

曰：「夫物之不齊 (74)，物之情也；或相倍蓰 (75)，或相什百，或相千萬。子比而同 (76) 之，是亂天下也。巨屨、小屨 (77) 同賈，人豈為 (78) 之哉？從許子之道，相率而為偽 (79) 者也，惡能治國家？」

【註釋】

(1) **為**：音「圍」（粵音 wai4、拼音 wéi），學習、奉行。**神農之言**：神農氏學說。神農氏是傳說中上古時代的人物，教人民農業生產，與伏羲氏、燧人氏合稱為「三皇」。春秋、戰國時期不少人假託古代聖賢之名標榜自己，「十家」之一的農家就是假託「神農之言」。

(2) **許行**：戰國時楚國人，農家的代表人物之一，生平不詳。

(3) **之**：至、到達。

(4) **踵**：至、到達。**踵門**：登門拜訪。

(5) **廛**：音「纏」（粵音 cin4、拼音 chán），住所。古時一家居所佔地二畝半，稱為「一廛」。**氓**：音「盟」（粵音 mang4、拼音 méng），外來的移民（成為子民）。

(6) **處**：住處、住所。

(7) **衣**：動詞，穿。**褐**：以粗麻編織的衣服，當時是低下階層的衣服。

(8) **捆**：捆紮。**屨**：音「據」（粵音 geoi3、拼音 jù），草鞋。**織**：編織。**席**：草蓆。**為食**：謀生。

(9) **陳良**：楚國的儒者。**陳相、陳辛**：陳良的學生。

(10) **耒耜**：古代翻土用的農具，「耒」（粵音「類」leoi6、拼音「儡」lěi）是柄，「耜」（音「寺」，粵音 zi6、拼音 sì）是刃。

(11) **饔**：音「雍」（粵音 jung1、拼音 yōng），早餐。**飧**：晚餐，音「孫」（粵音 syun1、拼音 sūn）。**饔飧**：自己做飯。

(12) **廩**：或作「稟」，音「凜」（粵音凜 lam5、拼音 lǐn），官方糧倉。**府庫**：庫房。

(13) **厲**：病，引申為剝削。

(14) **惡**：怎能。**得**：算得上。**賢**：賢明。

(15) **粟**：粟米，泛指糧食。

(16) **素**：白色綢緞（的帽子）。

(17) **易**：交換。

(18) **害**：妨礙。

(19) **釜**：煮食用的鐵鍋。**甑**：音「贈」（粵音 zang6、拼音 zèng），做飯用的瓦罐，**爨**：音「竄」（粵音 cyun3、拼音 cuàn），燒火做飯。

(20) **鐵**：鐵製農具。**耕**：耕田。

(21) **為**：算是。**陶冶**：陶匠、鐵匠。

(22) **舍**：通「啥」，甚麼東西、一切東西。

(23) **宮**：家（指許行的家）。

(24) **紛紛然**：連接不斷，一件接一件（以物換物）。**百工**：西周時對工人的統稱，泛指各行各業的工匠。

(25) **大人、小人**：指官吏、平民（即前一章〈滕文公〉5.3 的「君子」、「野人」）。趙岐《孟子註疏》云：「孟子言人道自有大人之事，謂人君行教化也。小人之事，謂農工商也。一人而備百工之所作，作之乃得用之者，是率導天下人以嬴之路也。」指「大人」推行教化，「小人」指農民（包括「野人」）或從事工商的人。

(26) **身**：要用的東西。

(27) **路**：奔波勞累，如朱熹《孟子集注》云：「路，謂奔走道路，

無時休息也。」一說通「露」，解失敗。

(28) **氾**：同「泛」。

(29) **五谷**：五穀，一般指稻、黍（黍米）、稷（小米）、麥、菽（大豆），泛指糧食。**登**：成熟。

(30) **偪**：同「逼」。

(31) **道**：道路，引申為野獸的足跡。**交**：交織。**交於中國**：交織於中原地帶，引申為獸蹄鳥跡眾多。

(32) **敷**：散布、全面；一說布施。

(33) **九河**：古代黃河流至華北平原中部之後所分支流（「播為九河」）的總稱。《尚書·夏書·禹貢》云：「濟河惟兗州（按：今山東省）。九河既道，雷夏既澤，灉、沮會同。」及「導河、積石，至於龍門；……又北，播為九河，同為逆河，入於海。」《爾雅·釋水》則云：「徒駭、太史、馬頰、覆釡、胡蘇、簡、絜、鈎盤、鬲津，九河。」列出九河的名稱。

(34) **瀹**：音「鑰」（粵音 joek6、拼音 yuè），疏通。**濟**：濟水，又名「沇水」，源自河南省濟源市西北，南流入黃河。**漯**：粵音「塔」taap3、拼音「撻」tà，漯水，又名「獺河」，是今山東省芽莊湖入湖的河流。

(35) **決**：挖掘。**汝**：古代對汝河的稱謂，如《水經注》云：「汝水出河南汝州梁縣勉鄉西天息山。」其上游即今河南省北汝河。**漢**：漢水，現今的漢江，是長江最大的支流，河口位於湖北省武漢市漢口龍王廟。

(36) **排**：疏通。**淮**：淮河，發源於河南省桐柏山，東流經河南、安徽及江蘇三省。**泗**：泗水，發源於山東省濟寧市泗水縣東蒙山南麓，流經泗水縣、曲阜市及兗州市等。

(37) **后稷**：相傳是周朝的祖先，姓姬名棄，善於種植各式農作物，曾在堯、舜時期擔任農官，被奉為穀神。

(38) **稼**：播種、種植。**穡**：音「嗇」（粵音 sik1、拼音 sè），收割農作物。**稼穡**：泛指農業勞動。

(39) **樹藝**：種植。

(40) **民人育**：即「育人民」，養育人民。

(41) **有**：通「又」。

(42) **契**：音「屑」（粵音 sit3、拼音 xiè），相傳是殷朝的祖先，姓子，堯帝時任司徒。**司徒**：官名，掌管教化、民事。

(43) **敘**：同「序」，尊卑次序。

(44) **放勳**：堯帝的稱號。「放」指大，「勳」是功勞，「放勳」原是史官讚譽的用語，其後成為堯帝的稱號。以下的說話是堯對契的訓話。

(45) **勞、來**：動詞，使勤勞。

(46) **匡、直**：糾正錯誤。

(47) **輔、翼**：輔助。

(48) **振德**：提攜、教導。

(49) **皋陶**：音「高堯」（粵音 gou1 jiu4、拼音 gāoyáo），傳說中為舜執掌刑法的賢臣。

(50) **易**：治。

(51) **孔子曰**：出自《論語・泰伯》8.19，原句為「大哉！堯之為君也！巍巍乎！唯天為大，唯堯則之。蕩蕩乎！民無能名焉。巍巍乎！其有成功也。煥乎！其有文章。」

(52) **名**：形容。**無能名**：無法形容。

(53) **亦**：只是。

(54) **夏**：泛指古代中原地區。**變**：同化。**夷**：泛指古時漢人

以外的外族，於當時被認為是未開化之民族。漢人自以為居於世界中心，將外族統稱為「四夷」（東夷、南蠻、西戎、北狄）。

(55) **產**：出生。

(56) **先**：超越。

(57) **倍**：通「背」，背叛。

(58) **沒**：去世。

(59) **外**：後。

(60) **治**：整治。**任**：負擔，引申為行李。**治任**：整理行李。

(61) **相向**：相對、面對面。

(62) **場**：祭壇。

(63) **濯**：洗滌。

(64) **秋陽**：夏天，如趙歧《孟子註疏》云：「秋陽，周（曆）之秋，夏之五、六月盛陽也。」**暴**：同「曝」，曝曬。

(65) **皞皞**：「皞」音「號」（粵音 hou6、拼音 hào），光明潔白的樣子。**尚**：超越、增加。

(66) **鴃**：音「缺」（粵音 kyut3、拼音 jué），伯勞鳥，體型小如黃雀，喙尖，全身灰色，有黑褐色斑紋。**鴃舌**：說話怪腔怪調、難懂。**南蠻鴃舌之人**：說話怪腔怪調而難懂的南方蠻人（諷刺來自楚國的許行）。

(67) **出於幽谷、遷於喬木**：出自《詩經·小雅·伐木》，「幽谷」比喻低，「喬木」比喻高。

(68) **《魯頌》**：引自《詩經·魯頌·閟宮》，是一首讚頌魯僖公功績的詩歌。

(69) **戎、狄**：西方及北方的異族。**膺**：打擊。**戎、狄是膺**：打擊西方的戎、北方的狄。「戎、狄是膺，荊、舒是懲」也見於〈滕文公下〉6.9。

(70) **荊**：楚國原本建國於荊山一帶，故舊名為「荊」。**舒**：楚的盟國，土地在今安徽省六安市舒城縣。**荊、舒**：南方的異族。**懲**：警戒。**荊、舒是懲**：警戒南方的楚國、舒國。

(71) **是**：贊同。

(72) **賈**：通「價」。**不貳**：沒有差異。

(73) **五尺之童**：周代時一尺約等於現今的 19.9 厘米，「五尺」約等於現今的 99.6 厘米，「五尺之童」是孩童，如朱熹《孟子集注》

云：「言幼小無知也。」

(74) **齊**：一致。

(75) **倍**：一倍。**蓰**：音「徙」（粵音 saai3、拼音 xǐ），五倍。後句的什、百、千、萬均指倍數。

(76) **比**：相比。**同**：（價格）一致。

(77) **巨屨、小屨**：優質的草鞋、粗糙的草鞋。

(78) **為**：接受。

(79) **率**：率領。**為偽**：進行欺騙。

【語譯】

有一個奉行神農氏學說的許行，從楚國到滕國，登門拜訪滕文公說：「我這個從遠方來的人聽說您施行仁政，希望領受一間住所，而成為您的子民。」

滕文公給他住所。

許行的門徒有數十人，都穿着粗麻衣服，以捆紮草鞋、編織草蓆謀生。

陳良的學生陳相和他弟弟陳辛，背着農具從宋國來到滕國，對滕文公說：「聽說您施行聖人的政治，您也是聖人了，我們希望成為聖人的子民。」

陳相見了許行後非常高興，完全拋棄自己所學而轉向許行學習。

陳相去見孟子，轉述許行的話說：「滕國國君的確是賢明的君主；儘管如此，他還未懂治國的道理。賢明的人應該與人民一起耕作來養活自己，親自做飯而治理國政。現在滕國有糧倉、庫房，這是剝削人民來奉養自己，怎能算賢明？」

孟子問：「許先生一定要親自種出粟米才吃飯嗎？」

陳相答：「是的。」

孟子問：「許先生一定要先織布才穿衣服嗎？」

陳相答：「不是，許先生穿粗麻編織的衣服。」

孟子問：「許先生戴帽嗎？」

陳相答：「戴的。」

孟子問：「甚麼帽？」

陳相答：「戴白色綢緞的帽。」

孟子問：「是親自編織的嗎？」

陳相答：「不是，是用粟米換來的。」

孟子問：「許先生為甚麼不親自編織？」

陳相答：「因為怕妨礙耕作。」

孟子問：「許先生用鐵鍋和瓦罐燒火做飯，用鐵製農具耕田嗎？」

陳相答：「是的。」

孟子問：「是親自製造的嗎？」

陳相答：「不是，是用粟米換來的。」

孟子說：「用粟米來交換用具的人，不算是剝削陶匠、鐵匠；陶匠、鐵匠也拿自己的產品去交換粟米，難道就是剝削農夫了嗎？而且許先生為甚麼不親自做陶匠、鐵匠，那麼甚麼東西就能從家中

取用？為甚麼要一件接一件與各種工匠交易？為甚麼許先生這樣不怕麻煩？」

陳相說：「各種工匠的事情，本來就不能邊耕作而邊做得了的。」

孟子說：「那麼唯獨治理天下就可以邊耕作而邊做得了嗎？官吏有官吏的事，人民有人民的事。況且每一個人要用的東西，是要靠各種工匠才能齊備的。如果一定要親自做然後才可以用，這是率領天下的人疲於奔命了。所以說：有些人勞心，有些人勞力；勞心的人管治別人，勞力的人被人管治；被管治的人養活別人，管治別人的人靠別人養活，這是天下通行的道理。在堯的時代，天下還未太平，洪水橫流（不循河道而流），於天下泛濫，草木繁茂滋長，飛禽走獸大量繁殖，穀物不能成熟（沒有收成），飛禽走獸脅逼人類，野獸和雀鳥的足跡交織於中原地帶。堯特別為此擔憂，提拔舜來全面治理。舜派伯益掌管用火，伯益便用烈火把山野沼澤的草木焚燒，使飛禽走獸逃跑而匿藏。禹疏通九條河道，疏通濟水、漯水而引流入海；挖掘汝水、漢水，疏通淮水、泗水而引流入長江，這樣中原的人民得以耕種而有飯吃。當時，禹八年在外，三次經過自己的家門而沒有進去，即便他想親自耕種，能做得到嗎？后稷教導人民農業勞動，種植五穀；五穀成熟了，才能夠養育人民。人的基本法則是：吃飽、穿暖、住得安逸而沒有教養，就和禽獸差不多。聖人又為此擔憂，任命契做司徒（掌管教化的官職），教導人與人之間的倫理關係：父子有親情，君臣有道義，夫妻有內外之別，長幼有尊卑次序，朋友有誠信。堯說：『慰勞他們，匡正他們，輔助他們，使他們自己走上正路，然後提攜及教導他們。』聖人為人民憂慮到這地步，還有空閒去親自耕作嗎？堯以得不到舜作為自己的憂慮，舜以得不到禹、皋陶作為自己的憂慮。把耕種不好百畝地作

為自己憂慮的是農夫，把財物分給別人叫做恩惠，把為善的道理教導別人叫做忠，為天下找到人才叫做仁德。所以把天下讓給人是容易的，為天下找到人才是困難的。孔子說：『偉大啊，像堯這樣的君主！只有天最偉大，只有堯能夠效法天。他的聖德無邊無際，人民找不到恰當的詞語來讚美他！舜也是了不起的天子！雖然有了這樣廣闊的天下，自己卻不佔有它！』堯和舜治理天下的方法，難道沒有用他們的心思嗎？只是不用在耕田種地上罷了。我聽說用中原的方法來改變落後地區的，沒有聽說用落後地區方法來改變中原的。陳良是楚國出生的人，喜愛周公、孔子的學說，往北去中原求學。北方的學者沒有人能夠超越他，他可以稱得上是豪傑之士了。你們兄弟（陳相、陳辛）侍奉他數十年，老師一死便馬上背叛他的學說！以前孔子去世，門徒們守孝三年之後，大家才收拾行李準備離開，進屋向子貢揖別，相對而哭，都泣不成聲，然後才離開。子貢回到孔子的墓地，在祭壇邊築屋，獨自居住了三年，然後才離開。後來，子夏、子張、子游因為有若長得像孔子，打算以侍奉孔子的方式侍奉有若，強求曾子也這樣做。曾子說：『不可以。就像曾經用江漢的水清洗過，在夏天的太陽曝曬過，老師那樣光明潔白是無法超越的。』如今這個說話怪腔怪調而難懂的南方蠻人（指來自楚國的許行），非議先王之道，你們卻背叛自己的老師而向他學習，這和曾子不一樣。我聽說鳥兒從幽暗的山溝（低處）遷往高大的樹木（高處），從沒聽說從高大的樹木遷往幽暗的山溝。《詩經·魯頌·閟官》說：『打擊西方的戎、北方的狄，警戒南方的楚國、舒國。』周公尚且要擊退他們，你們卻贊同他們的學說，這算不上是好的變更！」

陳相說：「如果聽從許先生的學說，市場的價格就沒有差異，國內沒有欺詐，即使是一個五尺高的孩童去市場，也不會被欺騙。

《孟子》今註今譯

布匹絲綢的長短相等，價格就一樣；麻線絲綿的輕重相等，價格就一樣；五穀的多少相等，價格就一樣；鞋子的大小相等，價格就一樣。」

孟子說：「物品之間不一致，是物品本身的特性；有的相差一倍、五倍，有的相差十倍、百倍，有的相差千倍、萬倍。您以大小、輕重、多少等相比而使它們的價格一致，是擾亂天下。優質的草鞋和粗糙的草鞋價格一致，人們難道會接受嗎？聽從許先生的學說，是率領大家進行欺騙，怎能治理好國家？」

【5.5】

【原文】

墨者夷之[1]，因徐辟[2]而求見孟子。孟子曰：「吾固[3]願見，今吾尚病；病癒，我且往見，夷子不來[4]。」

他日，又求見孟子。孟子曰：「吾今則可以見矣。不直[5]，則道不見[6]，我且直之[7]。吾聞夷子墨者，墨之治喪也，以薄[8]為其道也。夷子思以易天下[9]，豈以為非是而不貴也？然而夷子葬其親厚[10]，則是以所賤[11]事親也！」

徐子以告夷子，夷子曰：「儒者之道，古之人『若保赤子』[12]，此言何謂也？之則以為愛無差等[13]，施由親始[14]。」

徐子以告孟子，孟子曰：「夫夷子信以為[15]人之親其兄之子，為若親其鄰之赤子乎？彼有取爾[16]也。赤子匍匐[17]將入井，非赤子之罪也。且天之生物也，使之一本[18]，而夷子二本故也。蓋上世[19]嘗有不葬其親者，其親死，則舉而委之於壑[20]。他日過之，狐狸食之，蠅蚋姑嘬[21]之；其顙有泚[22]，睨而不視[23]。夫泚也，非為人泚，中心達於面目[24]。蓋歸反虆梩而掩之[25]。掩之誠是[26]也，則孝子仁人之掩其親，亦必有道矣。」

徐子以告夷子，夷子憮然 (27)，為間 (28) 曰：「命 (29) 之矣！」

【註釋】

(1) **墨者**：墨家的信徒。墨翟是春秋末期至戰國初期的魯國人（一說宋國人、滕國人），著名思想家，墨家學派創始人，人稱「墨子」，提倡尚賢（推崇賢士）、兼愛（無差別的愛）、非攻（反對攻伐）、節用（節儉）、節葬（節省喪葬的花費）、非命（反對命定論）等概念。現存《墨子》一書是墨家思想的代表作。**夷之**：姓夷，名之，身份不詳。

(2) **徐辟**：孟子學生。

(3) **固**：本來。

(4) **夷子不來**：「夷子」即夷之，夷子不必來了。有版本認為「夷子不來」並非孟子的說話，指夷之沒有前來。

(5) **直**：直截了當（以糾正對方）。

(6) **道**：道理。**見**：同「現」，顯現、明顯。

(7) **之**：代名詞，指夷之。下文「之則以為」及「命之矣」的「之」均是名詞，夷之自稱。

(8) **薄**：薄葬（節儉），如朱熹《孟子集注》云：「莊子曰：

『墨子生不歌，死無服，桐棺三吋而無椁。』是墨之治喪，以薄為道也。」

(9) **思**：想。**易**：改變。**天下**：天下的風俗。

(10) **夷子葬其親厚**：夷子卻厚葬他的父母。趙歧《孟子註疏》云：「如使夷子葬其父母厚也，是以所賤之道事其親也。如其薄也，下言『上世不葬』者，又可鄙足以為戒也。吾欲以此攻之者也。」指孟子假設夷子厚葬父母。焦循《孟子正義》則云：「近時通解以夷子葬其親厚，乃是夷子實事。」指夷子厚葬父母是事實。

(11) **賤**：看不起。

(12) **若保赤子**：原文出自《尚書・周書・康誥》「若保赤子，惟民其康乂（按：音「義」、解治理）」一句，指領導者保護人民有如母親保護初生嬰兒一樣。孔穎達疏云：「子生赤色，故言赤子。」解釋「赤子」指初生嬰兒因身體泛紅而命名。朱熹《孟子集注》云：「此儒者之言也；夷子引之，蓋欲援而入於墨，以拒孟子之非己。」指夷之引用此句，旨在以墨家的想法反駁孟子的論點。

(13) **差等**：差別等級。

(14) **施**：施行。**親**：親屬；一說指父母。

(15) **信以為**：真的認為。

(16) **彼**：指「若保赤子」這句話。**取**：取喻、作比喻。**爾**：此。

(17) **匍匐**：「匐」粵音「白」baak6、拼音「服」fú，手足伏地爬行。

(18) **本**：本源、根本。趙歧《孟子註疏》云：「天生萬物，各由一本而出，今夷子以他人之親與己親等，是為二本，故欲同其愛也。」指孟子以本源駁斥墨家的兼愛思想。

(19) **蓋**：疑問助詞，大概。**上世**：上古時代。

(20) **舉**：抬起。**委**：丟棄。**壑**：粵音「確」kok3、拼音「賀」hè，山溪。

(21) **蠅**：蒼蠅。**蚋**：音「銳」（粵音 jeoi6、拼音 ruì），蚊子。**姑**：通「盬」（音「古」），用嘴吸吮，如焦循《孟子正義》云：「姑與《方言》盬同，即咀也，謂蠅與蚋同咀嘬之也。」一說「姑」通「蛄」，即螻蛄，一種節肢動物，俗稱拉拉蛄、地拉蛄或土狗。**嘬**：粵音「綴」zyut3、拼音「作」zuō，叮、咬。

(22) **顙**：音「嗓」（粵音 song2、拼音 sǎng），額頭。**泚**：音「此」（粵音 ci2、拼音 cǐ），流汗。

(23) **睨**：粵音「藝」ngai6、拼音「膩」nì，斜視。**視**：正視。

(24) **中心**：心中（的愧疚）。**達**：流露。**面目**：臉上。

(25) **歸反**：回家。**虆**：音「雷」（粵音 leoi4、拼音 léi），土筐、筥箕。**梩**：音「厘」（粵音 lei4、拼音 lí），鍬（挖土工具）。**掩**：埋葬。

(26) **誠是**：確實是對的。

(27) **憮然**：「憮」音「武」（粵音 mou5、拼音 wǔ），失意的樣子。

(28) **為間**：一會兒。

(29) **命**：教導。

【語譯】

墨家的信徒夷之，通過徐辟（孟子學生）求見孟子。孟子對徐辟說：「我本來願意見他，但我現在仍有病；等病好了，我就去見他，夷子不必來了。」

過了幾天，夷子又求見孟子。孟子說：「我現在就可以見他了。不直截了當地說，道理就不能明顯，我姑且直截了當地說。我聽說夷子是墨家的信徒，墨家辦理喪事以薄葬（節儉）作為他們的原則。夷之想用它來改變天下的風俗，難道以為不這樣就不可貴嗎？然而夷子卻厚葬其父母，那是拿自己看不起的做法來侍奉父母。」

徐辟把這些話轉告夷子，夷子說：「按儒家的說法，古時候對待人民『有如保護初生嬰兒一樣。』這話是甚麼意思？我則認為它指愛沒有差別等級，只是從親屬開始施行而已。」

徐辟把這些話轉告孟子。孟子說：「夷之真的認為人們愛護自己的姪兒，如同愛護鄰居的嬰兒嗎？這句話是以此作比喻的。例如一個嬰兒在地上爬行，將要掉進井裡，這並非嬰兒的罪過。況且上天生養萬物，讓他們各有一個本源，而夷子卻要他們有兩個本源。大概上古時代曾經有不安葬自己父母親的人，他的雙親死了就抬起來而丟棄於山溪旁。過了些日子他經過那地方，看見狐狸在吃屍體，蒼蠅和蚊子在叮咬屍體。那人額頭流汗，只敢斜視而不敢正視屍體。他流汗，不是為他人所流的，而是心中的愧疚流露在臉上。他於是回家拿了筥箕和鍬而把屍體埋葬了。如果埋葬屍體確實是對的，那麼孝子、仁人埋葬其親屬，亦必定有其道理。」

　　徐辟把這些話轉告夷子，夷子露出失意的樣子，一會兒說：「他教導了我！」

第六章

滕文公下

【篇章概論】

本篇有 10 章，其中數章詳述孟子「不見諸侯」的見解（如
6.1、6.4、6.7）。孟子「富貴不能淫，貧賤不能移，威武不能屈，
此之謂大丈夫」是千古名句（6.2）。他認為小國（如宋國）也能
推行仁政，「王道」能「救民於水火之中」，獲四方擁護（6.5）。
孟子批評段干木（6.7）、泄柳（6.7）及陳仲子（6.10）等廉士，
認為士人應該入世，在實踐理想時要有彈性，也應該以做官為本任
（6.3）、堅守原則（6.4）。孟子解釋自己「好辯」是不得已，因
為世道昏亂，楊朱「為我」及墨翟「兼愛」的主張橫行，所以決心
「正人心，息邪說」（6.9）。

【6.1】

【原文】

陳代 [1] 曰：「不見諸侯，宜若小 [2] 然。今一見之，大則以王，
小則以霸。且《志》曰：『枉尺而直尋。』[3] 宜若可為也。」

孟子曰：「昔齊景公田 [4]，招虞人以旌 [5]，不至，將 [6] 殺之。
志士不忘 [7] 在溝壑，勇士不忘喪其元 [8]。孔子奚取 [9] 焉？取非其
招不往也。如不待其招而往，何哉？且夫『枉尺而直尋』者，以利 [10]
言也。如以利，則枉尋直尺而利，亦可為與？昔者趙簡子使王良與
嬖奚 [11] 乘，終日而不獲一禽 [12]。嬖奚反命 [13] 曰：『天下之賤 [14]
工也！』或以告王良。良曰：『請復 [15] 之。』強而後可 [16]，一朝
而獲十禽。嬖奚反命曰：『天下之良 [17] 工也！』簡子曰：『我使
掌與女 [18] 乘。』謂王良。良不可，曰：『吾為之範我馳驅 [19]，終
日不獲一；為之詭遇 [20]，一朝而獲十。《詩》[21] 云：「不失其馳，
舍矢如破 [22]。」我不貫 [23] 小人乘，請辭。』御者且羞與射者比 [24]；
比而得禽獸，雖若丘陵，弗為也。如枉道而從彼 [25]，何也？且子

過 ⁽²⁶⁾ 矣，枉己者，未有能直 ⁽²⁷⁾ 人者也。」

【註釋】

(1) **陳代**：孟子學生。

(2) **宜若**：似乎。**小**：小事。

(3) **枉**：屈曲，引申為委屈。**直**：伸直。**尋**：古代長度單位，八尺為一尋。

(4) **田**：田獵。

(5) **招**：召喚。**虞人**：管理狩獵場的小官員。**旌**：用牦牛尾和彩色鳥毛作裝飾的旗。根據儀禮，以旌旗召喚大夫，以弓召喚士，以皮冠召喚虞人。齊景公的做法不合禮節，所以虞人不理睬他。《左傳・昭公二十年》記載此事，云：「十二月，齊侯田於沛，招虞人以弓，不進。公使執之，辭曰：『昔我先君之田也，旃以招大夫，弓以招士，皮冠以招虞人。臣不見皮冠，故不敢進。』乃舍之。仲尼曰：『守道不如守官，君子韙之。』」虞人自辯後獲釋，孔子稱讚這個虞人，所以下文孟子說「孔子奚取焉」。

(6) **將**：準備。

(7) **忘**：怕。

(8) **元**：首、腦袋。

(9) **取**：可取之處。

(10) **利**：利益。

(11) **趙簡子**：原名趙鞅，別稱趙孟，名志父，「簡」為諡號，春秋時期晉國卿大夫，致力改革國政。**王良**：春秋末年著名的駕車人，即《左傳·哀公二年》所載的郵無恤。**嬖奚**：「嬖」音「秘」（粵音 pei3、拼音 bì），是權貴所寵幸的人，加於名字「奚」之前，以界定身份。

(12) **禽**：鳥。

(13) **反命**：「反」同「返」，回去匯報。

(14) **賤**：拙劣。

(15) **復**：再一次。

(16) **強**：（嬖奚）經過強求。**可**：同意。

(17) **良**：優秀。

(18) **掌**：專門。**女**：同「汝」（粵音 jyu5、拼音 rǔ），你（指嬖奚）。

(19) **範**：動詞，使……規範。**範我**：即「我範」，我按規矩。**馳驅**：

《孟子》今註今譯

駕車。

(20) **詭遇**：不按規範駕車。朱熹《孟子集注》云：「詭遇，不正而與禽遇也。言嬖奚不善射，以法馳驅則不獲，廢法詭遇而後中也。」指嬖奚射術差，王良不按規範駕車（「不正」）反而捕獲更多禽鳥。

(21) **《詩》**：引自《詩經·小雅·車攻》，是一首歌頌周宣王田獵的詩歌。

(22) **馳**：（規範地）驅馳。**舍**：發（箭）。**破**：破的、射中。**不失其馳，舍矢如破**：不失規範地驅馳，發箭就射中。

(23) **貫**：同「慣」，習慣。

(24) **比**：合作、妥協。

(25) **彼**：他們（指諸侯）。

(26) **過**：錯。

(27) **直**：匡正。

【語譯】

陳代說：「不去見諸侯，似乎是小事。如今去見他們一次，大則可以稱王天下，小則可以稱霸諸侯。況且《志》說：『屈曲一尺

而伸直八尺。』似乎可以見一見。」

孟子說：「從前齊景公田獵，用旌旗召喚虞人（管理狩獵場的小官員），虞人不肯去，齊景公準備殺他（其後獲釋）。有志氣的人不怕棄屍於山溝，勇敢的人不怕丟掉腦袋。孔子認為虞人有甚麼可取？可取的是虞人不應該接受的召喚就不去。如果不等召喚而前往，那算甚麼？況且『屈曲一尺而伸直八尺』是從利益來說的。如果以利益考慮，那麼屈曲八尺而伸直一尺而有利，是否也能做？從前趙簡子派王良為他寵愛的小臣奚駕車（打獵），一整天捕不到一只鳥。奚向趙簡子匯報說：『他（王良）是天下最拙劣的駕車人！』有人將這話轉告王良。王良說：『請讓我們再去一次。』奚經過強求後才同意，一個早上就捕獲十只鳥。奚向趙簡子匯報說：『他（王良）是天下最優秀的駕車人！』趙簡子（對奚）說：『我派他專門為你駕車。』便告訴王良。王良不願意，說：『我替他按規範駕車，一整天捕不到一只鳥；不按規範駕車，一個早上就捕獲十只鳥。《詩經‧小雅‧車攻》說：「不失規範地驅馳，發箭就射中。」我不習慣替小人駕車，請讓我辭去這差事。』駕車人尚且羞於與這樣的射手合作；就算合作所捕獲的鳥獸堆積如丘陵，他也不肯做。如果委屈正道而順從那些諸侯，那算甚麼？況且你錯了，委屈自己的人，從來沒有能匡正他人的。」

【6.2】

【原文】

景春 [(1)] 曰：「公孫衍 [(2)]、張儀 [(3)]，豈不誠大丈夫 [(4)] 哉？一怒而諸侯懼，安居而天下熄 [(5)]。」

孟子曰：「是焉得為大丈夫乎？子未學禮乎？丈夫之冠 [(6)] 也，父命 [(7)] 之；女子之嫁也，母命之，往送之門，戒之曰：『往之女 [(8)] 家，

必敬、必戒，無違夫子。」以順 ⁽⁹⁾ 為正者，妾婦之道也。居天下之廣居 ⁽¹⁰⁾，立天下之正位 ⁽¹¹⁾，行天下之大道 ⁽¹²⁾。得志，與民由之；不得志，獨行其道。富貴不能淫 ⁽¹³⁾，貧賤不能移 ⁽¹⁴⁾，威武不能屈，此之謂大丈夫！」

【註釋】

(1) **景春**：孟子同期人，戰國時代縱橫家。

(2) **公孫衍**：魏國人，戰國中期縱橫家，曾任魏國犀首一職，又號「犀首」。

(3) **張儀**：魏國人，戰國中期縱橫家，與蘇秦同學於鬼谷子（王詡，謀略家、縱橫家鼻祖），其後張儀、蘇秦分別成為秦國及趙國的宰相。蘇秦遊說六國（齊、楚、燕、韓、趙、魏）聯合抗秦，因六國的土地南北相連，位於秦國東面，所以稱為「合縱」政策。張儀於蘇秦死後推行「連橫」政策，促使秦國自西向東橫向地與各國結盟，使秦國更為強大。

(4) **大丈夫**：相等於現時的「男子漢」。孟子心目中的大丈夫能與人民一起實踐志向，堅守原則。

(5) **熄**：戰火熄滅，引申為天下太平。

(6) **冠**：成年人的冠禮。古時二十歲行冠禮，以示成年，如《禮記·表記》云：「男子二十，冠而字。」

(7) **命**：訓導。

(8) **女**：同「汝」（粵音 jyu5、拼音 rǔ），妳。

(9) **順**：順從。

(10) **廣居**：寬廣的住所。朱熹《孟子集注》云：「廣居，仁也。正位，禮也。大道，義也。與民由之，推其所得於人也；獨行其道，守其所得於己也。」指「廣居」、「正位」、「大道」分別指仁、禮、義，要與人民一起追隨。

(11) **正位**：正大的位置。

(12) **大道**：偉大的道路。

(13) **淫**：迷惑；一說解過份。

(14) **移**：動搖。

【語譯】

景春說：「公孫衍和張儀，難道不是真正的大丈夫嗎？他們一發怒，諸侯就害怕；他們安定下來，天下的戰火就熄滅。」

孟子說：「他們怎能算是大丈夫？你沒有學禮嗎？男子行成年冠禮時，父親訓導他；女子出嫁時，母親訓導她，送她到門口，告誡她說：『到了妳丈夫家裡，必須恭敬、必須恭謹，不要違抗丈夫。』以順從為正確，是為人妻子之道。居住在天下寬廣的住所裡，站在

天下正大的位置上，行走在天下偉大的道路上。能實踐志向，就與人民一起去實踐；不能實踐志向，就獨自施行自己的原則。富貴不能使他迷惑，貧賤不能動搖他的氣節，威武不能挫敗他的心志，這才叫做大丈夫！」

【6.3】

【原文】

周霄 [(1)] 問曰：「古之君子仕 [(2)] 乎？」

孟子曰：「仕。傳 [(3)] 曰：『孔子三月無君則皇皇如 [(4)] 也，出疆必載質 [(5)]。』公明儀 [(6)] 曰：『古之人三月無君則弔 [(7)]。』」

「三月無君則弔，不以 [(8)] 急乎？」

曰：「士之失位也，猶諸侯之失國家也，禮曰：『諸侯耕助 [(9)]，以供粢盛 [(10)]，夫人蠶繅 [(11)]，以為衣服 [(12)]。犧牲不成 [(13)]，粢盛不潔，衣服不備，不敢以祭。惟士無田 [(14)]，則亦不祭。』牲殺 [(15)]、器皿、衣服不備，不敢以祭，則不敢以宴 [(16)]，亦不足弔乎？」

「出疆必載質，何也？」

曰：「士之仕也，猶農夫之耕也。農夫豈為出疆舍其耒耜 [(17)] 哉？」

曰：「晉國亦仕國 [(18)] 也，未嘗聞仕如此其急。仕如此其急也，君子之難仕，何也？」

曰：「丈夫生而願為之有室 [(19)]，女子生而願為之有家；父母之心，人皆有之。不待父母之命 [(20)]、媒妁之言 [(21)]，鑽穴隙相窺 [(22)]，踰牆相從 [(23)]，則父母、國人皆賤之。古之人未嘗不欲仕也，又惡不由其道 [(24)]。不由其道而往者，與 [(25)] 鑽穴隙之類也。」

【註釋】

(1) **周霄**：戰國時代魏國人。《戰國策‧魏二‧魏文子田需周霄相善》提及周宵、魏文子（田文）、田需三人原為好友，欲加罪犀首（即〈滕文公下〉6.2提及的公孫衍）。公孫衍為此擔心，離間魏王，促使魏王任命魏文子為相國，從此魏文子背棄好友周霄、田需。

(2) **仕**：做官。

(3) **傳**：古代書籍的記載。

(4) **三月無君**：三個月沒有君主侍奉；或解短時間，如趙歧《孟子註疏》云：「三月，一時也。物變而不佐君化，故皇皇如有求而不得爾。」朱熹《孟子集注》云：「無君，謂不得仕而事君也。」**皇皇如**：「皇」通「惶」，惶惶不安。

(5) **出疆**：離開一個國家。朱熹《孟子集注》云：「出疆，謂失位而去國也。質，所執以見人者，如士則執雉也。出疆載之者，將以見所適國之君而事之也。」**載**：帶備。**質**：同「贊」，古代初次與人相見所送的禮物，此處指拜見君主的禮物。

(6) **公明儀**：複姓公明，名儀，春秋時代魯國武城人。

(7) **弔**：哀傷。

(8) **以**：通「已」，解「太」。

(9) **耕助**：古代統治者（此處指諸侯）為鼓勵農民而親自耕種

「籍田」（「籍」音「借」），僅是示範動作，其餘借民力完成。

(10) **粢盛**：音「之成」（粵音 zi1 sing4、拼音 zī chéng），祭祀所用的穀物（如黍、稷）。

(11) **夫人**：諸侯的妻子。**蠶**：養蠶。**繅**：音「騷」（粵音 sou1、拼音 sāo），煮繭抽絲。

(12) **衣服**：指祭服。

(13) **犧牲**：祭祀所殺的牲畜，作為祭品。**成**：肥壯。

(14) **惟**：如果。**田**：圭田（古代卿、大夫、士供祭祀用的田地），如趙歧《孟子註疏》云：「言惟絀祿之士無圭田者不祭。」

(15) **牲殺**：祭祀時所殺的牲畜。

(16) **宴**：進行宴會；一說通「安」，心安。

(17) **舍**：同「捨」，捨棄。**耒耜**：古代翻土用的農具，「耒」（粵音「類」leoi6、拼音「儡」lěi）是柄，「耜」（音「寺」，粵音 zi6、拼音 sì）是刃。

(18) **晉國**：指魏國。戰國時代韓、趙、魏三國瓜分晉國，稱為「三晉」，周霄是魏國人，所以稱魏國為晉國。**仕國**：能夠出仕（做官）的國家。

(19) **室、家**：妻室、丈夫，如《左傳·桓公十八年》：「女有家，男有室。」「室家」指夫婦。

(20) **命**：同意；一說命令。

(21) **媒妁**：媒、妁均是古代的婚姻介紹人。**言**：介紹。

(22) **鑽穴隙**：鑽洞穴、掘牆縫。**窺**：偷看。

(23) **踰**：翻越。**從**：幽會；一說私奔。

(24) **惡**：厭惡。**由**：通過。**道**：（正當）途徑。

(25) **與**：和；一說通「舉」、全部，亦通。

【語譯】

周霄問道：「古代的君子做官嗎？」

孟子說：「做官的。記載上說：『孔子如果三個月沒有君主侍奉，就會惶惶不安，離開一個國家必定帶備拜見君主的禮物。』公明儀說：『古時的人，如果三個月沒有君主侍奉，就感到哀傷。』」

周霄說：「三個月沒有君主侍奉就感到哀傷，不是太性急了嗎？」

孟子說：「士人失去官職，就好像諸侯失去國家，禮書上說：『諸侯親自耕種「籍田」，以生產祭祀用的米糧；諸侯夫人親自養蠶抽絲，以製造祭服。如果祭祀的牲畜不肥壯，祭祀的米糧不潔淨，祭服不完備，就不敢舉行祭祀。如果士人沒有圭田（祭祀用的田地），

《孟子》今註今譯

也不能舉行祭祀。」因為祭祀時所殺的牲畜、器皿、祭服不完備，不敢舉行祭祀，就不敢進行宴會，這樣不足以感到哀傷嗎？」

周霄說：「離開一個國家必定帶備拜見君主的禮物，為甚麼？」

孟子說：「士人做官，就好像農夫耕田。難道農夫因為離開一個國家，就捨棄他的農具嗎？」

周霄說：「晉國（魏國）也是一個（士人）能夠出來做官的國家，但從未聽說士人做官如此性急的；既然士人做官如此性急，為甚麼君子做官那麼艱難？」

孟子說：「男子生下來就希望為他找到妻室，女子生下來就希望替她找到丈夫；父母這種心情，是人人都有的。假如不等待父母的同意、沒有媒人的介紹，就鑽洞穴、掘牆縫互相偷看，翻越牆壁互相幽會，那麼父母、國人都鄙視他們。古時的人並非不想做官，卻又厭惡不通過正當途徑。不通過正當途徑而做官的人，與鑽洞穴、掘牆縫的人差不多。」

【6.4】

【原文】

彭更 [(1)] 問曰：「後車 [(2)] 數十乘，從者數百人，以傳食 [(3)] 於諸侯，不以泰 [(4)] 乎？」

孟子曰：「非其道，則一簞食 [(5)] 不可受於人；如其道，則舜受堯之天下，不以為泰。子以為泰乎？」

曰：「否。士無事 [(6)] 而食，不可也。」

曰：「子不通功易事 [(7)]，以羨 [(8)] 補不足，則農有餘粟 [(9)]，女 [(10)] 有餘布。子如通之，則梓匠輪輿 [(11)] 皆得食於子。於此有人焉，入則孝，出則悌，守先王之道，以待 [(12)] 後之學者，而不得食於子。

子何尊梓匠輪輿而輕為仁義者哉？」

曰：「梓匠輪輿，其志⁽¹³⁾將以求食也。君子之為道也，其志亦將以求食與？」

曰：「子何以其志為哉？其有功於子，可食而食之矣。且子食志乎？食功乎？」

曰：「食志。」

曰：「有人於此，毀瓦畫墁⁽¹⁴⁾，其志將以求食也，則子食之乎？」

曰：「否。」

曰：「然則子非食志也，食功也。」

【註釋】

(1) **彭更**：孟子學生。

(2) **後車**：隨從的副車。

(3) **傳食**：「傳」通「轉」，「傳食」即「轉食」，輾轉於諸侯之間接受供養；一說「傳」指諸侯的客館（現今的賓館），「傳食」指停留於諸侯的客館並接受供養，亦通。

(4) **以**：覺得。**泰**：通「太」，過份。

(5) **簞**：音「單」（粵音 daan1、拼音 dān），古代盛飯的有蓋圓形小竹器（竹筐），此處作量詞用。**食**：粵音「寺」zi6、拼音「十」shí，飯。**簞食**：一竹筐飯。

(6) **事**：事務、功勞。

(7) **通**：互通。**功**：功績，引申為產品。**易**：交易。**事**：事務（尤指各行各業的事務），如朱熹《孟子集注》云：「通功易事，謂通人之功而交易其事。」

(8) **羨**：有餘，如朱熹《孟子集注》云：「羨，余也。有餘，言無所貿易，而積於無用也。」

(9) **粟**：糧食。

(10) **女**：女子、婦女。

(11) **梓、匠、輪、輿**：分別指製造禮器、掌管土木工程、製造車輪及製造車箱的四類木工，泛指工匠。《周禮》的《冬官考工記》將工匠分成六類，包括攻木之工、攻金之工、攻皮之工、設色之工、刮摩之工、搏埴之工，其中「攻木之工」細分為「輪、輿、弓、廬、匠、車、梓」七種木工。

(12) **待**：通「持」，扶持，如焦循《孟子正義》引杜子春云：「『待』當為『持』，『謂扶持後之學者』。」

(13) **志**：動機。

(14) **墁**：音「慢」（粵音 maan6、拼音 màn），原指牆壁上的塗飾，此處指新粉刷的牆壁。

【**語譯**】

彭更問道：「隨從的副車有數十輛，隨從有數百人，輾轉於諸侯之間接受供養，不覺得過份嗎？」

孟子說：「如果不符合原則，就算接受別人一竹筐飯也不可以；如果符合原則，就算舜接受了堯的天下，也不覺得過份。你認為過份嗎？」

彭更說：「不。士人沒有功勞而吃於人家，是不可以的。」

孟子說：「你如果不互通產品、交易事務，以有餘補助不足，那麼農民便有多餘的糧食，婦女便有多餘的布匹。你如果互通產品，那麼各式工匠（梓、匠、輪、輿）都可以從你那裡受供養。譬如這裡有一個人，在家孝順父母，出外尊敬長輩，遵守先王的準則，以扶持後代的學者，卻不能從你那裡吃得到。你怎可以尊重各式工匠卻輕視奉行仁義的人？」

彭更說：「各式工匠的動機是要以此來謀求吃的，君子施行道德的動機也是為了謀求吃嗎？」

孟子說：「你為甚麼以他們的動機來討論問題？他們對你有功勞，可以給吃的就給他們吃好了。況且你是為了報答他們的動機？還是報答他們的功勞？」

彭更說：「報答動機。」

孟子說：「譬如這裡有一個人，毀壞了瓦片，在新粉刷的牆壁上亂畫，但他是要以此來謀求吃的，那麼你報答他嗎？」

彭更說：「不。」

孟子說：「那麼你不是報答動機，而是報答功勞了。」

【6.5】

【原文】

萬章 (1) 問曰：「宋 (2) 小國也，今將 (3) 行王政；齊、楚惡 (4) 而

伐之，則如之何？」

孟子曰：「湯居亳[5]，與葛[6]為鄰。葛伯放而不祀[7]，湯使人問之曰：『何為不祀？』曰：『無以供犧牲[8]也。』湯使遺[9]之牛羊，葛伯食之，又不以祀。湯又使人問之曰：『何為不祀？』曰：『無以供粢盛[10]也。』湯使亳眾往為[11]之耕，老弱饋食[12]。葛伯率其民，要其有酒、食、黍、稻者奪[13]之，不授者殺之；有童子以黍、肉餉[14]，殺而奪之。《書》[15]曰：『葛伯仇餉。』此之謂也。」為其殺是童子而征之[16]，四海之內[17]皆曰：『非富[18]天下也，為匹夫、匹婦復讎[19]也。』湯始征，自葛載[20]，十一征而無敵[21]於天下。東面而征，西夷怨[22]；南面而征，北狄怨，曰：『奚為後我[23]？』民之望之，若大旱之望雨也。歸市者弗止[24]，芸者[25]不變。誅其君，弔[26]其民，如時雨降，民大悅。《書》[27]曰：『徯我后[28]，后來其無罰[29]。』『有攸不為臣[30]，東征，綏厥士女[31]。篚厥玄黃[32]，紹我周王見休[33]，惟臣附於大邑周[34]。』其君子[35]實玄黃於匪，以迎其君子；其小人簞食、壺漿[36]，以迎其小人。救民於水火之中，取其殘[37]而已矣。」《太誓》[38]曰：「『我武惟揚[39]，侵於之疆[40]，則取於殘，殺伐用張[41]，於湯有光[42]。』不行王政云爾[43]；苟行王政，四海之內皆舉首而望之，欲以為君。齊、楚雖大，何畏焉？」

【註釋】

(1) **萬章**：戰國時代鄒人（一說齊人），孟子學生。《孟子》之中，孟子與萬章的對答有十五處，比其他弟子多。

(2) **宋**：宋國。宋國是商朝成湯（商湯）後代的居住地，故城在今河南省商丘市南。相傳周公（周公旦）平定武庚（商紂王之子）

的叛亂，將殷代舊都城附近的地區封予微子啟（紂王之庶兄），成立宋國。宋國於戰國時為齊、楚、魏三國所滅。

(3) **將**：想。

(4) **惡**：憎恨、厭惡。朱熹《孟子集注》云：「宋王偃嘗滅滕、伐薛，敗齊、楚、魏之兵，欲霸天下，疑即此時也。」《史記‧宋微子世家》云：「君偃十一年，自立為王。東敗齊，取五城；南敗楚，取地三百里；西敗魏軍，乃與齊、魏為敵國（按：可匹敵之國）。盛血以韋囊，懸而射之，命曰『射天』。淫於酒、婦人。群臣諫者輒射之。於是諸侯皆曰『桀宋』。『宋其復為紂所為，不可不誅』。告齊伐宋。立四十七年（按：公元前 286 年），齊湣王與魏、楚伐宋，殺王偃，遂滅宋而三分其地。」指宋國國君偃曾經戰勝齊、楚、魏三國，自以為可與大國匹敵，其暴行為內外所憎恨，宋國最終被齊、楚、魏三國所滅。

(5) **湯**：成湯、商湯。**亳**：音「博」（粵音 bok3、拼音 bó），商湯的都城，即今河南省商丘市。

(6) **葛**：夏朝所封的諸侯國，嬴姓，故城在今河南省商丘市寧陵縣以北。

(7) **葛伯**：夏朝嬴姓的諸侯，封伯爵，故其君稱「葛伯」。**放**：放縱無道。**祀**：祭祀。

(8) **犧牲**：祭祀所殺的牲畜。

(9) **遺**：通「饋」，贈送。

(10) **粢盛**：音「之成」（粵音 zi1 sing4、拼音 zī chéng），祭祀所用的穀物（如黍、稷）。

(11) **為**：替。

(12) **老弱**：年老、體弱。**食**：粵音「寺」zi6、拼音「十」shí，飯，泛指食物。**饋**：饋贈。**饋食**：獲饋贈食物。

(13) **要**：音「腰」（粵音 jiu1、拼音 yāo），攔截。**黍稻**：小米飯及稻米。**奪**：搶奪。

(14) **黍**：小米飯。**餉**：通「饋」，饋贈、贈送。

(15) **《書》**：《尚書·商書·仲虺之誥》，原文是「乃葛伯仇餉，初征自葛，東征，西夷怨；南征，北狄怨。」

(16) **征之**：（成湯）征伐葛伯，湯征葛一事也見於〈梁惠王下〉2.11，但文字略有出入。

(17) **四海**：全國、天下。古人以為中國居於世界中心，四周為大海。**四海之內**：泛指國內、天下。

(18) **富**：動詞，貪圖財富。

(19) **匹夫、匹婦**：平民百姓。**復讎**：「讎」音「酬」，報仇。

(20) **載**：開始。

(21) **十一征**：十一次出征；一說出征十一國。**無敵**：沒有敵手。

(22) **怨**：埋怨（成湯不先去征伐其暴君）。

(23) **奚為後我**：即「奚我為後」，為甚麼把我放在後面。

(24) **歸市者**：去市場的人。**弗**：不。**止**：停下。

(25) **芸者**：「芸」通「耘」（除草），農夫。

(26) **弔**：安撫。

(27) **《書》**：《尚書・商書・太甲中》，內容涉及太甲繼位初期由伊尹輔政，督促太甲努力做一位明君。

(28) **徯**：粵音「奚」hai4、拼音「希」xī，等待。**后**：通「王」，國君。

(29) **無罰**：毋須受懲罰。

(30) **有攸**：諸侯國名，有攸國，故地在今河南省安陽市東南。

有攸的領袖曾協助殷商征伐東夷，獲商王賞賜而成為諸侯國。一說「攸」作副詞用，解「所」，「有攸」解「有所」。**不為臣**：不肯臣服。

(31) **綏**：安撫。**厥**：猶「其」，他們。**士女**：男女。

(32) **匪**：同「篚」，竹器，方的叫「筐」，圓的叫「篚」。**玄黃**：黑色與黃色的絹帛（布），以供奉獻。

(33) **紹**：繼續。**休**：美德。

(34) **惟**：助詞，無義。**臣附**：歸服。**大邑周**：見於金文、殷代甲骨文，作為周國的尊稱。

(35) **君子**：指殷的官員，下句「以迎其君子」的「君子」指周的官員。

(36) **小人**：指殷的人民，下句「以迎其小人」的「小人」指周的人民。**簞食、壺漿**：用竹筐裝着飯，用壺裝著湯、酒。

(37) **取**：除掉。**殘**：殘害人民的暴君。

(38) **《太誓》**：即《尚書·周書·泰誓中》，是周武王伐商紂的誓詞。

(39) **我**：周武王自稱。**武**：威武。**惟**：助詞，無義。**揚**：發揚。

(40) **侵**：攻入。**於**：助詞，無義。**之**：猶「其」（他），指商紂。**疆**：疆土。

(41) **用**：作用、功德。**張**：張大、伸張。

(42) **於**：比較。**有**：作「更」解。**光**：光輝、輝煌。**於湯有光**：比商湯更加輝煌。

(43) **云**：代詞，解「如此」。**爾**：同「耳」，解「而已」、「罷了」。

【語譯】

萬章問道：「宋國是一個小國，現在想施行稱王天下的政策，齊國、楚國因此憎恨而要討伐它，應該怎辦？」

孟子說：「商湯住在亳地時，與葛國為鄰。葛伯放縱無道而不祭祀祖先，商湯派人問葛伯：『為甚麼不祭祀祖先？』葛伯說：『沒有可供祭祀的牲畜。』商湯派人贈送牛羊給他；葛伯把牛羊吃了，卻不用來祭祀。商湯又派人問葛伯：『為甚麼不祭祀？』葛伯說：『沒有可供祭祀的米糧。』商湯叫亳地的民眾替葛國耕作，年老、體弱的人獲饋贈食物。葛伯卻率領他的民眾，攔截那些帶著酒食、小米飯及稻米的人而搶奪他們，不肯給的就殺掉。有一個小孩去運送小米飯和肉，被葛伯殺了而奪走小米飯和肉。《尚書·商書·仲虺之誥》說：『葛伯仇視送禮的人。』說的就是此事。商湯因為葛伯殺了這個小孩而去征伐他，天下的人都說：『商湯並非為了貪圖天下的財富，而是為了平民報仇。』商湯初次出征，就是從葛國開始，出征十一次然後天下沒有敵手。他向東面征伐，西面的夷人就

埋怨；向南面征伐，北面的狄人就抱怨，說：『為甚麼把我放在後面？』人民盼望商湯就像大旱時盼望下雨一樣。商湯所到之處，去市場的人不停止，農夫的耕作不變。商湯殺了那裡的暴君，安撫那裡的人民，就像及時雨降臨，人民非常高興。《尚書‧商書‧太甲中》說：『等待我們的國君，國君來了就毋須受懲罰。』又說：『有一個攸國不肯臣服，周武王向東征伐，安撫那裡的男女人民。那裡的人民用竹籃裝著黑色、黃色的絹帛，繼續侍奉我們的周王，得見他的美德，專誠歸服於偉大的周國。』那裡的官員用竹籃裝滿黑色、黃色的絹帛，以迎接周朝的官員。那裡的人民用竹筐裝著飯，用壺裝著湯、酒，以迎接周朝的人民。把人民從水深水熱之中拯救出來，除掉殘害人民的暴君而已。《尚書‧周書‧泰誓中》說：『發揚我（周武王）的威武，攻入他（商紂）的疆土，就除掉殘害人民的暴君，殺戮、征伐的功德得以伸張，比商湯更輝煌。』不實行稱王天下的政策就算了；如果真的要實行稱王天下的政策，天下的人民都會抬起頭來仰望他，希望他成為自己的國君。齊、楚兩國雖然強大，有甚麼可怕？」

【6.6】

【原文】

孟子謂戴不勝 [(1)] 曰：「子欲子之王之 [(2)] 善與？我明告子：有楚大夫於此，欲其子之 [(3)] 齊語也，則使齊人傅諸 [(4)]？使楚人傅諸？」

曰：「使齊人傅之。」

曰：「一齊人傅之，眾楚人咻 [(5)] 之，雖日撻 [(6)] 而求其齊也，不可得矣；引而置之莊、岳 [(7)] 之間數年，雖日撻而求其楚，亦不可得矣。子謂薛居州 [(8)] 善士也，使之居於王所。在於王所者，長

幼卑尊皆薛居州也，王誰與為不善？在於王所者，長幼卑尊皆非薛居州也，王誰與為善？一薛居州，獨如 ⁽⁹⁾ 宋王何？」

【註釋】

(1) **戴不勝**：宋國大臣。

(2) **之**：首個「之」字解「的」；第二個「之」字是動詞，向、往。

(3) **之**：動詞，學習。

(4) **傅**：教導。**諸**：代詞，他（學習齊國語的人）。

(5) **咻**：音「休」（粵音 jau1、拼音 xiū），（在旁）喧嚷、干擾。

(6) **撻**：用棍、鞭拍打。

(7) **引**：帶。**置**：居住。**莊、岳**：當時齊國的街名、里名，位於都城臨淄城內。

(8) **薛居州**：宋國大臣。

(9) **如**：將。

【語譯】

孟子對戴不勝說：「你希望你的君王向善嗎？我明白地告訴你：譬如這裡有一位楚國大夫，希望他的兒子學習齊國話，那麼是找齊

國人教他，還是找楚國人來教他？」

戴不勝說：「找齊國人教他。」

孟子說：「如果一個齊國人教他，許多楚國人卻干擾他，即使每天拍打他要求他說齊國話，不可能做到。如果把他帶到齊國都城（臨淄）莊、岳等地居住數年，即使每天拍打他要求他說楚國話，也不可能做到。你說薛居州是個好人，要讓他住在王宮裡。如果住在王宮的人，不論年長年幼、地位尊卑，都像薛居州那樣好人，那麼君王和誰去做壞事？如果住在王宮的人，不論年長年幼、地位尊卑，都不像薛居州那樣好人，那麼君王又和誰去做好事？單靠一個薛居州，能把宋王怎麼樣？」

【6.7】

【原文】

公孫丑問曰：「不見諸侯，何義？」

孟子曰：「古者不為臣不見。段干木 (1) 踰垣而辟 (2) 之，泄柳閉門而不內 (3)，是皆已甚。迫 (4)，斯可以見矣。陽貨欲見孔子 (5) 而惡無禮，大夫有賜於士，不得受於其家，則往拜其門。陽貨瞷 (6) 孔子之亡 (7) 也，而饋孔子蒸豚 (8)；孔子亦瞷其亡也，而往拜之。當是時，陽貨先，豈得不見？曾子曰：『脅肩諂笑 (9)，病於夏畦 (10)。』子路 (11) 曰：『未同而言，觀其色赧赧 (12) 然，非由之所知也。』由 (13) 是觀之，則君子之所養，可知已矣。」

【註釋】

(1) **段干木**：春秋末期魏國安邑（今山西省運城市夏縣）人，約公元前 475 年 - 公元前 396 年，名克，封於段，為干木大夫，故稱段干木。段干木為人清高，不屑做官。魏文侯之弟魏成子極力

推薦段干木，魏文侯親自登門拜訪段干木，後者卻跳牆避見。

(2) **踰**：跳過。**垣**：牆。**辟**：同「避」，躲避。

(3) **泄柳**：戰國時代魯穆公（魯國第二十九任君主）時的賢士。**內**：通「納」，接待（魯穆公）。

(4) **迫**：迫切；一說迫不得已。

(5) **陽貨**：春秋時代季氏家臣（「陪臣」）中最具權勢的人。魯定公五年（公元前 505 年）季平子死，陽貨囚禁季平子之子（季桓子）而把持魯國政權。陽貨其後企圖剷除「三桓」（季孫氏、叔孫氏、孟孫氏，魯桓公之後代）但失敗，於魯定公九年（公元前 501 年）逃往晉國。此章的背景是陽貨知悉孔子不滿「三桓」越權，打算拉攏孔子對付「三桓」，但孔子不為所動。孔子反對大夫及陪臣把持朝政、「三桓」越權及「陪臣執國命」等見於《論語》多章。**欲見孔子**：此事見於《論語・陽貨》17.1，「見」是陽貨想孔子親身來拜見他的意思。[12]

(6) **瞰**：或作「矙」，音「澗」（粵音 gaan3、拼音 jiàn），探聽。

(7) **亡**：不在家。

(8) **蒸豚**：蒸熟的小豬。

(9) **脅肩**：聳起肩膀，以示恭敬。**諂笑**：「諂」粵音 cim2、拼

---

12. 《論語・陽貨》17.1 原文：陽貨欲見孔子，孔子不見，歸孔子豚。孔子時其亡也，而往拜之，遇諸塗謂孔子曰：「來！予與爾言。」曰：「懷其寶而迷其邦，可謂仁乎？」曰：「不可！好從事而亟失時，可謂知乎？」曰：「不可！日月逝矣，歲不我與！」孔子曰：「諾，吾將仕矣！」

音「產」chǎn，諂媚、阿諛奉承，強行裝出笑容。

(10) **病於**：更難受。**夏**：夏天。**畦**：原指菜地之間所劃分的行列，動詞，指在田裡工作。

(11) **子路**：孔子學生，姓仲名由，字子路，又名季路，少孔子九歲。

(12) **赧赧**：「赧」音「戁」（粵音naan5、拼音nǎn），因羞愧而臉紅。

(13) **由**：直解由、從；一說是子路（仲由）自稱。

【語譯】

公孫王問道：「不去謁見諸侯，是甚麼道理？」

孟子說：「在古代，不是諸侯的臣屬便不去謁見。段干木跳牆躲避魏文侯，泄柳閉門不接待魯穆公，這都做得過份了。如果求見如此迫切，也就可以相見。陽貨希望孔子去拜見他，又怕別人說他無禮；大夫賜禮物給士人，士人未能在家接受，就必須往大夫的家拜謝。陽貨探聽到孔子不在家時，而送一隻蒸熟的小豬到孔子家。孔子也探聽到陽貨不在家時，才前往拜謝。當時，如果陽貨先來拜訪，孔子怎能不去拜見他？曾子（參）說：『聳起肩膀（以示恭敬），強行裝出笑容，比夏天在田裡工作更難受。』子路說：『志趣不同卻還要交談，看他羞愧而臉紅的臉色，這不是我能理解的。』由此看來，君子如何修養自己，就可以知道了。」

【6.8】
【原文】

戴盈之⁽¹⁾曰：「什一⁽²⁾，去⁽³⁾關市之徵，今茲⁽⁴⁾未能。請輕之，以待來年然後已⁽⁵⁾，何如？」

孟子曰：「今有人日攘⁽⁶⁾其鄰之雞者，或告之曰：『是非君子之道。』曰：『請損⁽⁷⁾之，月攘一雞，以待來年然後已。』如知其非義，斯速已矣，何待來年？」

【註釋】

(1) **戴盈之**：戰國時代宋國大夫。

(2) **什一**：周代十分取一的田稅制度（稱為「徹」），相對於「二」（十分取二的田稅），「什一」是較輕的賦稅。「徹」及「二」兩種賦稅制度見於《論語・顏淵》12.9。

(3) **去**：免除。

(4) **茲**：年。

(5) **已**：停止。

(6) **攘**：偷竊。

(7) **損**：減少。

【語譯】

《孟子》今註今譯

240

【6.8】
【原文】

戴盈之[1]曰：「什一[2]，去[3]關市之徵，今茲[4]未能。請輕之，以待來年然後已[5]，何如？」

孟子曰：「今有人日攘[6]其鄰之雞者，或告之曰：『是非君子之道。』曰：『請損[7]之，月攘一雞，以待來年然後已。』如知其非義，斯速已矣，何待來年？」

【註釋】

(1) **戴盈之**：戰國時代宋國大夫。

(2) **什一**：周代十分取一的田稅制度（稱為「徹」），相對於「二」（十分取二的田稅），「什一」是較輕的賦稅。「徹」及「二」兩種賦稅制度見於《論語・顏淵》12.9。

(3) **去**：免除。

(4) **茲**：年。

(5) **已**：停止。

(6) **攘**：偷竊。

(7) **損**：減少。

【語譯】

《孟子》今註今譯

240

戴盈之說：「稅率十分抽一，免除關卡和市場的徵稅，今年還做不到。請先讓我們減輕一些，等到明年再停止舊的做法，怎麼樣？」

孟子說：「現在有一個人每天偷鄰居一隻雞，別人告誡他說：『這不是君子的作為！』他便說：『請先讓我減少一些，每月偷一隻雞，等到明年再停止偷雞。』如果知道那種事不合道義，就應該盡快停止，為甚麼要等到明年？」

【6.9】

【原文】

公都子 [(1)] 曰：「外人皆稱夫子好辯 [(2)]，敢問何也？」

孟子曰：「予豈好辯哉？予不得已也！天下之生 [(3)] 久矣，一治一亂 [(4)]。當堯之時，水逆行 [(5)]，氾濫於中國 [(6)]，蛇龍居之 [(7)]。民無所定 [(8)]；下者為巢 [(9)]，上者為營窟 [(10)]。《書》 [(11)] 曰：『洚水警余 [(12)]。』洚水者，洪水也。使禹治之。禹掘地而注 [(13)] 之海，驅蛇龍而放之菹 [(14)]。水由地中行 [(15)]，江、淮、河、漢 [(16)] 是也。險阻既遠，鳥獸之害人者消 [(17)]，然後人得平土 [(18)] 而居之。堯、舜既沒 [(19)]，聖人之道衰，暴君代作 [(20)]，壞宮室以為污池 [(21)]，民無所安息；棄田以為園囿 [(22)]，使民不得衣食。邪說暴行又作。園囿、污池、沛澤 [(23)] 多而禽獸至。及紂之身，天下又大亂。周公相 [(24)] 武王誅紂，伐奄 [(25)] 三年討其君，驅飛廉於海隅而戮 [(26)] 之，滅國者五十，驅虎、豹、犀、象而遠之，天下大悅。《書》 [(27)] 曰：『丕顯 [(28)] 哉，文王謨 [(29)]！丕承 [(30)] 哉，武王烈 [(31)]！佑啟我後人 [(32)]，咸以正無缺 [(33)]。』世衰道微，邪說暴行有作；臣弒其君者有之，子弒其父者有之。孔子懼 [(34)]，作《春秋》 [(35)]。《春秋》，天子之事也。是故孔子曰：『知我者，其惟《春秋》乎？罪我者，其惟《春秋》乎？』聖王不作，諸

侯放恣 (36)。處士橫議 (37)，楊朱、墨翟 (38) 之言盈天下。天下之言，不歸楊則歸墨。楊氏為我，是無君 (39) 也；墨氏兼愛 (40)，是無父 (41) 也。無父、無君，是禽獸也。公明儀 (42) 曰：『庖有肥肉，廄有肥馬，民有饑色，野有餓莩 (43)，此率獸而食人也！』楊、墨之道不息 (44)，孔子之道不著 (45)，是邪說誣 (46) 民，充塞 (47) 仁義也。仁義充塞，則率獸食人，人將相食。吾為此懼，閑 (48) 先聖之道，距 (49) 楊、墨，放淫辭 (50)，邪說者不得作。作於其心，害於其事；作於其事，害於其政。聖人復起，不易吾言矣。昔者禹抑 (51) 洪水而天下平，周公兼夷狄、驅猛獸而百姓寧，孔子成《春秋》而亂臣、賊子 (52) 懼。《詩》(53) 云：『戎、狄是膺 (54)，荊、舒是懲 (55)，則莫我敢承 (56)。』無父、無君，是周公所膺也。我亦欲正人心，息邪說，距詖行 (57)，放淫辭，以承三聖 (58) 者。豈好辯哉？予不得已也！能言距楊、墨者，聖人之徒也。」

【註釋】

(1) **公都子**：孟子學生。

(2) **外人**：外面的人。**夫子**：對老師的尊稱。**好辯**：喜歡辯論。

(3) **天下之生**：天下生有人類以來；一說天下的形成。

(4) **一**：一時。**治、亂**：安定（平治）、混亂。

(5) **逆行**：（洪水）倒流。

(6) **氾**：同「泛」。**中國**：中原地帶。

(7) **居**：居住於。**之**：指中原地帶。

(8) **定**：定居的地方。

(9) **下者**：在低處的人。**為巢**：在樹上築巢。

(10) **上者**：在高處的人。**營窟**：堆積泥土而形成洞穴。《禮記·禮運》云：「昔者先王未有宮室，冬則居營窟。」其注疏云：「冬則居營窟者，營累其土而為窟。地高則穴於地；地下則窟於地上，謂於地上累土而為窟。」

(11)《**書**》：指《尚書》的逸文，但「洚水警余」不見於今文《尚書》。

(12) **洚**：音「降」，形容河流沖出河道。**洚水**：古時用語，指洪水。**警**：警戒。**余**：我們。

(13) **掘地**：挖掘土地而形成河道、河床。**注**：引入。

(14) **菹**：粵音「追」zeoi5、拼音「租」zū，多水草的沼澤地。

(15) **由**：沿著。**地**：由挖掘土地而形成的河道。**行**：流動。

(16) **江、淮、河、漢**：長江、淮河、黃河、漢江。

(17) **消**：消滅。

(18) **平土**：平地。

(19) **沒**：同「歿」，死。

(20) **暴君**：朱熹於《孟子集注》指暴君「謂夏太康、孔甲、桀，商武乙之類也。」**代**：更代而起、相繼。**作**：興起、出現。

(21) **壞**：毀壞。**宮室**：民居；一說指皇宮。**污池**：蓄水的大池。

(22) **園**：花園。**囿**：音「右」（粵音 jau6、拼音 yòu），畜養禽獸的園林。

(23) **沛澤**：草木叢生的沼澤。

(24) **相**：粵音 soeng3、拼音「象」xiàng，輔助。

(25) **奄**：奄國，故地在今山東省曲阜市東的奄里。如朱熹《孟子集注》云：「奄，東方之國，助紂為虐者也。」奄國曾助商紂，周成王（武王之子）初年奄國隨同紂王之子武庚叛亂，被周公所滅。

(26) **飛廉**：亦作「蜚廉」，相傳他善跑，受商紂重用。**海隅**：海邊。**戮**：殺。

(27) **《書》**：《尚書・周書・君牙》，內容講述周穆王囑咐任職大司徒的君牙奉行先王典法，輔助自己治國。

(28) **丕**：偉大。**顯**：顯赫。

(29) **謨**：謀略。

(30) **承**：繼承者。

(31) **烈**：光烈，引申為功業。

(32) **佑**：幫助。**啟**：啟發。**後人**：後世的人；一說指武王之後的周成王、周康王等。

(33) **咸**：全、都是。**正**：正道。**無缺**：《尚書·周書·君牙》原文作「罔缺」，沒有缺陷。

(34) **懼**：憂慮。

(35) **《春秋》**：記載春秋時代史事的編年體史書，普遍認為此書經過孔子編輯，內容對時政有褒有貶。

(36) **放恣**：放縱、恣意妄為。

(37) **處士**：在野的士人，如《漢書·異姓諸侯王表》顏師古注云：「處士謂不官於朝而居家者也。」**橫議**：胡亂議論。

(38) **楊朱**：魏國人（一說秦國人），戰國初期思想家，主張貴生、重己。**墨翟**：戰國時期魯國人（一說宋國人、滕國人），著

名思想家，墨家學派創始人，人稱「墨子」。錢穆認為孟子對當時盛行的楊、墨之學實行嚴峻批評，頗為自負，自居為生平最大的事業。[13]

(39) **無君**：不要君王。朱熹《孟子集注》云：「楊朱但知愛身，而不復知有致身之義，故無君。」

(40) **兼愛**：無差別的愛一切人，如朱熹《孟子集注》云：「墨子愛無差等，而視其至親無異眾人，故無父。」

(41) **無父**：不要父母，如朱熹《孟子集注》云：「無父、無君，則人道滅絕，是亦禽獸而已。」

(42) **公明儀**：複姓公明，名儀，春秋時代魯國武城人。

(43) **餓莩**：「莩」通「殍」，音「瞟」（粵音 piu5、拼音 piǎo），餓死的屍體。

(44) **息**：消滅。

(45) **著**：發揚。

(46) **誣**：欺騙。

(47) **充塞**：阻塞。

13. 錢穆：《四書釋義》，台北：素書樓文教基金會，2005 年 6 月，第 190 頁。

《孟子》今註今譯

(48) **閑**：捍衛。

(49) **距**：通「拒」，抵抗。

(50) **放**：放逐，引申為駁斥。**淫辭**：不合乎正道的放蕩言辭。

(51) **抑**：抑制、制服。

(52) **亂臣、賊子**：叛亂的臣屬、不孝的兒子。

(53) **《詩》**：《詩經·魯頌·閟宮》，是一首歌頌魯僖公文治武功的詩歌。

(54) **戎、狄**：西方及北方的異族。**膺**：打擊。**戎、狄是膺**：打擊西方的戎、北方的狄。

(55) **荊**：楚國原本建國於荊山一帶，故舊名為「荊」。**舒**：楚的盟國，土地在今安徽省六安市舒城縣。**荊、舒**：南方的異族。**懲**：警戒。**荊、舒是懲**：警戒南方的楚國、舒國。

(56) **莫**：沒有人。**承**：抵禦。

(57) **詖**：音「臂」（粵音 bei3、拼音 bì），不正、邪僻的行為。**行**：行為。

(58) **三聖**：三位聖人（指夏禹、周公、孔子）。

【語譯】

公都子說：「外面的人都說先生喜歡辯論，請問是為甚麼？」

孟子說：「我難道喜歡辯論嗎？我是不得已的！天下生有人類以來已經很久了，一時安定、一時混亂。在堯的時候，洪水倒流，泛濫於中原地帶，蛇、龍居住於中原地帶。人民沒有定居的地方，在低處的人在樹上築巢，在高處的人堆積泥土而形成洞穴。《尚書》說：『洪水警戒我們。』洚水，就是洪水。堯派禹去治水。禹挖掘土地（形成河道）引水注入海，驅逐蛇、龍而將牠們放逐到沼澤。水沿著河道之中流動，這就是長江、淮河、黃河、漢江。危險與阻礙既已遠離，害人的鳥獸已消滅，然後人們才得以在平地上居住。堯、舜死後，聖人之道衰微，暴君相繼出現，毀壞民居來興建蓄水的大池，人民沒有安身休息的地方；廢棄農田來興建花園及畜養禽獸的園林，使人民得不到衣服和食物。邪妄的學說和殘暴的行為又出現，園林、蓄水的大池、草木叢生的沼澤增多，而禽獸就來了。到了商紂的時候，天下又大亂了。周公輔助武王誅殺紂，征伐奄國三年而討伐其君主，追逐飛廉到海邊而殺死他，滅掉五十個國家，將虎、豹、犀、象等驅趕到遠方，天下人民非常喜悅。《尚書·周書·君牙》說：『偉大而顯赫啊，文王的謀略！偉大的繼承者啊，武王的功業！幫助、啟發我們等後人，全是正道而沒有缺陷。』時世衰落、正道隱微，邪妄的學說和殘暴的行為又出現；臣屬殺害自己君主的事出現了，兒子殺害自己父親的事出現了。孔子為此憂慮，寫作了《春秋》。《春秋》，說的是天子的事。所以孔子說：『了解我的，可以只憑《春秋》了！責怪我的，可以只憑《春秋》了！』有聖德的君王不出現，諸侯放縱、恣意妄為，在野的士人胡亂議論，於是楊朱、墨翟的學說充斥於天下。天下人的言論，不是歸附楊朱，就是歸附墨翟。楊氏主張為我，是不要君王；墨氏主張

兼愛，是不要父母。不要君王、不要父母，就是禽獸。公明儀說：『廚房裡有肥肉，馬廄裡有肥馬，人民卻有饑餓的臉色，田野裡有餓死的屍體，這是率領野獸去吃人！』楊、墨的學說不消滅，孔子的學說就不發揚，就是用邪說來欺騙人民，阻塞仁義。仁義被阻塞，就是率領野獸去吃人，人類將互相殘殺。我為此憂慮，所以捍衛古代聖人的學說，抵抗楊、墨的學說，駁斥放蕩的言辭，使主張邪說的人無法興起。邪說於人的心中興起，會危害人的行事；邪說於人的行事與起，會危害人的施政。即使聖人再度興起，也不會改變我的言論。從前禹制服了洪水而使天下太平，周公兼併夷狄、驅逐猛獸而使百姓安寧，孔子作成了《春秋》而使叛亂的臣屬、不孝的兒子害怕。《詩經·魯頌·閟宮》說：『打擊西方的戎、北方的狄，警戒南方的楚國、舒國，那就沒有人敢抵禦我。』不要君王、不要父母的人，正是周公所要打擊的。我也想端正人心，消滅邪說，抵抗邪僻的行為，駁斥放蕩的言辭，以繼承三位聖人（夏禹、周公、孔子）。我難道喜歡辯論嗎？我是不得已的！能以言論抵抗楊、墨的人，就是聖人的門徒。」

【6.10】

【原文】

匡章 [1] 曰：「陳仲子 [2] 豈不誠廉士 [3] 哉？居於陵 [4]，三日不食，耳無聞，目無見也。井上有李 [5]，螬食實 [6] 者過半矣，匍匐 [7] 往，將食之 [8]，三咽，然後耳有聞，目有見。」

孟子曰：「於齊國之士，吾必以仲子為巨擘 [9] 焉。雖然，仲子惡能廉？充仲子之操 [10]，則蚓而後 [11] 可者也！夫蚓，上食槁壤 [12]，下飲黃泉 [13]。仲子所居之室，伯夷 [14] 之所築與？抑亦盜跖 [15] 之所築與？所食之粟 [16]，伯夷之所樹 [17] 與？抑亦盜跖之所樹與？

是未可知也。」

曰：「是何傷哉？彼身織屨 (18)，妻辟纑 (19)，以易之也。」

曰：「仲子，齊之世家也，兄戴，蓋祿萬鐘 (20)。以兄之祿為不義之祿而不食也，以兄之室為不義之室而不居也，辟 (21) 兄、離母，處於於陵。他日歸，則有饋其兄生鵝者，己頻顣 (22) 曰：『惡用是鶃鶃 (23) 者為哉！』他日，其母殺是鵝也，與之食之。其兄自外至，曰：『是鶃鶃之肉也！』出而哇 (24) 之。以母則不食，以妻則食之；以兄之室則弗居，以於陵則居之，是尚為能充其類 (25) 也乎？若仲子者，蚓而後充其操者也。」

【註釋】

(1) **匡章**：戰國時期齊國人，又稱章子、匡子，於齊威王、齊宣王時擔任將軍，曾大敗燕軍，其事蹟見於《戰國策》〈齊策〉、〈燕策〉篇及《呂氏春秋》〈不屈〉、〈愛類〉篇等。

(2) **陳仲子**：齊國人，又稱田仲、陳仲、於陵子（因居於於陵）。

(3) **廉士**：清廉、不貪心的人。

(4) **於陵**：「於」音「烏」，地名，在今山東省鄒平市長山縣南，距齊國都城臨淄約二百里。

(5) **李**：李子。

(6) **螬**：音「曹」，蠐螬，金龜子的幼蟲，俗稱地蠶、大蠶。**實**：李子的果實。

《孟子》今註今譯

(7) **匍匐**：「匐」粵音「白」baak6、拼音「服」fú，（身體無力）手足伏地爬行。

(8) **將**：拿、取。**之**：指「實」（李子的果實）。

(9) **巨擘**：「擘」粵音 maak3、拼音 bò，大拇指，引申為傑出人士，如朱熹《孟子集注》云：「巨擘，大指也。言齊人中有仲子，如眾小指中有大指也。」

(10) **充**：完全做到；一說推廣。**操**：操守。

(11) **蚓**：蚯蚓。**後**：（變成蚯蚓）之後。

(12) **槁**：枯乾。**壤**：泥土。

(13) **黃泉**：地下的泉水。

(14) **伯夷**：商朝賢人。

(15) **盜**：大盜。**跖**：「跖」粵音「隻」zek3、拼音「植」zhí，春秋時代魯國大盜，賢者柳下惠之弟。跖以姬為姓，展氏，名跖（蹠、雄），又名柳下跖、柳展雄。

(16) **粟**：粟米，泛指糧食。

(17) **樹**：種植。

(18) 屨：音「據」（粵音 geoi3、拼音 jù），草鞋。

(19) 辟纑：織麻、練麻。

(20) 蓋：地名，是陳戴（陳仲子兄長）的封邑，故地在今山東省臨沂市沂水縣西北。鍾：古代量器。戰國時期各國的度量衡單位尚未統一，其中齊國有升、斗、區、釜、鍾等容量單位，一斗四升，一區四斗，一釜四區，一鍾十釜（即六石四斗）。萬鍾：六萬四千石糧食，引申指非常豐厚的俸祿。

(21) 辟：同「避」。

(22) 頻顣：「顣」音「促」（粵音 cuk1、拼音 cù），同「蹙額」，不高興時愁眉皺額的樣子。

(23) 鶂鶂：音「義」（粵音 ji6、拼音 yì），鵝叫聲。

(24) 哇：嘔吐。

(25) 其：指陳仲子。類：主張（即「廉」的主張）。

【語譯】

匡章說：「陳仲子難道不是一個真正清廉的人嗎？他住在於陵，三天不吃東西，耳朵沒有了聽覺，眼睛沒有了視覺。井邊有顆李子，被金龜子的幼蟲吃了大半，他伏地爬過去取來吃，吞了三口，然後

《孟子》今註今譯

耳朵恢復了聽覺，眼睛恢復了視覺。」

孟子說：「在齊國的士人中，我必定把仲子看成大拇指（傑出人士）了。然而，仲子怎能做到清廉？要完全做到仲子的操守，只有變成蚯蚓之後才能做到！蚯蚓，在地面上吃枯乾的泥土，在地面下喝泉水。但仲子所居住的房屋，是伯夷（商朝賢人）所興建的，還是盜跖（春秋時代魯國大盜）所興建的？他所吃的糧食，是伯夷所種植的，還是盜跖所種植的？這是無法得知的。」

匡章說：「那有甚麼關係？他親自編織草鞋，妻子編麻、練麻，用來交換生活用品。」

孟子說：「仲子是齊國的世家，他的兄長陳戴在蓋邑有一萬石栗米的俸祿。仲子認為兄長的俸祿是不義之祿而不吃，認為兄長的房屋是不義之室而不住，避開兄長、離開母親，居住在於陵。有一天他回家，有人送給他兄長一隻鵝，他愁眉皺額說：『要這種嘎嘎叫的東西做甚麼！』有一天，仲子的母親殺了這隻鵝給他吃，他的兄長從外面回來，說：『這是嘎嘎叫的肉啊！』仲子跑到外面嘔吐了出來。母親的食物不吃，妻子的食物卻吃；兄長的房屋不住，到於陵卻住下來，這還算做到自己清廉的操守嗎？像仲子那樣，只有變成蚯蚓之後才能夠完全做到他的操守。」

第七章

離婁上

【篇章概論】

本篇共 28 章，多章談論仁義的價值，指仁是「人之安宅」、義是「人之正路」（7.10）。孟子認為聖人之道是建立制度（如「規矩、準繩」7.1），之後推行「不忍人之政」，仁德就會遍及天下（7.1）。孟子從統治者的角度出發，提出「君仁，莫不仁；君義，莫不義」（7.20），要禮待賢明的大臣（「巨室」）（7.6）及德高望重的長者（如伯夷、姜太公等），「得天下」要先「得其民」，而「得其民」要先「得其心」，統治者要「志於仁」（7.9）及「反求諸己」（7.4）、「好仁」則「天下無敵」（7.7）。孟子於 7.12 章闡述「誠」（真誠）的思想，認為「誠」有「獲於上」、「民治」、「信於友」、「親悅」等功效，與《中庸》（「四書」之一）的思想相呼應。

【7.1】

【原文】

孟子曰：「離婁 (1) 之明、公輸子 (2) 之巧，不以規矩 (3)，不能成方員 (4)；師曠 (5) 之聰，不以六律 (6)，不能正五音 (7)；堯、舜之道，不以仁政，不能平治天下。今有仁心、仁聞 (8) 而民不被其澤，不可法於後世者，不行先王之道也。故曰：徒善不足以為政，徒法不能以自行。《詩》 (9) 云：『不愆不忘 (10)，率由舊章 (11)。』遵先王之法而過者，未之有也。聖人既竭目力焉，繼之以規矩、準繩 (12)，以為方、員、平、直，不可勝用也；既竭耳力焉，繼之以六律正五音，不可勝用也；既竭心思焉，繼之以不忍人之政，而仁覆天下矣。故曰：為高必因丘陵，為下必因川澤；為政不因先王之道，可謂智乎？是以惟仁者宜在高位。不仁而在高位，是播其惡於眾也。上無道揆 (13) 也，下無法守 (14) 也，朝 (15) 不信道，工 (16) 不信度，君子 (17) 犯

義，小人犯刑；國之所存者，幸也。故曰：城郭不完⁽¹⁸⁾，兵甲不多，非國之災也；田野不辟，貨財不聚，非國之害也。上無禮，下無學，賊民⁽¹⁹⁾興，喪無日矣！《詩》⁽²⁰⁾曰：『天之方蹶⁽²¹⁾，無然泄泄⁽²²⁾。』泄泄，猶沓沓⁽²³⁾也。事君無義，進退無禮，言則非⁽²⁴⁾先王之道者，猶沓沓也。故曰：責難於君謂之『恭』，陳善閉⁽²⁵⁾邪謂之『敬』，吾君不能謂之『賊』。」

【註釋】

(1) **離婁**：亦稱「離朱」，相傳為黃帝時人，視力極強，能於百步之外望見秋毫之末（野獸於秋天新長細毛的末端）。

(2) **公輸子**：姬姓，公輸氏，名班（或「般」、「盤」），魯國人，又叫「魯班」，春秋末年（魯定公或哀公時）的巧匠。《墨子·魯問》談及魯班的巧功，云：「公輸子削竹木以為鵲，成而飛之，三日不下，公輸子自以為至巧。」

(3) **規**：圓規，畫圓形的工具。**矩**：曲尺，畫方形的工具。

(4) **方、員**：「員」通「圓」，方形、圓形。

(5) **師曠**：春秋時代晉國的著名樂師，是晉平公的太師。

(6) **六律**：中國古代的定音管按音律分為陰呂（律）、陽律兩類，每類再分為六個標準音高（共「十二律」，由六呂及六律組成）。「六律」指以陽律定音管所確定樂音標準音高的名稱，分別是太簇（D）、姑洗（E）、蕤賓（#F）、夷則（#G）、無射（#A）、

黃鐘（#C）。陰呂則分別是大呂（#C）、夾鐘（#D）、中呂（F）、林鐘、南呂（A）及應鐘（B）。

(7) **五音**：亦稱「五聲」，中國古代音階的名稱，即宮、商、角、徵、羽，大致相當於西洋音樂簡譜中的唱名 do、re、mi、sol、la，按高低次序各音的名稱為 1、2、3、5、6。

(8) **聞**：名聲、聲望。

(9) **《詩》**：《詩經·大雅·假樂》，是一首贊美周成王（周武王之子）的詩歌。

(10) **愆**：音「牽」（粵音 hin1、拼音 qiān），過失，引申為偏離。**忘**：遺忘；一說疏漏。

(11) **率**：遵循。**舊章**：舊有的規章制度。

(12) **準**：測量水平的儀器（水平儀）。**繩**：規範垂直的墨繩。「準繩」其後引申為言論或行為所依據的法度、標準。

(13) **道**：道義。**揆**：尺度、準則。

(14) **法守**：法規供遵循。

(15) **朝**：朝廷。

(16) **工**：工匠。

(17) **君子、小人**：官員、平民；一說直解為君子（道德高尚的人）、小人（道德低劣的人）。

(18) **城郭**：城牆。**完**：完好；一說堅固。

(19) **賊民**：作亂的人。

(20) **《詩》**：《詩經·大雅·板》，是一首譏諷周厲王的詩歌。

(21) **蹶**：震動。

(22) **泄泄**：「泄」通「詍」，粵音「曳」jai6、拼音「衣」yì，多言、多嘴。

(23) **沓沓**：「沓」音「踏」，囉唆。

(24) **非**：詆毀。

(25) **陳**：陳述。**閉**：通「辟」，排斥、抵制。

【語譯】

孟子說：「離婁有好的視力，公輸子有好的技巧，但如果不用圓規和曲尺，不能畫出方形和圓形；師曠有好的聽力，但如果不依據六律（定音管），不能校正五音；有堯、舜之道，如果不施行仁

政，不能平定治理天下。如今有諸侯雖然有仁愛的心、仁愛的聲望，但人民卻受不到他的恩澤，不能被後世效法，就是因為不實行先王之道的緣故。所以說只有善心不足以治理政務，只有法度不能夠自己運行。《詩經・大雅・假樂》說：『不要偏離、不要遺忘，遵循舊有的規章制度。』遵循前代聖王的法度而犯錯誤的，從來沒有。聖人既然竭盡了視力，再用圓規、曲尺、水平儀、墨繩等來製作方的、圓的、平的、直的東西，這些東西便用之不盡；聖人既然竭盡了聽力，再用六律來校正五音，各式音階便用之不盡；聖人既用盡了心思，再施行不忍心人民受苦的政策，仁愛就覆蓋天下了。所以說，築高台必定要憑藉山陵；挖深池必定要憑藉河川與湖泊；治理政務不憑藉先王之道，能夠說是明智嗎？所以只有仁人才適宜處於領導地位。如果不仁的人處於領導地位，就是把他的惡行於民眾之中傳播。在上者沒有道義準則，在下者沒有法規供遵循；朝廷不相信道義，工匠不相信尺度，官員觸犯義理，平民觸犯刑律，國家仍能保存就是僥倖了。所以說城牆不完好，兵器甲冑不充足，不是國家的災難；田野沒有開闢，貨物、財物沒有積聚，不是國家的禍害。在上者位沒有禮儀，在下者沒有教育，作亂的人興起，國家的滅亡就很快了！《詩經・大雅・板》說：『上天正在震動，不要那樣多嘴。』多嘴就是囉唆。侍奉君主沒有道義，進退之間沒有禮儀，說話便詆毀先王之道，就好像囉唆一樣。所以說用高標準來要求君主叫做『恭』，陳述善德、抵制邪說叫做『敬』，認為自己的君主辦不到而不努力叫做『賊』。」

【7.2】

【原文】

孟子曰：「規矩，方員之至 ⁽¹⁾ 也；聖人，人倫 ⁽²⁾ 之至也。欲

為君盡君道，欲為臣盡臣道，二者皆法 [3] 堯、舜而已矣。不以舜之所以事堯事君，不敬其君者也；不以堯之所以治民治民，賊 [4] 其民者也。孔子曰：『道二 [5]，仁與不仁而已矣。』暴 [6] 其民甚，則身弒國亡；不甚，則身危國削 [7]，名之曰『幽』、『厲』 [8]；雖孝子慈孫，百世不能改也。《詩》 [9] 云：『殷鑒 [10] 不遠，在夏后 [11] 之世。』此之謂也。」

【註釋】

(1) **員**：通「圓」。**至**：極致，最高境界。

(2) **人倫**：原指倫理關係，引申為做人。

(3) **法**：效法。

(4) **賊**：殘害。

(5) **道二**：道路、準則只有兩條（仁、不仁）。

(6) **暴**：暴虐。

(7) **削**：削弱，如趙歧《孟子註疏》云：「甚，謂桀、紂；不甚，謂幽、厲。厲王流於彘，幽王滅於戲（按：同「戲」，水名，源於今陝西省西安市驪山），可謂身危國削矣。」

(8) **名之**：死後諡號的稱呼。**幽、厲**：根據《周書·諡法解》，「蚤孤隕位曰幽。雍遏不通曰幽。動靜亂常曰幽。」西周的第十二

代君主姬宮涅以「幽」為諡號（史稱周幽王），而「暴慢無親曰厲。殺戮無辜曰厲。」西周的第十代君主姬胡以「厲」為諡號（史稱周厲王）。

(9)《詩》：《詩經·大雅·蕩》，是一道諷刺周厲王的詩歌。

(10) 殷：商朝。鑒：原指銅鏡，引申為借鑑。

(11) 夏后：夏朝；一說指夏代的末代君主桀，如朱熹《孟子集注》云：「言商紂之所當鑒者，近在夏桀之世，而孟子引之，又欲後人以幽、厲為鑒也。」

【語譯】
孟子說：「圓規和曲尺，是方和圓的最高境界；聖人，是做人的最高境界。要做君主，就應盡君主之道；要做臣屬，就應盡臣屬之道，兩者都是效法堯、舜而已。不以舜侍奉堯的方式去侍奉君主，就是對他的君主不恭敬；不用堯治理人民的方式去治理人民，就是殘害自己的人民。孔子說：『道有兩條，仁與不仁而已。』暴虐自己的人民嚴重的，就會自己被殺，國家滅亡；不嚴重的，也會自己遭遇危險，國家被削弱，死後被稱為『幽』、『厲』那樣的諡號；雖然有孝順仁慈的子孫，經歷一百個世代也改不了這些惡名。《詩經·大雅·蕩》說：『殷商的借鑒並不遙遠，就在夏朝的時代。』說的就是這個意思。」

【7.3】
【原文】

孟子曰：「三代[(1)]之得天下也，以仁；其失天下也，以不仁。國之所以廢興存亡者亦然。天子不仁，不保四海[(2)]；諸侯不仁，不保社稷[(3)]；卿大夫不仁，不保宗廟[(4)]；士、庶人不仁，不保四體[(5)]。今惡死亡而樂不仁，是猶惡醉而強[(6)]酒。」

【註釋】

(1) **三代**：夏、商、周三代。

(2) **四海**：全國、天下。

(3) **社稷**：「社」是土地神，「稷」是穀神，「社稷」原指合祭土地神和穀神的祭壇（「社稷壇」）。古時國都及各地均設社稷壇，分別由國君和地方長官主祭，「社稷」其後引申為國家政權的象徵。

(4) **宗廟**：原指古時天子、諸侯祭祀祖先的廟宇，此處指采邑（卿大夫封地）的祖廟。

(5) **四體**：四肢。

(6) **強**：勉強。

【語譯】

孟子說：「夏、商、周三代得到天下，是由於仁；失去天下，是由於不仁。國家之所以衰落或興盛，生存或滅亡也是如此。天子不仁，不能保有天下；諸侯不仁，不能保有國家；卿大夫不仁，不能保有祖廟；士人、平民不仁，不能保有身體四肢。現在是厭惡死

亡卻樂於不仁，就好像厭惡醉酒卻勉強地喝酒一樣。」

【7.4】
【原文】
　　孟子曰：「愛人不親，反其仁；治人不治，反其智；禮人不答 [1]，反其敬。行有不得者，皆反求諸己 [2]；其身正，而天下歸之。《詩》[3] 云：『永言 [4] 配命，自求多福。』」

【註釋】
(1) **答**：回應。

(2) **求**：求索、要求。

(3) **《詩》**：《詩經・大雅・文王》，是一首歌頌周文王的詩歌。

(4) **永言**：永遠；一說永久不變的名言。**命**：天命。

【語譯】
　　孟子說：「愛別人卻得不到別人親近，反問自己是否仁愛；管理別人卻管理不好，反問自己是否明智；禮待別人卻得不到別人回應，反問自己是否恭敬。凡是行為得不到應有的效果，都應該反過來從自己尋找原因；自己端正了，天下就會歸服。《詩經・大雅・文王》說：『永遠配合天命，自己尋求更多幸福。』」

【7.5】
【原文】

孟子曰：「人有恆言⁽¹⁾，皆曰『天下國家』。天下之本⁽²⁾在國，國之本在家，家之本在身⁽³⁾。」

【註釋】

(1) **恆言**：常說的話。

(2) **本**：根本。

(3) **身**：自身、個人。

【語譯】

孟子說：「人們有一句常說的話，都說『天下國家』。天下的根本在於國，國的根本在於家，家的根本在於個人。」

【7.6】

【原文】

孟子曰：「為政不難，不得罪於巨室⁽¹⁾。巨室之所慕⁽²⁾，一國慕之；一國之所慕，天下慕之。故沛然德教溢乎⁽³⁾四海。」

【註釋】

(1) **得罪**：指治理國政的人其身不正，而獲「巨室」理怨，如朱熹《孟子集注》云：「得罪，謂身不正而取怨怒也。巨室，世臣大家也。」**巨室**：賢良的卿大夫，是人民的模範，如趙歧《孟子註疏》云：「巨室，謂賢卿大夫之家，人所則效者。」一說解世家大臣（朱熹持此見）。

(2) **慕**：思慕；一說心悅誠服，如朱熹《孟子集注》云：「向也。

心悅誠服之謂也。」

(3) **沛然**：盛大流行地。**溢**：充滿。**乎**：猶「於」。

【語譯】

　　孟子說：「治理國政不難，不要被賢良的卿大夫埋怨。賢良的卿大夫所思慕的，一國的人就會思慕；一國的人所思慕的，普天下的人就會思慕。所以道德教化就浩浩蕩蕩地充滿了四海（各角落）。」

【7.7】
【原文】

　　孟子曰：「天下有道 (1)，小德役大德 (2)，小賢役大賢 (3)；天下無道，小役大，弱役強。斯 (4) 二者，天 (5) 也。順天者存，逆天者亡。齊景公 (6) 曰：『既不能令 (7)，又不受命 (8)，是絕物 (9) 也。』涕出而女於吳 (10)。今也小國師 (11) 大國，而恥 (12) 受命焉，是猶弟子而恥受命於先師也。如恥之，莫若 (13) 師文王。師文王，大國五年，小國七年，必為政 (14) 於天下矣。《詩》(15) 云：『商之孫子，其麗不億 (16)；上帝既命 (17)，侯於周服 (18)；侯服於周，天命靡常 (19)。殷士膚敏 (20)，祼將於京 (21)。』孔子曰：『仁不可為眾 (22) 也。』夫國君好仁，天下無敵。今也欲無敵於天下而不以 (23) 仁，是猶執熱 (24) 而不以濯 (25) 也。《詩》(26) 云：『誰能執熱，逝 (27) 不以濯？』」

【註釋】

　　(1) **有道、無道**：政治清明、政治黑暗。

(2) **大德、小德**：德行之中的大節、小節；一說德行不夠好的人、德行好的人。**役**：役使。

(3) **小賢**：不太賢能的人。**大賢**：非常賢能的人。

(4) **斯**：這。

(5) **天**：天意。

(6) **齊景公**：姓姜，名杵臼（音「貯舅」，粵音 cyu2 kau5、拼音 chǔ jiù），春秋時代齊國國君，公元前 547 年至公元前 490 年在位，「景」是諡號。

(7) **令**：發號施令。

(8) **受命**：受命於人，服從別人的命令。

(9) **絕物**：斷絕人事，如趙歧《孟子註疏》云：「物，事也。大國不與之通朝聘之事也。」

(10) **女**：動詞，嫁出女兒。**吳**：吳國。當時吳國比齊國強，齊景公抵擋不住吳國的進攻，唯有將女兒嫁到吳國和親。

(11) **師**：師從、效法。

(12) **恥**：以......為恥。

(13) **莫若**：不如。

(14) **為政**：統治。

(15)《**詩**》：《詩經‧大雅‧文王》，是一首歌頌周文王的詩歌。

(16) **麗**：數目。朱熹《孟子集注》云：「麗，數也。十萬曰億。」
億：十萬。古代以十萬為億，十億為兆。**不億**：不下十萬。

(17) **既**：已經。**命**：頒佈命令。

(18) **侯**：做侯爵。**於**：向、對。**服**：臣服。

(19) **靡**：粵音「微」mei4、拼音「迷」mí，沒有。**靡常**：無常，
沒有固定規律。

(20) **殷士**：殷（商）的舊臣。**膚**：大。趙歧《孟子註疏》云：
「膚，大也。敏，達也。」**敏**：通達、聰明。**膚敏**：很聰明。

(21) **祼**：古代祭祀的儀節，「鬱鬯」（「鬯」音「唱」，粵
音 coeng3、拼音 chàng）之酒澆地以迎神，也稱灌、灌禮。**將**：助。
於：到。**京**：京城（周朝的京城鎬京，今陝西省西安市長安區）。

(22) **仁**：仁德；一說解行仁。**為**：指望，引申為衡量。**眾**：人數。

(23) **以**：依靠。

(24) **執熱**：拿了灼熱的東西。

(25) **濯**：粵音「昨」zok6、拼音「卓」zhuó，（用涼水）沖洗。

(26) **《詩》**：《詩經‧大雅‧桑柔》，是一首諷刺周厲王的詩歌。

(27) **逝**：發語詞，無義。

【語譯】

孟子說：「天下政治清明時，小德（德行中的小節）被大德（德行中的大節）役使，不太賢能的人被非常賢能的人役使；天下政治黑暗時，小的被大的役使，弱的被強的役使。這兩種情況，是天意。順從天意的生存，違背天意的滅亡。齊景公說：『既不能發號施令，又不肯服從別人的命令，這是斷絕人事了。』流着眼淚把女兒嫁到吳國。現今小國師從大國，卻恥於服從命令，就好像學生恥於服從老師的命令一樣。如果以此為恥，不如師從周文王。師從周文王，大國需要五年，小國需要七年，必定能統治天下了。《詩經‧大雅‧文王》說：『殷商的子孫，它的數目不下十萬。上帝已經頒佈命令，以侯爵身份臣服於周。以侯爵身份臣服於周，天命無常。殷商的舊臣很聰明，於京城助祭（以迎神）。』孔子說：『仁德不可以用人數來衡量的。』如果國君喜愛仁德，就天下無敵。現今想要無敵於天下卻不依靠仁德的人，就好像拿了灼熱的東西卻不用涼水沖洗一樣。《詩經‧大雅‧桑柔》說：『有誰能夠拿了灼熱的東西，卻不用涼水沖洗？』」

【7.8】

【原文】

孟子曰：「不仁者可與言哉？安其危而利其菑 [1]，樂其所以亡者。不仁而可與言，則何亡國敗家之有？有孺子歌曰：『滄浪 [2] 之水清兮，可以濯我纓 [3]；滄浪之水濁兮，可以濯我足。』孔子曰：『小子 [4] 聽之！清斯濯纓，濁斯濯足矣，自取之也。』夫人必自侮，然後人侮之；家必自毀，而後人毀之；國必自伐，而後人伐之。《太甲》 [5] 曰：『天作孽，猶可違；自作孽，不可活。』此之謂也。」

【註解】

(1) 菑：同「災」，災難。

(2) 滄浪：水名，漢水的上游，有意見認為「滄浪之水清兮」四句出於先秦的楚歌；一說青蒼顏色的水。

(3) 濯：粵音「鑿」zok6、拼音「卓」zhuó，沖洗。纓：繫帽子的絲帶。

(4) 小子：弟子。

(5)《太甲》：《尚書‧商書‧太甲》，《公孫丑上》3.4 曾引用「天作孽」一句。

【語譯】

孟子說：「不仁的人可以與他商議嗎？他們於自身危險時苟安，從自身災難中取利，從導致自身滅亡的事取樂。如果不仁的人可以與他商議，那怎會有亡國敗家的事？有個小孩子唱道：『滄浪的水

清呀，可以洗我的帽帶；滄浪的水濁呀，可以洗我的雙腳。』孔子說：『弟子們聽著！水清就用來洗帽帶，水濁就用來洗雙腳，都是取決於水自身的。』人必定自取其辱，然後別人才侮辱他；家必定自行毀壞，而別人才毀壞它；國家必定自招討伐，而別人才討伐它。《尚書‧商書‧太甲》說：『上天造成的災禍，人還可以躲避（而生存）；自己造成的罪孽，卻是不可逃避（懲罰的）。』說的就是這個意思。」

【7.9】

【原文】

孟子曰：「桀、紂之失天下也，失其民也；失其民者，失其心也。得天下有道：得其民，斯得天下矣；得其民有道：得其心，斯得民矣；得其心有道：所欲與 (1) 之、聚之，所惡勿施，爾也 (2)。民之歸仁也，猶水之就下、獸之走壙 (3) 也。故為淵驅 (4) 魚者，獺也；為叢驅爵 (5) 者，鸇 (6) 也；為湯、武驅民者，桀與紂也。今天下之君有好仁者，則諸侯皆為之驅矣；雖欲無王，不可得已。今之欲王 (7) 者，猶七年之病求三年之艾 (8) 也。苟為不畜 (9)，終身不得。苟不志於仁，終身憂辱，以陷於死亡。《詩》(10) 云：『其何能淑 (11) ？載胥及溺 (12)。』此之謂也。」

【註解】

(1) **與**：給予；一說解「為」，「所欲與之」解所希望做的。

(2) **爾也**：如此罷了。

(3) **壙**：同「曠」，曠野。

(4) **淵**：深池。**驅**：或作「歐」，驅趕。

(5) **叢**：森林。**爵**：同「雀」，雀鳥。

(6) **鸇**：音「氈」（粵音 zin1、拼音 zhān），一種像鷂鷹的猛禽。

(7) **王**：讀去聲，動詞，稱王天下。

(8) **艾**：艾草，用於灸病，藥效一般以陳年舊艾為佳。

(9) **畜**：同「蓄」，積蓄。

(10)**《詩》**：《詩經·大雅·桑柔》，是一首諷刺周厲王的詩歌。

(11) **淑**：善良、美好。

(12) **載**：則，朱熹《孟子集注》云：「載，則也。」一說為語助詞，無義。**胥**：互相。朱熹《孟子集注》云：「胥，相也。言今之所為，其何能善，則相引以陷於亂亡而已。」**及**：與。**溺**：溺水，引申為滅亡。

【語譯】

孟子說：「夏桀、商紂之所以失去天下，是因為失去人民的支持；之所以失去人民的支持，是因為失去了他們的心。取得天下有辦法：得到人民的支持，就可以取得天下；得到人民的支持有辦法：得到人民的心，就可以得到人民的支持；得到人民的心有辦法：他

們所希望的，就給他們，為他們積聚起來；他們所厭惡的，不要強加於他們，如此罷了。人民歸服仁政，就像水往低流，野獸往曠野跑一樣。所以為深池把魚驅趕來的，是水獺；為森林把雀鳥驅趕來的，是猛禽；為商湯、周武王把人民驅趕來的，是夏桀和商紂。現今天下若有君主喜愛仁德，那麼諸侯們都會為他驅趕人民前來（歸順）；即使他不想稱王天下，也做不到。現今那些想稱王天下的人，好像患了七年的病卻尋求三年的艾草來治療一樣。如果平常不積蓄，終身都得不到。如果不立志於行仁，終身憂患受辱，以至陷入死亡的境況。《詩經‧大雅‧桑柔》說：『他們那能變好？就只會相繼溺水（滅亡）罷了。』說的就是這個意思。」

【7.10】

【原文】

孟子曰：「自暴[(1)]者，不可與有言也；自棄[(2)]者，不可與有為也。言非[(3)]禮義，謂之自暴也；吾身不能居仁由[(4)]義，謂之自棄也。仁，人之安宅也；義，人之正路也。曠安[(5)]宅而弗居，舍正路而不由，哀哉！」

【註解】

(1) **暴**：殘害。

(2) **棄**：拋棄。

(3) **非**：詆毀。

(4) **由**：遵循。

(5) **曠**：丟空。**安**：舒適。

【語譯】

孟子說：「自己殘害自己的人，不可以與他商議；自己拋棄自己的人，不可以與他有所作為。言談詆毀禮義，叫做自己殘害自己；自身不能安居於仁、遵循義來行事，叫做自己拋棄自己。仁，是人舒適的住宅；義，是人正當的道路。丟空舒適的住宅不去居住，捨棄正當的道路不去行走，可悲啊！」

【7.11】
【原文】

孟子曰：「道在邇 [(1)]，而求諸遠；事在易，而求諸難。人人親其親、長其長 [(2)]，而天下平。」

【註解】

(1) **邇**：近。

(2) **親其親、長其長**：首個「親」和「長」字是動詞，分別解親近、尊敬；第二個「親」和「長」字是名詞，分別解雙親（或親人）、長輩。

【語譯】

孟子說：「道在近處，卻往遠處去尋找；事情本來容易，卻往難處去做。人人都親近自己的父母，尊敬自己的長輩，天下就太平了。」

【7.12】

【原文】

孟子曰：「居下位而不獲於上 [1]，民不可得而治也。獲於上有道：不信於友，弗獲於上矣；信於友有道：事親弗悅 [2]，弗信於友矣；悅親有道：反身不誠 [3]，不悅於親矣；誠身有道：不明乎善，不誠其身矣。是故誠者，天之道也；思 [4] 誠者，人之道也。至誠而不動 [5] 者，未之有也；不誠，未有能動者也。」

【註解】

(1) **居下位而不獲於上**：此章與《中庸》第二十章〈問政〉其中一段非常相似，該章云：「在下位不獲乎上，民不可得而治矣。獲乎上有道：不信乎朋友，不獲乎上矣。信乎朋友有道：不順乎親，不信乎朋友矣。順乎親有道：反諸身不誠，不順乎親矣。誠身有道：不明乎善，不誠乎身矣。誠者，天之道也；誠之者，人之道也。誠者，不勉而中，不思而得，從容中道，聖人也。誠之者，擇善而固執之者也。」

(2) **事**：侍奉。**悅**：高興。

(3) **反身**：「身」是「自身」，自我反省。**誠**：真誠地。

(4) **思**：思慕、追求。

(5) **動**：感動。

【語譯】

孟子說：「處於下級的人未獲上級信賴，就無法治理好民眾。獲取上級信賴是有方法的：若不能取信於朋友，就得不到上級信賴；取信於朋友是有方法的：若侍奉父母而不能讓他們高興，就不能取信於朋友；讓父母高興是有方法的：若未能真誠地自我反省，就不能讓父母高興；真誠地自我反省是有方法的：若不明白甚麼是善，就不能夠真誠地自我反省。所以真誠，就是天的道理（天理）；思慕真誠，就是做人的道理。不為極致真誠（真誠的最高境界）所感動的人，從來沒有；不真誠，從來沒有能夠感動人的。」

【7.13】
【原文】

孟子曰：「伯夷辟⁽¹⁾紂，居北海之濱，聞文王作⁽²⁾，興⁽³⁾曰：『盍歸乎來⁽⁴⁾！吾聞西伯善養老⁽⁵⁾者。』太公⁽⁶⁾辟紂，居東海之濱，聞文王作，興曰：『盍歸乎來！吾聞西伯善養老者。』二老者，天下之大老⁽⁷⁾也而歸之，是天下之父歸之也。天下之父歸之，其子焉往？諸侯有行文王之政者，七年之內必為政⁽⁸⁾於天下矣。」

【註解】

(1) **辟**：同「避」，躲避。

(2) **作**：興起。

(3) **興**：興奮地。

(4) **盍**：音「合」（粵音 hap6、拼音 hé），何不。**歸**：歸順

《孟子》今註今譯

來：助語詞，無義。

(5) **西伯**：即西伯侯，當時姬昌繼承西伯侯之位，於其子姬發（周武王）建立周朝後被追封為周文王。**養老**：奉養老人，是古代禮儀。《禮記·王制》云：「司徒修六禮以節民性，明七教以興民德，齊八政以防淫，一道德以同俗，養耆老以致孝，恤孤獨以逮不足，上賢以崇德，簡不肖以絀惡。」提及司徒（官名）的職責之一是「養耆老以致孝」。

(6) **太公**：姜姓，呂氏，名尚、望，字子牙，也稱「太公望」、「姜太公」、「飛熊先生」。相傳姜子牙於渭水僅以魚絲垂直釣魚，遇到求賢若渴的西伯侯姬昌。姬昌問姜子牙為何以直鉤釣魚，姜子牙語帶相關地解釋其想釣的魚將自願上鉤。姬昌遂拜姜子牙為太師，更親自為他駕車。「姜太公釣魚，願者上鉤」其後成為家傳戶曉的歇後語。

(7) **大老**：德高望重的長者。

(8) **為政**：執政、統治。

【語譯】
孟子說：「伯夷躲避商紂王，隱居於北海海邊，聽說周文王（姬昌）興起，興奮地說：『何不去歸順他啊！聽說西伯侯（周文王）善於奉養老人。』姜太公躲避商紂王，隱居於東海海邊，聽說周文王興起，興奮地說：『何不去歸順他啊！聽說西伯侯善於奉養老人。』這兩位長者（伯夷、姜太公），是天下德高望重的長者而去

歸附他，天下的父親都歸附了周文王。天下的父親歸附了周文王，他們的兒子還會往哪兒去？如果諸侯中有施行文王之政的，七年之內必定能統治天下。」

【7.14】
【原文】

孟子曰：「求也為季氏宰⁽¹⁾，無能改於其德⁽²⁾，而賦粟倍他日⁽³⁾。孔子曰：『求，非我徒也，小子鳴鼓而攻之⁽⁴⁾可也！』由此觀之，君不行仁政而富之⁽⁵⁾，皆棄於⁽⁶⁾孔子者也，況於為之強戰⁽⁷⁾？爭地以戰，殺人盈野⁽⁸⁾；爭城以戰，殺人盈城。此所謂率⁽⁹⁾土地而食人肉，罪不容⁽¹⁰⁾於死。故善戰者服上刑⁽¹¹⁾，連⁽¹²⁾諸侯者次之，辟草萊⁽¹³⁾、任⁽¹⁴⁾土地者次之。」

【註解】

(1) **求**：孔子學生冉求，字子有，魯國人（今山東省濟寧市兗州區）；生於公元前 522 年，少孔子 29 歲。冉求口才了得，具政治才能，於公元前 492 年接替冉雍（孔子另一位學生）任季康子的總管。**季氏**：季康子，春秋時代執掌魯國實權的卿大夫。**宰**：總管、家臣。

(2) **無能**：未能。**其**：季康子。**德**：德行。

(3) **賦**：徵收。**粟**：原指糧食，引申為田稅。**倍他日**：比往日倍增。

(4) **小子鳴鼓而攻之可也**：你們（弟子）可以敲響鼓來聲討他

《孟子》今註今譯

見於《論語‧先進》11.17，原文云：「季氏富於周公，而求也為之聚斂而附益之。子曰：『非吾徒也。小子鳴鼓而攻之可也！』」

(5) **富之**：使他們（國君）富有。

(6) **棄於**：被唾棄。

(7) **為之**：為了財富。**強戰**：強行征戰。

(8) **盈**：遍布。**野**：田野。

(9) **率**：放任。

(10) **容**：足以寬恕。

(11) **上刑**：最重的刑罰。

(12) **連**：連結（諸侯），如朱熹《孟子集注》云：「連結諸侯，如蘇秦、張儀之類。」

(13) **辟**：同「闢」，開闢、開墾。**草萊**：荒蕪的雜草，引申為荒地。

(14) **任**：任意使用。

【語譯】

孟子說：「冉求做季康子的總管，未能改變季氏的德行，反而徵收的田稅比往日倍增。孔子說：『冉求不是我的學生了，你們（弟子）可以敲響鼓來聲討他好了！』由此看來，國君不施行仁政而使他們富有，都是被孔子所唾棄的，何況為了財富而強行征戰？為爭奪土地而征戰，殺死的人遍布田野；為爭奪城池而征戰，殺死的人遍布城池。這就是所謂放任土地來吃人肉，罪行連死都不足以寬恕。所以善於征戰的人應受最重的刑罰，連結諸侯的人受次一等的刑罰，強行開墾荒地、任意使用土地的人受再次一等的刑罰。」

【7.15】

【原文】

孟子曰：「存 (1) 乎人者，莫良於眸子 (2)。眸子不能掩其惡。胸 (3) 中正，則眸子瞭 (4) 焉；胸中不正，則眸子眊 (5) 焉。聽其言也，觀其眸子，人焉廋哉 (6)？」

【註釋】

(1) **存**：觀察。

(2) **眸子**：眼睛。

(3) **胸**：心中。

(4) **瞭**：明亮。

(5) **眊**：音「冒」（粵音 mou6、拼音 mào），蒙眊、昏暗。

(6) **廋**：粵音「收」sau1、拼音「搜」sōu，通「收」，隱藏。**哉**：語氣詞，相當於「呢」。《論語·為政》2.10 記錄孔子兩次說「人焉廋哉」的話，云：「視其所以，觀其所由，察其所安。人焉廋哉？人焉廋哉？」

【語譯】

孟子說：「觀察一個人，沒有比觀察他的眼睛更好的了。眼睛不能掩飾一個人的醜惡。心中正直，眼睛就明亮；心中不正直，眼睛就昏暗。聽一個人說話，觀察他的眼睛，這個人（的善惡）怎能隱藏？」

【7.16】

【原文】

孟子曰：「恭者不侮人，儉[1]者不奪人。侮奪人之君，惟恐不順焉[2]，惡[3]得為恭儉？恭儉豈可以聲音笑貌[4]為哉？」

【註釋】

(1) **儉**：節儉。北齊顏之推《顏氏家訓·治家》云：「儉者，省約為禮之謂；吝者，窮急不恤之謂也。今有施則奢，儉則吝；如能施而不奢，儉而不吝，可矣。」認為節儉是生活節約而符合禮節，吝嗇是說見到有人窮困卻不知體恤。有些人施捨時過於奢侈，省錢時過於吝嗇。如果能夠施捨而不奢侈，節儉而不吝嗇，就可以了。

(2) **順**：順從。**焉**：自己。朱熹《孟子集注》云：「言恐人之不順己。」

(3) **惡**：音「烏」，疑問詞，猶「何」。

(4) **聲音笑貌**：朱熹《孟子集注》云：「偽為於外也。」指欺侮、掠奪別人的君主虛偽地裝出好的聲音和笑臉。

【語譯】

孟子說：「恭敬的人，不會欺侮別人；節儉的人，不會掠奪別人。欺侮、掠奪別人的君主，惟恐別人不順從自己，怎算得上是恭敬、節儉？恭敬、節儉豈可以（虛偽地）靠好的聲音和笑臉來偽裝？」

【7.17】
【原文】

淳于髡 (1) 曰：「男女授受不親 (2)，禮與？」

孟子曰：「禮也。」

曰：「嫂溺 (3)，則援之以手乎？」

曰：「嫂溺不援，是豺狼也。男女授受不親，禮也；嫂溺援之以手者，權 (4) 也。」

曰：「今天下溺矣，夫子之不援，何也？」

曰：「天下溺，援之以道；嫂溺，援之以手。子欲手援天下乎？」

【註釋】

(1)**淳于髡**：「髡」音「坤」（粵音 kwan1、拼音 kūn），戰國時代齊國著名辯士，獲齊威王拜為政卿大夫。《史記·孟子荀卿列傳》云：「淳于髡，齊人也。博聞彊記，學無所主。其諫說，慕晏嬰之為人也，然而承意觀色為務。」指淳于髡善於鑑面辨色。

(2) **授、受**：傳遞、接收。如朱熹《孟子集注》云：「授，與也中；受，取也。古禮，男女不親授受，以遠別也。」**親**：親手。

(3) **溺**：溺水，掉入水中。

(4) **權**：權衡事理，予以變通。

【語譯】

淳于髡說：「男女之間不親手遞接東西，是禮制的規定嗎？」

孟子說：「是禮制的規定。」

淳于髡說：「嫂嫂掉入水中，要用手去救援她嗎？」

孟子說：「嫂嫂掉入水中而不去救援，是豺狼。男女之間不親手遞接東西，是禮制的規定；嫂嫂掉入水中而伸手去救援她，是變通的辦法。」

淳于髡說：「現在天下的人都掉入水中了，先生卻不去救援，為甚麼？」

孟子說：「天下的人都掉入水中，要用道去救援；嫂嫂掉入水中，要用手去救援。難道你想用手去救援天下的人嗎？」

【7.18】

【原文】

公孫丑曰：「君子之不教子，何也？」

孟子曰：「勢不行也。教者必以正 (1)，以正不行，繼之 (2) 以怒。繼之以怒，則反夷 (3) 矣。『夫子 (4) 教我以正，夫子未出於正也！』則是父子相夷也！父子相夷，則惡 (5) 矣。古者易 (6) 子而教之，父子之間不責善 (7)。責善則離 (8)，離則不祥 (9) 莫大焉。」

(1) **正**：正道。

(2) **繼之**：接著。

(3) **反**：反而。**夷**：傷害（感情）。

(4) **夫子**：指父親。「夫子教我以正」兩句是孟子假設兒子責備父親的話。

(5) **惡**：不好。

(6) **易**：交換。

(7) **責善**：勸勉（對方）從善。

(8) **離**：疏離，產生隔膜。

(9) **祥**：善、好。

【語譯】

公孫丑問：「君子不親自教育子女，為甚麼？」

孟子說：「因為形勢上行不通啊。教育一定要用正道，用正道而行不通，接著就發怒；接著就發怒，那就反而傷感情了。（兒子問父親：）『您用正道來教育我，但您自己卻不按正道行事！』這就是父子互相傷害感情了！父子間互相傷害感情，就不好了。古時

候交換子女來教育，父子之間便不會勸勉對方從善。因為勸勉對方從善，就會產生隔膜；產生隔膜，就是最不好的事了。」

【7.19】

【原文】

孟子曰：「事[(1)]，孰[(2)]為大？事親為大。守[(3)]，孰為大？守身為大。不失其身而能事其親者，吾聞之矣；失其身而能事其親者，吾未之聞也。孰不為[(4)]事？事親，事之本[(5)]也。孰不為守？守身，守之本也。曾子養曾晳[(6)]，必有酒肉。將徹[(7)]，必請所與[(8)]。問有餘，必曰：『有。』曾晳死，曾元[(9)]養曾子，必有酒肉；將徹，不請所與。問有餘，曰：『亡[(10)]矣。』將以復進[(11)]也，此所謂養口體[(12)]者也。若曾子，則可謂養志[(13)]也。事親若曾子者，可也。」

【註釋】

(1) **事**：事（侍）奉。

(2) **孰**：誰。

(3) **守**：堅守（自身的節操）。

(4) **為**：做。

(5) **本**：根本，如朱熹《孟子集注》云：「事親孝，則忠可移於君，順可移於長。身正，則家齊、國治而天下平。」指侍奉雙親是孝，最終達致修身、齊家、治國而平天下，即《大學》（「四書」之一）「八條目」（格物、致知、誠意、正心、修身、齊家、治

國、平天下）其中之四。

(6) **曾子**：曾子名參。曾參（粵音 sam1、拼音 shēn），字子輿（音「余」，粵音 jyu4、拼音 yú），孔子弟子曾皙（曾蒧、曾點）之子，魯國武城人（今山東省臨沂市費縣西南）。**曾皙**：又名曾蒧（音「點」），字子皙，曾參的父親，也是孔子學生。

(7) **徹**：撤席。宴席完畢，將剩餘的酒食撤走。

(8) **請**：請示。**所與**：與，給予（問剩餘的酒食給誰）。

(9) **曾元**：孔子學生曾參（曾子）的長子，魯國人。

(10) **亡**：無。

(11) **復進**：「復」解「再」，將剩餘的再給父親吃。

(12) **口體**：口腹和身體。

(13) **志**：意願。

【語譯】
　　孟子說：「侍奉的事，以誰最重要？侍奉雙親最重要。堅守的事，以甚麼最重要？堅守自身的節操最重要。不失去自身的節操而又能侍奉好雙親的，我聽說過；失去自身的節操而能侍奉好雙親的，我沒有聽說過。誰不做侍奉的事？侍奉雙親，是侍奉的根本。

誰沒有東西要堅守？堅守自身的節操，是堅守的根本。曾子（曾參）奉養父親曾晳，每餐必定有酒和肉。食畢撤席的時候，曾子必定請示曾晳剩餘的給誰。如果曾晳問有否剩餘，曾子必定回應：『有。』曾晳死了，曾元奉養父親曾子，每餐必定有酒和肉。食畢撤席的時候，曾元卻不請示曾子剩餘的給誰。如果曾子問有否剩餘，曾元就說：『沒有了。』將剩餘的再給父親吃，這叫做贍養雙親的口腹和身體。只有像曾子那樣，才可以叫做贍養雙親的意願。侍奉雙親做到像曾子那樣，就可以了。」

【7.20】

【原文】

孟子曰：「人不足與適 [(1)] 也，政不足間 [(2)] 也。惟大人 [(3)] 為能格 [(4)] 君心之非 [(5)]。君仁，莫 [(6)] 不仁；君義，莫不義；君正，莫不正。一正君，而國定矣。」

【註釋】

(1) **人**：君主用人的錯誤；一說小人（相對於後句的「大人」、「君」（君主））。朱熹《孟子集注》云：「『間』字上亦當有『與』字。言人君用人之非，不足過謫；行政之失，不足非間。惟有大人之德，則能格其君心之不正以歸於正，而國無不治矣。」指「人」是君主用人之誤、「政」是其施政之失。**足與**：「與」猶「以」，值得。**適**：通「謫」，（過於）譴責。

(2) **政**：施政的缺失。**間**：或作「閒」，非議。

(3) **惟**：只有。**大人**：有高尚德行的人。

(4) **格**：糾正。

(5) **非**：錯誤。

(6) **莫**：沒有人。

【語譯】

孟子說：「君主用人的錯誤不值得過於譴責，施政的缺失不值得過於非議。只有有德行的人能夠糾正君主心中的錯誤。君主仁，沒有人不仁；君主義，沒有人不義；君主正直，沒有人不正直。一把君主端正了，國家就安定了。」

【7.21】
【原文】

孟子曰：「有不虞之譽 (1)，有求全之毀 (2)。」

【註釋】

(1) **虞**：預料，如《詩經·大雅·抑》云：「用戒不虞。」而《毛傳》解曰：「不虞，非度也。」指「虞」有「料想」的意思。**譽**：稱讚。

(2) **求全**：要求完美，過於苛求。**毀**：詆毀。

【語譯】

孟子說：「有意料不到的稱讚，也有過於苛求的詆毀。」

【7.22】

【原文】

孟子曰：「人之易⁽¹⁾其言也，無責⁽²⁾耳矣⁽³⁾。」

【註釋】

(1) **易**：輕易。

(2) **責**：責備，指因輕易失言而受責備；一說認為「易其言」者難以入德，「責」應解「不足以責備」；一說「責」解「負責任」，「無責」是毋須負責任。

(3) **耳矣**：句末助語詞。

【語譯】

孟子說：「一個人說話輕率，是由於其輕率的說話未曾受責備的緣故。」

【7.23】

【原文】

孟子曰：「人之患⁽¹⁾在好為人師。」

【註釋】

(1) **患**：毛病。

【語譯】

孟子說：「人的毛病在於喜歡做別人的老師。」

【7.24】
【原文】

樂正子 (1) 從於子敖 (2) 之 (3) 齊。樂正子見孟子，孟子曰：「子亦來見我乎？」

曰：「先生 (4) 何為出此言也？」

曰：「子來幾日矣？」

曰：「昔者 (5)。」

曰：「昔者，則我出此言也，不亦宜乎？」

曰：「舍館 (6) 未定。」

曰：「子聞之也，舍館定，然後求見長者 (7) 乎？」

曰：「克 (8) 有罪。」

【註釋】

(1) **樂正子**：孟子學生，複姓樂正，名克。

(2) **子敖**：王驩的字，齊國權臣。

(3) **之**：到。當時樂正子在魯國做官，跟隨王驩到齊國。

(4) **先生**：老師。

(5) **昔者**：昨天；一說前天。

(6) **舍館**：住宿的旅館。

(7) **長者**：長輩。

(8) **克**：樂正子自稱。

【語譯】

樂正子跟隨王子敖（王驩）到齊國。樂正子來見孟子，孟子說：「你也來見我嗎？」

樂正子說：「先生為甚麼說這樣的話？」

孟子說：「你來了幾天了？」

樂正子說：「昨天來的。」

孟子說：「昨天，那麼我說這樣的話，不也是應該的嗎？」

樂正子說：「因為旅館還未找到。」

孟子說：「你聽說過，要等找到旅館後才求見長輩嗎？」

樂正子說：「我做錯了！」

【7.25】
【原文】

孟子謂樂正子曰：「子之從於子敖來，徒餔啜 (1) 也。我不意子學古之道 (2)，而以餔啜也！」

【註釋】

(1) **徒**：只不過。**餔**：音「哺」（粵音 bou1、拼音 bū），吃。**啜**：音「餟」（粵音 zyut3、拼音 chuò），喝。

(2) **意**：想到。**古之道**：古人之道。

【語譯】

孟子對樂正子說：「你跟王子敖到來，只不過是吃喝罷了。我

沒想到你學習古人之道，竟然是為了吃喝！」

【7.26】
【原文】
　　孟子曰：「不孝有三 (1)，無後為大。舜不告而娶 (2)，為無後也。君子以為猶 (3) 告也。」

【註釋】
　　(1) **不孝有三**：趙歧《孟子註疏》云：「於禮有不孝者三事，謂阿意曲從，陷親不義，一不孝也；家貧親老，不為祿仕，二不孝也；不娶無子，絕先祖祀，三不孝也。」列出三種不孝之事。

　　(2) **告**：稟告（父母）。**娶**：承堯帝之命，娶其二女娥皇、女英。朱熹《孟子集注》云：「舜告焉，則不得娶，而終於無後矣。告者禮也，不告者權也。」指舜若先稟告父母，就娶妻不成，以致無後；先稟告是禮，不稟告是權宜的做法。

　　(3) **以為**：認為。**猶**：如同......一樣。

【語譯】
　　孟子說：「不孝順的事情有三種，其中以沒有後代為最大。舜沒有稟告父母而娶妻，為的是怕沒有後代。君子認為這樣做如同稟告了父母一樣。」

【7.27】
【原文】

孟子曰：「仁之實[1]，事親是也；義之實，從[2]兄是也；智之實，知斯二者[3]弗去[4]是也；禮之實，節文[5]斯二者是也；樂之實，樂斯二者，樂則生[6]矣；生則惡可已[7]也；惡可已，則不知足之蹈之、手之舞之。」

【註釋】

(1) **實**：實質，具體內容。

(2) **從**：順從。

(3) **斯二者**：這兩者（即事親、從兄）。

(4) **弗去**：「弗」解「不」，不放棄。

(5) **節文**：調節、文（修）飾。

(6) **生**：產生。

(7) **惡可**：「惡」音「烏」，怎可以。**已**：遏止。

【語譯】

孟子說：「仁的實質，是侍奉父母；義的實質，是順從兄長；智的實質，是懂得這兩者（侍奉父母、順從兄長）而不放棄；禮的實質，是調節和修飾這兩者；快樂的實質，是以這兩者為樂，快樂就產生了；快樂一產生，就不可以遏止；不可以遏止，就情不自禁地手舞足蹈起來。」

【7.28】

【原文】

孟子曰：「天下大悅而將歸己，視天下悅而歸己猶草芥 (1) 也，惟舜為然 (2)。不得乎 (3) 親，不可以為人；不順乎親，不可以為子。舜盡事親之道，而瞽瞍底豫 (4)。瞽瞍底豫而天下化 (5)，瞽瞍底豫而天下之為父子者定 (6)，此之謂大孝。」

【註釋】

(1) **草芥**：小草，比喻輕賤不足珍惜的東西。

(2) **為然**：如此。

(3) **得乎**：得到（雙親的歡心）。

(4) **瞽瞍**：舜的父親。《尚書・堯典》孔傳曰：「無目曰『瞽』。舜父有目，不能分辨好惡，故時人謂之『瞽』，配字曰『瞍』。瞍，無目之稱。」**底**：或作「厎」，致、做到（由不樂做到樂），如朱熹《孟子集注》云：「底，致也。豫，悅樂也。瞽瞍至頑，嘗欲殺舜，至是而底豫焉。」**豫**：高興。

(5) **化**：感化。

(6) **安**：確定。

【語譯】

孟子說：「天下都很高興而將要歸順自己，但把天下高興而歸

順自己看成小草一樣，只有舜如此。不能得到雙親的歡心，不可以做人；不能順從父母，不可以做子女。舜竭盡一切侍奉父母，使父親瞽瞍變得高興了；瞽瞍高興，而天下得到了感化；瞽瞍高興了，而天下父子的倫常也確定了，這就叫做大孝。」

第八章

離妻下

【篇章概論】

本篇有 33 章，採用許多格言、比喻，多章談論古代聖王或聖人所持守的道德標準，包括「以仁存心，以禮存心」及「自反」（自我反省）（8.28）。孟子認為君主「視臣如手足」，臣就會「視君如腹心」，君主不殺無罪的臣、民（8.4）、自己先行仁義（8.5）及遵守禮制（8.6）。孟子認為有高尚德行的人（「大人」）言必有信、行必有果（8.11），不失「赤子之心」（8.12）。孟子於 8.18 章以水比喻為人治學的原則，強調「有本（本源）」比「無本」重要，而「情」（實情）比「聲聞」（名譽）重要。第 8.33 章是著名的「人禽之辨」，孟子認為「人之所以異於禽獸者幾希」（8.19），人與禽獸非常相似，但人有道德；如果人發展〈公孫丑上〉3.6 提及的「四端」（惻隱之心、羞惡之心、辭讓之心、是非之心），便能發展成仁、義、禮、智。第 8.33 章是著名的「齊人有一妻一妾」故事，君子可以達致「富貴利達」的方法不多。

【8.1】

【原文】

孟子曰：「舜生於諸馮[(1)]，遷於負夏，卒於鳴條；東夷[(2)]之人也。文王生於岐周[(3)]，卒於畢郢[(4)]，西夷之人也。地之相去[(5)]也，千有餘里；世[(6)]之相後也，千有餘歲：得志行乎中國[(7)]，若合符、節[(8)]。先聖、後聖，其揆[(9)]一也。」

【註釋】

(1) **諸馮、負夏、鳴條**：傳說中的地名，確實地點無從稽考。趙歧《孟子註疏》云：「諸馮、負夏、鳴條皆地名，負海也。在東方夷服之地，故曰東夷之人也。」

(2) **夷**：偏遠、未開化地區。

(3) **岐周**：朱熹《孟子集注》云：「岐山下周之舊邑，近畎夷（按：古代西戎的種族名）。」岐山在今陝西省寶雞市岐山縣東北。

(4) **畢郢**：「郢」音「影」，地名，位於今陝西省咸陽市東。

(5) **去**：距離。

(6) **世**：世代、時間。

(7) **得**：得以實踐。**志**：意願。**行乎中國**：於中國施行。

(8) **符、節**：古代兩種印信之物，原材料可以是玉、石、角、銅、竹等，形狀可以是人或動物；一般剖為兩半，各執一半。見面時將信物合一，以為印信。朱熹《孟子集注》云：「符、節，以玉為之，篆刻文字，而中分之，彼此各藏其半，有故則左右相合，以為信也。若合符、節，言其同也。」

(9) **揆**：法度、道理。

【語譯】

孟子說：「舜生於諸馮，遷居到負夏，死於鳴條，是東方偏遠地區的人。文王生於岐周，死於畢郢，是西方偏遠地區的人。兩地相距一千多里，時代相隔一千多年；但他們的意願得以實踐並於中國施行，像符、節一樣脗合，無論是先前或其後的聖賢，他們（所

遵循的）道理是一樣的。」

【8.2】

【原文】

子產⁽¹⁾聽鄭國之政，以其乘輿⁽²⁾濟人於溱、洧⁽³⁾。孟子曰：「惠⁽⁴⁾而不知為政。歲十一月⁽⁵⁾徒杠⁽⁶⁾成，十二月輿梁⁽⁷⁾成，民未病涉⁽⁸⁾也。君子平⁽⁹⁾其政，行辟⁽¹⁰⁾人可也，焉得人人而濟之？故為政者每人而悅之，日⁽¹¹⁾亦不足矣。」

【註釋】

(1) **子產**：公孫僑，字子產，春秋時鄭國的宰相。

(2) **乘**：乘坐。**輿**：原指車廂，引申為車子。

(3) **溱、洧**：「溱」音「臻」（粵音 zeon1、拼音 zhēn），古代河名，發源於河南省新密市東北。「洧」音「瑋」（粵音 wai5、拼音 wěi），古代河名，發源於河南省鄭州市登封縣陽城山，向東流經新密市與溱水匯合。《詩經》有〈鄭風·溱洧〉篇，描述青年男女於溱水和洧水岸邊遊樂的情況，云：「溱與洧，方渙渙兮。士與女，方秉蘭兮。女曰觀乎？士曰既且。且往觀乎！洧之外，洵訏且樂。維士與女，伊其相謔，贈之以勺藥。溱與洧，瀏其清矣。士與女，殷其盈矣。女曰觀乎？士曰既且。且往觀乎！洧之外，洵訏且樂。維士與女，伊其相謔，贈之以勺藥。」

(4) **惠**：恩惠，但孟子認為是小恩小惠。孔子則非常讚賞子產認為「其養民也惠」（《論語·公冶長》5.16）及「惠人也」（《論

(5) **十一月**：周曆十一月為夏曆九月，下文「十二月」為夏曆十月。

(6) **徒**：步行。**杠**：音「剛」（粵音 gong1、拼音 gāng），小橋；一說獨木橋。

(7) **輿梁**：「輿」是車，引申為行車，「輿梁」是能讓車通過的大橋。清代段玉裁《說文解字注》「橋」字云：「水梁者、水中之梁也。梁者、宮室所以關舉南北者也。然其字本從水。則橋梁其本義而棟梁其假借也。凡獨木者曰『杠』。駢木者曰『橋』。大而爲陂陀者曰『橋』。」

(8) **病**：憂愁。**涉**：渡河。

(9) **平**：治理。

(10) **辟**：同「闢」，開道（古代上層階級出外，先由執鞭者開路）；一說同「避」，解（行人）迴避。

(11) **日**：時間。

【語譯】

子產主持鄭國的政務，用自己乘坐的車子幫助別人渡過溱水和洧水。孟子說：「這是小恩小惠，卻不懂如何處理政務。如果他

十一月修好供步行的小橋，十二月修好能讓車通過的大橋，人民就不會為渡河而憂愁。君子治理政務，出門開路就可以，怎能一個一個地去幫助？所以執政者要取悅每一個人，時間就不夠用了。」

【8.3】

【原文】

孟子告齊宣王曰：「君之視 [(1)] 臣如手足，則臣視君如腹心 [(2)]；君之視臣如犬馬，則臣視君如國人 [(3)]；君之視臣如土芥 [(4)]，則臣視君如寇讎 [(5)]。」

王曰：「禮，為舊君有服 [(6)]，何如斯可為服矣？」

曰：「諫行言聽 [(7)]，膏澤 [(8)] 下於民；有故而去 [(9)]，則君使人導之出疆 [(10)]，又先 [(11)] 於其所往；去三年不反 [(12)]，然後收其田里 [(13)]，此之謂『三有禮』焉。如此，則為之服矣。今也為臣，諫則不行，言則不聽；膏澤不下於民；有故而去，則君搏執 [(14)] 之，又極 [(15)] 之於其所往；去之日，遂收其田里，此之謂寇讎。寇讎，何服之有？」

【註釋】

(1) **視**：看待。

(2) **腹心**：原指身體的重要部位，引申為極親近的人（心腹）。

(3) **國人**：一般人；一說陌生人。

(4) **土**：泥土。**芥**：小草。

(5) **寇讎**：仇敵。

(6) **為舊君**：（離職的臣僚）為侍奉過的君主。**有服**：穿孝服、服孝。

(7) **諫**：勸諫。**行**：（獲接納）推行。**言**：建議。**聽**：聽從。

(8) **膏澤**：恩澤。

(9) **去**：離開（國土）。

(10) **疆**：國境。

(11) **先**：先去布置、安排，與《禮記・檀弓上》「昔者夫子失魯司寇，將之荊，蓋先之以子夏，又申之以冉有，以斯知不欲速貧也。」中的「先」字同義。

(12) **反**：同「返」，回來。

(13) **里**：房屋。

(14) **搏執**：捆綁。

(15) **極**：動詞，使......極端窮困。

【語譯】

孟子告訴齊宣王說：「君主看待臣僚如同手足，臣僚就會看待君主如同心腹；君主看待臣僚如同狗馬，臣下就會看待君主如同

一般人；君主看待臣僚如同泥土、小草，臣僚就會看待君主如同仇敵。」

齊宣王說：「禮制規定，離職的臣僚要為侍奉過的君主服孝君主要怎樣做，臣僚才肯為他服孝？」

孟子說：「臣僚的勸諫獲接納推行，建議獲聽從，恩澤可以達至人民；臣僚因事要離開國土，君主就派人引導他離境，又事派人到他的目的地安排；臣僚離開了三年還不回來，才收回他的土地和房屋，這叫做『三有禮』。這樣做，臣僚就會為他服孝了。如今做臣僚的，勸諫不被君王接納推行，建議不獲聽從，恩惠不能達至人民；臣僚因事要離開國土，君主卻把他捆綁起來，又設法他的目的地極端窮困；臣僚離開的當天，就收回他的土地和房屋這叫做仇敵。對於仇敵，臣僚還為他服甚麼孝？」

【8.4】

【原文】

孟子曰：「無罪而殺士，則大夫可以去 (1)；無罪而戮 (2) 民則士可以徙 (3)。」

【註釋】

(1) **去**：離開。

(2) **戮**：殺戮。

(3) **徙**：遷居、移民。

【語譯】

孟子說：「士人（知識份子）沒有罪卻被殺掉，那麼大夫便可以離開了；人民沒有罪卻被殺戮，那麼士人就可以移民了。」

【8.5】
【原文】
孟子曰：「君仁，莫不仁；君義，莫不義。」[1]

【註釋】
(1) 此句也見於〈離婁上〉7.20。

【語譯】
孟子說：「君主仁，沒有人不仁；君主義，沒有人不義。」

【8.6】
【原文】
孟子曰：「非[1]禮之禮，非義之義，大人弗為[2]。」

【註釋】
(1) 非：不符合；一說似是而非。

(2) 大人：有高尚德行的人。弗：不。為：做。

【語譯】
　　孟子說：「不符合禮的禮，不符合義的義，有高尚德行的人是不做的。」

【8.7】

【原文】

孟子曰：「中 (1) 也養 (2) 不中，才也養不才 (3)，故人樂有賢父兄也。如中也棄不中，才也棄不才，則賢不肖之相去 (4)，其間不能以寸 (5)。」

【註釋】

(1) **中**：持守中庸（無過、無不及）的人。《論語·先進》11.16 云：「過猶不及。」而朱熹《孟子集注》云：「無過、不及之謂中，足以有為之謂才。」

(2) **養**：教育、薰陶。

(3) **才**：有才能的人。

(4) **去**：差距。

(5) **以寸**：應是「以寸量」，即差距不到一寸。

【語譯】

孟子說：「持守中庸的人薰陶不能持守中庸的人；有才能的人薰陶沒有才能的人，所以人人都喜歡有賢德的父親和兄長。如果持守中庸的人也放棄不能持守中庸的人，有才能的人也放棄沒有才能的人，那麼賢德、不賢德之間的差距便不到一寸。」

【8.8】

【原文】

孟子曰：「人有不為⁽¹⁾也，而後可以有為⁽²⁾。」

【註釋】

(1) **不為**：有所不為，譬如不做違背仁義之事。

(2) **有為**：有所作為，譬如做仁義之事。

【語譯】

孟子說：「人要有所不為，然後才會有所作為。」

【8.9】

【原文】

孟子曰：「言人之不善⁽¹⁾，當如後患何⁽²⁾？」

【註釋】

(1) **善**：好。

(2) **當**：應該。**如......何**：如何處理。

【語譯】

孟子說：「說人家的不好，引來的後患應該如何處理？」

【8.10】

【原文】

孟子曰：「仲尼不為已甚者⁽¹⁾。」

【註釋】

(1) 為：做。甚：過份。者：人。

【語譯】

孟子說：「孔子是不做過份事情的人。」

【8.11】
【原文】

孟子曰：「大人者，言不必信 (1)，行不必果 (2)，惟義所在。」

【註釋】

(1) 信：信守、實踐。

(2) 果：參考《論語‧子路》13.20 云：「言必信，行必果，硜硜然小人哉！抑亦可以為次矣。」堅決果敢。

【語譯】

孟子說：「有高尚德行的人，說話不必定守信，做事不必定堅決，只要有義存在就可以了。」

【8.12】
【原文】

孟子曰：「大人者，不失其赤子 (1) 之心者也。」

【註釋】

(1) 赤子：初生嬰兒。

【語譯】

孟子說：「有高尚德行的人，是能夠保持初生嬰兒天真純樸之心的人。」

【8.13】
【原文】

孟子曰：「養生⁽¹⁾者不足以當⁽²⁾大事，惟送死⁽³⁾可以當大事。」

【註釋】

(1) **養生**：（生前）奉養父母。

(2) **當**：當作。

(3) **送死**：送終、辦理喪事。

【語譯】

孟子說：「奉養父母不足以當作大事，只有為他們送終才可以當作大事。」

【8.14】
【原文】

孟子曰：「君子深造⁽¹⁾之以道⁽²⁾，欲其自得之⁽³⁾也。自得之，則居之安⁽⁴⁾；居之安，則資⁽⁵⁾之深；資之深，則取之左右逢其原⁽⁶⁾。故君子欲其自得之也。」

第八章　離婁下

【註釋】

(1) **深造**：原指精深的境界（造詣），動詞，引申為進一步學習、研究。

(2) **道**：（正確）方法。

(3) **得**：領悟。**之**：道理。

(4) **居**：掌握。**安**：安穩。

(5) **資**：積累；一說啟發。

(6) **左右**：左方、右方，引申為處處。**逢**：遇到。**原**：同「源」，原指水源，引申為事物的本源。

【語譯】

孟子說：「君子用正確的方法達到精深的境界，是希望自己領悟道理。自己領悟的道理，就能安穩地掌握它；安穩地掌握道理，就能積累深厚；積累得深厚，取用它時就能夠處處遇到事物的本源，所以君子希望自己領悟道理。」

【8.15】

【原文】

孟子曰：「博學而詳說之 ⁽¹⁾，將以反說約 ⁽²⁾ 也。」

【註釋】

(1) **說**：解說。**之**：知識。

(2) **將 以**：用（知識）來。**反**：通「返」，回到。**說**：解說。**約**：要點，如朱熹《孟子集注》云：「言所以博學於文而詳說其理者，非欲以誇多而鬥靡也；欲其融會貫通，有以反而說到至約之地耳。」指博學者不求誇耀豐富而華麗的知識，而是追求融會貫通，解說事物的要點。

【語譯】

孟子說：「廣博地學習並詳盡地解說知識，（融會貫通之後）用知識回到解說要點的境界。」

【8.16】

【原文】

孟子曰：「以善 (1) 服人者，未有能服人者也；以善養 (2) 人，然後能服天下。天下不心服而王 (3) 者，未之有也。」

【註釋】

(1) **善**：仁、義、禮、智等善端。朱熹《孟子集注》云：「欲以取勝於人。」指「以善服人」的手法旨在折服他人。

(2) **養**：薰陶，朱熹《孟子集注》云：「欲其同歸於善。」提及以薰陶的方式感化他人同善。

(3) **王**：讀去聲，動詞，稱王天下。

【語譯】

孟子說：「用善端來使人心服的，並不能夠使人心服；用善端

來薰陶他人，然後才能夠使天下的人心服。天下的人不心服而能夠稱王天下的，從來沒有。」

【8.17】
【原文】

孟子曰：「言無實 (1) 不祥。不祥之實 (2)，蔽賢者當 (3) 之。」

【註釋】

(1) **言**：說話。**實**：實據、根據。**不祥**：不好。朱熹《孟子集注》云：「或曰天下之言，無有實不祥者，惟蔽賢為不祥之實。或曰言而無實者不祥，故蔽賢為不祥之實。二說不同，未知孰是。疑或有闕文焉。」提出兩種說法，並懷疑這是闕文。

(2) **實**：原指果實，後果。

(3) **蔽**：遮蔽、阻礙。**當**：承擔。

【語譯】

孟子說：「說話沒有根據是不好的。這種不好的後果，要由那些阻礙賢者的人來承擔。」

【8.18】
【原文】

徐子 (1) 曰：「仲尼亟 (2) 稱於水，曰：『水哉！水哉！』何取於水也？」

孟子曰：「源泉混混 (4)，不舍晝夜，盈科 (5) 而後進，放乎四海

有本 ⁽⁶⁾ 者如是，是之取爾 ⁽⁷⁾。苟為無本，七八月之間雨集，溝、澮 ⁽⁸⁾皆盈；其涸也，可立而待也。故聲聞 ⁽⁹⁾ 過情，君子恥之。」

【註釋】

(1) **徐子**：徐辟，孟子學生。

(2) **亟**：粵音「曁」kei3、拼音「契」qì，屢次。

(3) **取**：（認為）可取。

(4) **混混**：通「滾滾」，水勢奔流。

(5) **盈**：注滿。**科**：坑洞。

(6) **本**：本源。

(7) **之**：這點（指有本源）。**取**：可取。**爾**：語氣詞。

(8) **澮**：粵音「潰」kui2、拼音「塊」kuài，田間的大溝渠。

(9) **聲聞**：聲望、名譽。

【語譯】

徐子說：「孔子屢次稱讚水，說：『水啊！水啊！』孔子認為水有甚麼可取之處？」

孟子說：「有源頭的水滾滾奔流，日夜不停，注滿坑洞之後繼

續前進，流入大海。有本源的水就像這樣，孔子認為這一點可取。如果水沒有本源，像七、八月之間的雨水匯集，水溝、水渠都注滿了。但它們的乾涸，可以站在旁邊等待。所以聲望、名譽超過實情，君子認為是可恥的。」

【8.19】
【原文】

孟子曰：「人之所以異於禽獸者幾希 [(1)]，庶民 [(2)] 去之，君子存之。舜明於庶物，察於人倫，由 [(3)] 仁義行，非行 [(4)] 仁義也。」

【註釋】

(1) **幾**：就那麼。**希**：少、一點點。此章是著名的「人禽之辨」，唐端正認為孟子明確地解答人和禽獸的差別在於人有人性、義 [14]，人禽之辨是義利之辨 [15]。《荀子·王制》云：「水火有氣而無生，草本有生而無知，禽獸有知而無義。人有氣、有生、有知，亦且有義，故最為天下貴也。」也指禽獸無義。

(2) **庶民、庶物**：一般人、一般事物。

(3) **由**：經由、依照。

(4) **行**：（勉強地）推行。

【語譯】

孟子說：「人和禽獸的差異就那麼一點點，一般人拋棄它，君子卻保存它。舜明白一般事物的道理，了解人與人之間的倫理，依

14. 唐端正：《解讀儒家現代價值》，香港：商務印書館，2011 年 7 月第一版，第 13 頁。
15. 唐端正：《解讀儒家現代價值》，香港：商務印書館，2011 年 7 月第一版，第 84 頁。

《孟子》今註今譯

照仁義的要求去行事，而不是勉強地推行仁義。」

【8.20】

【原文】

孟子曰：「禹惡旨酒 (1) 而好善言 (2)。湯執中 (3)，立賢無方 (4)。文王視民如傷 (5)，望道 (6) 而未之見。武王不泄邇 (7)，不忘遠 (8)。周公思兼 (9) 三王，以施四事 (10)。其有不合 (11) 者，仰而思之，夜以繼日；幸 (12) 而得之，坐以待旦 (13)。」

【註釋】

(1) **惡**：厭惡。**旨酒**：美酒。朱熹《孟子集注》引戰國策云：「儀狄（按：人名）作酒，禹飲而甘之，曰：『後世必有以酒亡其國者！』遂疏儀狄，而絕旨酒。」提及禹認為美酒能亡國，遂謝絕美酒。

(2) **善言**：有道理的說話。

(3) **執**：堅守。**中**：中庸之道。

(4) **立**：選拔。**賢**：賢才。**方**：常規、固定方法，如焦循《孟子正義》云：「方，常也。言賢則立之，並無常法，不問其出身及籍貫也。蓋執中無權，猶執一之害道，惟賢則立，而無常法，則執中有權矣。」一說「方」猶「類」（類別），如朱熹《孟子集注》云：「惟賢則立之於位，不問其類也。」

(5) **傷**：受了傷（不敢打擾）。

(6) **望**：渴望；一說「望」直解為望著。**道**：正道；一說道路

(7) **泄**：輕侮，如趙歧《孟子註疏》云：「泄，狎；邇，近也不泄狎近賢，不遺忘遠善；近謂朝臣，遠謂諸侯也。」一說待慢**邇**：近，引申為身邊的臣僚。

(8) **忘**：遺忘。**遠**：遠方的臣僚。

(9) **思**：想、希望。**兼**：融會。

(10) **四事**：禹、湯、文、武四位聖王的事業。

(11) **不合**：（自己的行為）有不符合的情況。

(12) **幸**：通「倖」，僥倖。

(13) **待**：等待。**旦**：天亮。

【語譯】

孟子說：「夏禹厭惡美酒，而喜歡有道理的說話。商湯堅守中庸之道，選拔賢才沒有固定方法。周文王對待人民有如他們受傷，渴望正道就像從未見過一樣。周武王不輕侮身邊的臣僚，也不遺忘遠方的臣僚。周公想融會夏、商、周三代聖王的功業，以實踐禹、湯、文、武四位聖王的事業。如果自己的行為有不符合的情況就仰頭思考，白天想不通就在晚上繼續想；僥倖想通了，就坐著等待天亮（去馬上實踐）。」

《孟子》今註今譯

【8.21】

【原文】

孟子曰：「王者之跡熄[1]而《詩》亡[2]，《詩》亡然後《春秋》作[3]。晉之《乘》[4]、楚之《檮杌》[5]、魯之《春秋》，一也。其事則齊桓、晉文，其文則史[6]。孔子曰：『其義則丘竊取[7]之矣。』」

【註釋】

(1) **跡**：「跡」是「迹」之誤，《說文解字・亣部》對「迹」的解說是「古之遒人，以木鐸記詩言。」其中「遒人」指周代到民間搜集詩歌的官員，引申為有關做法。**熄**：停止。

(2) **亡**：告終。

(3) **《春秋》**：周朝時期魯國的史書，是我國首部編年體史書，相傳今本由孔子所修訂。孔子作《春秋》一事也見於〈滕文公下〉6.9。**作**：出現。

(4) **《乘》**：春秋時代晉國的史書，或稱「晉乘」、「晉史乘」。朱熹則認為《乘》的意思不明，《孟子集注》云：「《乘》義未詳，趙氏以為『興於田賦乘馬之事』，或曰『取記載當時行事而名之也』。」

(5) **《檮杌》**：音「濤務」（粵音 tou4 mou6，拼音 táo wù），春秋時代楚國的史書。「檮杌」亦指中國上古時代的一種惡獸，後來用來比喻惡人，見《左傳・文公十八年》：「顓頊有不才子，不可教訓，不知話言，告之則頑，舍之則嚚，傲很明德，失

亂天常，天下之民謂之『檮杌』。」

(6) **史**：史官，引申為史官的手筆。

(7) **義**：義理。**竊取**：（謙稱）私自取用。

【語譯】

　　孟子說：「聖王到民間搜集詩歌的做法已經停止，而《詩經》告終了；《詩經》告終了，然後《春秋》就出現了。晉國的《乘》、楚國的《檮杌》、魯國的《春秋》，都是一樣的。它們記載的是齊桓公、晉文公的事跡，它們的筆法是史官的筆法。孔子說：『它們的義理，我私自（在《春秋》）借用了。』」

【8.22】
【原文】

　　孟子曰：「君子之澤 [(1)]，五世而斬 [(2)]；小人之澤，五世而斬。予 [(3)] 未得為孔子徒也，予私淑諸 [(4)] 人也。」

【註釋】

(1) **澤**：影響。

(2) **五世**：五代，一世為三十年。朱熹《孟子集注》云：「父子相繼為一世。」以父子傳承為一代。**斬**：斷絕。

(3) **予**：通「余」，我。

《孟子》今註今譯

(4) **私**：私下。**淑**：通「叔」，拾取，引申為學習，焦循《孟子正義》云：「淑與叔通，拾也；私淑諸人，即私拾諸人也。」**諸**：之於。朱熹《孟子集注》云：「自孔子卒，至孟子遊梁時，方百四十餘年，而孟子已老。然則孟子之生，去孔子未百年也，故孟子言予雖未得親受業於孔子之門，然聖人之澤尚存，猶有能傳其學者，故我得聞孔子之道於人，而私竊以善其身。蓋推尊孔子，而自謙之詞也。」指孟子並非孔子之孫子思的學生，但因孔子的影響尚在，私自向他人學習。

【語譯】

孟子說：「君子的影響，五代以後便會斷絕；小人的影響，五代以後便會斷絕。我未能成為孔子的弟子，我是私下向人學習的。」

【8.23】
【原文】

孟子曰：「可以取，可以無取，取傷廉 (1)；可以與，可以無與，與傷惠 (2)；可以死，可以無死，死傷勇 (3)。」

【註釋】

(1) **傷**：有損。**廉**：廉潔。

(2) **惠**：恩惠。

(3) **勇**：勇敢。

【語譯】

孟子說：「可以拿取，也可以不拿取，拿取就有損廉潔；可以給與，也可以不給與，給與就有損恩惠；可以死，也可以不死，死就有損勇敢。」

【8.24】

【原文】

逢蒙 [1] 學射於羿 [2]，盡羿之道，思天下惟羿為愈 [3] 己，於是殺羿。孟子曰：「是亦羿有罪 [4] 焉。」

公明儀曰：「宜若 [5] 無罪焉。」

曰：「薄乎云爾 [6]，惡得無罪？鄭人使子濯孺子 [7] 侵衛，衛使庾公之斯 [8] 追之。子濯孺子曰：『今日我疾作 [9]，不可以執弓，吾死矣夫！』問其僕 [10] 曰：『追我者誰也？』其僕曰：『庾公之斯也。』曰：『吾生矣！』其僕曰：『庾公之斯，衛之善射者也；夫子曰吾生，何謂也？』曰：『庾公之斯學射於尹公之他 [11]，尹公之他學射於我。夫尹公之他，端 [12] 人也，其取友 [13] 必端矣。』庾公之斯至，曰：『夫子何為不執弓？』曰：『今日我疾作，不可以執弓。』曰：『小人學射於尹公之他，尹公之他學射於夫子。我不忍以夫子之道 [14] 反害夫子。雖然今日之事，君事也，我不敢廢 [15]。』抽矢，扣輪 [16]，去其金 [17]，發乘矢 [18] 而後反。」

【註釋】

(1) **逢蒙**：「逢」粵音「芃」pung4、拼音「澎」péng，於《莊子》作「蓬蒙」、《呂氏春秋》作「蠭蒙」、《荀子》及《史記》作「蠭門」、《漢書》作「逢門」，后羿的學生，其後叛變而協助寒浞殺羿（見於《左傳・襄公四年》）。

《孟子》今註今譯

(2) **羿**：后羿，相傳是夏代有窮國的君主，傳說中射下九個太陽。

(3) **愈**：超過、強於。

(4) **罪**：過錯。

(5) **薄**：不大。**云爾**：而已。

(6) **宜若**：好像。

(7) **子濯孺子**：「孺」音「儒」（粵音 jyu4、拼音 rú），鄭國大夫。

(8) **庾公之斯**：衛國大夫。

(9) **疾作**：病發，指舊傷復發，無力拿弓；焦循則於《孟子正義》忍為「疾」是「暴疾」（急病）。

(10) **僕**：駕車的人。

(11) **尹公之他**：衛國人。

(12) **端**：正直。

(13) **友**：學生；一說朋友。

(14) **道**：箭術。

(15) **廢**：不做。

(16) **扣**：敲打。**輪**：車輪。

(17) **去**：去掉。**金**：箭頭。

(18) **乘矢**：「乘」音「剩」（粵音 sing6、拼音 shèng），古代稱「四」為「乘」，「乘矢」指四支箭。

【語譯】

逢蒙跟后羿學射箭，完全學會了后羿的技術，他想到天下只有后羿的箭術比自己強，於是殺死后羿。孟子說：「這件事后羿也有過錯。」

公明儀說：「好像沒有甚麼過錯吧。」

孟子說：「過錯不大而已，怎能說沒有過錯？鄭國派子濯孺子侵犯衛國，衛國派庾公之斯追擊他。子濯孺子說：『今天我的病發作，不能拿弓，我死定了！』問駕車的人說：『追趕我的人是誰？』駕車的人答道：『是庾公之斯。』子濯孺子說：『我死不了！』他的駕車人說：『庾公之斯，是衛國著名的射手；您反而說死不了，這是為甚麼？』子濯孺子說：『庾公之斯向尹公之他學習射箭，尹公之他向我學習射箭。尹公之他，是一個正直的人，他所選擇的學生也一定正直。』庾公之斯追上來了，問：『您為甚麼不拿弓？』子濯孺子說：『今天我的病發作，不能拿弓。』庾公之斯說：『我跟尹公之他學習射箭，尹公之他又跟您學習射箭。我不忍心用您的

箭術反過來害您。不過，今天的事是國家的公事，我不敢不做。』於是抽出箭，往車輪敲打，去掉箭頭之後，發射四箭然後就回去了。」

【8.25】
【原文】

孟子曰：「西子⁽¹⁾ 蒙⁽²⁾ 不潔，則人皆掩鼻而過之；雖有惡⁽³⁾ 人，齊⁽⁴⁾ 戒沐浴，則可以祀上帝⁽⁵⁾。」

【註釋】

(1) **西子**：西施，春秋時代越國美女，泛指美女。

(2) **蒙**：沾染。

(3) **惡人**：與「西子」相對，醜陋的人。

(4) **齊**：通「齋」，齋戒。

(5) **上帝**：至上之神。

【語譯】

孟子說：「如果西施沾染了不乾淨的東西，那麼人們都會掩鼻從旁走過；即使一個醜陋的人，只要齋戒沐浴，也可以祭祀上帝。」

【8.26】

【原文】

孟子曰：「天下之言性⁽¹⁾也，則故⁽²⁾而已矣。故者，以利為本⁽³⁾。所惡於智⁽⁴⁾者，為其鑿⁽⁵⁾也。如智者，若禹之行水⁽⁶⁾也，則無惡於智矣。禹之行水也，行其所無事⁽⁷⁾也。如智者亦行其所無事，則智亦大矣。天之高也，星辰⁽⁸⁾之遠也，苟求其故，千歲之日至⁽⁹⁾，可坐而致⁽¹⁰⁾也。」

【註釋】

(1) **性**：本性，如朱熹《孟子集注》云：「人、物所得以生之理也。」

(2) **則**：根據。**故**：既定事實，如朱熹《孟子集注》云：「故者，其已然之跡，若所謂天下之故者也。」

(3) **利**：順應、順其自然，如朱熹《孟子集注》云：「猶順也。語其自然之勢也。」**本**：基礎。

(4) **智**：（賣弄）聰明。根據前文後理，後句的兩個「智者」指聰明人。

(5) **鑿**：穿鑿附會。

(6) **行水**：使水運行。

(7) **行**：運用。**其**：代詞，指水。**無事**：不作為（順其自然）禹運用水自然之勢來治水，如趙歧《孟子註疏》云：「禹之用智，

決江疏河，因水宜，行其空虛無事之處。」

(8) **星辰**：宇宙中星星的總稱。

(9) **日至**：夏至，如朱熹《孟子集注》云：「必言日至者，造曆者以上古（按：周朝）十一月甲子朔夜半冬至為曆元也。」一說指冬至。

(10) **致**：（推斷）得到。

【語譯】
孟子說：「天下的人談論本性，是根據既定事實而已。所謂既定事實，是以順其自然為基礎的。我們之所以厭惡聰明，是因為它會穿鑿附會。如果聰明的人像禹使水運行一樣，我們就不厭惡聰明了。禹使水運行，是運用它的不作為（順其自然）。如果聰明的人也能運用事物的不作為，那麼他的聰明就不小了。天如此高，星辰如此遠，如果能推斷它們的既定事實，那麼一千年以後的夏至，可以坐着而推斷得到了。」

【8.27】
【原文】
公行子⁽¹⁾有子之喪，右師往弔⁽²⁾。入門，有進⁽³⁾而與右師言者，有就⁽⁴⁾右師之位而與右師言者。孟子不與右師言，右師不悅曰：「諸君子皆與驩言，孟子獨不與驩言，是簡⁽⁵⁾驩也！」

孟子聞之，曰：「禮，朝庭不歷位⁽⁶⁾而相與言，不踰階⁽⁷⁾而相揖也。我欲行禮，子敖以我為簡，不亦異乎？」

【註釋】

(1) **公行子**：戰國時代齊國大夫。

(2) **右師**：古官名，此處指王驩。**弔**：弔唁。

(3) **進**：進門。

(4) **就**：走近。

(5) **簡**：怠慢。

(6) **歷位**：「歷」是跨越，跨越座位。朱熹《孟子集注》云：「是時齊卿大夫以君命弔。若有位次，若周禮，凡有爵位者之喪禮，則職喪涖其禁令、序其事，故云朝廷也。」

(7) **踰**：越過。**階**：台階。

【語譯】

齊國大夫公行子辦理兒子的喪事，右師王驩前往弔唁。右師一進門，有人上前與他說話，（右師坐定了）有人走近右師的座位與他說話。孟子不與右師說話，右師不高興地（對人）說：「各位君子都與我王驩說話，只有孟子不與我說話，這是怠慢我王驩啊！」

孟子聽到這話，說：「依照禮的規定，在朝廷上不能跨越座位而互相交談，不能越過台階互相作揖。我想遵行禮法，子敖（王驩）以為我怠慢他，不也奇怪嗎？」

【8.28】

【原文】

孟子曰：「君子所以異於人者，以其存心 (1) 也。君子以仁存心，以禮存心。仁者愛人，有禮者敬人。愛人者，人恆 (2) 愛之；敬人者，人恆敬之。有人於此，其待我以橫逆 (3)，則君子必自反 (4) 也：我必不仁也，必無禮也，此物奚宜至 (5) 哉？其自反而仁矣，自反而有禮矣，其橫逆由 (6) 是也，君子必自反也：我必不忠 (7)。自反而忠矣，其橫逆由是也，君子曰：『此亦妄 (8) 人也已矣。如此，則與禽獸奚擇 (9) 哉？於禽獸又何難 (10) 焉？』是故君子有終身之憂，無一朝之患也。乃若所憂則有之：舜，人也；我，亦人也。舜為法 (11) 於天下，可傳於後世。我由未免為鄉人 (12) 也，是則可憂也。憂之如何？如舜而已矣。若夫 (13) 君子所患，則亡矣。非仁無為也，非禮無行也。如有一朝之患，則君子不患矣。」

【註釋】

(1) **存心**：居心、用心，內心所懷着的意念；一說直解為「存於心」。唐端正認為孟子主張人要「存心」和「求其放心」，人要不失本心，無為其所不為，無欲其所不欲，就是善。[16]

(2) **恆**：經常。

(3) **橫逆**：粗暴橫蠻。

(4) **自反**：自我反省（自省）。

16. 唐端正：《先秦諸子論叢》，台北：東大圖書，1995 年 11 月四版，第 90 頁。

(5) **此物**：這種事。**奚宜**：怎會。**至**：發生。

(6) **由**：通「猶」，仍然。後句「我由未免為鄉人也」的「由」字同義。

(7) **忠**：盡心竭力。

(8) **妄**：狂妄。

(9) **擇**：區別。

(10) **難**：責難。

(11) **法**：名詞，模範。

(12) **鄉人**：普通人。

(13) **若夫**：至於。

【語譯】

　　孟子說：「君子與一般人不同之處，在於他內心所懷着的意念。君子的內心懷着仁德，內心懷着禮。有仁德的人愛護別人，有禮的人尊敬別人。愛護別人的人，別人也經常愛護他；尊敬別人的人，別人也經常尊敬他。假如這裡有一個人，他用粗暴橫蠻的態度對待我，那麼君子一定自省：我一定沒有仁德，一定無禮，否則這種事怎會發生？如果自省之後肯定自己仁德，自省之後肯定自己有禮，

《孟子》今註今譯

那粗暴橫蠻的人仍然是這樣，君子必定再次自省：我一定沒有盡心竭力。如果自省之後肯定自己已盡心竭力，那粗暴橫蠻的人仍然是這樣，君子就會說：『這不過是一個狂妄的人罷了。像這樣的人，他和禽獸有甚麼區別？對於禽獸又有甚麼可以責難？』所以君子有終身的憂慮，但沒有一時的禍患。像這樣的憂慮則是有的：舜，是人；我，也是人。舜作為天下的模範，可以流傳至後世。我卻仍然不免是一個普通人，這才是值得憂慮的事。憂慮了又怎辦？像舜那樣做罷了。至於君子的禍患，那是沒有的。不仁德的事不做，不合於禮的事不做。即使有一時禍患，君子也不會感到是禍患的。」

【8.29】

【原文】

禹、稷當平世[(1)]，三過其門而不入[(2)]，孔子賢之[(3)]。顏子當亂世，居於陋巷，一簞食，一瓢飲，人不堪其憂，顏子不改其樂[(4)]，孔子賢之。孟子曰：「禹、稷、顏回同道[(5)]。禹思天下有溺者，由[(6)]己溺之也；稷思天下有饑者，由己饑之也。是以如是其急也。禹、稷、顏子易地[(7)]則皆然。今有同室之人鬥[(8)]者，救之，雖被髮、纓冠[(9)]而救之，可也。鄉鄰[(10)]有鬥者，被髮、纓冠而往救之，則惑[(11)]也，雖閉戶可也。」

【註釋】

(1) **禹**：夏朝開國君主。**稷**：后稷，相傳是周朝的祖先，姓姬名棄，善於種植各式農作物，曾在堯、舜時期擔任農官，被奉為穀神。**平**：太平。**世**：時代。

(2) **三過其門而不入**：根據《史記‧夏本紀》，夏禹因治水而

三過家門不入。趙歧《孟子註疏》云：「當平時，三過其門者，身為公卿，憂民急也。」指夏禹身為公卿，急人民所急。

(3) **賢**：稱讚。**之**：代詞，指禹、稷。

(4) **居於陋巷，一簞食，一瓢飲，人不堪其憂，顏子不改其樂**：顏回（淵）貧亦樂一事見於《論語・雍也》6.11。**陋巷**：簡陋小巷。**簞**：竹筐。**食**：飯。**飲**：水。**堪**：承受。**憂**：困苦。

(5) **同道**：方法相約。

(6) **由**：通「猶」，就像。

(7) **易地**：易地而處。

(8) **鬭**：同「鬥」，打鬥。

(9) **被髮**：「被」通「披」，古人多留長髮，遇急事無閒束髮便披頭散髮。**纓**：束冠（帽）的帶子，本該自下至上繫在頸上。趙歧《孟子註疏》云：「纓冠，以冠纓貫頭也。」**纓冠**：「纓」作動詞用，因急於戴帽而來不及繫好帽帶，將帽子及帽帶同時頂在頭上。

(10) **鄉鄰**：同鄉的鄰舍。

(11) **惑**：糊塗。

【語譯】

夏禹和后稷在太平時代，三次經過自己的家門而不進去，孔子稱讚他們賢德。顏回（淵）在動亂的時代，居住於簡陋小巷，吃一小竹筐飯，喝一小瓢水，別人不能承受這種困苦，顏回卻不改變他的快樂，孔子稱讚他賢德。孟子說：「夏禹、后稷和顏回的方法相約。夏禹想到天下有溺水的人，就像自己使他們溺水一樣；后稷想到天下有饑餓的人，就像自己使他們饑餓一樣，所以這樣急迫。如果夏禹、后稷和顏回易地而處，仍會這樣做的。假如現在有同屋的人打鬥，去勸阻他們，即使披散著頭髮、連帽纓也未繫上就去勸阻，是可以的。假如同鄉的鄰舍打鬥，披散著頭髮、連帽纓也未繫上就去勸阻，那就是糊塗了；即使關上門不管，也是可以的。」

【8.30】

【原文】

公都子曰：「匡章 [(1)]，通國 [(2)] 皆稱不孝焉。夫子與之游 [(3)]，又從而禮貌 [(4)] 之，敢問何也？」

孟子曰：「世俗所謂不孝者五：惰其四支 [(5)]，不顧父母之養 [(6)]，一不孝也；博奕 [(7)]、好飲酒，不顧父母之養，二不孝也；好貨財、私 [(8)] 妻子，不顧父母之養，三不孝也；從耳目之欲 [(9)]，以為父母戮 [(10)]，四不孝也；好勇鬥很 [(11)]，以危父母，五不孝也。章子有一於是乎？夫章子，子父責善而不相遇 [(12)] 也。責善，朋友之道也。父子責善，賊恩 [(13)] 之大者。夫章子豈不欲有夫妻、子母之屬 [(14)] 哉？為得罪於父，不得近；出妻、屏 [(15)] 子，終身不養 [(16)] 焉。其設心 [(17)] 以為不若是，是則罪之大者。是則章子已矣！」

【註釋】

(1) **匡章**：又稱匡子、章子、田章，戰國時代齊國名將，他曾與孟子討論陳仲子是否廉潔（〈滕文公下〉6.10）。根據《戰國策·齊策》所記齊威王之言，「章子之母啟得罪其父，其父殺之，而埋馬棧之下。吾使章子將也，勉之曰：『夫子之強，全兵而還，必更葬將軍之母。』對曰：『臣非不能更葬先親也，臣之母啟得罪臣之父，臣之父未教而死，夫不得父之教而更葬母，是欺死父也，故不敢。』夫為人子而不欺而死，豈為人臣欺生君哉？」記載了匡章的家庭悲劇，其母得罪丈夫，被丈夫殺掉並埋於馬廄之下。匡章苦勸父親向善，父親不從，父子因而失和。匡章於父親去世後，認為自己在父親生前未有供養他，遂將妻兒趕出家門，毋須妻兒供養。

(2) **通國**：全國。

(3) **游**：交往。

(4) **從**：通「縱」，非常。**禮貌**：禮待。

(5) **惰**：懶惰。**四支**：「支」同「肢」，四肢。

(6) **養**：供養。

(7) **博**：或稱「六博」，古代的棋局遊戲，共十二顆棋子（六黑六白）；兩人各執六顆棋子相博，輪流擲骰決定棋子走動之法。**奕**圍棋，「博奕」指下棋賭博。

(8) **私**：偏私。

(9) **欲**：慾望。

(10) **戮**：羞辱。

(11) **很**：同「狠」。

(12) **相遇**：相處。

(13) **賊**：傷害。**恩**：恩情、感情。

(14) **屬**：陪伴。

(15) **出**：趕走。**屏**：通「摒」，音「並」（粵音 bing3、拼音 bìng），摒棄、疏遠。

(16) **不養**：毋須妻兒供養；不再供養妻兒。

(17) **設心**：內心設想。

【語譯】

公都子問孟子說：「齊國的匡章，全國人都說他不孝。您卻和他交往，而且非常禮待他，請問為甚麼？」

孟子回答：「世俗所說的不孝有五種：四肢懶惰，不管父母的供養，這是第一種不孝；下棋賭博、喜歡喝酒，不管父母的供養，這是第二種不孝；喜歡錢財，偏私妻子兒女，不管父母的供養，這是第三種不孝；放縱耳目的慾望，使父母蒙受羞辱，這是第四種不

孝；好勇鬥狠，使父母陷於危險，這是第五種不孝。匡章犯了這些不孝的哪一種？匡章啊，是因為父子之間以善相責而不能相處。以善相責，是朋友相處之道；父子之間以善相責，是最傷害感情的。難道匡章不想有夫妻相處及母子陪伴嗎？匡章只是得罪了父親，不能親近他，就把自己的妻子趕走，與兒女疏遠，終身毋須妻兒供養。他內心設想如果不是這樣，那罪過就更大了，這就是匡章的為人啊！」

【8.31】

【原文】

曾子居武城 (1)，有越寇 (2)。或曰：「寇至，盍去諸 (3)？」

曰：「無寓 (4) 人於我室，毀傷其薪木 (5)。」

寇退，則曰：「修我牆屋，我將反 (6)。」

寇退，曾子反。左右 (7) 曰：「待先生 (8) 如此其忠且敬也。寇至，則先去以為民望 (9)；寇退則反，殆於 (10) 不可。」

沈猶行 (11) 曰：「是 (12) 非汝所知也。昔沈猶有負芻之禍 (13)，從先生者七十人，未有與 (14) 焉。」

子思 (15) 居於衛，有齊寇。或曰：「寇至，盍去諸？」子思曰「如伋 (16) 去，君誰與守 (17)？」

孟子曰：「曾子、子思同道。曾子，師也，父兄也；子思，臣也，微也。曾子、子思易地則皆然。」

【註釋】

(1) **武城**：魯國的小城邑，故城在今山東省臨沂市費縣西南。

(2) **越**：越國，與魯國接壤，將發兵攻武城。**寇**：動詞，侵犯

與後句「有齊寇」的「寇」字同義，但本章的其他「寇」字是名詞，指敵人。

(3) **盍**：音「合」（粵音 hap6、拼音 hé），何不。**去**：離開。**諸**：疑問助詞。

(4) **無**：通「毋」，不要。**寓**：居住。

(5) **薪木**：樹木。

(6) **反**：通「返」，回來。

(7) **左右**：曾子的學生。

(8) **先生**：老師、您。

(9) **為民望**：給人民看到了；一說成為人民的壞榜樣，如朱熹《孟子集注》云：「言使民望而效之。」

(10) **殆**：恐怕。**於**：為、是。

(11) **沈猶行**：複姓沈猶，名行，曾子學生。

(12) **是**：這，指曾子逃難後返回武城一事。

(13) **負芻**：人名，身份不明，如朱熹《孟子集注》云：「時

有負芻者作亂。」負芻者是背着草的人，並不特指一人。**禍**：搗亂，指負芻侵犯沈猶行之家一事。

(14) **與**：音「預」，參與禍難、被波及。趙歧《孟子註疏》云：「行（按：沈猶行）謂左右之人曰：『先生之行，非汝所能知也。往者先生嘗從門徒七十人舍吾沈猶氏，時有作亂者曰負芻，來攻沈猶氏，先生率弟子去之，不與其難。』言師賓不與臣同。」指曾子於負芻侵犯沈猶行家時，率領七十個弟子先離開避禍。

(15) **子思**：孔子之孫孔伋，曾子學生，曾於衛國做官，後世尊稱為「述聖」。

(16) **伋**：子思自稱。

(17) **守**：守城，引申為與國君共守社稷。

【語譯】

曾子住在武城，有越國的軍隊來侵犯。有人說：「敵人要來了，為甚麼不離開這裡？」

曾子說：「不要讓人住在我的房屋，毀壞裡面的樹木。」

敵人開始退走，曾子說：「修葺好我的門牆房屋，我將會回來。」

敵人退走後，曾子回來了。曾子的學生說：「武城的人對待您這樣忠誠恭敬。敵人一來您卻先離開，讓人民都看到了；敵人退走您就回來，這恐怕不可以吧。」

沈猶行（曾子的學生）對他的同學說：「這不是你們所能理解

的。從前（老師曾子住在我家，）我的家遭到背着草的人侵犯，隨從先生的七十個弟子（因為先離開避禍而）沒有被波及。」

子思住在衛國，有齊國的軍隊來侵犯，有人說：「敵人要來了，何不離開這裡？」

子思說：「如果我走了，國君還和誰一同守城？」

孟子說：「曾子和子思的原則是一樣的。曾子，是老師，是父兄（長輩）。子思，是臣僚，處於卑微的地位。如果曾子與子思易地而處，仍會這樣做的。」

【8.32】

【原文】

儲子 (1) 曰：「王使人瞯夫子 (2)，果有以異於人乎？」

孟子曰：「何以異於人哉？堯、舜與人同耳。」

【註釋】

(1) **儲子**：齊國人，「子」是尊稱。《戰國策・燕策》云：「將軍市被、太子平謀，將攻子之。儲子謂齊閔宣王因而仆之，破燕必矣。」提及儲子向齊閔宣王建議伐燕，應是此人，另〈告子下〉12.5 有「儲子為相」一句，儲子可能是齊國宰相。

(2) **王**：齊宣王。**瞯**：音「澗」（粵音 gaan3、拼音 jiàn），監視；或作「瞰」，音「墈」（粵音 ham3、拼音 kàn）。**夫子**：先生，言孟子。

【語譯】

齊國人儲子對孟子說：「齊宣王派人暗中監視先生，先生真的

有與別不同的地方嗎？」

孟子說：「有甚麼與別不同的地方？堯、舜與別人也是一樣的。」

【8.33】
【原文】

齊人有一妻一妾而處室 (1) 者，其良人 (2) 出，則必饜酒肉而後反 (3)。其妻問所與飲食者，則盡富貴也。其妻告其妾曰：「良人出，則必饜酒肉而後反；問其與飲食者，盡富貴也，而未嘗有顯者來，吾將瞷 (4) 良人之所之也。」蚤 (5) 起，施 (6) 從良人之所之，遍國中 (7) 無與立談者。卒之東郭墦 (8) 間，之祭者，乞其餘；不足，又顧而之他 (9)，此其為饜足之道也。其妻歸，告其妾曰：「良人者，所仰望而終身也，今若此！」與其妾訕 (10) 其良人，而相泣於中庭 (11)。而良人未之知也，施施 (12) 從外來，驕 (13) 其妻妾。由君子觀之，則人之所以求富貴利達者，其妻妾不羞也，而不相泣者，幾希 (14) 矣！

【註釋】

(1) **處室**：在家裡。

(2) **良人**：古代婦女對丈夫的稱呼。《儀禮‧士昏禮》云：「媵御良席在東。」鄭玄《注》云：「婦人稱夫曰『良』。」「媵」指妾，「良」（今之「郎」）指「良人」、丈夫。

(3) **饜**：音「厭」（粵音 jim3、拼音 yàn），足、飽。**反**：通「返」

(4) **瞷**：音「澗」，監視。

(5) **蚤**：同「早」，早上。

(6) **施**：古代的「斜」字，音「義」（粵音 ji6、拼音 yì），斜行（暗中跟蹤）。

(7) **遍**：或作「徧」，走遍。**國中**：都城中。

(8) **卒之**：最後。**郭**：城牆。**墦**：音「凡」（粵音 faan4、拼音 fán），墳墓。

(9) **顧**：東張西望。**之**：找。**他**：其他祭祀掃墓的人。

(10) **訕**：音「汕」（粵音 saan3、拼音 shàn），嘲諷。

(11) **中庭**：即「庭中」，庭院裡。

(12) **施施**：高高興興的樣子，如趙歧《孟子註疏》云：「猶扁扁，喜悅之貌。」

(13) **驕**：誇耀。

(14) **希**：少。

【語譯】
　　齊國有一個人，家裡有一妻一妾。那丈夫每次出門，一定喝酒及吃飽肉才回家。他妻子問他與誰一起吃喝，他說都是富人、

權貴。他妻子對妾說：「丈夫外出，一定喝飽酒及吃飽肉才回家，問他與誰一起吃喝，他說都是富人、權貴，但從來沒有顯貴的人來訪，我打算暗中監視他去了甚麼地方。第二天早上，妻子便暗中跟蹤丈夫到他所去的地方，走遍全都城卻沒有一個人停下來與她丈夫說話。丈夫最後到了東面城牆外（郊外）的墳墓之間，走近祭祀掃墓的人，乞討剩餘的酒菜；不夠吃，又東張西望去找其他祭祀掃墓的人，這就是他喝飽酒及吃飽肉的方法。他妻子回到家裡，告訴妾說：「丈夫，是我們仰望而終身依靠的人，如今他竟是這樣！」於是妻子和妾一起嘲諷丈夫，又在庭院裡相對而泣。而丈夫並不知道這事，還高高興興地從外面回來，向他的妻妾誇耀。由君子看來，有些人用來求富貴顯達的方法，能使他們的妻妾不感覺羞恥，又不相對而泣的，實在太少了！

第九章

萬章上

本篇有 9 章，除了第 9.4 章外，其餘均是孟子與學生萬章的對答。孟子透過舜帝對父母至孝、兄弟友愛去論述儒家的孝悌思想，包括「大孝終身慕父母」（9.1）、對兄弟「不藏怒」及「不宿怨」（9.3）、「尊親」（9.4）等。孟子引用《尚書‧周書‧泰誓》，指上天透過民意（「民視」、「民聽」）來監察統治者的言行，以決定他們能否續任（9.5）。孟子認為統治者要先正己才能正人（9.7），君子要取之有義、有道（9.7）。

【9.1】

【原文】

萬章 (1) 問曰：「舜往於田 (2)，號泣於旻天 (3)。何為其號泣也？」

孟子曰：「怨慕 (4) 也。」

萬章曰：「父母愛之，喜而不忘 (5)；父母惡 (6) 之，勞而不怨。然則舜怨 (7) 乎？」

曰：「長息問於公明高 (8) 曰：『舜往於田，則吾既得聞命矣；號泣於旻天、於 (10) 父母，則吾不知也。』公明高曰：『是 (11) 非爾所知也。』夫公明高以孝子之心，為不若是恝 (12)。我竭力耕田，共為 (13) 子職而已矣；父母之不我愛，於我何哉 (14)？帝使其子九男、二女 (15)，百官牛羊倉廩備 (16)，以事舜於畎畝 (17) 之中。天下之士多就之 (18) 者，帝將胥天下而遷 (19) 之焉。為不順 (20) 於父母，如窮人無所歸。天下之士悅之，人之所欲也，而不足以解憂。好色 (21)，人之所欲；妻 (22) 帝之二女，而不足以解憂。富，人之所欲，富有天下，而不足以解憂。貴，人之所欲；貴為天子，而不足以解憂。人悅之、好色、富、貴，無足以解憂者；惟順於父母，可以解憂。人少，則慕父母；知好色，則慕少艾 (23)；有妻子 (24)，則慕妻子。

仕則慕君，不得於君則熱中 [25]。大孝終身慕父母。五十而慕 [26] 者，予於大舜見之矣。」

【註釋】

(1) **萬章**：戰國時代齊國人，孟子學生。

(2) **往於田**：相傳舜曾躬耕於歷山，「往於田」是到田裡耕種。

(3) **號泣**：大聲哭泣，如焦循《孟子正義》云：「《顏氏家訓·風操篇》云：『禮以哭，有言者為號。』此云『號泣』，則是且言且泣。」**旻天**：「旻」音「民」，天的統稱。

(4) **怨**：（對父母）怨恨。**慕**：思慕、思念。朱熹《孟子集注》云：「言怨己之不得其親而思慕也。」指舜多次被雙親及同父異母之弟象加害，產生了怨恨但思念的複雜情感。

(5) **父母愛之，喜而不忘**：此句出自曾子，見《禮記·祭義》云：「曾子曰：『父母愛之，喜而弗忘；父母惡之，懼而弗怨；父母有過，諫而不逆；父母既沒，必求仁者之粟以祀之。此之謂禮終。』」而《大戴禮記·曾子大孝篇》有類似的說法：「父母愛之，喜而不忘；父母惡之，懼而無怨；父母有過，諫而不逆；父母既歿，以哀，之加之；如此，謂禮終矣。」**忘**：忘懷；一說解懈怠。

(6) **惡**：討厭。

(7) **怨**：（為甚麼要）怨恨，如趙歧《孟子註疏》云：「言效

法當不怨，如是，舜何故怨？」

(8) **長息**：戰國時代人，公明高的學生。**公明高**：曾子學生，春秋時代魯國武城人。

(9) **既得**：已經。**聞命**：聽聞；一說接受教導。

(10) **於**：提及。

(11) **是**：此、這（指舜向天大聲哭泣時提及父母一事）。

(12) **忿**：粵音「軋」gaat3、拼音「夾」jiá，淡然、滿不在乎

(13) **共**：通「恭」，恭敬；一說通「供」，供養。**為**：履行

(14) **於我何哉**：我到底有甚麼罪過，如朱熹《孟子集注》云「自責不知己有何罪耳，非怨父母也。」一說解「叫我有甚麼辦法」、「跟我有甚麼關係」。

(15) **帝**：堯帝。**九男、二女**：堯帝派使九男（兒子）侍奉舜將兩名女兒（娥皇、女英）嫁給舜。

(16) **百官**：各級官員；一說參考《論語·子張》19.23「百之富，得其門者或寡矣」一句，「官」通「館」，指眾多房屋。廩：「廩」音「凜」（粵音 lam5、拼音 lǐn），原指官方糧倉，指糧食。**備**：齊備。

(17) **畎畝**：「畎」音「犬」（粵音 hyun2、拼音 quǎn），田野。

(18) **多**：許多。**就**：歸附。**之**：代詞，指舜。

(19) **胥**：參考《爾雅·釋詁》「胥，皆也」，通「盡」，整個（天下轉給舜）；一說解輔助，如焦循《孟子正義》云：「胥天下，即輔相天下，《易》（按：《周易》）所謂『裁成輔相，以左右民也。』」**遷**：轉移（指堯禪讓天下予舜）。

(20) **順**：（得到父母）喜愛。

(21) **好色**：「好」讀上聲（粵音 hou2、拼音 hǎo），美麗的女子。

(22) **妻帝之二女**：「妻」讀去聲（粵音「砌」cai3、拼音「氣」qì），動詞，即「娶」。

(23) **少艾**：亦作「幼艾」，「少」是年輕，「艾」是貌美，年輕貌美的人。

(24) **妻子**：直譯妻子；一說妻子、兒女。

(25) **熱中**：焦急發熱。

(26) **而**：仍。**慕**：思慕、思念（父母）。趙歧《孟子註疏》云：「大孝之人，終身慕父母，若老萊子七十而慕，衣五采之衣，為嬰

兒匍匐於父母前也。我於大舜，見五十而尚慕父母。《書》（按：《尚書·虞書·舜典》）曰：『舜生三十徵庸，三（按：應為「二」）十在位』，在位時尚慕，故言五十也。」

【語譯】

萬章（孟子學生）問：「舜到田裡耕種，對着天大聲哭泣，他究竟為甚麼大聲哭泣？」

孟子說：「是因為對父母既怨恨又思念吧。」

萬章說：「父母喜歡自己，就高興而不忘懷；父母討厭自己，即使憂愁也不怨恨。那麼舜為甚麼要怨恨？」

孟子說：「從前長息（公明高學生）問公明高說：『舜到田裡耕種，我已經聽聞了；他對着天大聲哭泣，提及父母，那我就不知道了。』公明高說：『這不是你所能理解的。』公明高認為孝子的心情是不會這樣滿不在乎的。我盡力耕種，恭敬地履行兒子的職責而已；父母不喜歡我，我到底有甚麼罪過？』堯帝派遣他的九個兒子、兩個女兒，各級官員、牛羊及糧食齊備，用來侍奉在田野之中的舜。天下的士人有許多前來歸附他，堯帝將整個天下轉移（禪讓）給舜。但舜為着得不到父母的喜愛，就像窮人無家可歸一樣。天下的士人喜歡自己，是誰都希望的，卻不足以消除憂愁。美麗的女子，是誰都希望的；舜娶了帝堯的兩個女兒，卻不足以消除憂愁。財富，是誰都希望的；舜富有至得到天下，卻不足以消除憂愁。尊貴，是誰都希望的；舜尊貴至成為天子，卻不足以消除憂愁。大家喜歡自己、美麗的女子、富有、尊貴，都不足以消除憂愁；只有得到父母的喜愛，才可以消除憂愁。人在年幼時，都思念父母；知道女子美麗，便思念年輕貌美的人；有了妻子，便思念妻子；做了官便思念（討好）君主，得不到君主的喜愛便焦急發熱。最孝順的人，

能夠終身思念父母。到五十歲還思念父母的，我在偉大的舜身上見到了。」

【9.2】
【原文】

萬章問曰：「《詩》⁽¹⁾云：『娶妻如之何？必告父母。』信斯言⁽²⁾也，宜莫如⁽³⁾舜。舜之不告而娶，何也？」

孟子曰：「告則不得娶⁽⁴⁾。男女居室⁽⁵⁾，人之大倫⁽⁶⁾也。如告，則廢⁽⁷⁾人之大倫，以懟⁽⁸⁾父母，是以不告也。」

萬章曰：「舜之不告而娶，則吾既得聞命矣；帝之妻舜而不告⁽⁹⁾，何也？」

曰：「帝亦知告焉則不得妻也。」

萬章曰：「父母使舜完廩⁽¹⁰⁾，捐階⁽¹¹⁾，瞽瞍⁽¹²⁾焚廩；使浚井⁽¹³⁾，出⁽¹⁴⁾，從而揜⁽¹⁵⁾之。象⁽¹⁶⁾曰：『謨蓋都君咸我績⁽¹⁷⁾！牛羊父母，倉廩父母，干戈朕⁽¹⁸⁾，琴朕，弤⁽¹⁹⁾朕，二嫂使治朕棲⁽²⁰⁾！』象往入舜宮⁽²¹⁾，舜在床琴⁽²²⁾。象曰：『鬱陶思君⁽²³⁾爾！』忸怩⁽²⁴⁾。舜曰：『惟茲臣、庶⁽²⁵⁾，汝其於予治⁽²⁶⁾。』不識舜不知象之將殺己與？」

曰：「奚而⁽²⁷⁾不知也？象憂亦憂，象喜亦喜。」

曰：「然則舜偽喜者與？」

曰：「否。昔者有饋生魚⁽²⁸⁾於鄭子產，子產使校人⁽²⁹⁾畜之池。校人烹⁽³⁰⁾之，反命⁽³¹⁾曰：『始舍之圉圉⁽³²⁾焉，少則洋洋⁽³³⁾焉，攸然而逝⁽³⁴⁾。』子產曰：『得其所哉！得其所哉！』校人出，曰：『孰謂子產智？予既烹而食之，曰：「得其所哉！得其所哉！」』故君子可欺以其方⁽³⁵⁾，難罔以非其道⁽³⁶⁾。彼以愛兄之道來，故誠信而喜之，奚偽焉？」

【註釋】

(1)《詩》：《詩經·齊風·南山》，原文「娶」字作「取」。

(2) 信：相信。斯言：指「娶妻如之何？必告父母」這句話。

(3) 宜莫：應該沒有。如：像。

(4) 告則不得娶：舜的父親瞽瞍非常頑固，後母無道，弟象不愛兄長。若舜先稟告父母，應該被阻撓，娶妻不成。

(5) 居室：同居一室，即結為夫婦。

(6) 大：最重要的。倫：倫理關係。

(7) 廢：廢棄、破壞。

(8) 懟：音「對」，怨懟、怨恨。

(9) 帝：堯帝。妻：讀去聲（粵音「砌」cai3、拼音「氣」qì），動詞，以女嫁人。不告：不告訴（舜的父母）。

(10) 完：修補。廩：糧倉（屋頂）。

(11) 捐：拿走。階：梯子。「捐階」是拿走梯子，使舜不能下來

(12) 瞽瞍：舜的父親。

(13) **浚井**：淘井，挖走阻塞水井的汙泥。

(14) **出**：舜出來了。朱熹《孟子集注》云：「按《史記》曰：『使舜上塗廩，瞽瞍從下縱火焚廩，舜乃以兩笠自捍而下去，得不死。後又使舜穿井，舜穿井為匿空（按：通道）旁出。舜即入深，瞽瞍與象共下土實井，舜從匿空出去。』即其事也。」舜猜測父弟可能加害，於淘井時從井底另行挖掘通道逃生；一說「出」指瞽瞍及象用泥土掩蓋井口，入井弄實泥土之後出來。

(15) **從**：隨即。**揜**：同「掩」，掩蓋。

(16) **象**：舜的弟弟，為後母所生。

(17) **謨**：音「模」（粵音 mou4、拼音 mó），通「謀」。**蓋**：通「害」；一說直解掩蓋。**都君**：指舜，朱熹《孟子集注》云：「舜所居三年成都，故謂之都君。」**咸**：皆、都。**績**：功勞。

(18) **干戈**：「干」是盾，「戈」是平頭戟，泛指舜的兵器。**朕**：我。

(19) **弤**：音「底」，雕花的強弓。

(20) **二嫂**：兩位嫂子（即舜的妻子娥皇、女英）。**棲**：音「妻」（粵音 cai1、拼音 qī），成為其妻；一說解「床」，象要求兩位嫂子為他鋪床疊被。

(21) **宮**：居所。

(22) **床琴**：坐在床上彈琴。

(23) **鬱陶**：憂思、很想念，如朱熹《孟子集注》云：「鬱陶，思之甚而氣不得伸也。象言己思君之甚，故來見爾。」思：想念。君：您（指舜）。

(24) **忸怩**：慚愧難為情的樣子。

(25) **惟**：只是（想念）。**茲**：此。**臣、庶**：臣子、人民。

(26) **汝**：你（指象）。**於**：為、助。**予**：我（指舜）。**治**：管理。

(27) **奚而**：即「奚為」，怎會。

(28) **饋**：送贈。**生魚**：活魚。

(29) **校人**：管理池塘的小官。**畜**：餵養。**之**：猶「於」。

(30) **烹**：煮熟。

(31) **反命**：「反」同「返」，回報。

(32) **舍**：放置。**圉圉**：「圉」音「雨」（粵音 jyu5、拼音 yǔ），被困而未能舒展的樣子，不靈活。

(33) **少**：不久。**洋洋**：舒緩搖尾的樣子。

(34) **攸然**：迅速地游走。**逝**：消失。

(35) **欺**：欺騙。**方**：（合乎情理）方法。

(36) **罔**：蒙騙。**道**：指違背常理的事。

【語譯】

萬章問道：「《詩經・齊風・南山》說：『娶妻應該怎辦？一定要先稟告父母。』相信這句話的，應該沒有人比得上舜了。但舜卻沒有稟告父母就娶妻，為甚麼？」

孟子說：「稟告了就娶不成了。男女結婚、共同生活，是人與人之間最重要的倫理。如果舜稟告了父母，（父母不同意，）就破壞了人與人之間最重要的倫理，甚至因此怨懟父母，所以便不稟告了。」

萬章說：「舜不稟告父母而娶妻，我已經聽聞了。但是堯帝將女兒嫁給舜，而不稟告舜的父母，為甚麼？」

孟子說：「堯帝也知道一旦稟告舜的父母，就無法把女兒嫁給他了。」

萬章說：「舜的父母叫舜修補糧倉（屋頂），（等舜上了倉頂，）把梯子拿走，瞽瞍（父親）還縱火燒那糧倉（舜僥倖逃生了）；後來叫舜去淘井，（父親及弟弟不知道舜於井底另挖通道逃生）舜出來了，就用泥土掩蓋井口。象對父母說：『謀害舜都是我的功勞！現在將舜的牛羊歸父母，糧倉歸父母，干戈（兵器）歸我，琴歸我，雕花的強弓歸我，兩位嫂子成為我的妻子！』象去到舜的居所，卻

看到舜坐在床上彈琴，象說：『我很想念您啊！』但神情卻慚愧難為情。舜說：『我只是想念着這裡的臣子和人民，你替我管理吧。』我不明白，難道舜不知道象要殺自己嗎？」

孟子說：「怎會不知道？象憂愁，他也憂愁；象高興，他也高興。」

萬章說：「那麼舜是假裝高興嗎？」

孟子說：「不是的。從前有人送活魚給鄭國的子產，子產叫管理池塘的小官把牠養到池塘裡。但管理池塘的小官把魚煮熟吃了，回報說：『剛把魚放進池塘時，牠不太靈活，不久就舒緩搖尾，迅速地游走而消失了。』子產說：『找到了自己的地方了！找到了自己的地方了！』管理池塘的小官出來，對其他人說：『誰說子產聰明？我已經把那條魚煮熟吃了，他還說：「找到了自己的地方了！找到了自己的地方了！」』所以君子是可以用合乎情理的事欺騙他，卻難以用違背常理的事蒙蔽他。象假裝以敬愛兄長的方式來了，所以舜就誠心相信而喜歡他，有甚麼是假裝？」

【9.3】
【原文】

萬章問曰：「象日 (1) 以殺舜為事，立為天子則放 (2) 之，何也？」

孟子曰：「封 (3) 之也。或曰 (4) 放焉。」

萬章曰：「舜流共工於幽州 (5)，放驩兜於崇山 (6)，殺三苗於三危 (7)，殛鯀於羽山 (8)；四罪而天下咸服，誅不仁也。象至不仁，封之有庳 (9)。有庳之人奚罪焉？仁人固如是乎？在他人則誅之，在弟則封之。」

曰：「仁人之於弟也，不藏怒 (10) 焉，不宿怨 (11) 焉，親愛之而已矣。親之，欲其貴也；愛之，欲其富也。封之有庳，富貴之也。

身為天子，弟為匹夫 (12)，可謂親愛之乎？」

「敢問『或曰放』者，何謂也？」

曰：「象不得有為 (13) 於其國，天子使吏治其國，而納其貢稅焉，故謂之『放』。豈得暴彼民哉？雖然，欲常常而見之，故源源而來 (14)。『不及貢 (15)，以政 (16) 接於有庳。』此之謂也。」

【註釋】

(1) 日：每日。

(2) 放：於逐（到遠方），如朱熹《孟子集注》云：「放，猶置也；置之於此，使不得去也。」

(3) 封：由天子賜土地立國，成為諸侯。

(4) 或曰：有人說。

(5) 流：徙、流放，被安置於遠方。《尚書·舜典》有類似的句子，云：「流共工於幽洲，放驩兜於崇山，竄三苗於三危，殛鯀於羽山，四罪而天下咸服。」共工：水官名，以官為姓，姓名不詳，他與驩兜、三苗、鯀合稱為「四兇」。幽州：舜的時代十二州之一，即今河北省、遼寧省一帶。

(6) 驩兜：「驩」音「歡」，堯、舜兩帝的臣子，與共工一起作惡，舜即位後將驩兜放逐到崇山。崇山：位於今湖南省張家界市西南。

(7) **殺**：參考《尚書‧舜典》「竄三苗於三危」一句，焦循《孟子正義》認為此「殺」字解流放，朱熹《孟子集注》則認為「殺」直解殺掉。**三苗**：堯舜時代的部落名，又稱「有苗」，此處指三苗部落的首領。**三危**：地名，估計在今青藏高原一帶。

(8) **殛**：誅殺，朱熹《孟子集注》云：「誅也。」焦循《孟子正義》則認為「殛」為「極」的借字，解放逐。**鯀**：音「滾」（粵音 gwan2、拼音 gǔn），夏朝開國君主禹的父親，被堯封為崇伯，有崇部落的首領。鯀曾經以岸邊築河堤的方法治水九年，但水位越來越高，未能長遠治水。舜即位後，鯀被誅殺於羽山。**羽山**：山名，位於今江蘇省連雲市東海縣與山東省臨沂市臨述縣交界。

(9) **有庳**：「庳」粵音「悲」bei1、拼音「鼻」bì，古地名，故地在今湖南省永州市道縣北。

(10) **藏**：隱藏。**怒**：怒氣。

(11) **宿**：原指留宿，引申為留住。**怨**：怨恨。

(12) **匹夫**：平民。

(13) **不得有為**：不能有所作為。有庳的政務由舜安排的官員主理，又需要向舜繳納貢物和賦稅，實際上象是被流放。

(14) **源源而來**：源源，若流水的相繼。**來**：（象）前來覲見

(15) **貢**：諸侯朝貢。

(16) **政**：政事。

【語譯】

萬章問道：「象每天以殺害舜作為自己的事情，舜成為天子之後，卻只把象放逐到遠方，為甚麼？」

孟子說：「舜實際是封象為諸侯，有人卻說成被放逐罷了。」

萬章說：「舜把共工流放到幽州，把驩兜放逐到崇山，把三苗的君主流放到三危，於羽山誅殺了鯀；懲治了四個罪人，而天下人都順服，因為懲罰的是不仁的人。象最沒有仁德，舜卻封他到有庳。有庳的人民有甚麼罪過？有仁德的人竟然可以這樣做嗎？對別人就懲罰他們，對弟弟就封賞他？」

孟子說：「有仁德的人對待自己的弟弟，不把怒氣隱藏在心裡，不留住怨恨，只是親近他、愛護他而已。親近他，是希望他尊貴；愛護他，是希望他富有。封他到有庳，是使他富貴。自己身為天子，弟弟卻是一個平民，可以叫做親近他、愛護他嗎？」

萬章說：「請問『有人說是放逐』是甚麼意思？」

孟子說：「象不能在他的國土有所作為，天子派遣官吏去治理他的國家，並且收取貢物和賦稅，所以說他是被放逐。象怎能暴虐他的人民？雖然如此，舜還能常常見他，所以象也源源不絕前來觀見。所以說：『不必等到朝貢的時候，就以政事為名接見有庳的君主。』就是說這件事。」

【9.4】

【原文】

咸丘蒙[1]問曰：「語[2]云：『盛德[3]之士，君不得而臣，父不得而子。』舜南面[4]而立，堯帥諸侯北面而朝[5]之，瞽瞍亦北面而朝之。舜見瞽瞍，其容有蹙[6]。孔子曰：『於斯時也，天下殆[7]哉，岌岌[8]乎！』不識此語誠然[9]乎哉？」

孟子曰：「否。此非君子之言，齊東野人[10]之語也。堯老而舜攝[11]也，《堯典》[12]曰：『二十有八載[13]，放勳乃徂落[14]，百姓如喪考妣[15]。三年，四海遏密八音[16]。』孔子曰：『天無二日，民無二王[17]。』舜既為天子矣，又帥天下諸侯以為堯三年喪，是二天子矣。」

咸丘蒙曰：「舜之不臣堯[18]，則吾既得聞命矣。《詩》[19]云：『普天之下，莫非王土；率土之濱[20]，莫非王臣。』而舜既為天子矣，敢問瞽瞍之非臣如何？」

曰：「是詩也，非是之謂也，勞於王事[21]而不得養父母也。曰：『此莫非王事，我獨賢勞[22]也！』故說[23]詩者，不以文害辭[24]，不以辭害志[25]；以意逆[26]志，是為得[27]之。如以辭而已矣，《雲漢》[28]之詩曰：『周餘黎民[29]，靡有孑遺[30]。』信斯言也，是周無遺民也。孝子之至[31]，莫大乎尊親；尊親之至，莫大乎以天下養。為天子父，尊之至也；以天下養，養之至也。《詩》[32]曰『永言孝思[33]，孝思維則[34]。』此之謂也。《書》[35]曰：『祗載[36]見瞽瞍，夔夔齊栗[37]，瞽瞍亦允若[38]。』是為父不得而子也[39]？

【註釋】

(1) **咸丘蒙**：複姓咸丘，名蒙，戰國時代齊國人，孟子學生。

(2) **語**：俗語。

(3) **盛德**：盛大德行。

(4) **南面**：見於《論語·雍也》6.1「雍也，可使南面」一句，即「面南」，面向南方而坐成為統治者，指成為天子。

(5) **帥**：通「率」，率領。**朝**：朝見。

(6) **容**：神色。**有**：助語詞，無義。**蹙**：音「促」（粵音 cuk1、拼音 cù），不安。

(7) **殆**：危險。

(8) **岌岌**：危險。

(9) **識**：知道。**誠然**：真是。

(10) **齊東野人**：齊國的農夫，如趙歧《孟子註疏》云：「東野，東作（按：春耕）田野之人所言耳，咸丘蒙齊人也，故聞齊野人之言。《書》（按：《尚書·虞書·堯典》）曰：『平秩東作』（按：「平」作「辨」解，即「辨別次序，以便春耕」），謂治農事也。」指「東野」是「東作」（春耕於田野工作的人）。朱熹《孟子集注》則云：「齊東，齊國之東鄙也。」認為是齊國東鄙（東面邊陲）的鄉民。

(11) **攝**：代理（天子職務）。

(12) **堯典**：「二十有八載」四句見於今本《尚書‧虞書‧舜典》而非〈堯典〉，如朱熹《孟子集注》云：「〈堯典〉、〈虞書〉篇名，今此文乃見於〈舜典〉，蓋古《書》，二篇或合為一耳。」認為古時《尚書》的〈堯典〉及〈舜典〉本是一篇，其後一分為二。

(13) **有**：又。**二十有八載**：舜攝政二十八年。《史記‧堯本紀》云：「堯立七十得舜，二十年而老，令舜攝行天子之政；善之於天，堯辟位，凡二十八年而崩。」引證了舜攝政二十八年的說法。

(14) **放勳**：堯帝。「放」原指大，「勳」是功勞，「放勳」原是史官用的讚譽語，其後成為堯帝的稱號。**徂落**：「徂」音「殂」（粵音 cou4、拼音 cú），去世，朱熹《孟子集注》云：「徂，升也；落，降也。人死則魂升而魄降，故古者謂死為『徂落』。」

(15) **喪**：失去。**考妣**：「妣」意「匕」（粵音 bei2、拼音 bǐ），父母死後之稱。

(16) **四海**：四海之內、全國。**遏**：停止。**密**：靜。**八音**：八種物料（金、石、絲、竹、匏、土、革、木）所製成的樂器，泛指各式音樂。

(17) **天無二日，民無二王**：出自《禮記‧曾子問》「天無二日，土無二王，家無二主，尊無二上。」一句。

(18) **不臣堯**：「臣」是動詞，不把堯當作臣子。

(19)《詩》：《詩經‧小雅‧北山》，是一首以對比和排比手法諷刺上層統治者、官吏的詩歌。

(20) 率：沿着。土：土地。濱：海濱。

(21) 勞：辛勞。王事：帝王的事。

(22) 獨：只有。賢勞：賢解「勞」或「多」，多勞、劬勞。

(23) 說：解說。

(24) 文：文字。害：（因拘泥而）誤解。辭：詞句。

(25) 志：（作者的）原意。

(26) 意：意會、領會。逆：推測。

(27) 得：可以；一說正確。

(28)《雲漢》：《詩經‧大雅‧蕩之什‧雲漢》，是一首描述周宣王求神祈雨的詩歌。

(29) 周：周朝。餘：餘下。黎民：庶民。「周餘黎民，靡有子遺」是形容災難多，死者無數。

(30) 靡：粵音「微」mei4、拼音「迷」mí，無。子：粵音「揭」

kit3、拼音「結」jié，原解孤獨，動詞，解遺留。**遺**：遺留。

(31) **至**：極點。

(32) **《詩》**：《詩經‧大雅‧文王之什‧下武》，是一首讚頌周代太王、王季、文王、武王及成王等君主功績的詩歌。

(33) **言**：講求。**孝思**：孝心、孝道。

(34) **維**：作為。**則**：（天下的）準則。

(35) **《書》**：《尚書‧虞書‧大禹謨》，內容記述了禹、伯益和舜謀劃政事的事跡。

(36) **祗**：恭敬。**載**：侍奉。如朱熹《孟子集注》云：「祗，敬也。載，事（按：侍奉）也。」

(37) **夔夔**：「夔」音「葵」（粵音 kwai4、拼音 kuí），敬謹恐懼。**齊**：通「齋」。**栗**：通「慄」，顫慄。**夔夔齊栗**：敬謹恐懼而顫慄。

(38) **允**：確實。**若**：順從。

(39) **也**：同「邪」，疑問詞。

【語譯】

咸丘蒙（孟子學生）問道：「俗語說：『有盛大德行的人，君主不能把他當作臣子，父親不能把他當作兒子。當舜面向南方成為天子的時候，堯率領諸侯面向北朝見，舜的父親瞽瞍也面向北朝見。舜看見瞽瞍，神色有點不安。』孔子說：『在這時候，天下真是岌岌可危啊！』不知道這些話是真的嗎？」

孟子說：「不是的。這不是君子的話，這是齊國東邊鄉人的話。堯帝老時由舜代理天子職務。《尚書·虞書·舜典》說：『過了二十八年，堯帝才去世，當時百姓好像死了父母一樣。服喪三年期間，四海之內（全國）停止了各式音樂。』孔子說：『天上沒有兩個太陽，人民沒有兩個帝王。』如果舜在堯死之前做了天子，又率領天下諸侯為堯服喪三年，那就同時有兩個天子了。」

咸丘蒙說：「舜不把堯當作臣子，我已經聽聞了。《詩經·小雅·北山》說：『整個天下，沒有一處不是帝王的土地；沿着土地至海濱，沒有一個人不是帝王的臣民。』而舜既然做了天子，瞽瞍不算舜的臣子，請問是甚麼緣故？」

孟子說：「這首詩，並非這個意思，是因為作詩的人辛勞於帝王的事，而不能奉養父母。詩的作者說：『這些事沒有一件不是帝王的事，卻只有我多勞啊！』所以解說詩的人，不能拘泥於文字而誤解了詞句；不能拘泥於詞句而誤解了原意，用自己的領會去推測作者的原意，這就可以了。如果只從詞句去理解，譬如《詩經·大雅·蕩之什·雲漢》說：『周朝餘下的人民，沒有一個遺留了。』假如相信這句話，那麼周朝便一個人也沒有遺留了。孝子的極點，沒有超過尊敬雙親的；尊敬雙親的極點，沒有超過以天下來供養雙親的。瞽瞍作為天子的父親，可說是尊貴到極點了；舜以天下來奉養他，是供養的極點了。《詩經·大雅·文王之什·下武》說：『永遠講求孝道，孝道就是天下的準則。』正是這個意思。《尚書·虞

書．大禹謨》說：『舜恭敬地去見瞽瞍，態度敬謹恐懼而顫慄，瞽瞍也就確實對他順從了。』這難道是父親不能把他當作兒子嗎？」

【9.5】

【原文】

萬章曰：「堯以天下與 (1) 舜，有諸？」

孟子曰：「否。天子不能以天下與人。」

「然則舜有天下也，孰與之？」

曰：「天與之。」

「天與之者，諄諄然命之 (2) 乎？」

曰：「否。天不言，以行與事示 (3) 之而已矣。」

曰：「以行與事示之者，如之何？」

曰：「天子能薦 (4) 人於天，不能使天與之天下；諸侯能薦人於天子，不能使天子與之諸侯；大夫能薦人於諸侯，不能使諸侯與之大夫。昔者堯薦舜於天，而天受之；暴 (5) 之於民，而民受之。故曰：『天不言，以行與事示之而已矣。』」

曰：「敢問『薦之於天，而天受之；暴之於民，而民受之』，如何？」

曰：「使之主祭而百神 (6) 享之，是天受之；使之主事 (7) 而事治百姓安 (8) 之，是民受之也。天與之，人 (9) 與之，故曰：『天子不能以天下與人。』舜相 (10) 堯二十有八載，非人之所能為也，天也。堯崩 (11)，三年之喪畢，舜避堯之子於南河 (12) 之南。天下諸侯朝覲 (13) 者，不之 (14) 堯之子而之舜；訟獄 (15) 者，不之堯之子而之舜；謳歌 (16) 者，不謳歌堯之子而謳歌舜，故曰天也。夫然後之中國 (17)，踐 (18) 天子位焉。而 (19) 居堯之宮，逼堯之子，是篡也，非天與也。《泰誓 (20)》曰：『天視自我民視，天聽自我民聽。』此之謂也。」

【註釋】

(1) **與**：授與。

(2) **諄諄然**：「諄」粵音「樽」zeon1、拼音「淳」zhūn，反覆叮嚀。**命**：告誡。**之**：指舜。

(3) **行**：行動。**事**：事實；一說工作。**示**：表示。

(4) **薦**：推薦。

(5) **暴**：顯露、公開（介紹）。

(6) **百神**：所有神明。

(7) **事**：政事、政務。

(8) **安**：滿意。

(9) **人**：人民。

(10) **相**：輔助。

(11) **崩**：駕崩。

(12) **南河**：根據《史記正義》引《括地志》云：「河在堯都之南，故稱『南河』。」舜迴避堯之子（丹朱）的地方在都城之南。

(13) **朝覲**：上朝覲見（天子）。

(14) **之**：到。

(15) **訟獄**：即「獄訟」（見於《周禮・地官・大司徒》「凡民之不服教而有獄訟者」），訴訟、打官司。

(16) **謳歌**：「謳」音「歐」，唱讚頌歌曲。

(17) **中國**：都城，如《史記・五帝本紀》集解引劉熙云：「帝王所都為中，故曰『中國』。」

(18) **踐**：登上（天子之位）。

(19) **而**：通「如」，如果。

(20) **《泰誓》**：或作《太誓》，指《尚書・周書・泰誓》，分上中、下三部分。

【語譯】

萬章問：「堯把天下授與舜，有這回事嗎？」

孟子說：「沒有。天子不能把天下授與人。」

萬章問：「那麼舜得到天下，是誰授與他？」

孟子說：「天授與的。」

萬章問：「天授與他時，是反覆叮嚀地告誡他嗎？」

孟子說：「不是。天不說話，用行動和事實來表示罷了。」

萬章問：「用行動和事實來表示，是怎樣？」

孟子說：「天子能向天推薦人，卻不能強迫天把天下授與人；諸侯能向天子推薦人，但不能強迫天子把諸侯之位授與人；大夫能夠向諸侯推薦人，但不能強迫諸侯把大夫之位授與人。從前堯向天推薦舜，而天接受了；把舜公開介紹給人民，而人民也接受了。所以說：『天不說話，用行動和事實表示而已。』」

萬章說：「請問『推薦給天，而天接受了；公開介紹給人民，而人民也接受了』，是怎樣？」

孟子說：「叫他主持祭祀而所有神明都來享用，這便是天接受了；叫他主持政務而政務治理得好，百姓滿意他，這便是百姓接受了。天授與他，百姓授與他，所以說：『天子不能把天下授與人。』舜輔助堯二十八年，並非人的能力所能決定的，是天意。堯駕崩了，舜為他服喪三年完畢，便避居於南河的南邊。但天下諸侯上朝覲見天子的，不到堯的兒子（丹朱）那裡，卻到舜那裡；打官司的，不到堯的兒子那裡，卻到舜那裡；唱讚頌歌曲的人，不讚頌堯的兒子卻讚頌舜，所以說這是天意。這樣舜才回到都城，登上天子之位。如果舜居住於堯的宮室，逼迫堯的兒子讓位，那就是篡奪，並非天授與了。《尚書·周書·泰誓中》說：『上天所看見的來自人民所見，上天所聽到的來自人民所聽。』說的就是這個意思。」

【9.6】
【原文】

萬章問曰：「人有言『至於禹而德衰，不傳於賢而傳於子』，諸？」

孟子曰：「否，不然。天與 [1] 賢則與賢，天與子則與子。昔舜薦禹於天，十有七年，舜崩。三年之喪畢，禹避舜之子於陽城

⁽²⁾；天下之民從之，若堯崩之後不從堯之子而從舜也。禹薦益⁽³⁾於天，七年，禹崩。三年之喪畢，益避禹子於箕山之陰⁽⁴⁾；朝覲、訟獄者，不之⁽⁵⁾益而之啟⁽⁶⁾，曰：『吾君之子也！』謳歌者不謳歌益而謳歌啟，曰：『吾君之子也！』丹朱之不肖⁽⁷⁾，舜之子亦不肖。舜之相⁽⁸⁾堯、禹之相舜也，歷年多，施澤於民久。啟賢，能敬承繼禹之道；益之相禹也，歷年少，施澤於民未久。舜、禹、益相去久遠⁽⁹⁾，其子之賢、不肖皆天也，非人之所能為也。莫之為⁽¹⁰⁾而為者，天也；莫之致⁽¹¹⁾而至者，命也。匹夫而有天下者，德必若舜、禹，而又有天子薦之者，故仲尼不有天下。繼世⁽¹²⁾以有天下，天之所廢，必若桀、紂⁽¹³⁾者也，故益、伊尹⁽¹⁴⁾、周公⁽¹⁵⁾不有天下。伊尹相湯以王⁽¹⁶⁾於天下，湯崩，太丁⁽¹⁷⁾未立，外丙⁽¹⁸⁾二年，仲壬⁽¹⁹⁾四年。太甲顛覆湯之典刑⁽²⁰⁾，伊尹放之於桐⁽²¹⁾。三年，太甲悔過，自怨自艾⁽²²⁾，於桐處仁遷義⁽²³⁾；三年，以聽伊尹之訓己也，復歸於亳⁽²⁴⁾。周公之不有天下，猶益之於夏、伊尹之於殷也。孔子曰：『唐、虞禪⁽²⁵⁾，夏后⁽²⁶⁾、殷、周繼，其義一也。』」

【註釋】

(1) **與**：授與。

(2) **舜之子**：原名義均，受父親封於商，故又稱「商均」，是夏朝虞國（諸侯國）的開國君主。**陽城**：山名。清代閻若璩《四書釋地》云：「陽城，山名；漢潁川有陽城縣，故此山在今登封縣北三十八里。」指陽城山位於今河南省鄭州市登封縣北。

(3) **益**：伯益，或稱柏翳，禹的臣子，輔助禹治水有功。

(4) **箕山**：在今河南省鄭州市登封縣東南，亦名「許由山」。**陰**：山的北面。

(5) **之**：此句兩個「之」字解「往」。

(6) **啟**：禹的兒子。

(7) **丹朱**：堯的兒子，名朱，封於丹，所以叫「丹朱」。**不肖**：原指相貌不相似（其父），引申為不賢良。

(8) **相**：讀去聲（粵音 seong3、拼音 xiàng），輔助。

(9) **相去久遠**：輔助天子的時間差距大。舜相堯二十八年，禹相舜十七年，而益相禹僅七年。

(10) **為**：做。

(11) **致**：找尋；一說達到。

(12) **繼世**：繼承上一代（世襲）。

(13) **桀**：夏代末代君主，名履癸，「桀」是諡號。**紂**：商代末代君主，名辛，「紂」是諡號。桀、紂均暴虐無度。

(14) **伊尹**：名摯，商湯的宰相，輔助商湯滅夏桀。

(15) **周公**：姓姬，名旦，周文王姬昌之子，周武王姬發之弟，因其封邑在周（今陝西省寶雞市岐山縣北），爵為上公，故稱「周公」、「周公旦」或「旦叔」。

(16) **王**：讀去聲，動詞，稱王天下。

(17) **太丁**：商湯的太子。**未立**：未繼位（便去世）。

(18) **外丙**：太丁之弟。

(19) **仲壬**：太丁、外丙之弟。

(20) **太甲**：太丁之子，商湯的嫡長孫。**顛覆**：破壞。**典刑**：典章刑法。

(21) **桐**：古地名，相傳是商湯墓所在地，可能位於河南省□洛陽市偃師區西南；一說位於河南省商丘市虞城縣；一說根據《元和志》「聞喜縣，桐鄉故城，在縣西南。舊以為伊尹放太甲之所，今考其地，與榮河湯陵近。」桐位於今山西省運城市榮河鎮。

(22) **自怨**：悔恨自己過去的錯誤。**自艾**：「艾」通「乂」或「刈」，原指割草，「自艾」引申為去除舊惡、改過自新。「自怨自艾」現今指自我悔恨、責備。

(23) **處仁**：自處於仁德。**遷義**：「遷」解轉移，引申為選擇義

(24) **亳**：音「博」（粵音 bok3、拼音 bó），商湯的都城，即今河南省商丘市北。

(25) **禪**：音「擅」（粵音 sin6、拼音 shàn），禪讓（將天子之位讓給賢人）。

(26) **夏后**：「后」即「君」，禹受舜禪，國號夏，亦稱「夏后氏」，「夏后」即夏朝。

【語譯】

萬章問道：「有人說『到了夏禹的時候道德就衰微了，不傳位給賢人而傳位給自己的兒子。』有這樣的事嗎？」

孟子說：「不，不是這樣的。上天要授與賢人就授與賢人，上天要授與兒子就授與兒子。從前舜推薦禹給上天，十七年後，舜駕崩了。禹為舜服喪三年完畢，去陽城山迴避舜的兒子（義均）；天下的人民都追隨禹，就像堯駕崩之後，人民不追隨堯的兒子（丹朱）而追隨舜一樣。後來禹推薦益（禹的臣子）給上天，七年後，禹駕崩了。益為禹服喪三年完畢，去箕山的北面迴避禹的兒子（啟）；上朝覲見天子和打官司的人，不到益那裡卻到啟那裡，說：『他是我們君主的兒子啊！』唱讚頌歌曲的人，不讚頌益卻讚頌啟，說：『他是我們君主的兒子啊！』丹朱（堯的兒子）不賢良，舜的兒子（義均）不賢良。舜輔助堯，禹輔助舜，經歷的年歲多，施與恩澤給人民的時間長。啟賢能，能夠恭敬地繼承禹的做法；益輔佐禹，經歷的年歲少，施與恩澤給人民的時間短。舜、禹、益輔助天子的時間差距大，而他們的兒子有賢良的、有不賢良的，這都是天意，並非人所能決定的。沒有人去做卻成功了，是天意；沒有人去找尋

卻來到了，是命運。一個平民卻得到天下，他的德行必定像舜、禹，而且還要有天子的推薦，所以孔子不能有天下。繼承上一代（世襲）而得到天下，而上天要廢棄他，必定是像夏桀、商紂那樣的君主。所以益、伊尹、周公無法得到天下。伊尹輔助商湯稱王天下，商湯駕崩了，太丁未繼位便去世，其弟外丙在位兩年，仲壬在位四年。太甲登位後破壞了商湯的典章刑法，伊尹將他放逐到桐邑。過了三年，太甲悔過，悔恨自己過去的錯誤，自己去除舊惡、改過自新，在桐邑自處於仁德、選擇義；再過了三年，因為聽從伊尹對自己的教訓，重新回到亳都做天子。周公的不能得到天下，就像益在夏朝、伊尹在商（殷）朝一樣。孔子說：『唐堯、虞舜採用禪讓，夏、商、周三朝採用繼承的世襲制度，道理是一樣的。』」

【9.7】

【原文】

萬章問曰：「人有言『伊尹以割烹要湯[1]』，有諸？」

孟子曰：「否，不然。伊尹耕於有莘之野[2]，而樂堯、舜之道焉。非其義也，非其道也[3]，祿之[4]以天下，弗顧[5]也；繫馬千駟[6]，弗視也。非其義也，非其道也，一介[7]不以與人，一介不以取諸人。湯使人以幣聘[8]之。囂囂然[9]曰：『我何以湯之聘幣為哉？我豈若處畎畝[10]之中，由是以樂堯、舜之道哉？』湯三使往聘之，既而幡然改[11]曰：『與[12]我處畎畝之中，由是以樂堯、舜之道，吾豈若使是[13]君為堯、舜之君哉？吾豈若使是民為堯、舜之民哉？吾豈若於吾身親見之[14]哉？天之生此民也，使先知覺[15]後知，使先覺[16]覺後覺也。予[17]，天民之先覺者也；予將以斯道[18]覺斯民也，非予覺之而誰也？』思[19]天下之民，匹夫、匹婦[20]，有不被堯、舜之澤者，若己推而內[21]之溝中。其自任以天下之重如此，

故就湯而說⁽²²⁾之以伐夏救民。吾未聞枉己⁽²³⁾而正人者也，況辱己⁽²⁴⁾以正天下者乎？聖人之行⁽²⁵⁾不同也，或遠或近⁽²⁶⁾，或去或不去⁽²⁷⁾，歸潔⁽²⁸⁾其身而已矣。吾聞其以堯、舜之道要湯，未聞以割烹也。《伊訓》⁽²⁹⁾曰：『天誅造攻自牧宮⁽³⁰⁾，朕載自亳⁽³¹⁾。』」

【註釋】

(1) **割烹**：割肉、烹調，烹飪技術。**要**：音「腰」，要求，請求（商湯）任用，見於《史記・殷本紀》云：「伊尹名阿衡。阿衡欲干湯而無由，乃為有莘氏之媵臣（按：商湯後妃的陪嫁奴僕），負鼎俎，以滋味說湯，致於王道。」」及《呂氏春秋・孝行覽・本味》。**湯**：商湯。

(2) **有莘**：古代國名，「莘」亦作「侁」，故址位於今河南省開封市陳留鎮。朱熹《孟子集注》云：「莘，國名，樂堯、舜之道者。」指有莘國以堯、舜之道為樂。**野**：郊野。

(3) **非其義也，非其道也**：即「非其道義」，（如果）不符合道義。

(4) **祿**：動詞，將天下的俸祿給他。**之**：代名詞，猶「他」。

(5) **弗**：不。**顧**：回頭望。

(6) **繫**：綁住；一說給與。**千駟**：駟為四匹馬，千駟即四千匹，比喻指眾多。

(7) **介**：同「芥」，小草。**一介**：譬喻事物很微小。

(8) **幣**：古時玉、馬、皮、圭、璧、帛皆稱幣，泛指禮物。**聘**：聘請。

(9) **囂囂然**：「囂」音「驍」，安詳自得的樣子。

(10) **處**：居住。**畎畝**：「畎」音「犬」（粵音 hyun2、拼音 quǎn），田野。

(11) **既而**：不久。**幡然**：音「番」，忽然。**改**：改變（心意）。

(12) **與**：與其。

(13) **是**：這個、現在的。

(14) **之**：指堯、舜時代的盛世。

(15) **知**：領悟道理的人。**覺**：啟發。如朱熹《孟子集注》云：「知，謂識其事之所當然；覺，謂悟其理之所以然。」

(16) **覺**：覺悟的人。

(17) **予**：我。

(18) **斯道**：「斯」解「這」，上天之道。

(19) **思**：考慮到。

(20) **匹夫、匹婦**：平民（不論男女）。

(21) **內**：通「納」，入、推入。

(22) **就**：去、到。**說**：遊說。

(23) **枉己**：使自己邪曲不正、不端正。

(24) **辱己**：侮辱自己。

(25) **行**：讀去聲，行事。

(26) **遠、近**：疏遠、接近（君主）。

(27) **去、不去**：離開、留在。

(28) **歸**：歸根究底。**潔**：高潔。

(29)《**伊訓**》：《尚書‧商書‧伊訓》，內容是大臣伊尹寫給主太甲的教導與告誡。朱熹《孟子集注》云：「孟子引以證伐夏民之事也。」指孟子引用《尚書》來引證伊尹勸商湯伐夏桀是正的事。

(30) **誅**：誅滅。**造**：始。**自**：從、由。**牧宮**：夏桀的宮室。

【語譯】

萬章問道：「有人說『伊尹以烹飪技術請求商湯任用』，有這樣的事嗎？」

孟子說：「不，不是這樣的。伊尹在有莘國的郊野耕田，而以堯、舜之道為樂。如果不符合道義，即使給他整個天下作為俸祿，他也不回頭望一下；即使有四千匹馬繫在那裡，他也不望一下。如果不符合道義，縱使是一絲一毫他也不給人，也不會從別人那裡取一絲一毫。湯使人拿禮物去聘請伊尹，他安詳自得地說：『我為甚麼要湯的聘請禮物？何不居住在田野裡，由此以堯、舜之道為樂？』湯三次派人去聘請他，不久他便忽然改變心意說：『我與其住在田野裡，由此以堯、舜之道為樂，我何不使現在的君主成為堯、舜一樣的君主？我何不使現在的人民做堯、舜時代的人民？我何不親自看見堯、舜時代的盛世？上天生育這些人民，是要讓先領悟道理的人去啟發尚未領悟道理的人，讓先覺悟的人去啟發尚未覺悟的人。我伊尹，是上天創造的人民之中先覺悟的人；我將用上天之道去啟發上天創造的人民，不是我去啟發他們還有誰？』伊尹考慮到天下的人民，不論男女，假使有人享受不到堯、舜的恩澤，就好像自己把他們推入水溝一樣。伊尹自己如此肩負起天下的重擔，所以他到湯那裡去勸他討伐夏桀、拯救人民。我沒有聽說自己不端正卻能端正別人的，更何況自己侮辱自己來匡正天下？聖人的行事各有不同，有的疏遠君主，有的接近君主，有的離開朝庭，有的留在朝庭，但歸根究底要保持自身的高潔。我聽說伊尹以堯、舜之道接近湯，沒有聽說他以烹飪技術請求商湯任用。《尚書·商書·伊訓》說：『上天的誅滅，最初的禍根是由夏桀的宮室開始，我是從亳

開始策劃。』」

【9.8】
【原文】
萬章問曰：「或謂『孔子於衛主癰疽[1]，於齊主侍人瘠環[2]。』有諸乎？」

孟子曰：「否，不然也。好事者[3]為之也。於衛，主顏讎由[4]。彌子[5]之妻與子路之妻，兄弟[6]也。彌子謂子路曰：『孔子主我，衛卿[7]可得也。』子路以告，孔子曰：『有命[8]。』孔子進[9]以禮，退以義，得之不得曰『有命』。而[10]主癰疽與侍人瘠環，是無義、無命也。孔子不悅[11]於魯衛，遭宋桓司馬[12]，將要[13]而殺之，微服[14]而過宋。是時孔子當阨[15]，主司城貞子[16]，為陳侯周臣[17]。吾聞：觀近臣[18]，以其所為主[19]；觀遠臣[20]，以其所主[21]。若孔子主癰疽與侍人瘠環，何以為孔子？」

【註釋】
(1) **主**：動詞，住在......家。**癰疽**：音「雍雎」（粵音 jung1 zeoi1、拼音 yōng jū），人名，衛國的外科醫生，如朱熹《孟子集注》云：「主，謂舍於其家以之為主人也。癰疽，瘍醫也。」其中「瘍醫」即外科醫生；一說他是一名宦官。

(2) **侍人**：即「寺人」，宦官、太監。**瘠環**：「瘠」音「脊」（粵音 zik3、拼音 jǐ），人名。

(3) **好事者**：喜歡生事的人。

(4) **顏讎由**：「讎」音「仇」，衛國賢大夫，孔子學生子路的妻兄。

(5) **彌子**：衛靈公的寵臣彌子瑕。

(6) **兄弟**：即姊妹。

(7) **卿**：卿相。

(8) **有**：由。**命**：天命（決定）。

(9) **進、退**：進仕（做官）、辭官。

(10) **而**：通「如」，如果。

(11) **不悅**：不得意。

(12) **遭**：遇到。**宋桓司馬**：宋國的大夫桓魋，或稱「向魋」「魋」音「頹」（粵音 teoi4、拼音 tuí），宋國的司馬向魋，宋桓公的後代，「司馬」是官職（主管軍事行政），所以又稱「桓魋」《史記‧孔子世家》描述桓魋想殺孔子的故事，云：「孔子去曹適宋，與弟子習禮大樹下。宋司馬桓魋欲殺孔子，拔其樹。孔子去弟子曰：『可以速矣！』孔子曰：『天生德於予，桓魋其如予何？』

(13) **要**：音「腰」，攔截。

(14) **微服**：更換服裝（以避耳目）。

(15) **當**：處於。**阨**：困阨、困境。

(16) **司城貞子**：陳國（一說宋國）大夫。

(17) **為**：做。**陳侯周**：陳國的君侯，名周。**臣**：臣子。

(18) **近臣**：在朝的臣。

(19) **所為主**：所接待的賓客。

(20) **遠臣**：遠方來做官。

(21) **所主**：所寄住的主人。

【語譯】

萬章問道：「有人說孔子在衛國住在癰疽家裡，在齊國住在宦瘠環家裡，有這樣的事嗎？」

孟子說：「不，不是這樣的。這是喜歡生事的人編造出來的。子在衛國時，住在賢大夫顏讎由家裡。衛國君主寵臣彌子瑕的妻與子路的妻子是姊妹。彌子瑕對子路說：『如果孔子住在我家，便可以得到衛國卿相的職位。』子路把這話告訴孔子，孔子說：由天命決定。』孔子做官要遵守禮儀，辭官要遵守道義，得到或不到都說『由天命決定』。如果他住在癰疽或宦官瘠環家裡，是視道義、無視天命的。孔子在魯國、衛國不得意，遇到宋國的司

馬桓魋企圖攔截及殺害他，孔子更換服裝而逃出宋國。這時孔子正處於困境，住在司城貞子家裡，做陳國君侯周的臣子。我聽說：觀察在朝的臣子，要看他接待的賓客；觀察遠方來做官的臣子，要看他所寄住的主人。如果孔子住在癰疽與宦官瘠環家裡，怎能算是孔子？」

【9.9】

【原文】

萬章問曰：「或曰『百里奚自鬻[(1)]於秦養牲者五羊之皮、食[(2)]牛，以要秦穆公[(3)]。』信乎？」

孟子曰：「否，不然。好事者為之也。百里奚，虞[(4)]人也。晉人以垂棘之璧與屈產之乘[(5)]，假道於虞以伐虢[(6)]。宮之奇[(7)]諫，百里奚不諫。知虞公之不可諫而去之秦[(8)]，年已七十矣。曾不知以食牛干[(9)]秦穆公之為污也，可謂智乎？不可諫而不諫，可謂不智乎？知虞公之將亡而先去之，不可謂不智也。時舉[(10)]於秦，知穆公之可與有行也而相[(11)]之，可謂不智乎？相秦而顯其君於天下，可傳於後世，不賢[(12)]而能之乎？自鬻以成其君，鄉黨[(13)]自好者之不為，而謂賢者為之乎？」

【註釋】

(1) **百里奚**：複姓百里，名奚（或傒）。**鬻**：音「育」（粵音juk6、拼音 yù），賣。朱熹《孟子集注》云：「百里奚，虞之賢臣。人言其自賣於秦養牲者之家，得五羊之皮（按：殺）而為之食牛，因以干秦穆公也。」百里奚因此事被稱為「五羖大夫」。

(2) **食**：通「飼」，飼養。

(3) **要**：音「腰」，要求，請求任用。**秦穆公**：有史冊稱為「秦繆公」，嬴姓趙氏，名任好，春秋時代秦國的第九任君主，春秋五霸之一。

(4) **虞**：國名，舜之先封於虞，故城在今山西省運城市平陸縣東北。周太王（姬亶父或「古公亶父」）次子仲雍（姬雍）的曾孫，在家排行第二[17]，受封於虞而成為虞國的首位君主，稱為「虞仲」。

(5) **晉人**：晉國，周朝的諸侯國。首任君主唐叔虞是周武王姬發之子，周成王姬誦之弟。國號最初為唐，唐叔虞之子燮即位後改為晉。**垂棘**：晉國地名，盛產璧（美玉）。**屈**：晉國地名，盛產良馬。**乘**：音「剩」，原指四匹馬，引申為良馬。

(6) **假道**：借路。**虢**：粵音「隙」gwik1、拼音「國」guó，國名。周武王弟虢仲封國的分支，稱「北虢」，在今山西省運城市平陸縣。

(7) **宮之奇**：春秋時代虞國賢大夫。晉國以璧（美玉）及良馬利誘虞國君主，借路攻打虢國，宮之奇勸諫虞君，虞君不從。宮之奇預計晉軍滅虢回程時會攻打虞國，遂舉家逃離。

(8) **去之秦**：百里奚離開虞國往秦國，期間曾到晉國、楚國，在秦國獲秦穆公重用，成為「五羖大夫」。《史記‧本紀‧秦本紀》：「五年，晉獻公滅虞、虢，虜虞君與其大夫百里傒，以璧、馬賂於虞故也。既虜百里傒，以為秦繆公夫人媵於秦。百里傒亡秦走，楚鄙人執之。繆公聞百里傒賢，欲重贖之，恐楚人不與，乃使謂楚曰：『吾媵臣百里傒在焉，請以五羖羊皮贖之。』楚人遂許

古時兄弟取名可以選擇伯、仲、叔、季的排列方式，「仲」排第二。

與之。當是時，百里傒年已七十餘。繆公釋其囚，與語國事。謝曰：『臣亡國之臣，何足問！』繆公曰：『虞君不用子，故亡，非子罪也。』固問，語三日，繆公大說，授之國政，號曰『五羖大夫』。」

(9) **曾**：音「層」（粵音 cang4、拼音 céng），難道、竟然。**干**：干求、追求（任用）。

(10) **舉**：提拔。

(11) **有行**：有所作為。**相**：去聲，動詞，輔助。

(12) **不賢**：不賢能的人。

(13) **鄉黨**：鄉親。鄰、里、鄉、黨是古代地方單位的名稱，以家的數量計，依次為：5 家為鄰、25 家為里、500 家為黨、2,500 家為州（即 5 黨）、12,500 家為鄉（即 25 黨）。**自好者**：自愛的人。

【語譯】

萬章問道：「有人說『百里奚用五張羊皮及為人飼養牛的代價，將自己賣給秦國一個養牲畜的人，以請求秦穆公任用。』可信嗎？」

孟子說：「不，不是這樣的。這是喜歡生事的人編造出來的。百里奚是虞國人。晉國用垂棘的美玉和屈地所產的良馬，向虞國借路攻打虢國。虞國大夫宮之奇諫阻虞君，百里奚不去勸阻。因為百里奚知道虞君是無法勸諫的，就出走到秦國，已經七十歲了；竟然不知道以替人飼養牛的方法請求秦穆公任用是一種污辱，可以說是明智嗎？百里奚知道無法勸諫而不勸諫，可以說是不明智嗎？知道

君將要亡國就先離開，不可以說是不明智。當時他在秦國被提，知道秦穆公可以有所作為而輔助他，可以說是不明智嗎？輔助國而使他的君主名揚天下，可以流傳後世，難道不賢能的人可以樣做嗎？賣掉自己去成全他的君主，鄉親中自愛的人都不肯做，道說賢能的人肯做嗎？」

第十章

萬章下

本篇共 9 章，第 10.1 章以伯夷的清高、伊尹的負責任、柳下惠的隨和，帶出孔子是識時務（「時」）、「集大成」的人。第 10.2 章是孟子對周朝官爵和俸祿制度的詳細說明。孟子認為交友要以對方的品德為先，不倚仗年齡、地位等，需要「恭」及「以禮」（10.4），與古人交朋友則要「頌其詩，讀其書」（10.8）。君主要以普通人的態度去結交朋友、尊重賢士（10.3），召喚臣僚以禮（10.7）。

【10.1】

【原文】

孟子曰：「伯夷，目不視惡 [1] 色，耳不聽惡聲。非其君不事 [2] 非其民不使 [3]。治則進 [4]，亂則退。橫 [5] 政之所出，橫民之所止 [6] 不忍居 [7] 也。思與鄉人處 [8]，如以朝衣、朝冠坐於塗炭 [9] 也。當紂之時，居北海之濱，以待天下之清也。故聞伯夷之風 [10] 者，頑夫廉 [11]，懦夫有立志。

伊尹曰：『何事非君？何使非民？』治亦進，亂亦進，曰：『天之生斯民也 [12]，使先知覺後知，使先覺覺後覺。予，天民之先覺者也。予將以此道覺此民也。』思天下之民，匹夫、匹婦；有不與被堯、舜之澤者，若己推而內之溝中。其自任以天下之重也。

柳下惠不羞污君，不辭小官；進不隱賢，必以其道。遺佚 [1] 而不怨，厄窮而不憫；與鄉人處，由由然 [14] 不忍去也。『爾為爾，我為我，雖袒裼裸裎 [15] 於我側，爾焉能浼 [16] 我哉？』故聞柳下惠之風者，鄙夫寬 [17]，薄夫敦 [18]。

孔子之去齊，接淅而行 [19]；去魯，曰：『遲遲吾行也，去父母國之道也！』可以速而速，可以久而久，可以處 [20] 而處，可以

《孟子》今註今譯

仕而仕，孔子也。」

　　孟子曰：「伯夷，聖之清 (21) 者也；伊尹，聖之任者也；柳下惠，聖之和者也；孔子，聖之時者也。孔子之謂集大成。集大成也者，金聲而玉振 (22) 之也。金聲也者，始條理 (23) 也；玉振之也者，終條理也。始條理者，智之事也；終條理者，聖之事也。智，譬則巧也；聖，譬則力也，由 (24) 射於百步之外也：其至，爾 (25) 力也；其中，非爾力也。」

【註釋】

(1) **惡**：邪惡。

(2) **事**：侍奉。「非其君不事，非其民不使。治則進，亂則退」也見於〈公孫丑上〉3.2。

(3) **使**：使喚。

(4) **進、退**：出仕（做官）、引退。

(5) **橫**：暴虐。

(6) **止**：居住。

(7) **忍**：願意。**居**：居住。

(8) **思**：認為。 **鄉人**：鄉下人。**處**：相處。

(9) **涂**：同「塗」，泥土。**炭**：炭灰。

(10) **風**：風範。

(11) **頑**：貪婪。**廉**：廉潔。

(12) **天之生斯民也**：此句至「其自任以天下之重（也）」也見於〈萬章上〉9.7。

(13) **遺**：被遺棄。**佚**：音「逸」，隱遁，不為所用。**遺佚**：被遺棄不用。

(14) **由由然**：悠然自得地。

(15) **袒裼裸裎**：「袒」、「裸」及「裎」均指裸露，「裼」原指包覆嬰兒的被褥。「袒裼」是脫去外衣，露出裡衣，「裸裎」是不穿衣服、赤裸，「袒裼裸裎」指赤身露體。

(16) **浼**：污染。

(17) **鄙夫**：心胸狹窄的人；一說鄙陋的人。**寬**：寬宏。

(18) **薄夫**：刻薄的人。**敦**：敦厚。

(19) **接**：撈起。**淅**：原指淘米的水，引申指正在淘洗的米。**而**則、就，後幾句的「而」字同義。**行**：起行。

(20) **處**：根據下句「可以仕而仕」，解引退。

(21) **聖**：聖人。**清、任、和、時**：清高、負責任、隨和、識時務。

(22) **金聲**：鎛（音「博」）鐘的聲音。**玉振**：玉磬（音「盤」）的餘韻。「金聲玉振」原比喻音韻響亮、和諧，比喻人才德兼備、學識淵博。

(23) **條理**：音樂的旋律節奏。

(24) **由**：通「猶」，好像。

(25) **爾**：你。

【語譯】

孟子說：「伯夷，眼睛不看邪惡的事物，耳朵不聽邪惡的聲音。不是他理想的君主，不去侍奉；不是他理想的人民，不去使喚。天下太平就出來做官，天下混亂就引退。施行暴政的國家，住有暴民的地方，他都不願意居住。他認為與鄉下人相處，就像穿戴着上朝的禮服、禮帽，坐在泥土或炭灰上一樣。在商紂的時候，伯夷住在北海的海邊，等待天下清明。所以聽說伯夷風範的人，貪婪的變得廉潔，懦弱的立定志向。

伊尹說：『哪個君主不可以侍奉？哪個人民不可以使喚？』天下太平就出來做官，天下混亂也出來做官。他說：『上天生育這些人民，是要讓先領悟道理的人去啟發尚未領悟道理的人，讓先覺悟的人去啟發尚未覺悟的人。我伊尹是上天創造的人民之中先覺悟的

人，我將用上天之道去啟發上天創造的人民，不是我去啟發他們還有誰？』伊尹考慮到天下的人民，不論男女；假使有人享受不到堯、舜的恩澤，就好像自己把他們推入水溝一樣。伊尹自己肩負起天下的重擔。

柳下惠，不以侍奉污穢的君主為羞恥，不以做小官為卑微；做了官就不隱藏自己的才能，必定以他正直之道去處事，即使被君主遺棄不用也不埋怨，窮困也不憂愁。與鄉下人相處，悠然自得地不忍心離去。他說：『你是你，我是我；雖然你赤身露體站在我旁邊，你怎能污染我？』所以聽說柳下惠風範的人，心胸狹窄的變得寬宏，刻薄的變得敦厚。

孔子離開齊國時，撈起正在淘洗的米就起行；離開魯國時，卻說：『我們慢慢走吧，這是離開祖國的態度！』應該快就快，應該慢就慢，應該引退就引退，應該做官就做官，這就是孔子。」

孟子說：「伯夷，是聖人中清高的人；伊尹，是聖人中負責任的人；柳下惠，是聖人中隨和的人；孔子，是聖人中識時務的人。孔子可以說是集大成的人。所謂集大成，就像奏樂時以敲擊鎛鐘開始，而以敲擊玉磬結尾。敲擊鎛鐘的聲音，是旋律節奏的開始；敲擊玉磬的聲音，是旋律節奏的終結。旋律節奏的開始，要靠智慧；旋律節奏的終結，要靠聖德。智慧，好比技巧；聖德，好比力量；就好像在百步以外射箭：箭射到靶子，是靠你的力量；命中目標，就不是靠你的力量了。」

【10.2】

【原文】

北宮錡 (1) 問曰：「周室班爵祿 (2) 也，如之何？」

孟子曰：「其詳不可得聞也，諸侯惡其害 (3) 己也，而皆去其

籍⁽⁴⁾，然而軻⁽⁵⁾也嘗聞其略也。天子一位，公一位，侯一位，伯一位，子、男同一位，凡五等⁽⁶⁾也。君⁽⁷⁾一位，卿一位，大夫一位，上士一位，中士一位，下士一位，凡六等。天子之制⁽⁸⁾，地方⁽⁹⁾千里，公、侯皆方百里，伯七十里，子、男五十里，凡四等。不能⁽¹⁰⁾五十里，不達⁽¹¹⁾於天子，附於諸侯，曰附庸⁽¹²⁾。天子之卿受地視⁽¹³⁾侯，大夫受地視伯，元士⁽¹⁴⁾受地視子、男。大國地方百里，君十⁽¹⁵⁾卿祿，卿祿四大夫，大夫倍上士，上士倍中士，中士倍下士，下士與庶人在官者⁽¹⁶⁾同祿，祿足以代其耕也。次國⁽¹⁷⁾地方七十里，君十卿祿，卿祿三大夫，大夫倍上士，上士倍中士，中士倍下士，下士與庶人在官者同祿，祿足以代其耕也。小國地方五十里，君十卿祿，卿祿二大夫，大夫倍上士，上士倍中士，中士倍下士，下士與庶人在官者同祿，祿足以代其耕也。耕者之所獲：一夫百畝⁽¹⁸⁾；百畝之糞⁽¹⁹⁾，上農夫食⁽²⁰⁾九人，上次食八人，中食七人，中次食六人，下食五人。庶人在官者，其祿以是為差⁽²¹⁾。」

【註釋】

(1) **北宮錡**：複姓北宮，名錡，戰國時代衛國人。

(2) **周室**：周朝王室，即周朝。**班**：即列，所列等級。**爵**：爵位，即王封的公、侯、伯、子、男等，如《禮記・王制》云：「王者之制：祿爵，公、侯、伯、子、男，凡五等。」列出夏、商兩朝的官制度。**祿**：俸祿、薪俸。

(3) **惡**：粵音 wu3、拼音「誤」，討厭。**害**：妨礙。

(4) **皆**：都。**去**：毀壞。**籍**：官爵、俸祿制度的典籍。

(5) **軻**：孟子自稱。

(6) **凡**：總計、共。**五等**：五等爵祿。

(7) **君**：諸侯、君主。**卿、大夫、士**：官名，指諸侯國所分的爵祿等級。《禮記・王制》云：「諸侯之上大夫卿、下大夫、上士、中士、下士，凡五等。」

(8) **制**：土地的規模。

(9) **地**：土地。**方**：四方，縱、橫的尺寸。

(10) **不能**：不足。

(11) **達**：直接隸屬。

(12) **附庸**：附屬於諸侯的小國。朱熹《孟子集注》云：「小國之地，不足五十里者，不能自達於天子；因大國以姓名通，謂之『附庸』，若春秋邾儀父（按：邾國第十代君主）之類也。」

(13) **視**：參照。

(14) **元士**：《禮記・王制》云：「天子之元士視附庸。」官名即天子的上士。

(15) **十**：十倍於，後句的「四」、「三」、「二」、「倍」

分別是四倍、三倍、兩倍、一倍。

(16) **庶人在官者**：在官府任職的平民。

(17) **次國**：次於大國的中等國家。

(18) **一夫**：一個農夫。**百畝**：根據古代的井田制度，井田九百
畝分九格，由八家共同耕種，居中為公田，所以「百畝」是一家。
可參考〈梁惠王上〉1.3「百畝之田」及〈滕文公上〉5.3 關於井田
制度的註解。

(19) **糞**：指肥料，施肥耕種。

(20) **上農夫**：上等的農夫，產量較多。**食**：同「飼」，供養。

(21) **差**：音「疵」（粵音金 ci1、拼音 cī），等級。

【語譯】

北宮錡問道：「周朝官爵及俸祿所列的等級，是怎樣的？」

孟子說：「它的詳情不能得知了，諸侯討厭它妨礙自己，都把
相關典籍毀壞了，不過我曾聽說它的大致情況。天下的爵位制度是：
天子一級，公爵一級，侯爵一級，伯爵一級，子爵、男爵同一級，
共五個等級。諸侯國的制度是：君主一級，卿一級，大夫一級，上
士一級，中士一級，下士一級，共六個等級。田祿的制度是：天子
土地的規模縱橫各一千里，公爵、侯爵都是縱橫各一百里，伯是縱
橫各七十里，子爵、男爵是縱橫各五十里，共四個等級。縱橫不足

五十里的小國，不能直屬於天子，只能附屬於諸侯，叫做附庸。天子的卿所受的封地參照侯爵，大夫所受的封地參照伯爵，元士（上士）所受的封地參照子爵、男爵。大國的土地縱橫各一百里，君主的俸祿是卿的十倍，卿的俸祿是大夫的四倍，大夫的俸祿是上士的一倍，上士的俸祿是中士的一倍，中士的俸祿是下士的一倍，下士的俸祿和在官府任職的平民相同，俸祿足以代替他們耕種的收入。中等國家的土地縱橫各七十里，君主的俸祿是卿的十倍，卿的俸祿是大夫的三倍，大夫的俸祿是上士的一倍，上士的俸祿是中士的一倍，中士的俸祿是下士的一倍，下士的俸祿和在官府任職的平民相同，俸祿足以代替他們耕種的收入。小國的土地縱橫各五十里，君主的俸祿是卿的十倍，卿的俸祿是大夫的兩倍，大夫的俸祿是上士的一倍，上士的俸祿是中士的一倍，中士的俸祿是下士的一倍，下士的俸祿和在官府任職的平民相同，俸祿足以代替他們耕種的收入。耕種者的收穫：一個農夫分到一百畝地；一百畝地施肥耕種，上等的農夫可以供養九個人，比上等稍次的農夫可以供養八個人，中等的農夫可以供養七個人，比中等稍次的農夫可以供養六個人，下等的農夫可以供養五個人。在官府任職的平民，他們的俸祿也是參照這樣的等級。」

【10.3】

【原文】

萬章問曰：「敢問友。」

孟子曰：「不挾長 (1)，不挾貴 (2)，不挾兄弟 (3) 而友。友也者友其德也，不可以有挾也。孟獻子 (4)，百乘之家也，有友五人焉樂正裘、牧仲，其三人則予忘之矣。獻子之與此五人者友也，無獻子之家 (5) 者也。此五人者，亦有獻子之家，則不與之友矣。非

《孟子》今註今譯

百乘之家為然 ⁽⁶⁾ 也，雖小國之君亦有之。費惠公 ⁽⁷⁾ 曰：『吾於子思，則師之矣；吾於顏般，則友之矣；王順、長息，則事我者也。』非惟小國之君為然也，雖大國之君亦有之。晉平公之於亥唐 ⁽⁸⁾ 也，入云 ⁽⁹⁾ 則入，坐云則坐，食云則食；雖蔬食、菜羹 ⁽¹⁰⁾，未嘗不飽，蓋不敢不飽也。然終於此而已矣。弗與共天位 ⁽¹¹⁾ 也，弗與治天職也，弗與食天祿也，士之尊賢者也，非王公之尊賢也。舜尚 ⁽¹²⁾ 見帝，帝館甥於貳室 ⁽¹³⁾，亦饗 ⁽¹⁴⁾ 舜，迭 ⁽¹⁵⁾ 為賓主，是天子而友匹夫也。用下敬上 ⁽¹⁶⁾，謂之貴貴 ⁽¹⁷⁾；用上敬下，謂之尊賢。貴貴、尊賢，其義 ⁽¹⁸⁾ 一也。」

【註釋】

(1) **挾**：倚仗。**長**：年紀大。

(2) **貴**：地位高。

(3) **兄弟**：指兄弟的成就、地位。

(4) **孟獻子**：春秋時代魯國孟孫氏的第五代宗主，姓姬，氏仲孫，名蔑，「獻」是謚號，「三桓」（季孫氏、叔孫氏、孟孫氏，魯桓公之後代）之一。

(5) **家**：指諸侯國的大夫。

(6) **為然**：是這樣。

(7) **費**：春秋時代的小國，原是魯國大夫季孫氏的封邑，故城

在今山東省臨沂市費縣西北。**費惠公**：費國君主，姬姓、季氏，「惠」是謚號。

(8) **晉平公**：春秋時代晉國君主，姬姓，名彪，晉悼公之子，公元前 557 年 - 公元前 532 年在位。**亥唐**：春秋時代晉國人，隱士。晉平公時賢臣眾多，但亥唐不願做官，隱居陋巷。

(9) **入云、坐云、食云**：云入、云坐、云食的倒裝。**云**：說、叫。

(10) **蔬食、菜羹**：「蔬」同「疏」，粗糙的米飯、菜湯。

(11) **天位、天職、天祿**：「天」指官方事務，分別為君主之位、政事、俸祿。

(12) **尚**：同「上」、拜見。

(13) **帝**：堯帝。**館**：動詞，使居住。**甥**：古時稱妻子的父親為「舅」，所以女婿也稱「甥」，舜是堯帝的女婿。**貳室**：副宮招待的宮邸。

(14) **饗**：音「響」（粵音 heong2、拼音 xiǎng），以盛宴款待。

(15) **迭**：輪流。

(16) **用**：通「以」。**敬**：尊敬。**上**：地位高的人。

(17) **貴貴**：首個「貴」字是動詞，解尊重；第二個「貴」字是名詞，指貴人。

(18) **義**：道理。

【語譯】

萬章問道：「請問交朋友的原則。」

孟子說：「不倚仗自己年紀大，不倚仗自己地位高，不倚仗兄弟的成就去交朋友。交朋友是要結交他的品德，不可以有所倚仗。孟獻子是擁有一百輛兵車的大夫，他有五位朋友：樂正裘、牧仲，其餘三位我忘記了。孟獻子與這五人交朋友，心中沒有自己是大夫的想法。這五人，如果心中有孟獻子是大夫的想法，也就不與他交朋友了。不僅有一百輛兵車的大夫是這樣，就算小國的君主也有這樣的。費惠公說：『我對於子思，把他當作老師；我對於顏般，把他當作朋友；至於王順與長息，是侍奉我的人罷了。』不僅小國的君主是這樣，就算大國的君主也有這樣的。晉平公對於亥唐，亥唐叫他進去就進去，叫他坐就坐，叫他吃就吃；即使是粗糙的米飯、菜湯，也未試過吃不飽，因為不敢不吃飽。不過晉平公也只能做到這樣而已。不和他共享君主之位，不和他共同治理政事，不和他共享俸祿，這是士人尊敬賢者的態度，而不是王公尊敬賢者的態度。舜去拜見堯帝，堯帝請這位女婿住在副宮，並以盛宴款待舜，兩人輪流作為賓主，這是天子與平民交朋友的態度。地位低的人尊敬地位高的人，叫做尊重貴人；地位高的人尊敬地位低的人，叫做尊敬賢人。尊敬貴人和尊敬賢人，當中的道理是一樣的。」

【10.4】

【原文】

萬章曰：「敢問交際，何心 [1] 也？」

孟子曰：「恭 [2] 也。」

曰：「『卻之、卻之 [3] 為不恭』，何哉？」

曰：「尊者 [4] 賜之，曰：『其所取之者，義乎？不義乎？』而後受之。以是為不恭，故弗卻也。」

曰：「請無以辭 [5] 卻之，以心卻之，曰：『其取諸民之不義也。』而以他辭 [6] 無受，不可乎？」

曰：「其交也以道，其接也以禮，斯孔子受之矣。」

萬章曰：「今有禦 [7] 人於國門之外者，其交也以道，其饋也以禮，斯可受禦與 [8] ？」

曰：「不可。《康誥》 [9] 曰：『殺越人於貨 [10]，閔 [11] 不畏死，凡民罔不譈 [12]。』是不待教而誅 [13] 者也。殷受夏，周受殷，所不辭也；於今為烈 [14]，如之何其受之？」

曰：「今之諸侯取之於民也，猶禦也。苟善其禮際 [15] 矣，斯君子受之，敢問何說也？」

曰：「子以為有王者作 [16]，將比 [17] 今之諸侯而誅之乎？其教之不改而後誅之乎？夫謂非其有而取之者，盜也，充類至義之盡 [18] 也。孔子之仕於魯也，魯人獵較 [19]，孔子亦獵較。獵較猶可，而況受其賜乎？」

曰：「然則孔子之仕也，非事道 [20] 與？」

曰：「事道也。」

「事道，奚獵較也？」

曰：「孔子先簿正 [21] 祭器，不以四方之食 [22] 供簿正。」

曰：「奚不去也？」

曰：「為之兆 [23] 也。兆足以行 [24] 矣，而不行，而後去。

以未嘗有所終三年淹 ⁽²⁵⁾ 也。孔子有見行可之仕，有際可 ⁽²⁶⁾ 之仕，有公養 ⁽²⁷⁾ 之仕。於季桓子 ⁽²⁸⁾，見行可之仕也；於衛靈公 ⁽²⁹⁾，際可之仕也；於衛孝公 ⁽³⁰⁾，公養之仕也。」

【註釋】

(1) **交際**：「際」是「接」，互相交換；交際是人交往時互贈禮物。**心**：心思。

(2) **恭**：恭敬。

(3) **卻之、卻之**：「卻」是拒絕，一再拒絕。

(4) **尊者**：尊貴的人。

(5) **辭**：說話。

(6) **他辭**：其他藉口。

(7) **禦**：攔途截劫，如朱熹《孟子集注》云：「禦，止也，止而殺之，且奪其貨也。國門之外，無人之處也。」

(8) **受**：接受。**與**：疑問詞，相等於「嗎」。

(9) **《康誥》**：《尚書·周書·康誥》，西周時周成王（周武王之子）任命康叔（周武王之弟）治理殷商舊地民眾的命令。

(10) **越**：虛詞，無義。**於**：取。**貨**：財物。

(11) **閔**：通「瞽」，橫蠻。

(12) **凡民**：所有人民。**罔**：無。**譈**：通「憝」（音「對」），怨恨。

(13) **誅**：誅殺、處死。

(14) **殷受夏......為烈**：朱熹認為此十四字是闕文，於朱熹《孟子集注》云：「『殷受』至『為烈』十四字，語意不倫。李氏以為此必有斷簡或闕文者近之，而愚意其直為衍字耳。然不可考，姑闕之可也。」趙歧《孟子註疏》云：「三代相傳以此法，不需辭問也於今為烈；烈，明法。如之何受其饋也。」指夏、商、周三代實行有關法律，殺人劫貨的強盜毋須「辭問」（審訊）就可以處死，毋須教育。至戰國時代，攔途截劫的情況嚴重，仍沿用此法律。

(15) **苟**：如果。**善**：好好地。**禮際**：禮節交往。

(16) **作**：興起、出現。

(17) **比**：讀去聲，連、同。

(18) **充類**：類推、推論。**至**：（推論）盡、極。**義**：義理。

(19) **魯人**：魯國人；一說魯國士大夫。**較**：爭奪。**獵**：獵物

趙歧《孟子註疏》云：「獵較者，田獵相較奪禽獸，得之以祭，時俗所尚，以為吉祥。孔子不違而從之，所以小同於世也。」指爭奪獵物所得是用於祭祀，孔子跟隨這習俗。

(20) **事道**：推行正道。

(21) **簿**：簿冊、文書。**正**：動詞，規定。

(22) **四方之食**：四方珍奇的獵物。

(23) **兆**：原指開始，引申為試行（自己的主張）。

(24) **足以行**：行得通。

(25) **終**：滿、完成。**淹**：停留。

(26) **際可**：禮待，如朱熹《孟子集注》云：「接遇以禮也。」

(27) **公養**：君主供養賢者。

(28) **季桓子**：魯國正卿，姓姬，氏季孫，名斯，「桓」是謚號。於魯國定公五年（公元前 505 年）至哀公三年（公元前 492 年）為上卿，「三桓」之一，把持朝政。孔子於季桓子執政期間擔任司[⋯]。

(29) **衛靈公**：春秋時代衛國第二十八任君主，衛獻公之孫，

姓姬名元，公元前 534 年至公元前 493 年在位。因政治昏亂，其夫人南子干政。

(30) **衛孝公**：應該是衛出公蒯輒（音「枴接」，粵音 gwaai2 zip3、拼音 kuǎi zhé），衛靈公之孫、蒯聵（音「潰」，粵音 kui2、拼音 kuì）之子，姬姓，衛氏，名輒。蒯輒之父蒯聵時為太子，因得罪了衛靈公的夫人南子而逃往晉國。靈公死後，蒯輒被立為君，是為衛出公（公元前 492 年 - 公元前 481 年在位），衛國第二十九任君主。

【語譯】

萬章問道：「請問交往時互贈禮物，是甚麼心思？」

孟子說：「表示恭敬。」

萬章說：「俗語說『一再拒絕別人的禮物是不恭敬的』，為甚麼？」

孟子說：「尊貴的人賜贈禮物，你心裡先考慮，『他取得這些東西的方法是合乎義？還是不合乎義？』然後才接受它。人們認為這樣是不恭敬的，所以才不拒絕。」

萬章說：「不直接以言辭來拒絕，而在心裡拒絕，『他從人那裡取得這些東西，是不合乎義的。』然後用其他藉口去拒絕接受不可以嗎？」

孟子說：「他按規矩與我交往，也依禮節送我禮物，這樣連孔子也會接受的。」

萬章說：「如果有個人在城外攔途截劫，他按規矩與我交往依禮節送我禮物，這樣也可以接受他攔途截劫得來的東西嗎？」

孟子說：「不可以。《尚書·周書·康誥》說：『殺人而搶

人家的財物，橫蠻而不怕死，所有人民沒有不怨恨他的。』這種人是不必等候教育就可以處死的。殷（商）朝接受了夏朝這條法律，周朝接受了殷朝這條法律，沒有甚麼可說的；到了現在（搶劫的）情況更加嚴重，又怎能接受這種禮物？」

萬章說：「現在的諸侯從人民那裡搾取財物，就像攔途截劫一樣。如果他們好好地按照禮節交往，這樣君子就可以接受他們的禮物，請問這又怎麼說？」

孟子說：「你認為如果有聖王出現，他將會把現在的諸侯都殺掉？還是先教育他們，仍不悔改的才殺掉？不是自己所有卻去取得的，把這行為稱為強盜，這是將義理推論到極點。孔子在魯國做官時，魯國人在打獵時爭奪獵物（用以祭祀），孔子也在打獵時爭奪獵物。打獵時爭奪獵物尚且可以，而何況接受別人送贈的禮物？」

萬章說：「那麼孔子出來做官，不是為了推行正道嗎？」

孟子說：「是為了推行正道。」

萬章說：「推行正道，為甚麼在打獵時爭奪獵物？」

孟子說：「孔子先用文書規定可用的祭器，規定不以四方珍奇為獵物放在有關祭器上。」

萬章說：「為甚麼孔子不離開魯國？」

孟子說：「孔子是為了試行自己的主張。試行了而行得通，而君主不去推行，然後才離開。所以孔子不曾在一個朝廷逗留滿三年的。孔子或者是看到可以行道而去做官，或者是君主禮待他而做官，或者是君主供養賢者而做官。對於魯國的季桓子，是看到可以行道而去做官；對於衛靈公，是君主禮待他而做官；對於衛孝（出）公，是君主供養賢者而做官。」

【10.5】

【原文】

孟子曰：「仕非為貧也，而有時乎為貧。娶妻非為養也，而有時乎為養。為貧者，辭尊居卑，辭富居貧。辭尊居卑，辭富居貧，惡乎宜乎？抱關、擊柝⁽¹⁾。孔子嘗為委吏⁽²⁾矣，曰：『會計當⁽³⁾而已矣。』嘗為乘田⁽⁴⁾矣，曰：『牛羊茁壯長而已矣。』位卑而言高，罪也；立乎人之本朝⁽⁵⁾而道不行，恥也。」

【註釋】

(1) **抱關**：守門的小卒。**擊柝**：「柝」音「拓」（粵音 tok3、拼音 tuò），指打更用的梆子；「擊柝」是打更的人。

(2) **委吏**：管理倉庫的小吏。孔子於 20 歲（公元前 532 年）時擔任委吏。孔子也曾自述「吾少也賤，故多能鄙事」（《論語·子罕》9.6）。

(3) **會計**：帳目。**當**：（核對）妥當。

(4) **乘田**：管理牲畜的小吏。孔子於 21 歲（公元前 531 年）改任乘田。

(5) **立乎人**：人立於（朝廷做官）。**本朝**：此朝廷。

【語譯】

孟子說：「做官不是因為貧窮，但有時也是因為貧窮。娶妻不是了奉養父母，但有時也是為了奉養父母。因為貧窮而做官的應該拒絕做高官而做小官，拒絕厚祿而取薄祿。拒絕做高官而做

官，拒絕厚祿而取薄祿，做甚麼合適？做守門的小卒、打更的人都可以。孔子曾經做過管理倉庫的小吏，說：『帳目核對妥當就可以了。』又曾經做過管理牲畜的小吏，說：『牛羊長得肥壯就可以了。』地位卑微而議論大事，是罪過；人在此朝廷做官而無法推行正道，是恥辱。」

【10.6】

【原文】

萬章曰：「士之不托 (1) 諸侯，何也？」

孟子曰：「不敢也。諸侯失國 (2) 而後托於諸侯，禮也。士之托於諸侯，非禮也。」

萬章曰：「君饋之粟 (3)，則受之乎？」

曰：「受之。」

「受之何義也？」

曰：「君之於氓 (4) 也，固周 (5) 之。」

曰：「周之則受，賜 (6) 之則不受，何也？」

曰：「不敢也。」

曰：「敢問其不敢何也？」

曰：「抱關、擊柝 (7) 者，皆有常職以食於上 (8)。無常職而賜於上者，以為不恭也。」

曰：「君饋之，則受之，不識可常繼 (9) 乎？」

曰：「繆公之於子思 (10) 也，亟 (11) 問，亟饋鼎肉 (12)。子思不悅。於卒 (13) 也，摽 (14) 使者出諸大門之外，北面稽首，再拜 (15) 而不受，曰：『今而後知君之犬馬畜伋 (16)。』蓋自是臺 (17) 無饋也。悅賢不能舉，又不能養也，可謂悅賢乎？」

曰：「敢問國君欲養君子，如何斯 (18) 可謂養矣？」

曰：「以君命將之 (19)，再拜稽首而受；其後廩人繼粟 (20)，庖人 (21) 繼肉，不以君命將之。子思以為鼎肉使己僕僕爾 (22) 亟拜也，非養君子之道也。堯之於舜也，使其子九男事之，二女女 (23) 焉，百官牛羊倉廩備，以養舜於畎畝 (24) 之中，後舉而加諸上位。故曰：王公 (25) 之尊賢者也。」

【註釋】

(1) **士**：士人。**托**：寄居於（諸侯那裡生活）。

(2) **失國**：失去自己國家，流亡海外。朱熹《孟子集注》云：「古者諸侯出奔他國，食其廩餼，謂之寄公；士無爵土，不得比諸侯，不仕而食祿，則非禮也。」

(3) **餽**：贈送。**粟**：帶殼穀類，脫殼後爲小米，泛指糧食。

(4) **氓**：從別國遷來的人民，移民。

(5) **周**：周濟、救濟。

(6) **賜**：賞賜（俸祿）。

(7) **抱關、擊柝**：守門的小卒、打更的人。

(8) **常職**：固定職務。**食**：接受……待遇。**上**：上面。

(9) **不識**：不知道。**常繼**：經常這樣。

(10) **繆公**：「繆」通「穆」，戰國時代魯穆公。**之於**：對於。
子思：孔子孫，名伋。

(11) **亟**：粵音「暨」kei3、拼音「契」qì，屢次。

(12) **鼎肉**：於鼎內煮熟的肉或已經切割的肉。

(13) **卒**：末、終，最後。

(14) **摽**：音「標」，示意（離開）。

(15) **北面**：向北面。天子、君主通常坐北朝南而坐（「向南」），
臣向北面拜見。**稽首**：跪下後雙手合抱按地，頭伏在前邊叩頭。**拜**：
跪下後雙手合抱於胸前，頭低到手上。

(16) **知**：解「用」。**畜**：畜養。**伋**：子思自稱，「畜伋」指
君主用畜養犬馬的（無禮）態度來畜養伋，如朱熹《孟子集注》云：
「言不以禮待己。」

(17) **蓋**：大概。**自是**：從這件事。**臺**：官名，負責傳達命令，
向子思問候及送熟肉的官員。

(18) **如何斯**：怎樣做。

(19) **將之**：送往。

(20) **廩人**：官名，糧倉的人。

(21) **庖人**：官名，廚房的人。

(22) **僕僕**：勞累。**爾**：然。**僕僕爾**：不勝其煩地。

(23) **二女女**：二女即堯帝的兩位女兒娥皇、女英。第二個女字讀去聲（粵音 neoi6、拼音 nǚ），將二女嫁給舜。

(24) **畎畝**：「畎」音「犬」（粵音 hyun2、拼音 quǎn），田野

(25) **王**：天子。**公**：諸侯。

【語譯】

萬章問道：「士人不能寄居於諸侯那裡生活，為甚麼？」

孟子說：「因為不敢。如果諸侯失去自己的國家，而寄居於他國諸侯那裡生活，是合乎禮的。但士人寄居於諸侯那裡生活，是不合乎禮的。」

萬章說：「如果君主贈送糧食給他，可以接受嗎？」

孟子說：「可以接受。」

萬章說：「接受贈送糧食是甚麼道理？」

孟子說：「君主對於從別國遷來的人民，本來就應該救濟。

萬章說：「救濟他（糧食）就接受，賞賜他（俸祿）就不受，為甚麼？」

孟子說：「因為不敢。」

萬章說：「請問不敢的理由是甚麼？」

孟子說：「守門的小卒、打更的人，都有固定的職務，所以接上面給的待遇；沒有固定的職務而接受上面的賞賜，人們認為是恭敬的。」

　　萬章說：「君主贈送的就接受，不知道可否經常這樣？」

　　孟子說：「魯繆（穆）公對待子思，屢次問候，屢次贈送熟肉。思不高興。最後子思示意使者離開並趕他出大門之外，向北面跪叩頭，拜了兩次而拒絕接受，說：『今天才知道君主像狗與馬來養我孔伋的。』大概從這件事開始，魯繆公便沒有再派臺官來送西了。喜愛賢人，但不能提拔他，又不能供養他，可以說是喜愛人嗎？」

　　萬章說：「請問國君想要奉養君子，怎樣做才可算是奉養？」

　　孟子說：「最初以國君的名義贈送東西時，他會再次跪拜叩頭接受了；以後糧倉的人繼續送糧食，廚房的人繼續送肉，不必再國君的名義送去。子思認為為了送來的熟肉而不勝其煩地屢次跪，並非奉養君子的方法。堯對於舜，派他九個兒子侍奉舜，把兩女兒嫁給舜，各級官員、牛羊及糧食齊備，用來侍奉在田野之中舜，然後提拔他登上高位。所以說：這才是天子、諸侯尊敬賢人方法。」

【10.7】

【原文】

　　萬章曰：「敢問不見諸侯，何義也？」

　　孟子曰：「在國曰市井[(1)]之臣，在野曰草莽[(2)]之臣，皆謂庶[(3)]。庶人不傳質[(4)]為臣，不敢見於諸侯，禮也。」

　　萬章曰：「庶人，召之役[(5)]則往役；君欲見之，召之則不往見之，也？」

曰：「往役，義也；往見，不義也。且君之欲見之也，何為也哉？」

曰：「為其多聞也，為其賢也。」

曰：「為其多聞也，則天子不召師，而況諸侯乎？為其賢也，則吾未聞欲見賢而召之也。繆公亟[6]見於子思，曰：『古千乘之國以友[7]士，何如？』子思不悅，曰：『古之人有言曰：「事之云乎[8]」豈曰友之云乎？』子思之不悅也，豈不曰：『以位，則子君也，我臣也，何敢與君友也？以德，則子事我者也，奚可以與我友？』千乘之君求與之友而不可得也，而況可召與？齊景公田[9]，招虞人以旌[10]；不至，將殺之。『志士不忘在溝壑，勇士不忘喪其元。』孔子奚取焉？取非其招不往也。」

曰：「敢問招虞人何以[11]？」

曰：「以皮冠[12]。庶人以旃[13]，士以旂[14]，大夫以旌。以大夫之招招[15]虞人，虞人死不敢往。以士之招招庶人，庶人豈敢往哉？況乎以不賢人之招招賢人乎？欲見賢人而不以其道，猶欲其入而閉之門也。夫義，路也；禮，門也。惟君子能由[16]是路，出入是門也。《詩》[17]云：『周道如底[18]，其直如矢[19]；君子所履[20]，小人所視[21]。』」

萬章曰：「孔子『君命召，不俟駕[22]而行。』然則孔子非與[23]？」

曰：「孔子當仕，有官職，而以其官召之也。」

【註釋】

(1) **國**：都城。**市井**：街市。

(2) **野**：田野。**草莽**：草野。

(3) **庶人**：沒有官爵的平民。

(4) **傳**：送給。**質**：通「贄」，音「智」（粵音 zi3、拼音 zhì），送給對方的見面禮。

(5) **役**：服役。

(6) **亟**：屢次。

(7) **友**：動詞，交朋友。

(8) **事之**：（國君）侍奉他（士人）。**云乎**：表示疑問的語助詞。

(9) **齊景公田......取非其招不往也**：齊景公田獵一事也見於〈滕文公下〉6.1。

(10) **旌**：用牦牛尾和彩色鳥毛作裝飾的旗。根據儀禮，以旌召喚大夫，以弓召喚士，以皮冠召喚虞人。齊景公的做法不合禮，所以虞人不理睬他。

(11) **何以**：用甚麼東西。

(12) **皮冠**：皮帽子。

(13) **旃**：音「氈」（粵音 zin1、拼音 zhān），曲柄的旗，不畫文彩。

(14) **旂**：音「奇」，繪有龍的旗。

(15) **招招**：首個「招」字指召喚所用的旗幟，第二個「招」字解召喚。

(16) **由**：經由。

(17) **《詩》**：《詩經‧小雅‧大東》，是一首描寫西周中、晚期東方各部族受西周統治者剝削的詩歌。

(18) **周道**：大道。**底**：《詩經》作「砥」，音「紙」或「抵」（平的）磨刀石。朱熹《孟子集注》云：「底與砥同，礪石也；言其平也。」

(19) **矢**：箭。

(20) **君子、小人**：以地位而言，分別指在位的官員、沒官的平民。**履**：履行。

(21) **視**：效法。

(22) **俟**：等待。**駕**：馬車。

(23) **非**：做錯。**與**：同「歟」，疑問語氣詞。

【語譯】

萬章問道：「請問士人不去見諸侯，是甚麼道理？」

孟子說：「住在都城裡的士人叫做市井之臣，住在田野的士人叫做草莽之臣，都算是平民。平民沒有向諸侯送見面禮而成為臣子，就不敢去見諸侯，這是禮的規定。」

萬章說：「平民，召喚他們服役就去服役；君主要見他，召喚他卻不去謁見，為甚麼？」

孟子說：「去服役，是合於義的；去謁見諸侯，不合於義。況且君主想召見士人，為甚麼？」

萬章說：「因為他見識廣博，因為他賢能。」

孟子說：「既然是為了他見識廣博，那麼天子尚且不能召喚老師，而何況諸侯？如果是為了他賢能，那麼我沒有聽說想見賢人而召喚他來的。魯繆公屢次去見子思，說：『古時有千輛兵車的國君和士人交朋友，是怎樣的？』子思不高興，說：『古人有句話說，「國君以士人為師而侍奉他」，那裡是說和他交朋友？』子思所以不高興，豈不是說：『論地位，你就是國君，我是臣子，我怎敢和國君交朋友？論德行，你就應該以禮侍奉我，怎可以和我交朋友？』擁有千輛兵車的國君要求和士人交朋友，尚且不能夠，更何況可以召喚他？齊景公田獵，用旌旗召喚管理狩獵場的小官；小官不肯去，齊景公準備殺他（其後獲釋放）。孔子知道了這件事，讚揚那小官說：『有志氣的人不怕棄屍於山溝，勇敢的人不怕丟掉腦袋。』孔子認為管理狩獵場的小官有甚麼可取？可取的是他不應該接受的召喚就不去。」

萬章說：「請問召喚管理狩獵場的小官，應該用甚麼？」

孟子說：「用皮帽子。召喚平民用旃（曲柄旗），召喚士人用旂（繪有龍的旗），招呼大夫用旌旗（用牦牛尾和彩色鳥毛作裝飾的旗）。用召喚大夫的旗幟去召喚管理狩獵場的小官，管理狩

獵場的小官寧死也不敢去；用召喚士人的旗幟去召喚平民，平民又豈敢去？何況用召喚不賢的人的禮節去召喚賢人？想見賢人卻不用適當的方法，就像請別人進屋卻把門關上一樣。義，是正路；禮，是大門。只有君子才能夠走正路，進入這扇大門。《詩經・小雅・大東》說：『大路平得像磨刀石，直得像箭；這是君子所走的路，平民所效法的路。』」

萬章說：「孔子『國君有命令召喚他，不等待馬車準備好就出發。』那麼孔子做錯了嗎？」

孟子說：「孔子當時正在做官，有官職在身，而國君是按他的官職來召喚他的。」

【10.8】

【原文】

孟子謂萬章曰：「一鄉之善士 (1)，斯友一鄉之善士；一國之善士，斯友一國之善士；天下之善士，斯友天下之善士。以友天下之善士為未足，又尚 (2) 論古之人。頌 (3) 其詩，讀其書，不知 (4) 其人可乎？是以論 (5) 其世也，是尚 (6) 友也。」

【註釋】

(1) **善**：優秀。**士**：人物；一說士人。

(2) **尚**：同「上」，上溯歷史。**論**：評論。

(3) **頌**：同「誦」，誦讀。

(4) **知**：了解。

(5) **論**：研究。

(6) **尚**：結交。

【語譯】

　　孟子對萬章說：「一個鄉村裡的優秀人物，就和一個鄉村裡的優秀人物交朋友；一個國家的優秀人物，就和一個國家的優秀人物交朋友；天下的優秀人物，就和天下的優秀人物交朋友。如果認為和天下的優秀人物交朋友還不夠，便上溯歷史評論古代的優秀人物。誦讀古代優秀人物的詩，閱讀他們的書，但不了解他們的為人，可以嗎？所以要研究他們所處的時代，這是和古人結交朋友。」

【10.9】
【原文】

齊宣王問卿。孟子曰：「王何卿之問也？」

王曰：「卿不同乎？」

曰：「不同，有貴戚之卿 (1)，有異姓 (2) 之卿。」

王曰：「請問貴戚之卿。」

曰：「君有大過則諫；反覆之而不聽，則易位 (3)。」

王勃然變乎色。

曰：「王勿異 (4) 也。王問臣，臣不敢不以正 (5) 對。」

王色定，然後請問異姓之卿。

曰：「君有過則諫；反覆之而不聽，則去。」

【註釋】

(1) **貴戚**：和君王同宗族。**卿**：卿大夫。

(2) **異姓**：和王室不同姓氏。

(3) **易位**：改立君主。

(4) **異**：詫異。

(5) **正**：誠實。

【語譯】

齊宣王問有關卿大夫的事。孟子說：「王問的是哪一種卿大夫？」

齊宣王說：「卿大夫有所不同嗎？」

孟子說：「不同的。有和王室同宗族的卿大夫，有和王室不同姓氏的卿大夫。」

齊宣王說：「請問王室宗族的卿大夫應該如何？」

孟子說：「君主有重大過錯，他們便加以勸諫；反覆勸諫還不聽從，他們便改立君主。」

齊宣王突然變了臉色。

孟子說：「王不要詫異。王問我，我不敢不用誠實的話來回答。」

齊宣王臉色正常了，然後問和王室不同姓氏的卿大夫。

孟子說：「君主如果有過錯，他們（卿大夫）便加以勸諫；反覆勸諫了還不聽從，他們就辭職。」

第十一章

告子上

【篇章概論】

本篇有 20 章，其中 11.1 至 11.4 及 11.6 五章是孟子與告子圍繞人性的爭辯，包括告子以「杞柳」及「桮棬」（11.1）、「湍水」（11.2）來比喻人性。告子認為「人性之無分於善不善」（11.2）或「性無善無不善」（11.6），人性之善乃後天所培養；孟子則認為人性本善，人做壞事是因為其本性受到逼迫（11.2）。孟子於第 11.6 章從人的天賦資質探討使人性善良的方法，包括人皆有之的「四心」（惻隱之心、恭敬之心、羞惡之心、是非之心），分別對應仁、義、禮、智。孟子提出魚與熊掌兩者不可兼得的經典比喻，認為生命與義不可兼得時，人要捨生取義（11.10）。孟子以「牛山之木」（11.8）比喻人的良心，需要好好滋養、避免破壞，才能達到目的。孟子於第 11.11 章闡述其學說的精華之一，指「仁，人心也；義，人路也」，人要「求其放心」（找回已喪失的善心）。孟子於第 11.18 章以杯水車薪作比喻，指「為仁者」難以拯救天下的「不仁之甚者」。

【11.1】

【原文】

告子 ⑴ 曰：「性 ⑵，猶杞柳 ⑶ 也；義，猶桮棬 ⑷ 也。以人性為仁義，猶以杞柳為桮棬。」

孟子曰：「子能順 ⑸ 杞柳之性而以為桮棬乎？將戕賊 ⑹ 杞柳而後以為桮棬也？如將 ⑺ 戕賊杞柳而以為桮棬，則亦將戕賊人以為仁義與 ⑻？率 ⑼ 天下之人而禍仁義者，必子之言夫！」

【註釋】

(1) **告子**：戰國時期思想家，與孟子同期；姓名不詳，一說

不害，曾受教於墨子。錢穆認為告子也見於《墨子》，應該曾與墨子見面，是孟子的前輩。[18]

(2) **性**：人性（人的本性）。

(3) **杞柳**：楊柳科植物，落葉叢生灌木，枝條柔軟，可用作編製器具。

(4) **桮**：通「杯」，盛湯、酒等液體的器皿。**棬**：音「圈」，曲木製成的盂、盤等容器。**桮棬**：以形狀彎曲的木製成的杯盤。

(5) **順**：順應。

(6) **戕賊**：「戕」音「牆」，殘害，指砍伐杞柳去製造桮棬。

(7) **將**：透過。

(8) **與**：同「歟」，疑問語氣詞。

(9) **率**：率領。

【語譯】

告子說：「人性，就像杞柳；義，就像桮棬。以人性去行義，就像用杞柳去製造杯盤。」

孟子說：「你能順應杞柳的本性製造桮棬嗎？還是要傷害杞柳才可以製造杯盤？如果要透過傷害杞柳才可以製造桮棬，那麼也要

錢穆：《四書釋義》，台北：素書樓文教基金會，2005 年 6 月，第 209 頁。

透過傷害人性才可以做到仁義嗎？率領天下的人去禍害仁義的，必定是你這種言論了！」

【11.2】
【原文】
告子曰：「性猶湍 (1) 水也，決諸 (2) 東方則東流，決諸西方則西流。人性之無分於善不善也，猶水之無分於東西也。」

孟子曰：「水信 (3) 無分於東西。無分於上下乎？人性之善也，猶水之就 (4) 下也。人無有不善，水無有不下。今夫水，搏而躍 (5) 之可使過顙 (6)；激 (7) 而行之，可使在山。是豈水之性哉？其勢則然也。人之可使為不善，其性亦猶是也。」

【註釋】
(1) **湍**：急流的水。

(2) **決**：缺口。**諸**：於。

(3) **信**：的確。

(4) **就**：趨向。

(5) **搏**：拍打。**躍**：飛濺。

(6) **顙**：音「嗓」（粵音 song2、拼音 sǎng），額頭。

(7) **激**：堵住。

【語譯】

告子說：「人性就像湍急的流水，缺口在東邊便向東流，缺口在西邊便向西流。人性沒有善與不善的區分，就像水沒有向東流與向西流的區分。」

孟子說：「水的確沒有向東流與向西流的區分，難道沒有向上流與向下流的區分嗎？人性的善良，就像水趨向下流一樣。人性沒有不善良的，水沒有不向下流的。如果現在拍打水而讓它飛濺，可以使它高過人的額頭；堵住水而令它倒流，可以將它引上高山。難道這是水的本性嗎？這是形勢所做成的。人之所以能夠使他做壞事，是因為他的本性像這樣受到迫使的。」

【11.3】

【原文】

告子曰：「生之謂性。」

孟子曰：「生之謂性 (1) 也，猶白之謂白與 (2) ？」

曰：「然 (3) 。」

「白羽之白也，猶白雪之白；白雪之白，猶白玉之白與？」

曰：「然。」

「然則犬之性猶牛之性，牛之性猶人之性與？」

【註釋】

(1) **生**：天生、與生俱來。**性**：本性。朱熹《孟子集注》云：「生，指人物之所以知覺運動者而言。」

(2) **白**：首個「白」字指凡是白色的東西，如朱熹《孟子集注》云：「猶言凡物之白者，同謂之白，更無差別也。」**與**：同「歟」，

疑問語氣詞。

(3) **然**：是的。

【語譯】

告子說：「天生的東西叫做本性。」

孟子說：「天生的東西叫做本性，就像凡是白色的東西都叫做白嗎？」

告子說：「是的。」

孟子說：「白色羽毛的白，就像白雪的白；白雪的白，就像白玉的白嗎？」

告子說：「是的。」

孟子說：「那麼狗的本性就像牛的本性，牛的本性就像人的本性嗎？」

【11.4】

【原文】

告子曰：「食色 (1)，性也。仁，內也，非外也；義，外也，非內也。」

孟子曰：「何以謂仁內、義外也？」

曰：「彼長而我長 (2) 之，非有長於我 (3) 也。猶彼白而我白之，從其白於外也，故謂之外也。」

曰：「異於 (4) 白馬之白也，無以異於白人之白也。不識長馬之長也，無以異於長人之長與？且謂長者義乎？長之者義乎？」

曰：「吾弟則愛之，秦人之弟則不愛也，是以我為悅 (5) 者也，故謂之內。長楚人之長，亦長吾之長，是以長為悅者也，故謂之外。

也。」

　　曰：「耆秦人之炙 (6)，無以異於耆吾炙，夫物則亦有然者也，然則耆炙亦有外與？」

【註釋】

　　(1) **食**：飲食。**色**：女色。《禮記‧禮運》云：「飲食、男女，人之大欲存焉。死亡、貧苦，人之大惡存焉。故欲、惡者，心之大端也。人藏其心，不可測度也；美惡皆在其心，不見其色也，欲一以窮之，捨禮何以哉。」而朱熹《孟子集注》云：「人之甘食悅色者，人之性也。」

　　(2) **彼**：他。**長而我長之**：首個「長」字指年紀大，第二個「長」字解尊敬。

　　(3) **長**：尊敬的想法。**於我**：在我內心。

　　(4) **異於**：朱熹認為此二字是衍文，朱熹《孟子集注》云：「張氏曰：『上異於二字疑衍。』李氏曰：『或有闕文焉。』」

　　(5) **悅**：決定。

　　(6) **耆**：同「嗜」，喜歡。**炙**：烤熟的肉。

【語譯】

　　告子說：「愛好美味和女色，是人的本性。仁，是內在的，不是外在的；義，是外在的，不是內在的。」

告子說：「他年紀大所以我尊敬他，不是在我內心預先有尊敬他的想法。就好像一樣東西是白的，我就認為它白，是根據它顯露於外的白，所以說義是外在的。」

孟子說：「白馬的白，與白人的白沒有區別。但不知道對老馬的尊敬，與對長者的尊敬也沒有區別嗎？而且義在於長者？還是義在於尊敬長者的人？」

告子說：「是我的弟弟就愛他，是秦國人的弟弟我就不愛他，是由我決定的，所以說仁是內在的。尊敬楚國人的長者，也尊敬我自己的長者，是由年紀來決定的，所以義是外在的。」

孟子說：「喜歡吃秦國人的烤肉，與喜歡吃自己做的烤肉沒有甚麼區別，其他事物也有這種情況，那麼喜歡吃烤肉也有外在的嗎？」

【11.5】

【原文】

孟季子問公都子 [(1)] 曰：「何以謂義內也？」

曰：「行 [(2)] 吾敬，故謂之內也。」

「鄉人長於伯兄 [(3)] 一歲，則誰敬？」

曰：「敬兄。」

「酌 [(4)] 則誰先？」

曰：「先酌鄉人。」

「所敬在此，所長在彼；果在外，非由內也。」

公都子不能答，以告孟子。

孟子曰：「敬叔父乎？敬弟乎？彼將曰：『敬叔父。』曰：『弟為尸 [(5)]，則誰敬？』彼將 [(6)] 曰：『敬弟。』子曰：『惡 [(7)] 在其敬叔父也？』彼將曰：『在位 [(8)] 故也。』子亦曰：『在位故也。』庸

敬在兄，斯須⁽¹⁰⁾之敬在鄉人。」

　　季子聞之曰：「敬叔父則敬⁽¹¹⁾，敬弟則敬；果在外，非由內也。」

　　公都子曰：「冬日則飲湯，夏日則飲水，然則飲食亦在外也？」

【註釋】

　　(1) **孟季子**：可能是孟子的堂弟孟仲子。朱熹《孟子集注》云：「孟季子，疑孟仲子之弟也，蓋問孟子之言而未達，故私論之。」**公都子**：孟子學生，齊國人，戰國時期學者。

　　(2) **行**：表達。

　　(3) **伯兄**：古時兄弟按伯、仲、叔、季的次序排列，所以「伯兄」是長兄。

　　(4) **酌**：斟酒。

　　(5) **尸**：祭祀時代替死者受祭的人。朱熹《孟子集注》云：「尸，祭祀所主以象神，雖子弟為之，然敬之當為祖考也。」古人祭祀時，沒有祭祀的對象（「主」）就變得沒有主角，所以由主祭者的弟弟扮演受祭的人（「尸」），其後改用神主牌或畫像代替真人。

　　(6) **將**：將會。

　　(7) **惡**：音「烏」（粵音 wu1、拼音 wū），疑問副詞，為甚麼。

　　(8) **在位**：處於有關位置，指弟弟處於「尸位」（扮演受祭的

人），後句指同鄉人處於賓客的位置。

(9) 庸：平常。

(10) 斯須：即「須臾」，臨時。

(11) 則敬：「這樣相敬」的意思，指對長輩的尊敬，後句指對尸位的尊敬。

【語譯】

孟季子問公都子說：「為甚麼說義是內在？」

公都子說：「表達我的敬意，所以說是內在的。」

孟季子說：「有個同鄉人比你的大哥年長一歲，那麼要尊敬誰？」

公都子說：「尊敬大哥。」

孟季子說：「如果一起喝酒，應該先為誰斟酒？」

公都子說：「先斟酒給同鄉人。」

孟季子說：「內心所尊敬的是大哥，卻要先尊敬（斟酒給）同鄉人；所以尊敬果然是外在的，不是發自內在的。」

公都子無法回答，將孟季子的話告訴孟子。

孟子說：「你可以問他：『應該尊敬叔父？還是尊敬弟弟？』他將會說：『尊敬叔父。』你再問他：『如果弟弟在祭祀時做扮演受祭的人，應該尊敬誰？他將會說：『尊敬弟弟。』那你就問他：『那麼你為甚麼說要尊敬叔父？』他將會說：『因為弟弟正處於扮演受祭的人的位置（「尸位」）啊。』你也就說：『因為那個同鄉人正在受尊敬的位置啊。』平常的尊敬在於大哥，臨時的尊敬在於

同鄉人。」

　　孟季子聽到這番話，說：「尊敬叔父是尊敬，尊敬弟弟（扮演受祭的人）也是尊敬；所以尊敬果然是外在的，不是發自內在的。」

　　公都子說：「冬天就喝熱水，夏天就喝冷水，那麼飲食也是外在的嗎？」

【11.6】
【原文】

　　公都子曰：「告子曰：『性無善無不善也。』或曰：『性可以為善，可以為不善；是故文、武興 (1)，則民好善；幽、厲 (2) 興，則民好暴。』或曰：『有性善，有性不善。是故以堯為君而有象 (3)；以瞽瞍 (4) 為父而有舜；以紂為兄之子，且以為君，而有微子啟 (5)、王子比干 (6)。』今曰『性善』，然則彼皆非與？」

　　孟子曰：「乃若其情 (7)，則可以為善矣，乃所謂善也。若夫為不善，非才 (8) 之罪也。惻隱 (9) 之心，人皆有之；羞惡之心，人皆有之；恭敬之心，人皆有之；是非之心，人皆有之。惻隱之心，仁也；羞惡之心，義也；恭敬之心，禮也；是非之心，智也。仁、義、禮、智，非由外鑠 (10) 我也，我固有之也，弗思 (11) 耳矣。故曰：求 (12) 則得之，舍 (13) 則失之。或相倍蓰而無算 (14) 者，不能盡其才者也。《詩》(15) 曰：『天生烝 (16) 民，有物、有則 (17)。民之秉彝 (18)，好是懿德 (19)。』孔子曰：『為此詩者，其知道乎！故有物必有則；民之秉彝也，故好是懿德。』」

【註釋】

(1) **興**：原指興起，此處指統治天下。

(2) **幽、厲**：周幽王、周厲王，周朝的暴君。

(3) **象**：舜的弟弟，為後母所生。

(4) **瞽瞍**：舜的父親。

(5) **微子啓**：商（殷）紂王的同母兄長，「微」是封國名（今山東省濟寧市梁山縣西北），「子」是爵名。姬發（周武王）滅殷，周公（周公旦）於武王死後攝政，以微子統率殷族，封於宋，微子成為宋國始祖。

(6) **比干**：名干，「比」是封國名，紂王的叔父。比干屢次力諫紂王，不獲接納，最後被紂王剖心而死。

(7) **乃若**：發語詞或轉折連詞，至於。**情**：天生的性情。

(8) **才**：天生的資質。

(9) **惻隱**：同情、憐憫。〈公孫丑上〉3.6 提及「四端」，即惻隱之心、羞惡之心、辭讓之心、是非之心是仁、義、禮、智的開端。

(10) **鑠**：粵音「削」soek3、拼音「妁」shuò，原指鍛鍊，引申為給與。

(11) **思**：深思。

(12) **求**：追求。

(13) **舍**：同「捨」，捨棄。

(14) **相**：相差。**倍**：一倍。**蓰**：音「徙」（粵音 saai3、拼音 xǐ），五倍。**無算**：無數倍、無從計算。

(15) **《詩》**：《詩經・大雅・蕩之什・烝民》，是一首讚揚周宣王重臣仲山甫的美德及政績的詩歌。

(16) **烝**：音「蒸」，眾。

(17) **物**：事物。**則**：法則。

(18) **秉**：秉持、掌握。**彝**：常理。

(19) **懿**：美好。**德**：品德。

【語譯】

公都子說：「告子說：『人性沒有善和不善。』有人說：『人可以使它善，也可以使它不善。所以周文王、周武王統治天下，人民就喜歡善；周幽王、周厲王統治天下，人民就喜歡暴行。』有人說：『有些人的本性是善的，有些人的本性是不善的。所以雖然有堯為君主，卻有象這樣（不善）的人；雖然有瞽瞍這樣（不善）的父親，卻有舜這樣（善）的兒子；雖然有商紂王這樣（不善）的姪兒，而且成為君主，卻有微子啟、王子比干這樣（善）的人。』」

現在您說『人性善良』，那麼他們說的都錯了嗎？」

孟子說：『至於從天生的性情來看，是可以使它善的，這就是我說人性善良的意思。如果有人做出不善良的事，那不是天生資質的錯。同情憐憫心，每個人都有；羞恥心，每個人都有；恭敬心，每個人都有；是非心，每個人都有。同情憐憫心屬於仁；羞恥心屬於義；恭敬心屬於禮；是非心屬於智。仁、義、禮、智，不是由外界給與我的，而是我們本來就有的，只是沒有深思它們罷了。所以說：追求就會得到它們，捨棄便會失去它們。人與人之間，有相差一倍、五倍甚至無數倍的，就正因為沒有充分發揮他們天生的資質。《詩經·大雅·蕩之什·烝民》說：『上天生育眾多人民，有事物就有法則。人民掌握常理，喜歡美好的品德。』孔子說：『寫這首詩的人真正了解正道啊！所以有事物就必定有法則，人民掌握常理，喜歡美好的品德。』」

【11.7】

【原文】

孟子曰：「富歲，子弟多賴 (1)；凶歲，子弟多暴 (2)，非天之降才爾殊 (3) 也，其所以陷溺 (4) 其心者然也。今夫麰麥 (5)，播種而耰之，其地同，樹 (7) 之時又同，浡然 (8) 而生；至於日至 (9) 之時，皆熟矣。雖有不同，則地有肥磽 (10)，雨露之養、人事之不齊 (11) 也。

故凡同類者，舉相似也，何獨至於人而疑之？聖人與我同類者。故龍子 (12) 曰：不知足而為屨 (13)，我知其不為蕢 (14) 也。』屨之相似，天下之足同也。口之於味，有同耆 (15) 也，易牙 (16) 先得我口之所耆者也。如使口之於味也，其性與人殊 (17)，若犬馬之與我不同類也，則天下何耆皆從易牙之於味也？至於味，天下期於易牙，是天下之口相似也。惟 (19) 耳亦然。至於聲，天下期於師

，是天下之耳相似也。惟目亦然。至於子都 <superscript />(21)，天下莫不知其姣 (22) 也。不知子都之姣者，無目者也。故曰：口之於味也，有同耆焉；耳之於聲也，有同聽焉；目之於色 (23) 也，有同美焉。至於心，獨無所同然乎？心之所同然者何也？謂理也，義也。聖人先得我心之所同然耳。故理義之悅我心，猶芻豢 (24) 之悅我口。」

【註釋】

(1) **賴**：同「懶」，懶惰。

(2) **暴**：殘暴。

(3) **天之降才**：天生的資質。**爾**：如此。**殊**：不同。

(4) **其**：首個「其」字指富歲、凶歲等外在環境，第二個「其」字指子弟。**陷溺**：陷入沉溺（喪失本性）。

(5) **麰麥**：「麰」音「謀」（粵音 mau4、拼音 móu），大麥。

(6) **耰**：音「憂」（粵音 jau1、拼音 yōu），原指用來平整泥土的農具，動詞，用泥土覆蓋剛撒下的種子（以防雀鳥啄食）。

(7) **樹**：動詞，播種。

(8) **浡然**：蓬勃地。

(9) **日至**：夏至。

(10) **肥**：肥沃。**磽**：音「敲」（粵音 haau1、拼音 qiāo），貧瘠。

(11) **人事**：人力勞動。**不齊**：參差不齊。

(12) **龍子**：古代賢人，生平不詳。

(13) **屨**：草鞋。

(14) **蕢**：音「餽」（粵音 gwai6、拼音 kuì），草筐、草籃。

(15) **耆**：通「嗜」，嗜好、喜好。

(16) **易牙**：春秋時代齊國人，也稱狄牙。易牙是齊桓公的內侍，擅長烹調，善於逢迎，甚得桓公寵愛。

(17) **性**：感覺。**與人殊**：人與人殊的意思、因人而異。

(18) **期於**：期望成為。

(19) **惟**：語首詞，無義。

(20) **師曠**：春秋時代晉國的失明樂師，字子野，平陽（今山東省新泰市）人，擅長辨別音律。

(21) **子都**：公孫子都，姬姓，名閼，字子都，春秋時代鄭的英俊男子。《詩經・國風・鄭竹風・山有扶蘇》云：「山有扶蘇

《孟子》今註今譯

隰有荷華。不見子都,乃見狂且。」以「子都」比譬英俊男子。

(22) **姣**:英俊。

(23) **色**:姿色。

(24) **芻豢**:「芻」是食草的家畜(如牛、羊),「豢」(音「幻」、粵音 waan6、拼音 huàn)是食穀物的家畜(如豬等),「芻豢」泛指家畜。

【語譯】

孟子說:「豐收之年,青年人大多懶惰;收成不好之年,青年人大多殘暴,不是天生的資質有此不同,而是外在環境使他們的心陷入沉溺(喪失本性)的緣故。以大麥為例,播種後用泥土把種子蓋好,相同的土地,播種時間又相同,它們會蓬勃地生長;到了夏天的時候,全部都成熟了。雖然收穫有所不同,那是由於土地有肥沃、有貧瘠,雨水露珠滋養有多、有少,人力勞動有參差的緣故。

所以凡是同類的事物,都是相似的,為甚麼偏偏說到人就產生疑問?聖人與我們是同類的。所以龍子說:『不清楚腳的樣子而去編織草鞋,我知道編織出來的不會是草筐。』草鞋的相似,是因為天下人的腳形相同。嘴巴對於味道,有相同的嗜好,易牙是最先掌握我們口味嗜好的人。譬如嘴巴對於味道,它的感覺因人而異,就像狗、馬與我們不同類那樣,那麼天下人的嗜好為甚麼都追隨易牙的口味?說到口味,天下人都期望成為易牙,是因為天下人的口味相近的。耳朵也是這樣。說到聲音,天下人都期望成為師曠,是因為天下人的聽覺是相似的。眼睛也是這樣。說到子都,天下沒有

人不認為他英俊的。不認為子都英俊的，是沒有眼睛的人。所以說：嘴巴對於味道，有相同的嗜好；耳朵對於聲音，有相同的聽覺；眼睛對於姿色，有相同的美感。說到心，就偏偏沒有所共同肯定的東西？心所共同肯定的是甚麼？是理，是義。聖人是最先掌握我們心中共同肯定的東西罷了。所以理和義使我的心愉悅，就像家畜（牛、羊、豬等）的肉使我的口覺得愉悅一樣。」

【11.8】

【原文】

孟子曰：「牛山 (1) 之木嘗美 (2) 矣，以其郊於大國 (3) 也，斧斤 (4) 伐之，可以為美乎？是其日夜之所息 (5)，雨露之所潤，非無萌蘖 (6) 之生焉，牛羊又從而牧 (7) 之，是以若彼濯濯 (8) 也。人見其濯濯也，以為未嘗有材 (9) 焉，此豈山之性也哉？雖存乎人者，豈無仁義之心哉？其所以放 (10) 其良心者，亦猶斧斤之於木也，旦旦 (11) 而伐之，可以為美乎？其日夜之所息，平旦之氣 (12)，其好惡與人相近也者幾希 (13)，則其旦晝 (14) 之所為，有梏亡 (15) 之矣。梏之反覆，則其夜氣不足以存；夜氣不足以存，則其違 (16) 禽獸不遠矣。人見其禽獸也，而以為未嘗有才 (17) 焉者，是豈人之情 (18) 也哉？故苟得其養 (19)，無物不長；苟失其養，無物不消。孔子曰：『操 (20) 則存，舍則亡；出入無時，莫知其鄉 (21)。』惟心之謂與！」

【註釋】

(1) **牛山**：齊國國都臨淄以南的山。

(2) **嘗**：曾經。**美**：茂盛。

(3) **郊**：動詞，在......郊外。**大國**：大都市，指臨淄。

(4) **斤**：刀。

(5) **息**：生長。

(6) **萌**：草木初生的嫩芽。**蘖**：或作「櫱」，粵音「熱」jit6、拼音「苶」niè，樹木枝幹新長的枝芽。

(7) **從**：隨即。**牧**：放牧。

(8) **若彼**：像這樣。**濯濯**：「濯」粵音「鑿」zok6、拼音「卓」huó，沒有草木、光禿禿。

(9) **材**：成為木材（高大的樹木）。

(10) **放**：喪失（良心）。

(11) **旦旦**：天天。

(12) **平旦**：黎明。**氣**：（清新）氣息。

(13) **人**：一般人。**幾希**：一點點。

(14) **旦晝**：白天。

(15) **有**：同「又」。**桎**：粵音「谷」guk1、拼音「故」gù，原指木製的手銬，引申受束縛。**桎亡**：受束縛而喪失。

(16) **違**：距離。

(17) **才**：（人）天生的資質。

(18) **情**：實情。

(19) **養**：滋養。孟子強調人可以養氣，有如牛山的樹木可以受「平旦之氣」及「夜氣」所滋養。

(20) **操**：把握。

(21) **鄉**：通「向」，去向。

【語譯】

孟子說：『牛山的樹木曾經是茂盛的，但由於它在大都城（臨淄）的郊外，經常有人用斧頭和刀去砍伐它，它還可以保持茂盛嗎？這些樹木日夜不停地生長，雨水露珠滋潤着它們，不是沒有新的嫩芽或枝芽長出來，但隨即有人放牧牛羊，所以像這樣光禿禿的。人們看見牛山光禿禿的，便以為它從未長過成材的樹木，這難道是山的本性嗎？即使在人身上，難道沒有仁義之心嗎？有些人之所以喪失其良心，也像斧頭及刀對待樹木一樣，天天去砍伐，還可以保持茂盛嗎？他們日夜不停地生長，吸收了黎明時清新的氣息，他們的好惡就與一般人有一點點相近。但他們在第二天白天所做

事，又使他們的好惡受束縛而喪失了。反反覆覆地喪失，他們在夜間所滋生的氣息就無法保存；夜間所滋生的氣息無法保存，那麼他們就距離禽獸不遠了。人們看見這些人是禽獸，便以為他們從來就沒有人天生的資質。這難道是人的實情嗎？因此，如果得到滋養，沒有東西不生長；如果失去滋養，沒有東西不消亡。孔子說：『把握住就存在，放棄了就失去；出來進去沒有定時，沒有人知道它的去向。』說的就是人心吧！」

【11.9】

【原文】

孟子曰：「無或 (1) 乎王之不智也。雖有天下易生之物也，一日暴 (2) 之，十日寒 (3) 之，未有能生者也。吾見亦罕矣，吾退而寒之者至矣，吾如有萌焉何哉 (4) ？今夫弈 (5) 之為數 (6)，小數也；不專心致志，則不得也。弈秋 (7)，通國之善弈者也。使弈秋誨二人弈，其一人專心致志，惟弈秋之為聽；一人雖聽之，一心以為有鴻鵠 (8) 至，思援弓繳 (9) 而射之；雖與之俱學，弗若之矣。為是其智弗若 (10) 與？曰：非然也。」

【註釋】

(1) **或**：同「惑」。

(2) **暴**：同「曝」（粵音 buk6、拼音「故」pù），曝曬。

(3) **寒**：使受冷。

(4) **如**：可能。**萌**：萌芽，指剛萌芽的善心。**焉何哉**：又能怎樣。

(5) **弈**：圍棋。

(6) **數**：技藝。

(7) **弈秋**：春秋時代魯國人，自學成為棋藝高手。

(8) **鴻鵠**：「鵠」粵音「酷」huk6、拼音「湖」hú，天鵝。

(9) **思**：想着。**援**：拿起。**繳**：音「灼」（粵音 zeok3、拼音 zhuó），繫在箭上的繩，引申為箭。

(10) **弗若**：比不上。

【語譯】

　　孟子說：「王的不明智，不必覺得奇怪。即使有天下最容易生長的東西，如果曝曬它一天，再使它受冷十天，也不能夠生長。我與王相見的次數很少，我一離開，那些令他受冷的人就來了，我對他可能剛萌芽的善心又能怎樣？譬如下棋作為一種技藝，屬於小技藝；但如果不專心致志，就學不好。弈秋，是全國聞名的下棋高手，如果叫弈秋同時教兩人下棋，其中一人專心致志，只聽弈秋的教導；另一人雖然也在聽，但心裡卻以為有天鵝將要飛來，想着拿起弓去射牠。這個人雖然與別人一起學習，成績卻比不上別人。這是因為他的智力不如別人嗎？我會說：不是這樣的。」

【11.10】
【原文】

孟子曰：「魚，我所欲也；熊掌，亦我所欲也；二者不可得兼[1]，舍魚而取熊掌者也。生，亦我所欲也；義，亦我所欲也；二者不可得兼，舍生而取義者也。生亦我所欲，所欲有甚於生者，故不為苟得[2]也；死亦我所惡[3]，所惡有甚於死者，故患有所不辟[4]也。如使人所欲莫[5]甚於生，則凡[6]可以得生者，何不用也？使人之所惡莫甚於死者，則凡可以辟患者，何不為也？由是則生而有不用也，由是則可以辟患而有不為也。是故所欲有甚於生者，所惡有甚於死者。非獨賢者有是心也，人皆有之，賢者能勿喪[7]耳。一簞[8]食、一豆[9]羹，得之則生，弗得則死。呼爾而與[10]之，行道之人[11]弗受；蹴爾[12]而與之，乞人不屑也。萬鐘[13]則不辨禮義而受之。萬鐘於我何加[14]焉？為宮室之美、妻妾之奉、所識窮乏者得[15]我與？鄉[16]為身死而不受，今為宮室之美為之；鄉為身死而不受，今為妻妾之奉為之；鄉為身死而不受，今為所識窮乏者得我而為之，是亦不可以已乎？此之謂失其本心[17]。」

【註釋】

(1) **得兼**：兼得，同時獲得。此意提及「捨生取義的精神」也見於其他文獻，如《荀子·正名》云：「人之所欲生甚矣，人之所惡死甚矣；然而人有從生成死者，非不欲生而欲死，不可以生而可以死也。」南宋末期民族英雄文天祥於臨死前寫下《衣帶贊》云：「孔曰成仁，孟曰取義。唯其義盡，所以仁至。讀聖賢書，所學何事？而今而後，庶幾無愧。」是仁至、義盡的典範。

(2) **苟得**：苟且偷生。

(3) **惡**：厭惡。

(4) 辟：同「避」，躲避。

(5) 莫：不。

(6) 凡：幾乎、所有。

(7) 喪：喪失。

(8) 簞：音「單」（粵音 daan1、拼音 dān），古代盛飯的有蓋圓形小竹器（竹筐），此處作量詞用。食：粵音「寺」zi6、拼音「十」shí，飯。簞食：一竹筐飯。

(9) 豆：古代木製的有蓋器皿，用以盛載有汁液的食物。

(10) 呼爾：「呼」或作「嘑」，高聲呼喝。與：施捨。

(11) 行道之人：過路的餓人。

(12) 蹴爾：「蹴」音「促」（粵音 cuk1、拼音 cù），用腳踐踏

(13) 萬鐘：六萬四千石糧食，引申指非常豐厚的待遇。

(14) 加：好處。

(15) 得：通「德」，引申為感激。

(16) **鄉**：同「向」，以往。

(17) **本心**：本然的心、心的原本狀態。

【語譯】

孟子說：「魚，是我所想要的；熊掌，也是我所想要的；如果二者不能同時獲得，就捨棄魚而選擇熊掌。生命，是我想要的；正義，也是我想要的；如果兩者不能同時獲得，就捨棄生命而選擇正義。生命也是我想要的，但是我所想要的超越生命，所以不會苟且偷生；死亡也是我所厭惡的，但是我所厭惡的超越死亡，所以有些禍患不會躲避。如果讓人所想要的不能超越生命，那麼所有可以維持生命的方法，為甚麼不用？如果讓人所厭惡的不能超越死亡，那麼凡是可以躲避禍患的方法，為甚麼不做？照這樣做就可以生存，然而卻有人不用；照這樣做就可以躲避禍患，然而卻有人不做。所以想擁有的超越生命，所厭惡的超越死亡。不單單是賢者有這樣的心，而是每個人都有，只不過賢者能不喪失它罷了。一竹筐飯、一碗湯，得到了就能活下去，得不到就餓死。如果高聲呼喝再施捨給人，連過路的餓人都不會接受；如果用腳踩踏後再施捨給人，連乞丐也不屑於接受。但是面對萬鐘（非常豐厚）的俸祿，竟然不分辨禮與義就接受了。萬鐘的俸祿對我有甚麼好處？是為了住宅的華美、妻妾的侍奉、我所認識的窮困人感激我嗎？以往寧死也不接受的，現在卻為了住宅的華美而接受了；以往寧死也不接受的，現在為了妻妾的侍奉而接受了；以往寧死也不接受的，現在卻為了所認識的窮困人感激我而接受了，這些難道不可以停止嗎？這種做法叫做喪失了心的原本狀態。」

【11.11】

【原文】

孟子曰：「仁，人心 (1) 也；義，人路也。舍其路而弗由 (2)，放其心而不知求 (3)，哀哉！人有雞犬放，則知求之；有放心，而知求！學問之道無他，求其放心而已矣。」

【註釋】

(1) **心**：本心。錢穆認為人心本具之德屬於「性」，不屬「心」，見於「仁，人心也」此句。[19]

(2) **舍**：同「捨」，捨棄。**由**：經過。

(3) **求**：尋回。**放**：喪失。劉述先認為孟子的修養功夫是「其放心」和「不動心」（〈公孫丑上〉3.2），是繼承孔子仁心之的苗裔。[20]

【語譯】

孟子說：「仁，是人的本心；義，是人要走的正道。捨棄那道而不走，喪失本心而不知道去尋回，真是悲哀啊！有人的雞狗失了，仍知道去尋回；有人的本心喪失了，卻不知道去尋回！學之道沒有別的，就是尋回那喪失的本心罷了。」

【11.12】

【原文】

孟子曰：「今有無名之指，屈而不信 (1)，非疾痛害 (2) 事也如有能信之者，則不遠秦、楚之路，為指之不若人也。指不若人

19. 錢穆：《勸讀論語和論語讀法》，北京：商務印書館，2014 年 12 月第 1 版，第 139 頁。
20. 劉述先：《論儒家哲學的三個大時代》（重排本），香港：香港中文大學出版社，2015 年，第

則知惡之；心不若人，則不知惡。此之謂不知類⁽³⁾也。」

【註釋】

(1) **屈**：彎曲。**信**：通「伸」，伸直。

(2) **害**：妨礙。

(3) **類**：輕重。

【語譯】

　　孟子說：「現在有個人的無名指，彎曲了而不能伸直，不疼痛也不妨礙做事；但如果有人能使它伸直，即使叫他去秦國、楚國也不嫌遠，為的是無名指不如別人。無名指不如別人，就知道厭惡它；心不如別人，卻不知道厭惡。這叫做不知輕重。」

【11.13】
【原文】

　　孟子曰：「拱把之桐、梓⁽¹⁾，人苟欲生之，皆知所以養之者。至於身⁽²⁾，而不知所以養之者，豈愛身不若桐、梓哉？弗思⁽³⁾甚也！」

【註釋】

(1) **拱**：兩手可以合圍。**把**：一手可以握着。**桐、梓**：桐樹、梓樹，兩種喬木都是良木。朱熹《孟子集注》云：「拱，兩手所圍也。把，一手所握也。桐、梓，二木名。」

(2) 身：自身。

(3) 思：用心思考。

【語譯】

孟子說：「兩手可以合圍，一手可以握着的桐樹、梓樹，人們如果想它們生長，都知道怎樣培養它們；說到自身卻不知道怎樣修養，難道愛自身還不如桐樹、梓樹嗎？真是太不用心思考了！」

【11.14】

【原文】

孟子曰：「人之於身 (1) 也，兼 (2) 所愛；兼所愛，則兼所養也。無尺寸之膚不愛焉，則無尺寸之膚不養也。所以考其善不善者，豈有他哉？於己取 (3) 之而已矣。體有貴賤 (4)，有小大；無以小害大，無以賤害貴。養其小者為小人 (5)，養其大者為大人。今有場師 (6) 舍其梧、檟 (7)，養其樲、棘 (8)，則為賤 (9) 場師焉。養其一指而失其肩背而不知也，則為狼疾 (10) 人也。飲食之人，則人賤之矣，為其養小以失大也。飲食之人，無有失也，則口腹豈適 (11) 為尺寸之膚哉？」

【註釋】

(1) 身：身體。

(2) 兼：都。

(3) 取：注重。

(4) **貴、賤**：重要、次要。

(5) **小人、大人**：德行欠佳的人、有高尚德行的人。

(6) **場師**：園藝師。

(7) **梧**：梧桐樹。**檟**：音「假」（粵音 gaa2、拼音 jiǎ），楸樹。此兩種喬木都是良木。

(8) **樲棘**：「樲」音「二」，酸棗、荊棘；一說「樲棘」僅指酸棗。

(9) **賤**：不稱職。

(10) **狼疾**：同「狼藉」，昏亂、糊塗。

(11) **口腹**：口部、腹部，引申為飲食。**豈**：難道。**適**：通「啻」，音「熾」（粵音 ci3、拼音 chì），僅僅、只。

【語譯】

孟子說：「人對於自己的身體，每部分都愛護；每部分都愛護，每部分都加以保養。沒有一尺一寸的肌膚不愛護，就沒有一尺一寸的肌膚不保養。所以考察他保養得好不好，難道有別的方法嗎？看他注重保養身體的哪一部分罷了。身體有重要的部分，有次要部分；有小的部分，有大的部分。不要因為小的部分而損害大的部分，不要因為次要的部分而損害重要的部分。保養小的部分的是小人（德行欠佳的人），保養大的部分的是大人（有高尚德行的

人）。如果有一位園藝師，捨棄梧桐、楸樹，卻去培養酸棗、荊棘，那就是一位不稱職的園藝師。如果有人為了保養他的一根手指而失去肩、背，自己卻不知道，那麼他便是一個糊塗的人。講究飲食的人，別人都鄙視他們，因為他們保養小的部分而損害大的部分。如果講究飲食的人沒有錯失重要的部分，那麼他們的飲食難道只為了保養那一尺一寸的肌膚（口、腹）嗎？」

【11.15】

【原文】

公都子問曰：「鈞 [(1)] 是人也，或為大人 [(2)]，或為小人，何也？

孟子曰：「從其大體 [(3)] 為大人，從其小體為小人。」

曰：「鈞是人也，或從其大體，或從其小體，何也？」

曰：「耳目之官不思，而蔽 [(4)] 於物。物交物，則引之而已矣。心之官則思，思則得之，不思則不得也。此天之所與我 [(5)] 者。先立乎其大者，則其小者不能奪 [(7)] 也。此為大人而已矣。」

【註釋】

(1) **鈞**：同「均」。

(2) **大人、小人**：有高尚德行的人、德行欠佳的人。

(3) **從**：順從。**大體、小體**：根據下文的意思，重要器官指心，次要器官指耳朵、眼睛等。

(4) **蔽**：蒙蔽。**物**：外物。

(5) **我**：我們，泛指人類。

(6) **立**：確立。

(7) **奪**：乘上文「則引之而已矣」，解被引誘；一說解奪取。

【語譯】

公都子問道：「同樣是人，有的成為大人（有高尚德行的人），有的成為小人（德行欠佳的人），為甚麼？」

孟子說：「順從身體的重要器官（心）的成為大人，順從身體的次要器官（耳朵、眼睛等）的成為小人。」

公都子說：「同樣是人，有些人順從重要官能，有些人順從次要官能，為甚麼？」

孟子說：「耳朵、眼睛等器官不會思考，被外物所蒙蔽。事物與事物相接觸，就會受到引誘。心這器官則會思考，思考就會有所得，不思考就得不到。這是上天賦予我們的。所以，先確立身體的重要部分，它的次要部分就不被引誘了。這樣便可以成為有高尚德行的人。」

【11.16】
【原文】

孟子曰：『有天爵 (1) 者，有人爵 (2) 者。仁、義、忠、信，樂善不倦，此天爵也；公卿大夫，此人爵也。古之人修其天爵，而人爵從 (3) 之。今之人修其天爵，以要 (4) 人爵；既 (5) 得人爵，而棄其天爵，則惑之甚者也，終亦必亡而已矣。」

第十一章　告子上

【註釋】

(1) **天爵**：天賜的爵位。

(2) **人爵**：人授予的爵位。

(3) **從**：隨之而來。

(4) **要**：通「邀」，追求。

(5) **既**：一旦。

【語譯】

孟子說：「有天賜的爵位，有人授予的爵位。仁、義、忠、信，樂於行善而不厭倦，這是天賜的爵位；公卿大夫，這是人授予的爵位。古代的人修養他天賜的爵位，人授予的爵位就會隨之而來。現在的人修養他天賜的爵位，是要追求人授予的爵位；一旦得到人授予的爵位，就拋棄天賜的爵位，這實在是太糊塗了，最終連人授予的爵位也必失去。」

【11.17】
【原文】

孟子曰：「欲貴 (1) 者，人之同心也。人人有貴於己者，弗思耳。人之所貴者，非良貴也。趙孟 (2) 之所貴，趙孟能賤之。《詩》(3) 云『既醉以酒，既飽 (4) 以德。』言飽乎仁義也，所以不願 (5) 人之膏粱之味也；令聞廣譽 (7) 施於身，所以不願人之文繡 (8) 也。」

【註釋】

(1) **貴**：尊貴。

(2) **趙孟**：春秋時代晉國正卿趙盾，字孟。他的子孫（如：趙文子趙武、趙簡子趙鞅、趙襄子趙無恤等）都被稱為趙孟，此處指代有權勢的人。

(3) **《詩》**：《詩經‧大雅‧生民之什‧既醉》，是一首描述周代統治者祭祀祖先過程的詩歌。

(4) **飽**：使滿足。

(5) **願**：羨慕。

(6) **膏粱**：「膏」是肥肉，「粱」是精細白米，「膏粱」泛指美食。

(7) **文繡**：「文」是「花紋」，繡有彩色花紋的衣服。

(8) **令聞**：美好的聲望。**廣譽**：廣泛的稱讚。

【語譯】

孟子說：「希望尊貴，這是人的共同心理。每個人自己都有可貴的東西，只是不去深思罷了。別人所給與的尊貴，不是真正的貴。趙孟（有權勢的人）可以給與他人尊貴，趙孟也可以使他人賤。《詩經‧大雅‧生民之什‧既醉》說：『既有美酒使我醺醉，有美德使我滿足。』如果人已經滿足於仁義，就不羨慕別人的肥

肉、精細白米；美好的聲望及廣泛的稱讚施加在身上，就不羨慕別人繡有彩色花紋的衣服。」

【11.18】

【原文】

孟子曰：「仁之勝不仁也，猶水勝火。今之為仁者，猶以一杯水救一車薪[1]之火也；不熄，則謂之水不勝火。此又與於不仁之甚[2]者也，亦終必亡而已矣！」

【註釋】

(1) **薪**：木柴。此章的內容成為現今的成語「杯水車薪」，表示其量不足以成事。

(2) **又**：就。**與**：給與。**甚**：嚴重，引申為很大。

【語譯】

孟子說：「仁能夠勝過不仁，就像水能夠滅火一樣。但如今施行仁德的人，就像用一杯水去救一車木柴燃起的大火；滅不了火就說水不能夠滅火。這樣就給與不仁的人很大的動力，最終連他們原有的一點點仁德也會喪失掉！」

【11.19】

【原文】

孟子曰：「五谷[1]者，種之美[2]者也。苟為不熟，不如荑、稗[3]夫仁，亦在乎[4]熟之而已矣。」

【註釋】

(1) **五谷**：「谷」通「穀」，五穀一般指稻、黍（黍米）、稷（小米）、麥、菽（大豆），泛指糧食。

(2) **美**：美好。

(3) **荑、稗**：「荑」通「稊」（音「蹄」，粵音 tai4、拼音 tí），「稗」音「敗」（粵音 baai6、拼音 bài）。荑、稗為兩種似禾的草，果實可用作飼料。

(4) **乎**：介詞，解「於」。

【語譯】

孟子說：「五穀，是植物中的美好東西。但如果未成熟，就不如荑、稗之類的野草。仁也在乎使它成熟罷了。」

【11.20】
【原文】

孟子曰：「羿之教人射，必志於彀 [(1)]，學者亦必志於彀 [(2)]。大匠誨 [(3)] 人，必以規矩 [(4)]，學者亦必以規矩。」

【註釋】

(1) **志**：期望。

(2) **彀**：音「夠」（粵音 gau3、拼音 gòu），拉滿弓。

(3) **誨**：教。

(4) **規**：圓規，畫圓形的工具，可參考〈離婁上〉7.1 的註譯。
矩：曲尺，畫方形的工具。現今「規矩」指規定、規則。

【語譯】

孟子說：「后羿教人射箭，一定期望把弓拉滿，學習的人也一定期望把弓拉滿。高明的工匠教人手藝，一定要依照規矩，學習的人也一定要依照規矩。」

第十二章

告子下

本篇有16章，內容較為零散。孟子重申「人皆可以為堯、舜」，只是世人不肯去做而已（12.2）。孟子指人「懷仁義」之心與人交往，不必「曰利」（12.4）。孟子認為賢人（如伯夷、伊尹）不事暴君，賢人（如子思、孔子）不受重用，是因為普通人不了解君子的行為（12.6）。君子有責任「務引其君以為道，志於仁」，但當時的君主不嚮往道，所謂「良臣」也「不志於仁」，成為「民賊」（12.8）。孟子以「故天將降大任於是人也，必先苦其心志」的名句，指人要經歷憂慮、禍患才會奮發，「然後知生於憂患而死於安樂」（12.15）。

【12.1】

【原文】

任 [(1)] 人有問屋廬子 [(2)] 曰：「禮與食孰重？」

曰：「禮重。」

「色 [(3)] 與禮孰重？」

曰：「禮重。」

曰：「以禮食，則饑而死；不以禮食，則得食，必以禮乎？親迎 [(4)]，則不得妻；不親迎，則得妻，必親迎乎？」

屋廬子不能對 [(5)]，明日之鄒 [(6)]，以告孟子。

孟子曰：「於！答是也，何有？不揣其本 [(7)]，而齊其末 [(8)]，方寸之木可使高於岑樓 [(9)]。金重於羽者，豈謂一鈎金與一輿 [(10)] 羽之謂哉？取食之重者與禮之輕者而比之，奚翅 [(11)] 食重？取色之重者與禮之輕者而比之，奚翅色重？往應之曰：『紾 [(12)] 兄之臂而奪之食，則得食；不紾，則不得食，則將紾之乎？踰東家牆而摟其處子 [(13)]，則得妻；不摟，則不得妻，則將摟之乎？』」

(1) **任**：春秋時代國名，太皞（音「號」，或稱大皞、太昊）的後人，風姓，故址在今山東省濟寧市。太皞是古代官方祭祀的「五方天帝」中的「東方天帝」。

(2) **屋廬子**：複姓屋廬，名連，孟子學生。

(3) **色**：娶妻。

(4) **親迎**：古代婚姻禮儀之一，新郎親自到女家迎接新娘，此處指按禮制娶親。

(5) **對**：回答。

(6) **之**：到、去。**鄒**：國名，即當時的小國邾國，位於今山東省鄒城市東南。

(7) **揣**：量度。**本**：根本、基礎。

(8) **末**：末端。

(9) **岑樓**：尖頂高樓。

(10) **鈎**：衣帶的鈎。**一鈎金**：衣帶鈎用金半鈞（古時重量單位，約三十斤），即三錢多重的金。**輿**：車。

(11) **奚**：為何。**翅**：同「啻」，音「熾」（粵音 ci3、拼音 chì），僅僅、只。

(12) **紾**：音「診」（粵音 can2、拼音 zhěn），扭傷。

(13) **踰**：通「踰」，爬過。**東家**：東邊鄰居。**摟**：摟抱。**處子**：處女，未出嫁而尚保貞操的女子。

【語譯】

有個任國人問屋廬子說：「禮儀和食飯哪一樣重要？」

屋廬子說：「禮儀重要。」

任國人問：「娶妻和禮儀哪一樣重要？」

屋廬子說：「禮儀重要。」

任國人問：「如果按照禮儀去找飯吃，就會餓死；不按照禮儀去找飯吃，卻能得到吃的，那麼一定要按照禮儀嗎？如果按照『親迎』的禮儀去迎親，就娶不到妻子；不按照『親迎』的禮儀去迎親，卻可以娶到妻子，那麼一定要按照『親迎』的禮儀嗎？」

屋廬子沒有辦法回答，第二天去鄒國，向孟子轉告任國人的話。

孟子說：「唉！回答這問題，有甚麼困難？如果不去量度它們基礎的高低，而將它們的末端對齊，那麼一塊一寸長的木頭可以使它比尖頂高樓還高。金子比羽毛重，難道是說一個衣帶鈎的金子（三錢多重）比一車羽毛還重嗎？拿吃飯的重要方面與禮儀的次要方面相比，為何只有吃飯重要？拿娶妻的重要方面與禮儀的次要方面相比，為何只有娶妻重要？你去答覆他：『扭傷哥哥的手臂而搶走他的食物，就得到吃的；不扭傷，就得不到吃的，那麼應該去扭

傷嗎？爬過東邊鄰居的牆壁去摟抱人家未出嫁的女子，就可以得到妻子；不去摟抱，便得不到妻子，那麼應該去摟抱嗎？』」

【12.2】

【原文】

曹交 [(1)] 問曰：「人皆可以為堯、舜，有諸？」

孟子曰：「然。」

「交聞文王十尺 [(2)]，湯九尺，今交九尺四寸以長，食粟而已，如何則可？」

曰：「奚有於是 [(3)]？亦為之而已矣。有人於此，力不能勝一匹雛 [(4)]，則為無力人矣；今日舉百鈞 [(5)]，則為有力人矣。然則舉烏獲 [(6)] 之任，是亦為烏獲而已矣。夫人豈以不勝為患哉？弗為耳。徐行後長者謂之弟 [(7)]，疾行先長者謂之不弟。夫徐行者，豈人所不能哉？所不為也。堯、舜之道，孝弟而已矣。子服堯之服，誦 [(8)] 堯之言，行堯之行，是堯而已矣。子服桀之服，誦桀之言，行桀之行，是桀而已矣。」

曰：「交得見於鄒君，可以假館 [(9)]，願留而受業於門。」

曰：「夫道若大路然，豈難知哉？人病 [(10)] 不求耳。子歸而求之，有餘 [(11)] 師！」

【註釋】

(1) **曹交**：人名，身份不詳。趙歧《孟子註疏》云：「曹交，曹君之弟。交，名也。」認為曹交是曹國君主（曹君）之弟，但曹國於孟子時代已滅亡。

(2) **尺**：周代時一尺約等於現今的 19.9 厘米，「十尺」、「九尺」

及「九尺四寸」分別約等於現時 199 厘米、179 厘米及 188 厘米。

(3) **奚有**：即「何有」，有甚麼困難。**是**：這。

(4) **勝**：勝任（提起）。**一匹雛**：一隻小雞。

(5) **鈞**：古時重量單位，約三十斤，「百鈞」是三千斤。

(6) **烏獲**：戰國時代秦武王的大力士，其後成為大力士的代稱。

(7) **徐行、疾行**：慢步、快步。**長者**：長輩。**弟**：同「悌」，粵音 tai5、拼音 tì，尊敬兄長，引申為尊敬長輩。

(8) **誦**：說。

(9) **假館**：借住處。

(10) **病**：怕。

(11) **有餘**：許多。

【語譯】

曹交問道：「每個人都可以成為堯、舜，有這說法嗎？」

孟子說：「有。」

曹交說：「我聽說周文王身高十尺，商湯身高九尺，如今我身高九尺四寸多，卻只會吃飯罷了，要怎樣才可以成為堯、舜？」

孟子說：「這有甚麼困難？只要去做就行了。如果有一個人，力氣提不起一隻小雞，那麼他是一個沒有力氣的人；如果能舉起三千斤的東西，那麼他是一個有力氣的人。如果能舉起烏獲（秦國大力士）所舉的重量，也就成為烏獲（大力士）了。人難道以不能勝任為擔憂嗎？只是不去做罷了。慢步墮在長輩後面走叫做悌；快步搶在長輩前面走叫做不悌。慢步難道是人做不到的嗎？不去做罷了。堯、舜之道，就是孝和悌罷了。你穿上堯的衣服，說堯說的話，做堯做的事，你就是堯了。你穿上桀的衣服，說桀說的話，做桀做的事，你就是桀了。」

曹交說：「我準備去拜見鄒君，向他借個住處，希望留下來在您門下學習。」

孟子說：「道就像一條大路，難道難於了解嗎？只怕人不去尋找罷了。你回去自己尋找，老師多得很！」

【12.3】

【原文】

公孫丑問曰：「高子 [(1)] 曰：『《小弁》 [(2)]，小人之詩也。』」

孟子曰：「何以言之？」

曰：「怨 [(3)]。」

曰：「固 [(4)] 哉，高叟之為 [(5)] 詩也！有人於此，越人關 [(6)] 弓而射之，則己談笑而道之；無他，疏 [(7)] 之也。其兄關弓而射之，則己垂涕泣而道 [(8)] 之；無他，戚 [(9)] 之也。《小弁》之怨，親親 [(10)] 也；親親，仁也。固矣夫 [(11)]，高叟之為詩也！」

曰：「《凱風》 [(12)] 何以不怨？」

曰：「《凱風》，親之過 [(13)] 小者也；《小弁》，親之過大者也。親之過大而不怨，是愈疏也。親之過小而怨，是不可磯 [(14)] 也。

愈疏，不孝也；不可磯，亦不孝也。孔子曰：『舜其至孝矣，五十而慕⁽¹⁵⁾。』」

【註釋】

(1) **高子**：人名，朱熹《孟子集注》云：「齊人也。」認為他是齊國人，可能是〈公孫丑下〉4.12 及〈盡心下〉14.21 提及的「高子」（孟子學生）。

(2) **《小弁》**：「弁」音「盤」（粵音 pun4、拼音 pán），《詩經・小雅・小旻之什・小弁》，是一首描述一個人被父母拋棄的詩，主角的內心充滿憂憤、哀怨。相傳是由周幽王的太子（其後成為周平王）所作，藉以諷刺周幽王；一說是周宣王的名臣尹吉甫之子，因受後母的讒言而作此詩。

(3) **怨**：怨恨。

(4) **固**：拘泥、固執不通。

(5) **高叟**：叟是「翁」，高老先生。**為**：評論。

(6) **越人**：越國人，或指當時南方的蠻人。**關**：通「彎」，拉弓。

(7) **疏**：疏遠。

(8) **道**：告訴、說。

(9) **戚**：親人。

《孟子》今註今譯

(10) **親親**：首個「親」字是動詞，解親愛、愛護；第二個「親」字是名詞，指親人。《中庸》第二十章對「親親」有詳盡的論述。

(11) **矣**：或作「已」，助詞。**固矣夫**：真固執。

(12)**《凱風》**：《詩經・國風・邶風・凱風》，是一首充滿自責而安慰母親的詩。朱熹《孟子集注》云：「衛有七子之母，不能安其室，七子作此以自責也。」

(13) **過**：過失。

(14) **磯**：音「基」，原指水邊突出的岩石，經常受水沖擊，引申為激怒。朱熹《孟子集注》云：「磯音幾，水激石也。不可磯，言微激之而遽怒也。」

(15) **慕**：思慕、思念。

【語譯】

公孫丑問道：「高子說：『《詩經・小雅・小旻之什・小弁》，是小人作的詩。』」

孟子說：「為什麼這樣說？」

公孫丑說：「因為它有怨恨。」

孟子說：「高老先生對這詩的評論太固執不通了！譬如這裡有一個人，越國人要拉弓去射他，那麼他會笑着講述這件事；沒有別的原因，因為越國人和他的關係疏遠。如果是他哥哥要拉弓去射他，他會流着眼淚講述這件事；沒有別的原因，因為哥哥是他的親

人。〈小弁〉篇的怨恨，是出於愛護親人；愛護親人，是仁的表現。高老先生對這詩的評論太固執不通了！」

公孫丑說：「《詩經·國風·邶風·凱風》為甚麼沒有怨恨？」

孟子說：「〈凱風〉篇中，母親的過失小；〈小弁〉篇中，父親的過失大。父母的過錯大而子女不怨恨，是更加疏遠父母；父母的過錯小而子女不怨恨，是不能激怒父母。更加疏遠父母，是不孝；不能激怒父母，也是不孝。孔子說：『舜是最孝順的人，五十歲還思念父母。』」

【12.4】

【原文】

宋牼 [1] 將之楚，孟子遇於石丘 [2]，曰：「先生將何之？」

曰：「吾聞秦、楚構兵 [3]，我將見楚王說 [4] 而罷之。楚王不悅 [5]，我將見秦王說而罷之。二王我將有所遇 [6] 焉。」

曰：「軻也請無問其詳，願聞其指 [7]。說之將何如？」

曰：「我將言其不利 [8] 也。」

曰：「先生之志則大 [9] 矣，先生之號 [10] 則不可。先生以利說秦、楚之王，秦、楚之王悅於利，以罷三軍之師，是三軍之士樂罷而悅於利也。為人臣者懷利以事其君，為人子者懷利以事其父，為人弟者懷利以事其兄，是君臣、父子、兄弟終去仁義，懷利以相接；然而不亡者，未之有也！先生以仁義說秦、楚之王，秦、楚之王悅於仁義，而罷三軍之師，是三軍之士樂罷而悅於仁義也。為人臣者懷仁義以事其君，為人子者懷仁義以事其父，為人弟者懷仁義以事其兄，是君臣、父子、兄弟去利，懷仁義以相接也；然而不王者，未之有也！何必曰利？」

(1) **宋牼**：「牼」粵音「徑」hang1、拼音「坑」kēng，亦稱「宋
鈃」、「宋榮」，戰國時代宋國的著名學者，主張和平、反戰。

(2) **石丘**：地名，地址不詳。

(3) **構**：交合、連接。**構兵**：交戰。

(4) **說**：音「稅」，勸說。

(5) **悅**：原解高興，引申為聽從（遊說）。

(6) **遇**：成功（遊說）。

(7) **指**：同「旨」，大概。

(8) **利**：利益。「何必曰利」也見於〈梁惠王上〉1.1。

(9) **志**：動機。**大**：很好。

(10) **號**：提法。

【語譯】
宋牼準備去楚國，孟子在石丘遇到他。孟子問：「您準備到哪
裡去？」

宋牼說：「我聽說秦、楚兩國交戰，我準備去見楚王，遊說他

罷兵。如果楚王不聽，我準備去見秦王而遊說他罷兵。在兩個國王中，我將會成功遊說其中一個。」

孟子說：「我不想問得太詳細，只想知道你的大概，你準備怎樣遊說他們？」

宋牼說：「我打算說交戰是不利的。」

孟子說：「先生的動機是很好的，但您的提法卻行不通。您用利益去遊說秦王、楚王，如果秦王、楚王因為利益而高興，於是停止軍事行動，軍隊的官兵也因為利益而高興、樂意罷兵。做臣子的懷着利益的心去侍奉君主，做兒子的懷着利益的心去侍奉父親，做弟弟的懷着利益的心去侍奉兄長，這就會使君臣、父子、兄弟之間最終拋棄仁義，懷着利益的心互相對待；這樣做國家不滅亡，是沒有的！如果先生以仁義遊說秦王、楚王，秦王、楚王因為仁義而高興，於是停止軍事行動；軍隊的官兵也因為仁義而高興、樂意罷兵。做臣子的懷着仁義的心去侍奉君主，做兒子的懷着仁義的心去侍奉父親，做弟弟的懷着仁義的心去侍奉兄長；這就會使君臣、父子、兄弟之間去掉利益，懷着仁義互相對待；這樣做卻不能稱王天下，是沒有的！何必談到利？」

【12.5】

【原文】

孟子居鄒，季任為任處守 (1)，以幣交 (2)，受之而不報 (3)。處於平陸 (4)，儲子為相 (5)，以幣交，受之而不報。他日由鄒之 (6) 任，見季子 (7)；由平陸之齊，不見儲子。屋廬子 (8) 喜曰：「連得間 (9) 矣！」問曰：「夫子之任見季子，之齊不見儲子，為其為相與 (10)？」

曰：「非也。《書》(11) 曰：『享多儀 (12)，儀不及物曰不享。惟不役志 (13) 於享。』為其不成享也！」

屋廬子悅。或問之[14]，屋廬子曰：「季子不得之鄒，儲子得之平陸。」

【註釋】

(1) **季任**：任國君主之弟。**任**：任國。**處守**：留守（因君主外訪而代理國政）。

(2) **幣**：古時玉、馬、皮、圭、璧、帛皆稱幣，泛指禮物。**交**：結交。

(3) **報**：回謝。朱熹《孟子集注》云：「來見則當報之，但以幣交，則不必報也。」認為客人來見就應該回謝，但以禮物相交則毋須必定回謝。

(4) **處**：居住。**平陸**：齊國邊境的都邑，在今山東省濟寧市汶上縣北。

(5) **儲子**：戰國時代齊國大夫。**相**：相國。

(6) **之**：至、往。

(7) **季子**：指季任。

(8) **屋廬子**：複姓屋廬，名連，孟子學生。

(9) **連**：屋廬子自稱。**間**：原指間隙，引申為差錯。

(10) **為其為相與**：首個「為」字解因為，第二個「為」指作為（卿相）。**與**：疑問詞，相等於「嗎」。

(11)**《書》**：《尚書‧周書‧洛誥》，提及周朝打算在洛邑（今河南省洛陽市）修建都城，周公向周成王報告占卜的吉祥預兆。

(12) **享**：享（奉）獻。**多**：重。**儀**：禮儀。

(13) **役志**：用心。

(14) **或**：有人。**之**：指屋廬子。

【語譯】

孟子住在鄒國的時候，季任留守任國（代理國政），以禮物結交孟子，孟子接受了卻不回謝。孟子住在齊國平陸的時候，儲子是齊國的卿相，以禮物結交孟子，孟子接受了卻不回謝。有一天孟子從鄒國前往任國，前去拜訪季任；孟子由平陸前往齊國卻不去見儲子。屋廬子高興地說：「我發現了先生的差錯了！」屋廬子去問孟子說：「您到任國去見季任，到齊國卻不去見儲子，是因為儲子只是一個卿相嗎？」

孟子說：「不是的。《尚書‧周書‧洛誥》說：『享獻禮物以禮儀為重，如果禮儀配不上禮物，就等於沒有享獻，因為沒有用心於享獻。』（我不去見儲子）是因為儲子沒有完成那享獻啊！」

屋廬子聽了很高興。有人問他這件事，屋廬子說：「季任（因留守任國）無法到鄒國見孟子，儲子卻可以到平陸去見孟子。」

【12.6】

【原文】

淳於髡 (1) 曰：「先名實 (2) 者，為人 (3) 也；後名實者，自為也。夫子在三卿 (4) 之中，名實未加於上下 (5) 而去之，仁者固如此乎？」

孟子曰：「居下位，不以賢事不肖者，伯夷也。五就 (6) 湯、五就桀者，伊尹也。不惡污君，不辭小官者，柳下惠也。三子 (7) 者不同道，其趨 (8) 一也。一者何也？曰：仁也。君子亦仁而已矣，何必同？」

曰：「魯繆公之時，公儀子 (9) 為政，子柳 (10)、子思為臣，魯之削也滋甚 (11)。若是乎，賢者之無益於國也！」

曰：「虞不用百里奚 (12) 而亡，秦穆公用之而霸。不用賢則亡，削何可得與？」

曰：「昔者王豹處於淇 (13)，而河西善謳 (14)。綿駒處於高唐 (15)，而齊右 (16) 善歌。華周、杞梁 (17) 之妻，善哭其夫，而變國俗。有諸內，必形諸外。為其事而無其功者，髡未嘗睹之也。是故無賢者也，有則髡必識 (18) 之。」

曰：「孔子為魯司寇 (19)，不用 (20)；從而祭，燔肉 (21) 不至，不稅冕 (22) 而行。不知 (23) 者以為為肉也，其知者以為為無禮也。乃孔子則欲以微罪行，不欲為苟去。君子之所為，眾人 (24) 固不識也。」

【註釋】

(1) **淳於髡**：「髡」音「坤」（粵音 kwan1、拼音 kūn），戰國時代齊國著名辯士，獲齊威王拜為政卿大夫。

(2) **先**：重視。**名實**：名聲、功績。朱熹《孟子集注》云：「名，聲譽也。實，事功也。」

(3) **為人**：為別人着想。

(4) **三卿**：上、中、下卿。

(5) **上、下**：向上輔助君主、向下救濟人民。

(6) **就**：原指前往，引申為服務。

(7) **三子**：三人，即伯夷、伊尹、柳下惠三人。

(8) **趨**：方向。

(9) **公儀子**：公儀休，又名公孫儀，春秋時代魯國宰相。公儀休推行廉政、奉公守法。

(10) **子柳**：泄柳，春秋時代魯國人，魯繆公時期的賢臣（事跡見於〈滕文公下〉6.7）。

(11) **削**：（魯國）國土被削減；一說國力被削弱。**滋甚**：更加厲害。

(12) **虞**：春秋時代國名，在今山西省運城市平陸縣東北。**百里奚**：複姓百里，名奚（或傒）。

(13) **王豹**：衛國人（一說齊國人），擅長歌唱。**處**：居住。**淇**：淇水，或稱淇河，於今河南省鶴壁市淇縣入衛河。

(14) **河西**：淇河以西，在今河南省鶴壁市淇縣一帶（古為商朝都城朝歌）。**謳**：音「歐」（粵音 au1、拼音 ōu ），歌唱。

(15) **綿駒**：「綿」或作「緜」，齊國人，擅長歌唱。**高唐**：齊國西部的邑，位於今山東省禹城市西南。

(16) **齊右**：「右」指西方，高唐位於齊國國都臨淄以西，故稱「齊右」。

(17) **華周、杞梁**：華周或作華舟、華旋，杞梁名殖，兩人均為春秋時代齊國大夫，跟從齊莊公（齊國第十二任君主）伐莒（音「舉」）國時戰死。朱熹《孟子集注》云：「二人皆齊臣，戰死於莒，其妻哭之哀，國俗化之，皆善哭。」

(18) **識**：知道。

(19) **司寇**：官名，古六卿之一，掌管刑獄、司法。

(20) **用**：重用。

(21) **燔肉**：「燔」音「凡」（粵音 faan4、拼音 fán），祭肉。

(22) **稅**：通「脫」，脫去。**冕**：祭祀時載的禮帽。

(23) **知**：明白（事理）。

(24) **眾人**：普通人。

淳於髡說:「以名聲、功績為重的,是為了別人着想;以名聲、功績為輕的,是為了自己着想。您的地位在齊國三卿之中,但名聲、功績卻未能向上輔助君主、向下救濟人民,就辭職離開,有仁德的人本來是這樣的嗎?」

孟子說:「地位低微時,不以賢者的身份去侍奉不賢的君主,是伯夷;五次服務商湯、五次服務夏桀的,是伊尹;不厭惡卑污的君主,不推辭卑微官職的,是柳下惠。這三個人的行為不同,但他們的方向是一致的。這一致是什麼?應該就是仁。君子做到仁就好了,何必要做法相同?」

淳於髡說:「魯繆公的時候,公儀子執政,子柳(泄柳)、子思(孔伋)擔任大臣,然而魯國國土被削減就更加厲害。就這樣,賢者對於國家沒有好處!」

孟子說:「虞國不任用百里奚而亡國,秦穆(繆)公任用百里奚而稱霸。不任用賢者就滅亡,到時只想國土被削減也做不到!」

淳於髡說:「從前王豹住在淇水邊,河西的人因而善於唱歌;綿駒住在高唐,齊國西部的人因而善於唱歌;華周、杞梁的妻子,為丈夫戰死而痛哭,因而改變了國家風俗。內裡有甚麼,必定表現於外面。做了事而沒有功效的,我從未見過。所以說現在沒有賢者,如果有,我一定會知道。」

孟子說:「孔子做魯國司寇的時候,不被重用;跟著君主去祭祀,祭肉卻不按禮儀送來,於是不脫禮帽就急着離開。不明白事理的人認為孔子是為了祭肉而離開,明白事理的人認為孔子是因為魯君無禮而離開。至於孔子卻要背負一個小罪名,不想隨便離開。君子所做的事,普通人本來就不會了解的。」

【12.7】

【原文】

孟子曰：「五霸[(1)]者，三王[(2)]之罪人也。今之諸侯，五霸之罪人也。今之大夫[(3)]，今之諸侯之罪人也。天子適諸侯曰巡狩[(4)]；諸侯朝於天子曰述職[(5)]。春省耕[(6)]而補不足，秋省斂而助不給[(7)]。入其疆[(8)]，土地辟[(9)]，田野治，養老尊賢，俊杰在位，則有慶[(10)]，慶以地。入其疆，土地荒蕪，遺老、失賢，掊克[(11)]在位，則有讓[(12)]。一不朝，則貶其爵；再不朝，則削其地；三不朝，則六師移之[(13)]。是故天子討而不伐[(14)]，諸侯伐而不討。五霸者，摟[(15)]諸侯以伐諸侯者也；故曰：五霸者，三王之罪人也。五霸，桓公為盛。葵丘之會[(16)]，諸侯束牲載書而不歃血[(17)]。初命[(18)]曰：『誅不孝，無易樹子[(19)]，無以妾為妻[(20)]。』再命曰：『尊賢、育才，以彰有德。』三命曰：『敬老、慈幼，無忘賓旅[(21)]。』四命曰：『士無世官[(22)]，官事無攝[(23)]，取士必得[(24)]，無專殺[(25)]大夫。』五命曰：『無曲防[(26)]，無遏糴[(27)]，無有封而不告[(28)]。』曰：『凡我同盟之人，既盟之後，言歸於好。』今之諸侯，皆犯此五禁，故曰：今之諸侯，五霸之罪人也。長君之惡[(29)]，其罪小；逢[(30)]君之惡，其罪大。今之大夫，皆逢君之惡，故曰：今之大夫，今之諸侯之罪人也。」

【註釋】

(1) **五霸**：根據《史記》，「五霸」是春秋時代的齊桓公、晉文公、秦穆公、宋襄公、楚莊王。《荀子·王霸》則認為「五霸」是齊桓公、晉文公、楚莊王、吳王闔閭、越王勾踐。

(2) **三王**：三代聖王。朱熹於《孟子集注》認為「三王」是夏禹、商湯、周文武二王，趙歧於《孟子註疏》則認為「三王」是夏禹、

商湯、周文王。

(3) **大夫**：古代官名，西周至先秦期間，諸侯國君主之下設卿、大夫、士三級。一說認為夏、商、周三代的官大多是大夫，所以此「大夫」泛指百官。

(4) **適**：往。**諸侯**：古代分封制中各方君主的統稱。根據周朝制度，諸侯需要服從王室的政令，向王室朝貢、述職及服役等。**巡狩**：也作「巡守」，天子巡視諸侯為其守護的土地。古時天子每十二年巡狩諸侯國一次，諸侯每五年朝見天子一次。

(5) **朝**：朝見。**述職**：古時諸侯向天子陳述職守，彙報工作。

(6) **省**：視察。**耕**：（人民）耕種。

(7) **斂**：收聚，引申為收穫。**給**：充足。天子視察人民耕種的收成，補助收穫不足者。

(8) **疆**：疆土。

(9) **辟**：同「闢」，開闢。

(10) **慶**：獎賞。

(11) **掊克**：「掊」音「抔」（粵音 pau4、拼音 póu），聚斂、苛稅斂財。

(12) **讓**：責罰。

(13) **六師**：天子的軍隊。根據周朝制度，一「軍」有一萬二千五百人，天子有六軍，大的諸侯國有三軍（上軍、中軍、下軍）。**移之**：派軍隊到諸侯國；一說移除三次不朝拜的諸侯。

(14) **討**：聲討（罪狀）。**伐**：諸侯奉天子之命去攻打。

(15) **摟**：聚合、聯同。朱熹《孟子集注》云：「牽也。五霸牽諸侯以伐諸侯，不用天子之命也。」

(16) **葵丘**：春秋時代宋國地名，在今河南省商丘市民權縣（一說河南省開封市考城鎮）。**葵丘之會**：或稱「葵丘會盟」，公元前651年，齊桓公於葵丘與多個諸侯國（包括魯、宋、衛、鄭、許、曹等）的君主會盟，標誌其霸業達到頂峰。

(17) **束牲**：捆綁犧牲（供盟誓、宴會享用的牲畜），但不殺。**載書**：將盟約放在犧牲身上。**歃血**：「歃」音「霎」（粵音saap3、拼音shà），盟誓時殺掉犧牲而飲其血，以示誠信。朱熹《孟子集注》云：「按春秋傳僖公九年，葵丘之會，陳牲而不殺，讀書（載書函藏之）加於牲上，壹明天子之禁。」

(18) **初命**：「命」是盟約，盟約的第一條。

(19) **易**：撤換。**樹**：確立（世子）。**子**：世子。

(20) **以妾為妻**：廢妻子（正室）而改立妾（側室）。

(21) **忘**：待慢。**賓旅**：賓客、旅客。

(22) **世官**：世代為官，世襲。

(23) **攝**：代理、兼任職務。

(24) **取**：取錄。**得**：得到（賢才）。

(25) **專殺**：擅自殺害。

(26) **曲防**：到處修築堤防，朱熹《孟子集注》云：「不得曲為提防，壅泉激水以專小利，病鄰國也。」

(27) **遏糴**：阻止。**糴**：音「笛」（粵音 saap3、拼音 dí），（鄰國來）購買糧食。

(28) **封**：（私自）封賞。**告**：事先稟告盟主（一說天子）。

(29) **長**：助長。**惡**：惡行。

(30) **逢**：逢迎、迎合。

【語譯】

孟子說：「春秋時代的五霸，是三代聖王的罪人。現在的諸侯，是五霸的罪人。現在的大夫，是現在諸侯的罪人。天子每隔十二年到諸侯國巡視，叫做巡狩；諸侯每五年朝見天子一次，叫做述職。春天視察人民耕種的情況，並補助收成不足者；秋天視察人民的收穫，並對收穫不足者給與補助。天子進入諸侯的疆土，如果土地得到開闢，田野得到整治，老人得到供養、賢者得到尊敬，傑出的人在朝做官，諸侯就會有獎賞，獎賞是土地；天子進了諸侯的疆土，如果土地荒廢，老人被遺棄，賢者得不到任用，苛稅斂財的人在位，就會有責罰。諸侯一次不來朝見，就貶低他的爵位；再次不朝見，就削減他的封地；三次不來朝見，就派軍隊前往。所以天子只下令聲討諸侯的罪行，而不是親加征伐；諸侯則是奉天子之命去征伐，而不是聲討罪行。五霸，是聯同一些諸侯去征伐其他諸侯；所以說五霸是三代聖王的罪人。五霸之中，以齊桓公為強盛。他在葵丘舉行諸侯會盟，諸侯們捆綁犧牲（牲畜），將盟約放在犧牲身上，但沒有歃血。盟約第一條說：『聲討不孝的人，不撤換已確立的世子，不能以妾當作妻子。』第二條說：『尊敬賢者，培育人才，以表彰有高尚德行的人。』第三條說：『尊敬老者，愛護幼小，不待慢賓客及旅客。』第四條說：『士的官位不能世襲，官職不能兼任，錄取士人必定得到賢才，不准擅自殺害大夫。』第五條說：『不到處修築堤防；不阻止鄰國來購買糧食；不私自封賞而不事先稟告盟主。盟約又說：『所有參與同盟的人，訂立盟誓之後，恢復從前的友好關係。』現在的諸侯，都觸犯了這五條禁令，所以說現在的諸侯是五霸的罪人。助長君主的惡行，是小罪；逢迎君主的惡行，是大罪。現在的大夫，都逢迎君主的惡行；所以說現在的大夫，是現在諸侯的罪人。」

【12.8】

【原文】

魯欲使慎子⁽¹⁾為將軍。孟子曰：「不教民而用⁽²⁾之，謂之殃⁽³⁾民。殃民者，不容於堯、舜之世。一戰勝齊⁽⁴⁾，遂有南陽，然且不可。」

慎子勃然不悅，曰：「此則滑釐所不識⁽⁵⁾也！」

曰：「吾明⁽⁶⁾告子：天子之地方千里；不千里，不足以待⁽⁷⁾諸侯。諸侯之地方百里；不百里，不足以守宗廟之典籍⁽⁸⁾。周公之封於魯，為方百里也；地非不足，而儉⁽⁹⁾於百里。太公⁽¹⁰⁾之封於齊也，亦為方百里也；地非不足也，而儉於百里。今魯方百里者五⁽¹¹⁾，子以為有王者作⁽¹²⁾，則魯在所損⁽¹³⁾乎？在所益乎？徒取諸彼以與此⁽¹⁴⁾，然且仁者不為，況於殺人以求之乎？君子之事君也，務引其君以當道⁽¹⁵⁾，志於仁而已。」

【註釋】

(1) **慎子**：戰國時代魯國人，善於用兵，根據下文「此則滑釐所不識也」一句，其名字是慎滑釐。

(2) **教**：教化、教導（朱熹認為是教導禮儀）。**用**：作戰。

(3) **殃**：殘害。

(4) **一戰勝齊**：朱熹《孟子集注》云：「是時魯蓋欲使慎子伐齊，取南陽也。故孟子言就使慎子善戰有功如此，且猶不可。」認為就算善戰的慎子能夠戰勝齊國，奪取南陽，也不可以。

(5) **滑釐**：慎子的名（全名慎滑釐）；一說慎子是禽滑釐，戰國時代魏國人，屬於墨家。**識**：了解。

(6) **明**：明白地。

(7) **待**：對待，指諸侯的朝見。

(8) **守**：持守。**宗廟**：古時天子、諸侯祭祀祖先的廟宇。**典籍**：原指典章制度的文獻，此處指有關制度，如朱熹《孟子集注》云：「祭祀會同之常制也。」

(9) **儉**：少。

(10) **太公**：姜姓，呂氏，名尚、望，字子牙，也稱「姜太公」。

(11) **五**：五倍。

(12) **作**：興起、出現。

(13) **損**：減少。**益**：增加。

(14) **徒**：不費力。**彼、此**：齊國的土地（即南陽）、魯國。

(15) **引**：引導。**當道**：正道。

【語譯】

魯國想任命慎子（慎滑釐）為將軍，孟子說：「不教導人民就用他們作戰，這叫做殘害人民。殘害人民的人，在堯、舜時代是不容許的。即使一戰打敗齊國，於是奪取南陽，這樣也是不可以的。」

　　慎子臉色一變，不高興地說：「這慎滑釐就不了解了！」

　　孟子說：「我明白地告訴你：天子的土地縱橫各一千里；如果沒有一千里，就不足以接待諸侯（朝見）；諸侯的土地縱橫各一百里，如果沒有一百里，就不足以持守宗廟的典章制度。周公被封於魯國的土地，縱橫各一百里；土地不是不足夠，但實際上少於一百里。姜太公被封於齊國的土地，縱橫各一百里；土地不是不足夠，但實際上少於一百里。現在魯國的土地是縱橫各一百里的五倍，你認為如果有聖王出現，那麼魯國的土地在應該減少之列？還是在應該增加之列？不費力奪取那裡的土地（南陽）來併入這裡（魯國），有仁德的人尚且不肯做，何況用殺人的方法去奪取土地？君子侍奉君主，務必引導其君主走上正道，立志於仁德罷了。」

【12.9】

【原文】

　　孟子曰：「今之事君者皆曰：『我能為君辟[(1)]土地，充府庫[(2)]。』今之所謂良臣，古之所謂民賊[(3)]也。君不鄉道[(4)]，不志於仁，而求富之，是富桀也！『我能為君約與國[(5)]，戰必克[(6)]。』今之所謂良臣，古之所謂民賊也。君不鄉道，不志於仁，而求為之強戰[(7)]，是輔桀也！由今之道，無變今之俗，雖與之天下，不能一朝居也。」

【註釋】

(1) **辟**：同「闢」，開闢。

(2) **充**：裝滿。**府庫**：政府倉庫，可參見〈梁惠王下〉2.12「而君之倉廩實，府庫充」一句。

(3) **民賊**：殃民之賊，殘害百姓的人。

(4) **鄉**：同「嚮」（粵音 hoeng3、拼音 xiàng），嚮往。**道**：正道。

(5) **約**：邀約。**與國**：盟國。

(6) **克**：勝利。

(7) **強戰**：拼命打仗。

【語譯】
　　孟子說：「如今侍奉君主的人都說：『我能為君主開闢土地，裝滿政府倉庫。』如今所謂的好臣子，正是古代所說殘害百姓的人。君主不嚮往正道，不立志於仁，他們卻設法讓他富足，這等於讓夏桀富足！又說：『我能夠替君主邀約盟國，作戰一定勝利。』如今所謂的好臣子，正是古代所說殘害百姓的人。君主不嚮往正道，不立志於仁，他們卻設法讓君主拼命打仗，這等於輔助夏桀！順着這條路走，不改變如今的風氣，即便把整個天下給與他，也是一天都坐不穩的。」

【12.10】
【原文】

白圭⁽¹⁾曰：「吾欲二十而取一，何如？」

孟子曰：「子之道，貉⁽²⁾道也。萬室之國，一人陶⁽³⁾，則可乎？」

曰：「不可，器不足用也。」

曰：「夫貉，五谷⁽⁴⁾不生，惟黍生之；無城郭、宮室、宗廟、祭祀之禮，無諸侯幣帛、饔飧⁽⁵⁾，無百官、有司⁽⁶⁾，故二十取一而足也。今居中國⁽⁷⁾，去人倫⁽⁸⁾，無君子⁽⁹⁾，如之何其可也？陶以寡，且不可以為國⁽¹⁰⁾，況無君子乎？欲輕之於堯、舜之道者，大貉、小貉也；欲重之於堯、舜之道者，大桀、小桀也。」

【註釋】

(1) **白圭**：白丹，戰國時代人，曾任魏國宰相，擅於築堤治水。

(2) **貉**：同「貊」（音「墨」，粵音 mak6、拼音 mò），古代對東北少數民族的稱呼，即「四夷」中的北狄。

(3) **陶**：動詞，製造陶器。

(4) **五谷**：五穀，一般指稻、黍（黍米）、稷（小米）、麥、菽（大豆），泛指糧食。

(5) **幣帛**：諸侯之間互贈禮物的禮節。**饔**：音「雍」（粵音 jung1、拼音 yōng），早餐。**飧**：晚餐，音「孫」（粵音 syun1、拼音 sūn）。**饔飧**：原指自己做飯，代指宴請的禮節。

(6) **百官、有司**：泛指各級官員。

(7) **中國**：中原地帶的國家。

(8) **人倫**：人與人之間的倫理，朱熹認是君臣、祭祀、交際的禮節。

(9) **君子**：指各級官員。

(10) **為國**：治理好國家。

【語譯】

白圭說：「我想採用二十抽一的稅率，怎麼樣？」

孟子說：「你的方法是貉國的方法。譬如一個有一萬戶人家的國家，只有一個人製作陶器，那可以嗎？」

白圭說：「不可以，陶器會不夠用。」

孟子說：「貉地，五穀不能生長，只能生長黍；沒有城牆、宮室、祖廟和祭祀的禮儀，沒有諸侯之間互贈禮物、宴請的禮儀，也沒有各級官吏，所以二十抽一便足夠了。如今在中原地帶的國家，去掉人與人之間的倫理，取消各級官吏，怎會行得通？製造陶器的人太少，尚且不能治理好國家，何況沒有官吏？想稅率比堯、舜的標準還輕的，是大貉、小貉那樣的地方；想稅率比堯、舜的標準還重的，是大桀、小桀那樣的君主。」

【12.11】

【原文】

白圭曰：「丹之治水 (1) 也，愈於禹。」

孟子曰：「子過 (2) 矣！禹之治水，水之道 (3) 也，是故禹以四

海為壑⁽⁴⁾。今吾子以鄰國為壑。水逆行謂之洚⁽⁵⁾水。洚水者，洪水也，仁人之所惡也。吾子過矣！」

【註釋】

(1) **丹**：白圭名白丹，自稱。**治水**：治水的方法，《韓非子・喻老》云：「白圭之行隄也塞其穴，丈人之慎火也塗其隙。是以白圭無水難，丈人無火患。」指白圭以築堤、塞穴等方法治水，水被引到鄰國，所以孟子指責他「以鄰國為壑」。

(2) **過**：錯。

(3) **道**：（水流的）本性。

(4) **壑**：粵音「確」kok3、拼音「賀」hè，山溪，引申為受水的地方。

(5) **洚**：通「洪」，「洚水」即洪水。

【語譯】

白圭說：「我治理水患比夏禹強。」

孟子說：「你錯了！夏禹治理水患的方法，是順應水的本性而進行，所以夏禹是以四海作為受水的地方。如今你卻以鄰國作為受水的地方。逆流而行的水叫做洚水。洚水就是洪水，這是仁德的人所厭惡的。你錯了！」

【12.12】

《孟子》今註今譯

【原文】

孟子曰：「君子不亮⁽¹⁾，惡乎執⁽²⁾？」

【註釋】

(1) **亮**：同「諒」，誠信，如《說文解字》云：「諒，信也。」

(2) **執**：秉持（操守）。

【語譯】

孟子說：「君子不講求誠信，還會秉持甚麼操守？」

【12.13】
【原文】

魯欲使樂正子⁽¹⁾為政。孟子曰：「吾聞之，喜而不寐⁽²⁾。」

公孫丑曰：「樂正子強⁽³⁾乎？」

曰：「否。」

「有知慮⁽⁴⁾乎？」

曰：「否。」

「多聞識乎？」

曰：「否。」

「然則奚為喜而不寐？」

曰：「其為人也好善⁽⁵⁾。」

「好善足乎？」

曰：「好善優於天下⁽⁶⁾，而況魯國乎⁽⁷⁾？夫苟好善，則四海之內皆將輕⁽⁸⁾千里而來告之以善；夫苟不好善，則人將曰：『訑訑⁽⁹⁾，予既⁽¹⁰⁾已知之矣！』訑訑之聲音、顏色，距⁽¹¹⁾人於千里之外。士

止於千里之外，則讒諂、面諛 (12) 之人至矣。與讒諂、面諛之人居，
國欲治，可得乎？」

【註釋】

(1) **樂正子**：複姓樂正，名克，孟子學生。

(2) **寐**：睡覺。

(3) **強**：剛強。

(4) **知慮**：智慧、謀略。

(5) **好善**：喜歡（聽取）善言。

(6) **優**：有餘、很寬裕。**天下**：治理天下。

(7) **況**：何況。**乎**：語氣詞。有版本作「平」，解平治、治理。

(8) **輕**：看輕，不以千里為遠。

(9) **訑訑**：「訑」音「儀」（粵音 ji4、拼音 yí），洋洋自得的
樣子，可譯為「呵呵」。

(10) **既**：（早）已經。

(11) **距**：同「拒」，拒絕。

(12) **譖**：說讒言、害人的壞話。**諂**：諂媚。**面**：當面。**諛**：粵音 cim2、拼音「產」chǎn，阿諛奉承。

【語譯】

魯國打算讓樂正子治理國政。孟子說：「我聽到這個消息，高興得睡不着。」

公孫丑問：「樂正子剛強嗎？」

孟子說：「不是。」

公孫丑問：「有智慧和謀略嗎？」

孟子說：「不是。」

公孫丑問：「見多識廣嗎？」

孟子說：「不是。」

公孫丑問：「那麼您為甚麼高興得睡不着？」

孟子說：「他為人喜歡聽取善言。」

公孫丑問：「喜歡聽取善言就夠了嗎？」

孟子說：「喜歡聽取善言，治理天下已很寬裕，更何況治理魯國？如果喜歡聽取善言，全國的人都會從千里之外趕來把善言告訴他；如果不喜歡聽取善言，那麼別人會摹仿他說：『呵呵，我早就知道了！』呵呵的聲音和臉色，就會把別人拒絕於千里之外。士人在千里之外止步不來，那麼喜歡進讒言、當面阿諛奉承的人就會到來。與喜歡進讒言、當面阿諛奉承的人相處，想把國家治理好，辦得到嗎？」

【12.14】

【原文】

陳子 (1) 曰：「古之君子，何如則仕 (2) ？」

孟子曰：「所就⁽³⁾三，所去三。迎之，致⁽⁴⁾敬以有禮；言，將行其言⁽⁵⁾也，則就之；禮貌未衰⁽⁶⁾，言弗行也，則去之。其次，雖未行其言也，迎之致敬以有禮，則就之。禮貌衰，則去之。其下，朝不食，夕不食，饑餓不能出門戶；君聞之，曰：『吾大者不能行其道，又不能從其言也，使饑餓於我土地，吾恥之。』周⁽⁷⁾之，亦可受也，免死而已矣！」

【註釋】

(1) **陳子**：陳臻，孟子學生。

(2) **仕**：做官。

(3) **就、去**：做官（就任）、辭官。

(4) **致**：非常。

(5) **言，將行其言**：兩個「言」字均指臣子的說話。**將**：準備。**行**：實行。

(6) **衰**：減退。

(7) **周**：周濟。

【語譯】

陳子說：「古代的君子，要怎樣才去做官？」

孟子說：「做官的情況有三種，辭官的情況有三種。君主接待

他，非常恭敬而有禮；臣子說話，君主準備依照他的說話去實行，就做官。君主的禮貌沒有減退，但是臣子說的話不去實行，就辭官。其次，君主雖然未能依照臣子的說話去實行，但非常恭敬而有禮，就做官。君主的禮貌減退了，就辭官。最下等的，早上沒有飯吃，晚上沒有飯吃，餓得不能走出屋門；國君知道了，說：『我在重要政策方面不能實行他的主張，又不能聽從他的話，使他在我的國土內捱餓，對於此我覺得可恥。』君主於是周濟他，這也是可以接受的，為免餓死罷了！」

【12.15】

【原文】

孟子曰：「舜發於畎畝 (1) 之中，傅說 (2) 舉於版築 (3) 之間，膠鬲 (4) 舉於魚鹽之中，管夷吾舉於士 (5)，孫叔敖 (6) 舉於海，百里奚 (7) 舉於市。故天將降大任 (8) 於是人也，必先苦其心志，勞其筋骨，餓其體膚，空乏 (9) 其身，行拂亂 (10) 其所為；所以動心忍性，曾益 (11) 其所不能。人恆 (12) 過，然後能改；困於心，衡於慮 (13)，而後作 (14)；征於色 (15)，發於聲，而後喻 (16)。入則無法家拂士 (17)，出則無敵國外患者，國恆亡，然後知生於憂患而死於安樂也。」

【註釋】

(1) **畎畝**：「畎」音「犬」（粵音 hyun2、拼音 quǎn），田野。

(2) **傅說**：「說」音「悅」，商代第二十二任君主武丁時期（公元前十一世紀）的人，相傳傅說是一名於傅岩（今山西省運城市平陸縣）築牆的奴隸。武丁夢見名「說」的聖人，其後於傅岩遇見傅說，起用為相，造就「武丁中興」。

(3) **版築**：築牆的工序，在兩塊牆版中填入泥土，用工具搗實。

(4) **膠鬲**：「鬲」音「隔」，商紂王的大臣，相傳他是姬昌（其後被追封為「周文王」）推薦給紂王。

(5) **管夷吾**：管仲，名夷吾，字仲，齊國人，春秋時期的法家先驅。齊桓公的宰相，輔助桓公成為「春秋五霸」之一。**士**：掌管刑獄的官員。

(6) **孫叔敖**：羋姓，蔿氏，名敖，字孫叔，春秋時代楚國郢都人。孫叔敖隱居於海邊，被楚王發掘後任命為令尹（宰相）。

(7) **百里奚**：複姓百里，名奚（或傒）。**市**：市場。

(8) **任**：任務。

(9) **空乏**：窮困貧乏。

(10) **拂**：顛倒。**亂**：錯亂。

(11) **曾益**：「曾」同「增」，增加。

(12) **恆**：經常。

(13) **衡**：通「橫」，指橫塞、阻礙。**慮**：思慮。

(14) **作**：發奮。

(15) **征**：表徵、表現。**色**：臉色。

(16) **喻**：了解。

(17) **法家**：守法的大臣。**拂士**：「拂」假借為「弼」（輔弼），「拂士」指輔助政務的士人。

【語譯】

孟子說：「舜從里田地中興起，傅說從築牆的工作中被選拔，膠鬲從魚鹽販子中被選拔，管仲從獄官中被提拔，孫叔敖從海邊被提拔，百里奚從市場中被提拔。所以上天準備把重大任務交給一個人，一定要先使他的內心痛苦，使他的筋骨勞累，使他身體受饑餓、肌膚消瘦，使他窮困貧乏，使他做的事顛倒錯亂；這樣就可以觸動他的心靈，使他的性格堅忍，增加他尚未具備的才能。人經常犯錯，然後才能改正；內心受困擾，思慮受阻礙，然後才能發奮；顯露在臉色上，抒發在言語中，然後才被人了解。在內沒有守法的臣子與輔助政務的士人，在外沒有敵對的國家和外在威脅，國家經常會滅亡，然後才明白憂慮、禍患可以使人生存，安樂會導致滅亡的道理。」

【12.16】
【原文】

孟子曰：「教亦多術 (1) 矣。予不屑之 (2) 教誨也者，是亦教誨之而已矣。」

【註釋】

(1) **術**：方法。

(2) **之**：代詞，猶「他」，泛指一個人。

【語譯】

孟子說：「教育的方法有很多。我對一個人不屑於去教誨，就已經是教誨他了。」

第十三章

盡心上

【篇章概論】

本篇共 46 章，是《孟子》全書章數最多的一篇，內容涉及個人修養、仁政、民本思想及君子之道等。第 13.1 至 13.3 章提出「盡心」、「存心」、「知性」、「養性」、「知天」、「事天」及「立命」等思想，以肯定修身的重要性。其後多章談論士人的品格，包括「好善而忘勢」（13.8）、「窮不失義，達不離道」及「窮則獨善其身，達則兼善（濟）天下」（13.9）、「尚志」（13.33）等。孟子也談及君子之道，認為「君子有三樂」（13.20），君子以「仁、義、禮、智根於心」（13.21）、「志於道」（13.24）、不受虛假的禮節所束縛（13.37）、受「君子五教」（13.40）、「中道而立」（13.41）、「以身殉道」（13.42）、不依仗自己尊貴、功勞或交情（13.43）、「仁民而愛物」（13.45），以及「當務之為急」、「急親賢之為務」（13.46）等準則。

【13.1】

【原文】

孟子曰：「盡其心 [(1)] 者，知其性 [(2)] 也。知其性，則知天 [(3)] 矣。存 [(4)] 其心，養 [(5)] 其性，所以事 [(6)] 天也。殀壽不貳 [(7)]，修身以俟之 [(8)]，所以立命 [(9)] 也。」

【註釋】

(1) **心**：本心。朱熹《孟子集注》云：「心者，人之神明，所以具眾理而應萬事者也。」劉述先認為孟子「盡心」、「知性」、「知天」、「存心」、「養性」、「事天」繼而「立命」的說法，是指人若能以心去感應，便能上達其根源 —— 超越的天。[21]

21. 劉述先：《論儒家哲學的三個大時代》（重排本），香港：香港中文大學出版社，2015 年，第 24 頁。

(2) **性**：本性。

(3) **天**：天命；一說上天。

(4) **存**：保存、秉持。

(5) **養**：養育。

(6) **事**：對待。

(7) **殀**：同「夭」，短命早死。**壽**：長命。**貳**：通「二」，引申為改變；一說懷疑（朱熹持此見）。

(8) **俟**：等候。**之**：代名詞，指天命；一說指殀壽，如朱熹《孟子集注》云：「不貳者，知天之至，修身以俟死，則事天以終身也。」指人要終身修身，侍奉上天。

(9) **立命**：安身立命。

【語譯】

孟子說：「充分竭盡人的本心，就會了解人的本性。了解人的本性，就會了解天命。保存人的本心，養育人的本性，就是對待天命的方法。無論短命還是長壽，都不改變態度，修養自身來等待天命，這就是安身立命的方法。」

【13.2】

孟子曰：「莫⁽¹⁾非命也，順受其正。是故知命者不立乎巖牆⁽²⁾之下。盡其道⁽³⁾而死者，正命也；桎梏⁽⁴⁾死者，非正命也。」

【註釋】

(1) **莫**：沒有（甚麼東西）。**命**：命運，如朱熹《孟子集注》云：「人物之生，吉凶禍福，皆天所命。然惟莫之致而至者，乃為正命。故君子修身以俟之，所以順乎此也。」

(2) **知**：了解。**巖牆**：將倒塌的牆。

(3) **盡其道**：盡力行道。

(4) **桎梏**：「梏」粵音「谷」guk1、拼音「故」gù，原指古代拘繫犯人的刑具，「桎」及「梏」分別是腳鐐、手銬，引申為犯罪受刑。

【語譯】

孟子說：「沒有甚麼不是命運決定的，順應它就會承受正常的命運。所以了解命運的人不站在將倒塌的牆底下。盡力行道而死的人，是正常的命運；犯罪受刑而死的人，不是正常的命運。」

【13.3】
【原文】

孟子曰：「求⁽¹⁾則得之，舍⁽²⁾則失之；是求有益於得也，求在我者⁽³⁾也。求之有道⁽⁴⁾，得之有命；是求無益於得也，求在外者⁽⁵⁾

也。」

(1) **求**：尋求。

(2) **舍**：同「捨」，放棄。

(3) **在我者**：存在於人身之內。朱熹《孟子集注》云：「謂仁義禮智，凡性之所有者。」認為「在我者」是仁、義、禮、智。

(4) **有道**：有一定的方法。

(5) **在外者**：存在於人身以外。朱熹《孟子集注》云：「謂富貴利達，凡外物皆是。」認為「在外者」是富、貴、利、達。

【語譯】
孟子說：「尋求它就會得到，放棄它就會失去；這種尋求是有益於得到的，因為所尋求的存在於人身之內。尋求它有一定的方法，得到它卻決定於天命；這種尋求是無益於得到的，因為所尋求的存在於人身以外。」

【13.4】
【原文】
孟子曰：「萬物[1]皆備於我矣。反身而誠[2]，樂莫大焉[3]。強恕[4]而行，求仁莫近焉。」

【註釋】

(1) **萬物**：一切關於為人的事物。

(2) **反身**：反省自身。**誠**：真誠。

(3) **焉**：此、這。

(4) **強**：讀上聲（粵音 keong5、拼音 qiǎng），勉力實踐。**恕**：推己及人。**恕**：恕道、推己及人的恕道，即孔子所說「己所不欲、勿施於人」（《論語・顏淵》12.2）的待人之道。

【語譯】

孟子說：「一切我都具備了。反省自身而做到真誠，就沒有比這更大的快樂了。勉力實踐恕道（推己及人之道），就沒有比這更接近追求仁德之路了。」

【13.5】

【原文】

孟子曰：「行之而不著焉 (1)，習矣而不察 (2) 焉，終身由之 (3) 而不知其道者，眾 (4) 也。」

【註釋】

(1) **著**：明白（道理）。**焉**：代詞，指道。下句「不察焉」的「焉」指原因。

(2) **習**：習慣。**察**：知道（箇中原因）。

(3) **由之**：順着這條路走。

(4) **眾**：眾多（朱熹持此見）；一說解大眾、普通人。

【語譯】

　　孟子說：「做事但不明白為甚麼要做，習慣了但不知道箇中原因；終身順着這條路走而不知道那是甚麼路的人，有許多。」

【13.6】
【原文】

　　孟子曰：「人不可以無恥 [(1)]。無恥之恥 [(2)]，無恥矣！」

【註釋】

(1) **恥**：羞恥心。

(2) **無恥之恥**：首個「恥」字指羞恥心，第二個「恥」字指羞恥，沒有羞恥心的那種羞恥。

【語譯】

　　孟子說：「人不可以沒有羞恥心。沒有羞恥心的那種羞恥，是真正的無恥！」

【13.7】
【原文】

　　孟子曰：「恥之於人大 [(1)] 矣。為機變之巧 [(2)] 者，無所用恥焉。不恥不若人，何若人有？」

【註釋】

(1) **大**：重要。

(2) **為**：做出。**機變**：機靈、變通，引申為奸詐。**巧**：巧妙地。

【語譯】

孟子說：「羞恥對於人來說是十分重要的。巧妙做出奸詐行為的人，根本用不着羞恥的。不以自己不如別人為羞恥，（應該想）怎麼能比得上別人？」

【13.8】

【原文】

孟子曰：「古之賢王好善[1]而忘勢。古之賢士何獨不然？樂其道而忘人之勢。故王公不致敬盡禮，則不得亟[2]見之。見且由[3]不得亟，而況得而臣之乎？」

【註釋】

(1) **好善**：喜歡（聽取）善言。

(2) **亟**：粵音「暨」kei3、拼音「契」qì，屢次。

(3) **由**：通「猶」，尚且。

【語譯】

孟子說：「古代的賢明君王喜歡聽取善言，而忘記了自己的權勢。古代的賢能人士何嘗不是這樣？他們喜歡行道，而忘記了別人

《孟子》今註今譯

的權勢。所以王公貴人不對他們（賢能人士）表示敬意及盡禮，就不能多次見到他們。相見的次數尚且不多，何況要他們做臣子？」

【13.9】

【原文】

孟子謂宋勾踐 (1) 曰：「子好游 (2) 乎？吾語子游：人知之，亦囂囂 (3)；人不知，亦囂囂。」

曰：「何如斯可以囂囂矣？」

曰：「尊德、樂義，則可以囂囂矣。故士窮不失義，達不離道。窮不失義，故士得己 (4) 焉；達不離道，故民不失望焉。古之人，得志，澤加於民；不得志，修身見 (5) 於世。窮則獨善其身 (6)，達則兼善天下 (7)。」

【註釋】

(1) **宋勾踐**：人名，生平不詳。

(2) **游**：遊說。

(3) **囂囂**：「囂」音「驍」，安詳自得的樣子。

(4) **得己**：自得，保住自己的操守。

(5) **見**：同「現」。

(6) **窮**：困苦。**獨善其身**：只能保持個人的操守。

(7) **達**：顯達。**兼善天下**：「兼」解「同時」，有版本「善」作「濟」，同時使天下人民得到恩澤。

【語譯】

孟子對宋勾踐說：「你喜歡遊說諸侯嗎？我告訴你遊說的態度：別人理解，安詳自得；別人不理解，也安詳自得。」

宋勾踐問：「怎樣才能做到安詳自得？」

孟子說：「尊崇道德、喜愛道義，就可以安詳自得了。所以士人困苦時不失去道義，顯達時不背離道德。困苦時不失去道義，所以士人可以保住自己的操守；顯達時不背離道德，所以人民不會失望。古代的人，得志（達到意願）時恩澤施加於人民；不得志時，修養自身顯現於世間。困苦時只能保持個人的操守，顯達時同時使天下人民得到恩澤。」

【13.10】
【原文】

孟子曰：「待文王而後興 (1) 者，凡民 (2) 也。若夫豪傑 (3) 之士，雖無文王猶興。」

【註釋】

(1) **興**：受感動而奮發，如朱熹《孟子集注》云：「感動奮發之意。」

(2) **凡民**：平凡的人。

(3) **豪傑**：傑出人士。

孟子說「等待周文王那樣的賢君出現才發奮的，是平凡的人；至於傑出人士，即使沒有周文王那樣的賢君出現，也能奮發。」

【13.11】
【原文】

孟子曰：「附之以韓、魏之家 (1)，如其自視欿然 (2)，則過人遠矣。」

【註釋】

(1) 附：加贈（財富）。**韓、魏之家**：春秋時代晉國的兩家大夫，財富名聞天下。

(2) **欿然**：「欿」音「砍」（粵音 ham2、拼音 kǎn），不自滿的樣子。

【語譯】

孟子說：「把春秋時代晉國韓、魏兩家的財富都加贈給一個人，如果他自覺仍不自滿，那這種人就遠超於常人了。」

【13.12】
【原文】

孟子曰：「以佚道 (1) 使民，雖勞不怨；以生道 (2) 殺民，雖死不怨殺者。」

【註釋】

(1) **佚道**：「佚」同「逸」，安樂；「佚道」是使人民安逸的原則。

(2) **生道**：（保障）人民生命的原則。

【語譯】

孟子說：「用使人民安逸的原則去役使人民，人民雖然勞累也不會怨恨；用保障人民生命的原則去誅殺罪犯，罪犯雖然死亡也不會怨恨殺他的人。」

【13.13】

【原文】

孟子曰：「霸者之民，驩虞如 (1) 也；王者之民，皞皞 (2) 如也。殺之而不怨，利之而不庸 (3)，民日遷善而不知為之者。夫君子所過者化 (4)，所存者神 (5)，上下與天地同流 (6)，豈曰小補 (7) 之哉？」

【註釋】

(1) **驩虞**：同「歡娛」，歡喜快樂。**如**：語助詞，猶「然」（的樣子）。

(2) **皞皞**：或作「皥皥」，通「浩」，心胸舒暢的樣子。

(3) **利之**：給與人民好處。**庸**：感激。

(4) **君子**：指聖人，如朱熹《孟子集注》云：「君子，聖人之通稱也。」**所過**：經過之處。**化**：被感化。

(5) **所存者**：心中所存。**神**：神妙。

(6) **同流**：一起運轉。

(7) **小補**：（霸主）小補罅隙的行為，譬如使人民歡喜快樂的小恩小惠。

【語譯】

孟子說：「霸主的人民，歡喜快樂的樣子；聖王的人民，心胸舒暢的樣子。被殺卻不怨恨，給與好處也不感激，人民每天趨向善卻不知道誰促使他們如此。所以聖人所經過的地方人民會被感化，聖人心中所存產生神妙的效果，在上與天、在下與地一起運轉，難道可以說是小恩小惠嗎？」

【13.14】
【原文】

孟子曰：「仁言 (1)，不如仁聲之入人 (2) 深也；善政，不如善教之得民 (3) 也。善政，民畏 (4) 之；善教，民愛之。善政，得民財 (5)；善教，得民心。」

【註釋】

(1) **仁言**：仁德的言語。朱熹《孟子集注》引程子云：「仁言，謂以仁厚之言加於民。仁聲，謂仁聞，謂有仁之實而為眾所稱道者也。此尤見仁德之昭著，故其感人尤深也。」認為「仁言」是「仁厚之言」。趙歧《孟子註疏》云：「仁言，政教法度之言也。仁聲

即樂聲，雅、頌也。」認為是「政教法度之言」。

(2) **聲**：樂聲；朱熹則認是仁的聲望（「仁聞」）。**入人**：感化人。

(3) **得民**：得民心。

(4) **畏**：敬畏。

(5) **得民財**：使人民的財富得以聚集。

【語譯】

　　孟子說：「仁德的言語，不如仁德的音樂那樣深深感化人；良好的政治，不如良好的教育那樣得民心。良好的政治，人民敬畏它；良好的教育，人民喜愛它。良好的政治，使人民的財富得以聚集；良好的教育，可以得民心。」

【13.15】

【原文】

　　孟子曰：「人之所不學而能者，其良 [1] 能也；所不慮 [2] 而知者，其良知也。孩提之童 [3] 無不知愛其親者，及其長也，無不知敬其兄也。親親，仁也；敬長，義也。無他，達 [4] 之天下也。」

【註釋】

(1) **良**：本能的、天生的。

(2) **慮**：思考。

(3) **孩提之童**：需人提攜、懷抱的幼兒。

(4) **達**：通行。

【語譯】

孟子說：「人不用學習就能做到的，是良能（天生的技能）；不用思考就能知道的，是良知。需人提攜的幼兒沒有不知道親愛他父母的，等到他長大，沒有不知道尊敬他兄長的。親愛父母，是仁；尊敬兄長，是義。沒有其他原因，因為這兩種品德是通行天下的。」

【13.16】

【原文】

孟子曰：「舜之居深山之中，與木石居 (1)，與鹿豕游 (2)，其所以異於深山之野人者幾希 (3)。及其聞一善言，見一善行 (4)，若決江河，沛然莫之能御 (5) 也。」

【註釋】

(1) **木石**：樹木、岩石。**居**：共處。

(2) **豕**：野豬。**游**：通「遊」，遊走。

(3) **野人**：鄉下人。**幾希**：很少。

(4) **行**：音「幸」，行為。

(5) **沛然**：流水浩浩蕩蕩的樣子。**御**：阻擋。

【語譯】

孟子說：「舜住在深山裡的時候，與樹木、岩石共處，與野鹿、野豬遊走，他與深山鄉下人的差別很少。等到他聽見一句好的言語，看見一項好的行為，就像決了口的江河，浩浩蕩蕩地沒有人能阻擋。」

【13.17】
【原文】

孟子曰：「無為其所不為 [(1)]，無欲 [(2)] 其所不欲，如此而已矣。」

【註釋】

(1) **無**：通「毋」，不要。首個「為」字是動詞，解做，第二個「為」字是名詞，解行為、事。

(2) **欲**：貪求。

【語譯】

孟子說：「不做自己所不屑做的事，不貪求自己所不屑貪求的東西，這樣就可以了。」

【13.18】
【原文】

孟子曰：「人之有德、慧、術、知者，恆存乎疢疾 [(1)]。獨孤臣、孽子 [(2)]，其操心也危 [(3)]，其慮患也深，故達 [(4)]。」

【註釋】

(1) **恆**：往往。**存**：產生。**疢**：音「趁」（粵音 can3、拼音 chèn），病。**疢疾**：疢、疾二字皆指病，引申為災難。

(2) **孽子**：古代有一夫多妻，不是嫡妻所生之子叫庶子、孽子，通常地位較低。

(3) **危**：不安寧。

(4) **達**：通達。

【語譯】
　　孟子說：「人之擁有品德、智慧、技藝、知識，往往產生於災難之中。那些被孤立的臣子、庶子，他們經常操心總是不安寧，憂慮禍患也深刻，所以通達事理。」

【13.19】
【原文】
　　孟子曰：「有事 (1) 君人者，事是君則為容悅 (2) 者也；有安社稷 (3) 臣者，以安社稷為悅者也；有天民 (4) 者，達 (5) 可行於天下而後行之者也；有大人 (6) 者，正己而物 (7) 正者也。」

【註釋】
(1) **事**：侍奉。

(2) **容悅**：靠阿諛奉承、逢迎取得的快樂。

(3) **社稷**：國家政權。

(4) **天民**：明白天理的人，如朱熹《孟子集注》云：「民者，無位之稱，以其全盡天理，乃天之民，故謂之天民。」而《莊子·庚桑楚》云：「人之所舍，謂之天民。」認為「天民」是上天所生育的自然之民。

(5) **達**：到、看到。

(6) **大人**：有高尚德行的人。

(7) **正己**：端正自己。**物**：天下萬物。

【語譯】

孟子說：「有侍奉君主的人，以侍奉某個君主當作快樂；有安定國家政權的臣子，以安定國家當作快樂；有明白天理的人，看到他的主張可以在天下推行，而然後去推行；有高尚德行的人，以端正自己而端正天下萬物。」

【13.20】

【原文】

孟子曰：「君子有三樂，而王天下不與存焉。父母俱存 (1)，兄弟無故 (2)，一樂也；仰不愧於天，俯不怍 (3) 於人，二樂也；得天下英才 (4) 而教育之，三樂也。君子有三樂，而王天下不與存焉。」

【註釋】

(1) **存**：健在。

(2) **故**：事故，指災難、疾病等。

(3) **怍**：音「作」，慚愧。

(4) **英才**：才華出眾的人。

【語譯】

孟子說：「君子有三種快樂，而稱王天下不在其中。父母都健在，兄弟無災難，這是第一種快樂；對上不愧於天，對下不愧於人，這是第二種快樂；得到天下才華出眾的人而教育他們，這是第三種快樂。君子有三種快樂，而稱王天下不在其中。」

【13.21】

【原文】

孟子曰：「廣土眾民，君子欲之，所樂不存 (1) 焉；中天下而立，定四海之民，君子樂之，所性 (2) 不存焉。君子所性，雖大行 (3) 不加焉，雖窮居 (4) 不損焉，分 (5) 定故也。君子所性，仁、義、禮、智根 (6) 於心，其生色也睟然 (7)，見 (8) 於面，盎 (9) 於背，施於四體 (10)，四體不言而喻。」

【註釋】

(1) **存**：在此。

(2) **性**：本性。

(3) **大行**：主張通行（於天下）。

(4) **窮居**：窮困、隱居。

(5) **分**：通「份」，本份。

(6) **根**：植根。徐復觀認為孟子「仁、義、禮、智根於心」一句明確指出道德的根源就是人心。[22]

(7) **生**：產生。**色**：氣息。**睟然**：「睟」音「睡」（粵音 seoi6、拼音 suì），顏色潤澤。

(8) **見**：通「現」，呈現。

(9) **盎**：音「醯」（粵音 ong3、拼音 àng），顯露。「睟面盎背」形容君子內在的道德修養，自然流露在面上及背部，其後用來形容有修養者的儀態。

(10) **四體**：四肢。

【語譯】

孟子說：「擁有廣闊的土地、眾多的人民，是君子希望得到的，但他們的快樂並不在此；站在天下的中央，安定天下的人民，君子以此為快樂，但他的本性並不在此。君子的本性，即使他的主張通行於天下也不會增加，即使他窮困、隱居也不會減少，這是由於他的本份已經確定的緣故。君子的本性，仁、義、禮、智已植根於內

22. 徐復觀著，李維武編：《徐復觀文集（修訂本）》（第一卷〈文化與人生〉），湖北：湖北人民出版社，2009 年第 2 版，第 21 頁。

心，它產生的氣息是溫潤的，呈現在臉上，充滿在背上，延伸至四肢，四肢的動作不用言語，而別人就能理解。」

【13.22】
【原文】

孟子曰：「伯夷 [1] 辟紂，居北海之濱 [2]，聞文王作 [3]，興 [4] 曰：『盍歸 [5] 乎來！吾聞西伯 [6] 善養老 [7] 者。』太公 [8] 辟紂，居東海 [9] 之濱，聞文王作，興曰：『盍歸乎來！吾聞西伯善養老者。』天下有善養老，則仁人以為己歸 [10] 矣。五畝之宅 [11]，樹墻下以桑 [12]，匹婦蠶之 [13]，則老者足以衣帛 [14] 矣。五母雞，二母彘 [15]，無失其時 [16]，老者足以無失肉矣。百畝之田，匹夫耕之，八口之家足以無饑矣。所謂西伯善養老者，制其田里 [17]，教之樹畜 [18]，導其妻子 [19] 使養其老。五十非帛不煖 [20]，七十非肉不飽。不煖不飽，謂之凍餒 [21]。文王之民無凍餒之老者，此之謂也。」

【註釋】

(1) **伯夷**：商朝賢人。「伯夷辟紂」及「太公辟紂」兩句也見於〈離婁上〉7.13。

(2) **居**：隱居。**北海**：現今的渤海。**濱**：海邊。

(3) **作**：興起。

(4) **興**：興奮地；一說振作。

(5) **盍**：音「合」（粵音 hap6、拼音 hé），何不。**歸**：歸順。

來：助語詞，無義。

(6) **西伯**：西伯侯，指周文王姬昌。

(7) **養老**：奉養老人，是古代禮儀。

(8) **太公**：姜姓，呂氏，名尚、望，字子牙，也稱「姜太公」。

(9) **東海**：現今的黃海。

(10) **歸**：歸宿。

(11) **五畝之宅**：五畝大的宅園。

(12) **樹**：動詞，種植。**桑**：桑樹。

(13) **匹婦**：普通婦女。**蠶之**：（在桑樹）養蠶。

(14) **衣**：動詞，穿着。**帛**：絲綿襖。

(15) **彘**：音「自」（粵音 zi6、拼音 zhì），大豬。

(16) **時**：繁殖季節。

(17) **制**：制定。**田**：田地。**里**：住宅。

(18) **樹**：動詞，種植。**畜**：飼養牲畜。

(19) **導**：引導。**妻子**：妻子、兒女。

(20) **煖**：同「暖」。

(21) **凍**：受冷。**餒**：粵音「女」noi5、拼音「哪」něi，饑餓。

【語譯】

　　孟子說：「伯夷躲避商紂王，隱居於北海的海邊，聽說周文王（姬昌）興起，興奮地說：『何不去歸順他啊！聽說西伯侯（周文王）善於奉養老人。』姜太公躲避商紂王，隱居於東海的海邊，聽說周文王興起，興奮地說：『何不去歸順他啊！聽說西伯侯善於奉養老人。』天下有善於奉養老人的人，有仁德的人就會把他作為自己的歸宿了。五畝大的宅園，在牆下種植桑樹，婦女養蠶，老人就能夠穿着絲綿襖了。養五隻母雞，兩隻母豬，不錯過牠們的繁殖季節，老人就能夠吃到肉了。百畝大的田地，男人去耕種，八口人的家庭就能夠免於饑餓了。所謂西伯侯善於奉養老人，是指他制定人民的田地、住宅制度，教人民種植、飼養牲畜，引導他們的妻子、兒女奉養老人。五十歲的人沒有絲綿襖穿就不溫暖，七十歲的人沒有肉吃就不能飽足；穿不溫暖、吃不飽足叫做受冷饑餓。周文王的人民沒有受冷饑餓的老人，說的就是這種情況。」

【13.23】
【原文】

　　孟子曰：「易其田疇⁽¹⁾，薄其稅斂⁽²⁾，民可使富也。食之以時⁽³⁾，

用之以禮，財不可勝用也。民非水火不生活，昏、暮⁽⁴⁾叩人之門戶求水、火，無弗與者，至足矣。聖人治天下，使有菽、粟⁽⁵⁾如水、火。菽、粟如水、火，而民焉有不仁者乎？」

【註釋】

(1) **易**：治理。**田疇**：「疇」原指田與田之間區分不同農作物的界限，泛指田地。

(2) **稅斂**：賦稅。

(3) **時**：時令。

(4) **昏、暮**：黃昏、夜晚。

(5) **菽、粟**：大豆、粟米，泛指糧食。

【語譯】

孟子說：「治理人民的田地，減輕人民的賦稅，可以使人民富足。按照時令安排飲食，按照禮儀消費，財物便用之不盡。人民沒有水、火就不能夠生活，當有人黃昏、夜晚敲別人的家門求取水、火時，沒有不給的，因為水、火都很充足。聖人治理天下，使人民的糧食多得像水、火一樣。糧食多得像水與火一樣，人民那有不仁德？」

【13.24】
【原文】

孟子曰：「孔子登東山 ⁽¹⁾ 而小魯，登泰山而小天下。故觀於海者難為水，游 ⁽²⁾ 於聖人之門者難為言。觀水有術，必觀其瀾 ⁽³⁾。日月有明 ⁽⁴⁾，容光 ⁽⁵⁾ 必照焉。流水之為物也，不盈科 ⁽⁶⁾ 不行；君子之志於道也，不成章不達 ⁽⁷⁾。」

【註釋】

(1) **東山**：即蒙山，位於春秋時代魯國的東邊，也稱「東蒙山」。

(2) **游**：遊藝，引申為學習。

(3) **瀾**：波瀾、大波浪。

(4) **明**：光輝。

(5) **容光**：能夠容納光線的小縫隙。

(6) **盈**：注滿。**科**：坑洞。

(7) **成章**：古時樂曲的終結樂章，指事物達到一定程度。**達**：通達。

【語譯】

孟子說：「孔子登上東山，就覺得魯國變小了；登上泰山，就覺得天下變小了。所以觀看過大海的人，就難以被其他水吸引；在聖人門下學習過的人，就難以被其他言論吸引。觀看水有特定的方法，一定要觀看它的波瀾。太陽、月亮都有光輝，容納光線的小縫

隙也一定照射到；流水這東西，不注滿坑洞就不向前流動；君子立志於正道，不達到一定程度就不能通達。」

【13.25】
【原文】

孟子曰：「雞鳴而起，孳孳 [(1)] 為善者，舜之徒也；雞鳴而起，孳孳為利者，跖 [(2)] 之徒也。欲知舜與跖之分，無他，利與善之間 [(3)] 也。」

【註釋】

(1) **孳孳**：「孳」音「諮」（粵音 zi1、拼音 zī），同「孜孜」，勤勉不怠。

(2) **跖**：或作「蹠」（粵音「隻」zek3、拼音「植」zhí），春秋時代魯國大盜，賢者柳下惠之弟，即是〈滕文公下〉6.10 提及的「盜跖」。

(3) **間**：或作「閒」，區別。

【語譯】

孟子說：「聽到雞叫便起床，孜孜不倦地行善的人，是舜一類的人；聽到雞叫便起床，孜孜不倦地追求利益的人，是盜跖（春秋時代魯國大盜）一類的人。想知道舜和跖的分別，沒有其他方法，只是追求利益和行善的區別罷了。」

【13.26】

【原文】

孟子曰：「楊子取為我⁽¹⁾，拔一毛而利天下，不為也。墨子兼愛⁽²⁾，摩頂、放踵⁽³⁾利天下，為之。子莫執中⁽⁴⁾，執中為近⁽⁵⁾之。執中無權，猶執一也。所惡⁽⁶⁾執一者，為其賊⁽⁷⁾道也，舉一而廢百也。」

【註釋】

(1) **楊子**：楊朱，戰國時代初期思想家，字子君，魏國人。楊朱提倡重視個人利益，包括「貴己」、「重生」、「人人不損一毫」等主張，其見解見於《孟子》、《列子》、《莊子》、《韓非子》、《呂氏春秋》等。

(2) **墨子**：墨翟，春秋時代末期至戰國初期思想家。魯國人（一說宋國人、滕國人），著名思想家，墨家學派創始人，人稱「墨子」。**兼愛**：無差別的愛。

(3) **摩頂、放踵**：磨秃頭頂、走破腳跟，形容不辭勞苦。

(4) **子莫**：戰國時代魯國人，生平不詳。**執中**：堅持中道。

(5) **近**：差不多。

(6) **惡**：厭惡。

(7) **賊**：損害。

孟子說：「楊朱主張為自己，即使拔一根汗毛可以對天下有利，他都不去做。墨翟主張無差別的愛，即使磨禿頭頂、走破腳跟，只要對天下有利，他都去做。子莫堅守中道，堅守中道就差不多了。但堅守中道而不懂變通，就好像執着在一點上。厭惡執着一點上，是因為它損害正道，執着一點而廢棄其他一切。」

【13.27】

【原文】

孟子曰：「饑者甘⁽¹⁾食，渴者甘飲，是未得飲食之正⁽²⁾也，饑渴害⁽³⁾之也。豈惟口腹有饑渴之害？人心亦皆有害。人能無以饑渴之害為心害，則不及人為憂矣。」

【註釋】

(1) 甘：美味。

(2) 正：正常（味道）。

(3) 害：損害。

【語譯】

孟子說：「饑餓的人覺得任何食物都好吃，口渴的人覺得任何飲料都好喝，他們不知道飲料、食物的正常味道，是因為受到饑餓和口渴所損害。難道只有嘴巴和肚子受饑餓和口渴損害嗎？人的心靈也同樣受損害。人能夠不讓饑餓和口渴成為對心靈的損害，那麼就會以比不上別人作為憂慮了。」

【13.28】

【原文】

孟子曰：「柳下惠[1]不以三公易其介[2]。」

【註釋】

(1) **柳下惠**：魯國大夫，姓展名獲，字子禽（或「季」），「柳下」是受封地的名稱，「惠」是妻子倡議給他的私諡（並非國家正式授予），人稱「柳下惠」。《論語·微子》18.2 提及「柳下惠為士師，三黜。」指他擔任魯國的獄官，雖然三次被革職，仍堅持用正直之道來侍奉人。

(2) **三公**：司馬、司徒、司空。**易**：改變。**介**：耿介，堅持自己操守。

【語譯】

孟子說：「柳下惠不會因為三公的爵位，而改變他的操守。」

【13.29】

【原文】

孟子曰：「有為者辟若[1]掘井，掘井九軔[2]而不及泉，猶為棄井也。」

【註釋】

(1) **辟**：同「譬」，譬如。**若**：如果。

(2) **軔**：通「仞」，古代量度單位，通常一仞為古時七尺（或

說八尺），九軔相等於六、七丈。

【語譯】

　　孟子說：「有所作為的人就像挖一口井，挖到六、七丈深未出現泉水，仍然是一口廢井。」

【13.30】
【原文】

　　孟子曰：「堯、舜，性之[(1)]也；湯、武，身[(2)]之也；五霸，假[(3)]之也。久假而不歸，惡[(4)]知其非有也？」

【註釋】

　　(1) **性**：本性。**之**：代名詞，指實行仁義。

　　(2) **身**：修身，如朱熹《孟子集注》云：「湯、武修身體道，以復其性。」一說指身體力行，如趙歧《孟子註疏》云：「身之，體之行仁，視之若身也。」

　　(3) **假**：假借（名義），如朱熹《孟子集注》云：「五霸則假借仁義之名，以求濟其貪慾之私耳。」

　　(4) **惡**：音「烏」，豈、怎會。

【語譯】

　　孟子說：「堯、舜，是順着本性去實行仁義的；商湯、周武王，是靠身體力去實行仁義的；五霸（春秋五霸），是假借名義去實行

仁義的。假借久了卻不歸還，怎會知道他們本來是沒有仁義？」

【13.31】

【原文】

公孫丑曰：「伊尹 [(1)] 曰：『予不狎於不順 [(2)]。放 [(3)] 太甲於桐，民大悅；太甲賢 [(4)]，又反 [(5)] 之，民大悅。』賢者之為人臣也，其君不賢，則固可放與？」

孟子曰：「有伊尹之志 [(6)]，則可；無伊尹之志，則篡 [(7)] 也。」

【註釋】

(1) **伊尹**：商湯的宰相，輔助商湯滅夏桀。

(2) **予**：我。**狎**：經常見面，引申為親近。**順**：順着義理行事。「予不狎於不順」一句出自《尚書・商書・太甲上》，原文「不」作「弗」，是商朝賢相伊尹對商湯王之孫大甲（或稱「太甲」）的訓話。原《太甲》上、中、下三篇已佚失，現存《太甲上》是後人的偽作。大甲繼承帝位後不遵守祖父的法典，被伊尹置於桐宮（故址在今山西省運城市萬榮縣西，一說在今河北省邯鄲市臨漳縣）思過三年，悔過自新後被接回首都亳都。

(3) **放**：放逐。

(4) **賢**：（變得）賢良。

(5) **反**：同「返」，返回。

(6) **志**：心思。

(7) 篡：（以不正當手段）篡位。

【語譯】

公孫丑說：「伊尹說：『我不親近違背道德的人。因此把太甲放逐到桐地，人民很高興。太甲變得賢明，又讓他回來（做君主），人民很高興。』賢者做臣子，君主不好時，本來就可以將他放逐嗎？」

孟子說：「有伊尹的心思，就可以；沒有伊尹的心思，就是篡位了。」

【13.32】
【原文】

公孫丑曰：「《詩》(1)曰：『不素餐(2)兮！』君子之不耕而食，何也？」

孟子曰：「君子居是國也，其君用之，則安、富、尊、榮；其子弟從之，則孝、悌、忠、信。『不素餐兮！』孰大於是？」

【註釋】

(1)《詩》：《詩經・魏風・伐檀》，是一首反映當時勞動者埋怨統治者不勞而食的詩歌。

(2) 素餐：（不勞動卻）白白吃飯。

【語譯】

公孫丑說：「《詩經・魏風・伐檀》說：『不白白吃飯啊！』可是君子不耕種卻也吃飯，為甚麼？」

孟子說：「君子住在一個國家裡，君主任用他，就會帶來安定、富足、尊貴、榮耀；青少年跟隨他，就會變得孝順父母、尊敬兄長、忠誠、守信。『不白白吃飯啊！』還有比這更大的貢獻嗎？」

【13.33】

【原文】

王子墊⁽¹⁾ 問曰：「士何事⁽²⁾？」

孟子曰：「尚⁽³⁾ 志。」

曰：「何謂尚志？」

曰：「仁義而已矣。殺一無罪，非仁也；非其有而取之，非義也。居惡⁽⁴⁾ 在？仁是也；路惡在？義是也。居仁、由⁽⁵⁾ 義，大人⁽⁶⁾ 之事備矣。」

【註釋】

(1) **王子墊**：齊宣王的兒子，名墊。

(2) **士**：士人。**何事**：該做甚麼事。

(3) **尚**：高尚。**志**：志向。

(4) **惡**：音「烏」，解「何」。

(5) **由**：順着。

(6) **大人**：有高尚德行的人。

王子墊問道：「士人該做甚麼事？」

孟子說：「使自己的志向高尚。」

王子墊問：「使自己的志向高尚是甚麼？」

孟子說：「實行仁和義罷了。殺死一個無罪的人，是不仁；不是自己該擁有的東西卻去拿取，是不義。居所在哪裡？就是仁；道路在哪裡？就是義。居於仁，順着義而行走，有高尚德行的人所該做的事便齊備了。」

【13.34】

【原文】

孟子曰：「仲子⁽¹⁾，不義與之齊國而弗受，人皆信之，是舍簞食、豆羹⁽²⁾之義也。人莫大焉亡⁽³⁾親戚、君臣、上下⁽⁴⁾。以其小者信其大者，奚可哉？」

【註釋】

(1) **仲子**：陳仲子，齊國人，又稱田仲、陳仲、於陵子（因居於於陵）。他「以兄之祿為不義之祿而不食」的事跡見於〈滕文公下〉6.10。

(2) **舍**：同「捨」，捨棄。**簞食**：一竹筐飯。**豆羹**：用豆（古時器皿）盛載的湯羹，一碗湯，比喻拒絕「簞食」、「豆羹」是小義。

(3) **亡**：通「無」，抹煞。

(4) **上下**：尊卑的倫理關係。

【語譯】

　　孟子說：「陳仲子，假如不合道義地送齊國給他，他不會接受，大家都相信他這點。陳仲子不過是捨棄一竹筐飯、一碗湯的小義罷了。人的過錯沒有比抹煞親戚、君臣、尊卑關係更大的了。因為他有小義，就相信他有大義，怎可以？」

【13.35】

【原文】

　　桃應⁽¹⁾問曰：「舜為天子，皋陶為士⁽²⁾，瞽瞍⁽³⁾殺人，則如之何？」

　　孟子曰：「執⁽⁴⁾之而已矣。」

　　「然則舜不禁⁽⁵⁾與？」

　　曰：「夫舜惡得而禁之？夫有所受⁽⁶⁾之也。」

　　「然則舜如之何？」

　　曰：「舜視棄天下猶棄敝屣⁽⁷⁾也。竊負⁽⁸⁾而逃，遵海濱而處，終身訴然⁽⁹⁾，樂而忘天下。」

【註釋】

(1) **桃應**：孟子學生。

(2) **皋陶**：音「高堯」（粵音 gou1 jiu4、拼音 gāoyáo），傳說中為舜執掌刑法的賢臣。**士**：指法官。

(3) **瞽瞍**：舜的父親。

(4) **執**：逮捕。

(5) **禁**：阻止。

(6) **受**：依據。

(7) **敝**：破爛。**屩**：或作「蹻」，音「徙」（粵音 saai2、拼音 xǐ），草鞋。

(8) **竊**：偷偷地。**負**：背着（父親）。

(9) **訴**：同「欣」，喜樂。

【語譯】

桃應問道：「舜做天子，皋陶做法官，假如舜的父親瞽瞍殺了人，應該怎辦？」

孟子說：「逮捕他就是了。」

桃應問：「那麼舜不會阻止嗎？」

孟子說：「舜怎能阻止？皋陶是有依據的。」

桃應問：「那麼舜該怎辦？」

孟子說：「舜把捨棄天下看成捨棄破爛草鞋一樣。他會偷偷地背着父親逃走，沿着海濱住下來，終身喜樂，快樂得忘掉了天下。」

【13.36】

【原文】

孟子自范 (1) 之齊，望見齊王之子 (2)，喟然嘆 (3) 曰：「居 (4) 移氣，養移體 (5)，大哉居乎！夫非盡人之子與？」

孟子曰 (6)：「王子宮室、車馬、衣服多與人同，而王子若彼 (7)

者，其居使之然也；況居天下之廣居⁽⁸⁾者乎？魯君之宋，呼於垤澤之門⁽⁹⁾。守者曰：『此非吾君也，何其聲之似我君也？』此無他，居相似也！」

【註釋】

(1) **范**：邑名，故地在今河南省濮陽市范縣東南。

(2) **齊王之子**：應該是齊宣王。

(3) **喟**：深長地。**歎**：贊歎。

(4) **居**：環境；一說居所。**移**：改變。**氣**：氣質。

(5) **養**：培養。**體**：體質。

(6) **孟子曰**：朱熹《孟子集注》云：「張（栻）、鄒（補之）皆云羨文也。」認為「王子宮室、車馬、衣服多與人同……居相似也。」一句並非孟子所言，「孟子曰」是衍文。

(7) **彼**：與「此」相對，不同。

(8) **廣居**：最寬廣的住所，指仁。朱熹《孟子集注》云：「廣居，仁也。」《滕文公下》6.2 有類似說法，云：「居天下之廣居，立天下之正位。」

(9) **垤澤之門**：「垤」音「迭」（粵音 dit6、拼音 dié），宋

國都城的東南城門。

【語譯】

孟子從范邑到齊國，遠遠地望見齊王的兒子，深長地贊歎說：「居住環境改變氣質，所得的培養改變體質，居住環境真是太重要了！他不也是人的兒子嗎？」

孟子說：「王子的住所、車馬、衣服大多與別人相同，而王子卻好像不同，是他的居住環境使他這樣的。何況居住於仁這個天下最寬廣的住所？魯國的君主到宋國去，在宋國都城的垤澤城門下呼喊。守門人說：『這人不是我們的君主，為甚麼他的聲音這麼像我們的君主？』這沒有別的原因，是居住環境相似罷了！」

【13.37】
【原文】

孟子曰：「食 [1] 而弗愛，豕交 [2] 之也；愛而不敬，獸畜 [3] 之也。恭敬者，幣之未將 [4] 者也。恭敬而無實，君子不可虛拘 [5]。」

【註釋】

(1) **食**：動詞，給食物、養活。

(2) **豕**：豬。**交**：對待。

(3) **獸**：牲畜。**畜**：畜養。

(4) **幣**：參考〈梁惠王上〉2.15 的註譯，指禮物。**將**：送。

(5) **虛**：虛假。**拘**：束縛。

【語譯】

孟子說：「只養活而不愛護，那就像對待豬一樣；只愛護而不恭敬，那就像畜養牲畜一樣。恭敬之心，是在贈送禮物之前就有的。只有恭敬的形式而沒有實在的心意，君子不會被虛假的禮節所束縛的。」

【13.38】
【原文】

孟子曰：「形、色 (1) 天性 (2) 也，惟聖人然後可以踐形 (3)。」

【註釋】

(1) **形、色**：體形、容貌。

(2) **性**：指「生」。

(3) **踐形**：實踐身體的潛能。朱熹《孟子集注》云：「踐如踐言之踐。蓋眾人有是形而不能盡其理，故無以踐其形；惟聖人有是形而又能盡其理，然後可以踐其形而無歉也。」

【語譯】

孟子說：「人的體形、容貌是天生的，只有聖人可以完全實踐身體的潛能。」

【13.39】

【原文】

齊宣王欲短喪 (1)。公孫丑曰:「為朞 (2) 之喪,猶愈於已 (3) 乎?」

孟子曰:「是猶或紾 (4) 其兄之臂,子謂之『姑徐徐』云爾 (5)。亦教之孝弟 (6) 而已矣。」王子有其母死者,其傅為之 (7) 請數月之喪。公孫丑曰:「若此者何如也?」

曰:「是欲終之 (8) 而不可得也,雖加一日愈於已。謂夫莫之禁而弗 (9) 為者也。」

【註釋】

(1) **短喪**:縮短服喪的時間(古時以三年為喪期)。

(2) **朞**:音「基」(粵音 gei1、拼音 jī),解「一年」。

(3) **愈**:好過。**已**:停止(服喪)。

(4) **猶**:像。**或**:有人。**紾**:音「診」(粵音 can2、拼音 zhěn),扭傷。

(5) **之**:他(扭傷哥哥手臂的人)。**姑徐徐**:姑且慢慢。**云爾**:語助詞。

(6) **亦**:只是。**弟**:同「悌」,尊敬兄長。

(7) **傅**:師傅、老師。**為**:替。**之**:喪母的王子。朱熹《孟子集注》云:「陳氏曰:『王子所生之母死,厭於嫡母而不敢終喪,其傅為請於王,欲使得行數月之喪也。』時又適有此事,丑問如此者是非

《孟子》今註今譯

如何？按《儀禮》公子為其母練冠麻衣縓緣，既葬除之。疑當時此禮已廢，或既葬而未忍即除，故請之也。」根據《儀禮‧喪服記》，王子的母親死後，而父親健在，王子不能為母服喪三年；母親下葬時，王子只穿麻衣，於葬禮後脫掉。

(8) **終**：完成。**之**：指三年喪期。

(9) **謂**：這話。**莫**：沒有。**禁**：禁此。**弗**：不。

【語譯】

齊宣王想縮短服喪的時間，公孫丑對孟子說：「為父母服喪一年，總比不服喪好吧？」

孟子說：「這就像有人在扭傷他哥哥的手臂，你對他說『姑且慢慢扭吧』一樣。只要教導他孝順父母、尊敬兄長罷了。」

有個王子的生母死了，他的老師替他向君主請求服幾個月的喪。公孫丑說：「像這種情況應該怎辦？」

孟子說：「這是想完成服喪三年卻無法辦到，即使多服一天也比不服好。這話是針對那些沒有人禁止他，而他自己不肯服喪的人說的。」

【13.40】

【原文】

孟子曰：「君子之所以教 (1) 者五：有如時雨化之者，有成德者，有達財 (2) 者，有答問者，有私淑艾 (3) 者。此五者，君子之所以教也。」

【註釋】

(1) **教**：教育。

(2) **財**：通「才」，才能。

(3) **淑**：通「叔」，拾取、獲益。**艾**：同「刈」（粵音「艾」ngaai6、拼音 yì），收穫。

【語譯】

孟子說：「君子施行教育的方法有五種：有像及時雨一樣滋潤化育的；有成全品德的；有培養才能的；有解答疑問的；有憑品德修養而使人私下受教誨的。這五種，就是君子施行教育的方法。」

【13.41】

【原文】

公孫丑曰：「道高矣，美矣，宜若 (1) 登天然，似不可及也。何不使彼為可幾及 (2)，而日孳孳 (3) 也？」

孟子曰：「大匠不為拙工改廢繩墨 (4)，羿不為拙射變其彀率 (5)。君子引 (6) 而不發，躍 (7) 如也；中道而立，能者從之。」

【註釋】

(1) **宜若**：似乎像。

(2) **彼**：它，指道。**為**：變得。**幾及**：企及、達到。

(3) **孳孳**：「孳」音「諮」（粵音 zi1、拼音 zī），同「孜孜」，

原解勤勉不怠，引申為努力追求。

(4) **繩墨**：「繩」是規範垂直的墨繩，引申為標準、規矩。

(5) **彀率**：「彀」音「夠」（粵音 gau3、拼音 gòu），拉滿弓的標準。

(6) **引**：拉（滿弓）。

(7) **躍**：躍躍欲試。

【語譯】

公孫丑說：「道的確高尚、美好，似乎像登天一樣，好像不可能達到的。為甚麼不讓道變得有可能達到，使人可以每天努力去追求？」

孟子說：「高明的工匠不會為了拙劣的木工而改變規矩，后羿不會為了拙劣的射手而改變拉滿弓的標準。君子教導別人正如射手拉滿弓而不發箭，作出躍躍欲試的樣子；他站立在道的中間，有能力的人就會追隨他。」

【13.42】

【原文】

孟子曰：「天下有道 (1)，以道殉身 (2)；天下無道，以身殉道。未聞以道殉乎人 (3) 者也。」

【註釋】

(1) **有道、無道**：政治清明、政治黑暗。

(2) **殉**：追隨，為之（道）而犧牲。**殉身**：終身追隨。

(3) **殉乎人**：迎合人。

【語譯】

孟子說：「天下政治清明，就終身行道；天下政治黑暗，就為道而犧牲生命。沒有聽說犧牲道去迎合人的。」

【13.43】
【原文】

公都子曰：「滕更⁽¹⁾之在門也，若在所禮；而不答，何也？」
孟子曰：「挾⁽²⁾貴而問，挾賢而問，挾長而問，挾有勳勞⁽³⁾而問，挾故⁽⁴⁾而問，皆所不答也。滕更有二焉。」

【註釋】

(1) **滕更**：滕國君主的弟弟，曾向孟子求學。

(2) **挾**：倚仗。

(3) **勳勞**：功勳、功勞。

(4) **故**：故舊、有交情。

【語譯】

公都子說：「滕更在您門下學習，似乎應該屬於受禮待的人；可是您卻不回答他的問題，為甚麼？」

孟子說：「倚仗自己地位高貴來發問，倚仗自己賢能來發問，倚仗自己年長來發問，倚仗自己有功勞來發問，倚仗自己有交情來發問，都是我所不回答的。滕更佔了其中兩項。」

【13.44】

【原文】

孟子曰：「於不可已[(1)]而已者，無所不已。於所厚[(2)]者薄，無所不薄也。其進銳[(3)]者，其退速。」

【註釋】

(1) **已**：停止。

(2) **厚**：厚待。

(3) **銳**：急速。

【語譯】

孟子說：「對於不應該停止的事卻停止了，那就沒有甚麼事不可以停止了。對於應該厚待的人卻薄待了，那就沒有甚麼人不可以薄待。前進太急速的人，後退也很急速。」

【13.45】

【原文】

孟子曰：「君子之於物[(1)]也，愛之而弗仁[(2)]；於民也，仁之

而弗親⁽³⁾。親親⁽⁴⁾而仁民，仁民而愛物。」

【註釋】

(1) **物**：萬物。朱熹《孟子集注》云：「物，謂禽獸草木。愛，謂取之有時，用之有節。」

(2) **仁**：（施加）仁德。

(3) **親**：視為親人。

(4) **親親**：親愛親人。趙歧《孟子註疏》云：「先親其親戚，然後仁民；仁民然後愛物，用恩之次也。」指君子對萬物、人民、親人的態度，需視乎關係的深淺。

【語譯】

孟子說：「君子對於萬物，愛惜而不施加仁德；對於人民，施加仁德但不視為親人。親愛親人而以仁德施加人民，施加仁德予人民，進而愛惜萬物。」

【13.46】
【原文】

孟子曰：「知者無不知也，當務⁽¹⁾之為急；仁者無不愛也，急親賢之為務。堯、舜之知而不遍物⁽²⁾，急先務也；堯、舜之仁不遍愛人，急親賢也。不能三年之喪，而緦、小功之察⁽³⁾；放飯、流歠⁽⁴⁾，而問無齒決⁽⁵⁾，是之謂不知務。」

【註釋】

(1) **務**：事情。

(2) **遍**：或作「徧」，普遍、普通。**遍物**：所有事物。

(3) **緦**：細麻布製成的喪服。古時喪服按穿着時間分為斬衰、齊衰、大功、小功、緦麻五種（「五服」），分別穿着三年、一年、九個月、五個月、三個月。「緦」是女婿為岳父母服喪三個月的喪服，是「五服」中穿著期最短的一種。**小功**：用較粗熟布製成的喪服，穿着期為五個月，是外孫為外祖父母服喪的喪服。**察**：仔細講究。

(4) **放飯**：大口吃飯。**流歠**：「歠」音「滋」（粵音 zyut3、拼音 chuò），飲，「流歠」是大口喝湯。《禮記·曲禮上》云：「毋搏飯，毋放飯，毋流歠，毋吒食，毋齧骨，毋反魚肉，毋投與狗骨。」指在長輩面前大口吃飯、大口喝湯是失禮的行為。

(5) **問**：講求。**齒決**：用手先折斷乾肉，再用牙齒咬斷。《禮記·曲禮上》說：「濡肉齒決，乾肉不齒決。」在長輩面前用手折斷乾肉、用牙齒咬斷是失禮的行為。

【語譯】

孟子說：「智者沒有甚麼事物不想知道的，但急於知道當前最應該做的事；仁者沒有甚麼不愛惜的，但急於愛惜親人和賢人。堯、舜的智慧尚且不能知道所有事物，因為他們急於知道要優先處理的事；堯、舜的仁德尚且不能愛惜所有人，因為他們急於愛惜親人和賢人。如果不能實行三年的喪禮，卻對穿着緦麻（三個月）、穿着

小功（五個月）的喪禮仔細講究；在長輩面前大口吃飯、大口喝湯，卻講求不用手折斷乾肉、用牙齒咬斷，這就叫做不知輕重緩急。」

第十四章

盡心下

本篇是《孟子》的末篇，共 38 章。第 14.1 至 14.4 章圍繞孟子「仁者無敵」的主張，指仁者「以其所愛及其所不愛」（14.1）、「春秋無義戰」（14.2）、「仁者無敵於天下」（14.3），以及「國君好仁，天下無敵」（14.4）。孟子著名的「民為貴，社稷次之，君為輕」民本思想見於第 14.14 章，強調人民是立國之本。孟子將人的道德分為善、信、美、大、聖及神六級（14.25），重申「人皆有所不忍」及「有所不為」，以達致仁、義（14.31）。君子之道包括「修其身而天下平」（14.32）、按法度行事（「行法」）以等待命運安排（14.33）、「養心」及「寡慾」（14.35）、不同流合污及回歸正道（14.37）。最後一章（14.38）是孟子的慨嘆，認為沒有人繼承聖人之道，也不會再有繼承人。

【14.1】

【原文】

孟子曰：「不仁哉梁惠王也！仁者，以其所愛及 ⁽¹⁾ 其所不愛；不仁者，以其所不愛及其所愛。」

公孫丑問曰：「何謂也？」

「梁惠王以土地之故 ⁽²⁾，糜爛 ⁽³⁾ 其民而戰之，大敗；將復之 ⁽⁴⁾，恐不能勝，故驅其所愛子弟以殉之，是之謂以其所不愛及其所愛也。」

【註釋】

(1) **及**：推及。朱熹《孟子集注》云：「親親而仁民，仁民而愛物，所謂以其所愛，及其所不愛也。」

(2) **土地**：（擴充）國土。**故**：緣故。

(3) **糜爛**：蹂躪。朱熹《孟子集注》云：「其民使之戰鬥，糜爛其血肉也。」認為梁惠王蹂躪人民的血肉。

(4) **復之**：再戰。

【語譯】

孟子說：「梁惠王不仁德啊！有仁德的人，由他所愛的人推及他所不愛的人；不仁德的人，是由他所不愛的人禍及他所愛的人。」

公孫丑問孟子說：「這是甚麼意思？」

孟子說：「梁惠王為了擴充國土的緣故，蹂躪他的人民去作戰，結果大敗；還想再戰，擔心不能得勝，所以驅使他所喜愛的子弟為戰爭送死，這就叫做以他所不愛的人禍及他所愛的人。」

【14.2】

【原文】

孟子曰：「春秋無義戰。彼善於此 (1)，則有之矣。征者，上伐下也，敵國 (2) 不相征也。」

【註釋】

(1) **彼、此**：那一個、這一個（國家）。

(2) **敵國**：可以匹敵的國家。

【語譯】

孟子說：「春秋時代沒有正義的戰爭。那一國比這一國好一點，那是有的。所謂征討，是指上級討伐下級，可以匹敵的國家不互相討伐。」

【14.3】
【原文】

孟子曰：「盡信《書》，則不如無《書》。吾於《武成》[1]，取二三策[2] 而已矣。仁人無敵於天下，以至仁伐至不仁，而何其血之流杵[3] 也？」

【註釋】

(1)《武成》：《尚書·周書·武成》，現存〈武成〉篇是偽古文。

(2) 策：竹簡。古代用竹簡記事，一策相當於現今的一頁。

(3) 流：漂浮。杵：音「貯」（粵音 cyu2、拼音 chǔ），舂米或捶衣的木棒。

【語譯】

孟子說：「完全相信《尚書》，還不如沒有《尚書》。我對於〈武成〉篇，只取用其中二、三頁罷了。仁人在天下沒有敵手，以周武王這樣最仁的人去討伐商紂這樣最不仁的人，怎會讓鮮血流得足以把木棒都漂浮起來？」

【14.4】
【原文】

《孟子》今註今譯

孟子曰：「有人曰：『我善為陳 [1]，我善為戰 [2]。』大罪也。國君好仁，天下無敵焉。南面 [3] 而征，北狄怨；東面而征，西夷怨，曰：『奚為後我 [4]？』武王之伐殷也，革車三百兩 [5]，虎賁 [6] 三千人。王曰：『無畏！寧爾也，非敵百姓也 [7]！』若崩厥角稽首 [8]。「征」之為言「正」也，各欲正己也，焉用戰？」

【註釋】

(1) **為陳**：「陳」通「陣」，布陣。

(2) **為戰**：作戰。

(3) **南面**：即「面南」，面向南方而坐成為統治者，〈梁惠王下〉2.11 有類似的寫法。

(4) **奚**：為甚麼。**為後我**：把我們放到後面。

(5) **革車**：以皮革裝飾的兵車。**兩**：通「輛」。

(6) **虎賁**：勇士，如趙歧《孟子註疏》引孔安國云：「賁，勇士稱也；若虎賁獸，言其猛也，皆百夫長也。」

(7) **無畏，寧爾也，非敵百姓也**：《尚書．周書．泰誓》有類似的說法，云：「罔或無畏，寧執非敵。百姓懍懍，若崩厥角。」

(8) **崩**：山陵崩塌。**厥角**：原指野獸的骨角，引申為叩頭時以額頭觸地。**稽首**：叩頭。

孟子說：「有人說：『我善於布陣，我善於作戰。』這是大罪過。國君喜愛仁，便天下無敵。商湯向南面征伐，北方的狄人就抱怨；向東方征伐，西方的夷人就抱怨，他們說：『為甚麼把我們放在後面？』周武王征伐商紂時，兵車有三百輛，勇士有三千人。周武王向殷商的人民說：『不要害怕！我是來安撫你們的，不是與百姓為敵的！』人民叩頭時以額頭觸地，聲音像山陵崩塌一樣。「征」字的意思就是「正」，各國都想端正自己的話，又何必用戰爭？」

【14.5】

【原文】

孟子曰：「梓、匠、輪、輿 [(1)] 能與人規矩 [(2)]，不能使人巧 [(3)]。」

【註釋】

(1) **梓、匠、輪、輿**：分別指製造禮器、掌管土木工程、製造車輪及製造車箱的四類木工，泛指工匠，也見於〈滕文公下〉6.4。

(2) **與**：教授。**規**：圓規，畫圓形的工具。**矩**：曲尺，畫方形的工具，可參考〈離婁上〉7.1 的註譯。

(3) **巧**：技術精巧。

【語譯】

孟子說：「工匠能教人使用圓規及曲尺的方法，卻不能使人的技術精巧。」

【14.6】

【原文】

孟子曰：「舜之飯糗、茹草⁽¹⁾也，若將終身焉⁽²⁾。及其為天子也，被袗衣⁽³⁾，鼓⁽⁴⁾琴，二女果⁽⁵⁾，若固有之⁽⁶⁾。」

【註釋】

(1) **飯**：動詞，吃。**糗**：乾糧。**茹**：咀嚼、吃。**草**：野菜。

(2) **焉**：代詞，指貧苦生活。

(3) **被**：通「披」，穿着。**袗衣**：音「診」（粵音 can2、拼音 zhěn），繡有紋飾的華貴衣服；一說麻葛單衣。

(4) **鼓**：彈。

(5) **二女**：堯帝的兩位女兒（娥皇、女英）。**果**：通「婐」，音「倭」（粵音 wo2、拼音 wǒ），服侍。

(6) **固**：本來。**有**：擁有。**之**：這種生活。

【語譯】

孟子說：「舜在吃乾糧、吃野菜的時候，好像終身要這樣度過。到他做了天子，穿着繡有紋飾的華貴衣服，彈琴，堯帝的兩位女兒（娥皇、女英）服侍他，好像本來就擁有這種生活似的。」

【14.7】

【原文】

孟子曰：「吾今而後知殺人親[1]之重也。殺人之父，人亦殺其父；殺人之兄，人亦殺其兄。然則非自殺之也，一間[2]耳。」

【註釋】

(1) **親**：親人。

(2) **一間**：「間」讀去聲，隔距；「一間」指相差不遠。

【語譯】

孟子說：「我從今以後才知道殺害別人親人的嚴重性。他殺害別人的父親，別人也殺害他的父親；他殺害人家的哥哥，別人也殺害他的哥哥。雖說父親及哥哥不是自己殺害的，但也相差不遠。」

【14.8】

【原文】

孟子曰：「古之為關[1]也，將以御暴[2]；今之為關也，將以為暴。」

【註釋】

(1) **關**：關卡。

(2) **禦暴、為暴**：抵禦殘暴（如盜賊、敵兵）、施行殘暴（如徵稅支持暴政）。

【語譯】

孟子說：「古時候設立關卡，是用來抵禦殘暴；現在設立關卡，是用來施行殘暴。」

【14.9】
【原文】
孟子曰：「身不行道 [(1)]，不行於妻子 [(2)]；使人不以道，不能行於妻子。」

【註釋】
(1) **行**：實行。**道**：正道。

(2) **妻子**：妻子、兒女。

【語譯】
孟子說：「自己不實行正道，妻子、兒女也不實行正道；使喚人不依照正道，妻子、兒女也不能使喚。」

【14.10】
【原文】
孟子曰：「周於利 [(1)] 者，凶年不能殺 [(2)]；周於德者，邪世不能亂 [(3)]。」

【註釋】
(1) **周**：充足。**利**：積蓄，如朱熹《孟子集注》云：「周，足也，言積之厚則有餘。」

(2) **凶年**：饑荒時節。**殺**：死（餓死）；一說解困苦。

(3) **邪世**：亂世。**亂**：迷惑。

【語譯】

孟子說：「財富充足的人，於饑荒時節不會餓死；德行高深的人，於亂世不會迷惑。」

【14.11】
【原文】

孟子曰：「好名 (1) 之人，能讓千乘之國；苟非其人，簞食、豆羹見於色 (2)。」

【註釋】

(1) **好名**：喜歡（做作而獲取）名聲。

(2) **簞食**：一竹筐飯。**豆羹**：用豆（古時器皿）盛載的湯羹，一碗湯。**見**：通「現」，表現出。**色**：（捨不得）臉色。

【語譯】

孟子說：「喜歡做作而獲取名聲的人，可以將擁有千輛兵車的國家讓給別人；但如果不是這種人，要他讓出一竹筐飯或一碗湯，也會表現出捨不得的臉色。」

【14.12】
【原文】

孟子曰：「不信仁賢，則國空虛 (1)；無禮義，則上下 (2) 亂；無政事 (3)，則財用 (4) 不足。」

【註釋】

(1) **空虛**：沒有（人才）。

(2) **上下**：上級與下級的關係。

(3) **無**：做得不好。**政事**：利民的政務。

(4) **財用**：財政用度。

【語譯】

孟子說：「不信任有仁德的人及賢能的人，國家就會空虛（沒有人才）；沒有禮義，上級與下級的關係就會混亂；政務做得不好，國家的財政用度就不會充足。」

【14.13】

【原文】

孟子曰：「不仁而得 ⁽¹⁾ 國者，有之矣。不仁而得天下者，未之有也。」

【註釋】

(1) **得**：取得。

【語譯】

孟子說：「不仁德而取得一個國家的，有這樣的事。不仁德而能取得天下的，從來沒有這種事。」

【14.14】

【原文】

孟子曰：「民為貴 [(1)]，社稷 [(2)] 次之，君為輕。是故得乎丘 [(3)] 民而為天子，得乎天子為諸侯，得乎諸侯為大夫。諸侯危社稷，則變置 [(4)]。犧牲既成 [(5)]，粢盛既絜 [(6)]，祭祀以時，然而旱干、水溢 [(7)]，則變置社稷。」

【註釋】

(1) **貴**：重要。

(2) **社稷**：國家政權。

(3) **丘**：眾多。

(4) **變置**：改立。

(5) **犧牲**：祭品的一種，祭祀所殺的牲畜。**既**：已經。**成**：長成，引申為肥壯。

(6) **粢盛**：音「之成」（粵音 zi1 sing4、拼音 zī chéng），祭祀所用的穀物（如黍、稷）。**絜**：同「潔」，潔淨。

(7) **旱干、水溢**：旱災、水災。

【語譯】

孟子說：「人民最重要，代表國家的土地神、穀神（引申為

政權）其次，國君的重要性最輕。所以得到眾多人民擁護就能成為天子，得到天子的賞識就能成為諸侯，得到諸侯的賞識就能成為大夫。諸侯危害國家，就改立諸侯。祭祀所殺的牲畜已經肥壯，祭祀用的穀物已經潔淨，祭祀按時進行，然而還是發生旱災、水災，那就改立土地神、穀神。」

【14.15】

【原文】

孟子曰：「聖人，百世 (1) 之師也，伯夷、柳下惠是也。故聞伯夷之風 (2) 者，頑夫廉 (3)，懦夫有立志。聞柳下惠之風者，薄夫敦 (4)，鄙夫寬 (5)。奮 (6) 乎百世之上，百世之下聞者莫不興起 (7) 也。非聖人而能若是乎？而況於親炙 (8) 之者乎？」

【註釋】

(1) **百世**：「世」又稱「代」，一代為三十年，「百世」指時間久遠。

(2) **風**：作風。

(3) **頑**：貪婪。**夫**：人。**廉**：廉潔。

(4) **薄**：刻薄。**敦**：敦厚。

(5) **鄙**：鄙陋。**寬**：寬宏。

(6) **奮**：奮發作為。

(7) **興起**：振作起來。

(8) **親**：親自。**炙**：（接受）薰陶。

【語譯】

孟子說：「聖人是一百代人的老師，伯夷、柳下惠就是這樣的人。因此聽到伯夷作風的人，貪婪的人變得廉潔，懦弱無能的人立定志向；聽到柳下惠作風的人，刻薄的人變得敦厚，鄙陋的人變得寬宏。他們在百代以前奮發作為，百代以後聽說他們事跡的人，沒有不振作起來的。不是聖人能像這樣（有感染力）嗎？何況曾經親自接受聖人薰陶的人？」

【14.16】
【原文】

孟子曰：「仁也者，人也 (1)；合而言之 (2)，道也。」

【註釋】

(1) **人也**：仁是人的特色，人之所以作為人的道理，如朱熹《孟子集注》云：「仁者，人之所以為人之理也。」

(2) **合而言之**：人努力實踐仁德，所以仁德與人合起來，就是正道。

【語譯】

孟子說：「所謂仁德，是人作為人的道理；仁德與人合起來說，就是正道。」

【14.17】
【原文】

孟子曰：「孔子之去 [(1)] 魯，曰：『遲遲吾行也！』去父母國之道 [(2)] 也。去齊，接淅而行 [(3)]，去他國之道也。」

【註釋】

(1) **去**：離開。

(2) **父母國**：祖國。**道**：態度。

(3) **接淅而行**：撈起正在淘洗的米就起行，〈萬章下〉10.1 有類似的說法。

【語譯】

孟子說：「孔子離開魯國的時候說：『我們慢慢走罷！』這是離開祖國的態度。他離開齊國的時候，撈起正在淘洗的米就起行，這是離開別國的緣故。」

【14.18】
【原文】

孟子曰：「君子之厄 [(1)] 於陳蔡之間，無上下之交 [(2)] 也。」

【註釋】

(1) **君子**：指孔子。**厄**：同「阨」，困阨（被圍困）。孔子被圍困一事見於《論語·衞靈公》15.2「在陳絕糧，從者病，莫能興。子路慍見曰：『君子亦有窮乎？』子曰：『君子固窮，小人窮斯濫

矣。』」一章及《論語‧先進》11.2「子曰：『從我於陳、蔡者，皆不及門也。』」

(2) 上下：陳、蔡兩個諸侯國的君臣。**交**：交往。

【語譯】

孟子說：「孔子被圍困於陳、蔡兩國之間，是因為他與這兩個諸侯國的君臣沒有交往的緣故。」

【14.19】

【原文】

貉稽 [(1)] 曰：「稽大不理於口 [(2)]。」

孟子曰：「無傷也。士憎茲多口 [(3)]。《詩》 [(4)] 云：『憂心悄悄 [(5)]，慍於群小 [(6)]。』孔子也。『肆不殄厥慍，亦不隕厥問 [(7)]。』文王也。」

【註釋】

(1) **貉稽**：「貉」音「墨」（粵音 mak6、拼音 mò），人名，身份不詳。

(2) **稽**：貉稽自稱。**大**：很。**不理於口**：被別人嘲諷，如趙歧《孟子註疏》云：「為眾口所訕；理，賴也。」

(3) **憎**：憎惡。**茲**：這些。**多口**：諸多嘲諷。

(4) **《詩》**：《詩經‧國風‧邶風‧柏舟》，是一首以比喻來抒發愛國情懷的詩歌。

(5) **悄悄**：憂愁不安。

(6) **慍**：音「蘊」（粵音 wan3、拼音 yùn），怨恨。**群小**：一眾小人。

(7) **肆不......厥問**：出自《詩經・大雅・文王之什・緜》，是一首描寫周代祖先古公亶父率領族人從豳（今陝西省咸陽市旬邑縣西南）遷往岐山開基立業，以及周文王趕走昆夷，建立完整制度的事跡。**肆**：既然。**殄**：粵音 tin5、拼音「舔」tiǎn，滅絕。**厥**：代詞，別人。**隕**：原指墜落，引申為損害。**問**：通「聞」，聲譽。

【語譯】
貉稽說：「我經常被別人嘲諷。」
孟子說：「沒有關係。士人憎惡這些諸多嘲諷。《詩經・國風・邶風・柏舟》說：『內心憂愁不安，受到一眾小人怨恨。』孔子是這樣的人。《詩經・大雅・文王之什・緜》說：『既然不能滅絕別人的怨恨，也不要損害自己的聲譽。』周文王是這樣的人。」

【14.20】
【原文】
孟子曰：「賢者以其昭昭 (1) 使人昭昭，今以其昏昏 (2) 使人昭昭。」

【註釋】
(1) **昭昭**：明白事理。趙歧《孟子註疏》云：「賢者治國，法度昭昭，明於道德，是躬化之道可也。」

(2) **昏昏**：愚昧無知。趙歧《孟子註疏》云：「今之治國，法度昏昏，亂瀆之政也，身不能治，而欲使他人昭明，不可得也。」

【語譯】

孟子說：「賢明的人用自己的明白事理去使人明白事理，現今的人卻想用自己的愚昧無知去使人明白事理。」

【14.21】
【原文】

孟子謂高子[(1)]曰：「山徑之蹊[(2)]，間介然[(3)]用之而成路；為間[(4)]不用，則茅塞之矣。今茅塞子之心矣。」

【註釋】

(1) **高子**：齊國人，孟子學生。

(2) **徑**：山坡。**蹊**：小路、窄道。

(3) **間介然**：本指專心，此處指經常不斷。有版本斷文為「山徑之蹊間，介然用之而成路」。

(4) **為間**：過一段時間。

【語譯】

孟子對高子說：「山坡上的窄道，經常不斷去走然後便變成了路；過一段時間不去走，就又會被茅草堵塞了。現在茅草已堵塞住你的心了。」

【14.22】

【原文】

高子曰：「禹之聲 (1)，尚 (2) 文王之聲。」

孟子曰：「何以言之？」

曰：「以追蠡 (3)。」

曰：「是奚足 (4) 哉？城門之軌 (5)，兩馬 (6) 之力與？」

【註釋】

(1) **聲**：音樂。

(2) **尚**：勝過。

(3) **追**：音「堆」（粵音 deoi1、拼音 duī），古代樂器鐘上方用以懸掛的鐘鈕（扣）。**蠡**：音「禮」（粵音 lai5、拼音 lǐ），原指蟲子蛀食木頭，引申為鐘鈕欲斷的樣子。朱熹《孟子集注》引豐氏云：「追，鐘鈕也，《周禮》所謂旋蟲是也。蠡者，齧木蟲也。言禹時鐘在者，鐘鈕如蟲齧而欲絕，蓋用之者多。而文王之鐘不然，是以知禹之樂過於文王之樂也。」

(4) **奚**：怎麼。**足**：足以（證明）。

(5) **軌**：車轍（車輪碾過所留下的痕跡）。

(6) **兩馬**：不一定是實數，幾匹馬。

【語譯】

高子說：「禹的音樂勝過周文王的音樂。」

孟子說：「為甚麼這麼說？」

高子說：「因為禹流傳下來的鐘鈕（扣），像快要被蛀木蟲咬斷一樣。」

孟子說：「這怎麼足以證明？城門下的車輪痕跡，難道是幾匹馬的力量所造成的嗎？」

【14.23】

【原文】

齊饑。陳臻 [1] 曰：「國人皆以夫子將復為發棠 [2]，殆 [3] 不可復！」

孟子曰：「是為馮婦 [4] 也。晉人有馮婦者，善搏 [5] 虎；卒為善 [6]，士則 [7] 之。野 [8] 有眾逐虎，虎負嵎 [9]，莫之敢攖 [10]。望見馮婦，趨 [11] 而迎之。馮婦攘臂 [12] 下車，眾皆悅之，其為士者笑之。」

【註釋】

(1) **陳臻**：孟子學生。

(2) **復**：再次。**發**：打開，指打開糧倉賑濟災民。**棠**：齊國的邑，在今山東省青島市即墨區。

(3) **殆**：恐怕。

(4) **馮婦**：人名，姓馮，名婦。

(5) **搏**：搏鬥。

《孟子》今註今譯

(6) **卒**：後來。**為善**：行善。有版本將「卒為善，士則之。野有眾逐虎」斷句為「卒為善士。則之野，有眾逐虎」，可解作「後來成為一個行善的人。有一次他到野外，有很多人在追逐一隻老虎」。

(7) **則**：效法。**之**：到。

(8) **野**：野外。

(9) **負**：背着。**嵎**：山勢險要的地方。

(10) **攖**：迫近。

(11) **趨**：快步上前。

(12) **攘臂**：捋起衣袖、伸出手臂。《論語·述而》7.11 提及孔子不屑「暴虎馮河（赤手空拳與老虎搏鬥，徒步涉水過河），死而無悔者」的人。

【語譯】

齊國發生饑荒。陳臻說：「國內的人民都以為您會再次勸說齊王打開棠邑的糧倉來賑濟災民，恐怕不能再這樣做了吧！」

孟子說：「再這樣做就成了馮婦了。晉國有個人叫馮婦的人，擅長與老虎搏鬥；後來行善，士人都效法他。有一次野外有很多人在追逐一隻老虎，老虎背靠着山勢險要的地方，沒有人敢迫近牠。他們望見馮婦來了，快步上前迎接他。馮婦捋起衣袖、伸出手臂下

車，大家都很高興，可是他卻被士人所嘲笑。」

【14.24】

【原文】

孟子曰：「口之於味⁽¹⁾也，目之於色⁽²⁾也，耳之於聲⁽³⁾也，鼻之於臭⁽⁴⁾也，四肢之於安佚⁽⁵⁾也，性⁽⁶⁾也；有命⁽⁷⁾焉，君子不謂性也。仁之於父子也，義之於君臣也，禮之於賓主也，知之於賢者也，聖人之於天道也，命也；有性焉，君子不謂命也。」

【註釋】

(1) **味**：美味。

(2) **色**：美色。

(3) **聲**：美妙的聲音。

(4) **臭**：原指氣味，引申為香味。

(5) **佚**：通「逸」，安樂、舒服。

(6) **性**：本性。

(7) **命**：命運。

【語譯】

孟子說：「口對於美味，眼睛對於美色，耳朵對於美妙的聲音，

車，大家都很高興，可是他卻被士人所嘲笑。」

【14.24】

【原文】

孟子曰：「口之於味[1]也，目之於色[2]也，耳之於聲[3]也，鼻之於臭[4]也，四肢之於安佚[5]也，性[6]也；有命[7]焉，君子不謂性也。仁之於父子也，義之於君臣也，禮之於賓主也，知之於賢者也，聖人之於天道也，命也；有性焉，君子不謂命也。」

【註釋】

(1) **味**：美味。

(2) **色**：美色。

(3) **聲**：美妙的聲音。

(4) **臭**：原指氣味，引申為香味。

(5) **佚**：通「逸」，安樂、舒服。

(6) **性**：本性。

(7) **命**：命運。

【語譯】

孟子說：「口對於美味，眼睛對於美色，耳朵對於美妙的聲音，

鼻子對於香味，四肢對於安逸，都是出於本性；但能否得到要看命運，所以君子不把這些看成本性。仁對於父子關係，義對於君臣關係，禮對於賓主關係，智慧對於賢者，聖人對於天道，都是由命運安排；但能否實現本性的作用，所以君子不把這些看成命運安排。」

【14.25】

【原文】

浩生不害 [(1)] 問曰：「樂正子 [(2)]，何人也？」

孟子曰：「善 [(3)] 人也，信 [(4)] 人也。」

「何謂善？何謂信？」

曰：「可欲 [(5)] 之謂善，有諸己 [(6)] 之謂信，充實 [(7)] 之謂美，充實而有光輝之謂大 [(8)]。大而化之之謂聖 [(9)]，聖而不可知之之謂神 [(10)]。樂正子，二之中，四之下也。」

【註釋】

(1) **浩生不害**：複姓浩生，名不害，齊國人。

(2) **樂正子**：孟子學生，魯國大夫。

(3) **善**：美好。

(4) **信**：誠信（真誠）。

(5) **可欲**：受人（值得人）喜愛，如趙歧《孟子註疏》云：「己之所欲，乃使人欲之，是為善人；己所不欲，勿施於人也。」從己所不欲的角度解釋「可欲」。

(6) **有諸己**：自己內在有善。

(7) **充實**：充滿。

(8) **大**：光大、偉大。

(9) **聖**：品德高尚、通情達理。

(10) **神**：神妙、妙不可測。

【語譯】

浩生不害問道：「樂正子是怎樣的人？」

孟子說：「是個善（美好的）人，是個真誠的人。」

浩生不害問：「什麼叫善？什麼叫真誠？」

孟子說：「值得人喜愛叫做善，自己內在有善叫做真誠，充滿善叫做美，充滿善而發出光輝叫做大，大而能感化別人叫做聖，聖而別人無法理解叫做神。樂正子是在善與真誠兩者之間，而在美、大、聖、神四者之下的人。」

【14.26】

【原文】

孟子曰：「逃墨必歸於楊 (1)，逃楊必歸於儒。歸，斯受 (2) 之而已矣。今之與楊、墨辯者，如追放豚 (3)，既入其苙 (4)，又從而招 (5) 之。」

【註釋】

(1) **逃**：避開。**歸**：歸入。**墨、楊**：分別指主張「兼愛」的墨翟、主張「為我」的楊朱。

(2) **斯**：同「則」。**受**：接受。

(3) **放豚**：逃跑的豬。

(4) **苙**：音「笠」，飼養牲畜的欄（承上文「如追放豚」，此處指豬欄）。

(5) **招**：捆綁，引申為追究責任。

【語譯】

孟子說：「避開墨翟學派的人，必定會歸入楊朱學派；避開楊朱學派的人，必定會歸入儒家學派。選擇回歸（儒家）的人，接受他們就是了。現在與楊朱、墨翟辯論的人，如同在追逐逃跑的豬，既已把牠抓回豬欄裡，還要把腳捆綁起來。」

【14.27】
【原文】

孟子曰：「有布縷之征 (1)，粟米 (2) 之征，力役 (3) 之征。君子用其一，緩 (4) 其二。用其二而民有殍 (5)；用其三而父子離 (6)。」

【註釋】

(1) **征**：「征」同「徵」，徵稅。**布縷**：「縷」指線，布帛（絲織品）。

(2) **粟米**：泛指糧食。

(3)**力役**：徵用人民進行勞力工作、勞役（如：修橋、鋪設等）。

(4) **緩**：延遲。

(5) **莩**：音「瞟」（粵音 piu5、拼音 piǎo），餓死的屍體。

(6) **離**：離散。

【語譯】

孟子說：「有徵收布帛的稅，有徵收糧食的稅，有徵收人力的稅。君子實行其中一種徵稅，暫緩其他兩種。同時實行兩種徵稅，人民就有餓死的了；同時實行三種徵稅，父子就會離散。」

【14.28】

【原文】

孟子曰：「諸侯之寶 (1) 三：土地、人民、政事。寶珠、玉 (2) 者，殃 (3) 必及身。」

【註釋】

(1) **寶**：寶物。

(2) **寶**：動詞，當作寶物。**珠、玉**：珍珠、美玉。

(3) **殃**：災禍。

《孟子》今註今譯

【語譯】

孟子說：「諸侯有三件寶物：土地、人民、政事。把珍珠、美玉當作寶物的人，災禍必定降臨他身上。」

【14.29】

【原文】

盆成括 [1] 仕於齊，孟子曰：「死矣盆成括！」

盆成括見殺，門人 [2] 問曰：「夫子何以知其將見殺？」

曰：「其為人也小有才 [3]，未聞君子之大道也，則足以殺其軀 [4] 而已矣！」

【註釋】

(1) **盆成括**：姓盆成，名括。曾是孟子學生，後來到齊國做官。

(2) **門人**：學生。

(3) **小有才**：有小聰明。

(4) **殺其軀**：殺身之禍。

【語譯】

盆成括在齊國做官，孟子說：「盆成括要死了！」

盆成括果然被殺，學生問道：「老師怎麼知道盆成括將被殺？」

孟子回答說：「盆成括這個人有小聰明，但不懂得君子的大道理，那就足以招致殺身之禍了！」

第十四章 盡心下

【14.30】

【原文】

孟子之⁽¹⁾滕，館於上宮⁽²⁾。有業屨於牖⁽³⁾上，館人求之弗得。或問之曰：「若是乎從者之廋⁽⁴⁾也？」

曰：「子以是為竊⁽⁵⁾屨來與？」

曰⁽⁶⁾：「殆⁽⁷⁾非也。」

「夫子⁽⁸⁾之設科也，往⁽⁹⁾者不追，來者不拒。苟以是心至，斯受之而已矣。」

【註釋】

(1) **之**：到達。

(2) **館**：動詞，住宿。**上宮**：賓館的名稱，如趙歧《孟子註疏》云：「樓也。孟子舍止賓客所館之樓上也。」一說滕國君主的別墅，如朱熹《孟子集注》云：「上宮，別宮名。」別宮即別墅。

(3) **業**：未編織好。**屨**：音「據」（粵音 geoi3、拼音 jù），草鞋。**牖**：音「友」（粵音 jau5、拼音 yǒu），窗子。

(4) **從者**：侍從，指孟子隨行的學生。**廋**：粵音「收」sau1、拼音「搜」sōu，通「收」，收藏。

(5) **以是**：以為這些人（孟子學生）。**竊**：偷竊。

(6) **曰**：向孟子查問者的說話，朱熹《孟子集注》云：「孟子答之，而或人自悟其失，因言此從者固不為竊屨而來。但夫子設置

《孟子》今註今譯

科條以待學者，苟以向道之心而來則受之耳。雖夫子亦不能保其往也。」一說這是孟子的話，如趙歧《孟子註疏》云：「孟子曰，夫我設教授之科，教人以道德也。」

(7) **殆**：大概。

(8) **夫子**：趙歧《孟子註疏》認為「夫子」應作「夫予」，其中「夫」是提挈之詞，「予」是自稱，「夫子之設科也......斯受之而已矣」一句是孟子的話。

(9) **往、來**：離開、前來。

【語譯】

孟子到了滕國，住在上宮賓館，守館的人把一對還沒織好的草鞋放在窗上，其後去找卻找不到。有人問孟子說：「好像是您的隨從把草鞋藏起來了吧？」

孟子說：「你以為這些人是為了偷草鞋而來的嗎？」

那人又說：「大概不會的。」

孟子說：「我開設科目，要走的學生不追問，要來學習的不拒絕。只要以求學的心前來，就接受他罷了。」

【14.31】
【原文】

孟子曰：「人皆有所不忍，達 (1) 之於其所忍，仁也；人皆有所不為，達之於其所為，義也。人能充 (2) 無欲害人之心，而仁不可勝 (3) 用也。人能充無穿窬 (4) 之心，而義不可勝用也。人能充無

受爾汝之實 [5]，無所往而不為義也。士未可以言而言，是以言餂 [6]
之也；可以言而不言，是以不言餂之也，是皆穿窬之類也。」

【註釋】

(1) **達**：推廣。

(2) **充**：滿、擴充。

(3) **勝**：音「升」，盡、完。

(4) **穿**：在牆腳下挖洞。**窬**：通「踰」，爬牆。

(5) **受**：受別人。**爾汝**：「爾」、「汝」均解「你」，相等於「你
啊！你啊！」的輕蔑語氣。**實**：實情，引申為行為。

(6) **餂**：音「恬」（粵音 tim5、拼音 tián），通「舔」，以舌
取物，引申為試探。

【語譯】

　　孟子說：「每個人都有所不忍心做的事，把它推廣到他所忍心
做的事，就是仁。每個人都有不願意做的事，把它推廣到他願意做
的事，就是義。一個人能夠把不想害人的心擴充出去，那麼仁就用
不完了。一個人能夠把不想挖洞、爬牆的心擴充出去，那麼義就用
不完了。一個人能夠把不受別人輕蔑的行為擴充出去，無論在任何
地方都會合乎義。士人在還不可以說話時就說話，是用說話去試探
別人；在可以說話時卻不說話，是用不說話去試探別人，這些都是

《孟子》今註今譯

566

挖洞、爬牆一類的行為。」

【14.32】

【原文】

孟子曰：「言近而指遠[1]者，善言也；守約而施博[2]者，善道也。君子之言也，不下帶[3]而道存焉；君子之守[4]，修其身而天下平。人病舍其田而芸[5]人之田，所求於人者重，而所以自任[6]者輕。」

【註釋】

(1) **近、遠**：淺近、深遠。**指**：意旨、含意。

(2) **守約**：秉持的原則簡約。**施博**：施與的影響力廣博。

(3) **帶**：腰帶。朱熹《孟子集注》云：「古人視不下於帶，則帶之上，乃目前常見至近之處也。舉目前之近事，而至理存焉，所以為言近而指遠也。」指古人的視線一般為腰帶以上。**不下帶**：眼前的平常事。

(4) **守**：操守。

(5) **芸**：通「耘」，耕種。

(6) **任**：責任。

【語譯】

孟子說：「言語淺近而意義深遠的，是善言；秉持的原則簡約

而施與的影響力廣博的，是善道。君子的言語，講的是眼前的平常事而道理就在其中；君子的操守，是修養自身而能使天下太平。人們的缺點在於放棄自己的田地，卻去替別人耕種，要求別人的責任很重，而加給自己的責任卻很輕。」

【14.33】

【原文】

孟子曰：「堯、舜，性 [(1)] 者也；湯、武，反之 [(2)] 也。動容周旋中 [(3)] 禮者，盛德之至 [(4)] 也。哭死而哀，非為生者也。經德不回 [(5)]，非以干祿 [(6)] 也。言語必信，非以正行 [(7)] 也。君子行法 [(8)]，以俟命 [(9)] 而已矣。」

【註釋】

(1) **性**：本性。

(2) **反**：同「返」，回復。**之**：指本性。

(3) **動容**：舉止、儀容。**周旋**：原指古時進退、作揖的動作，引申為應酬交際。**中**：音「眾」（粵音 zung3、拼音 zhòng），動詞，合乎。

(4) **至**：極點。

(5) **經**：實踐。**回**：違背。

(6) **干**：謀求。**祿**：原指俸祿，引申為官職。

(7) **正**：端正。**行**：品行。

(8) **行法**：按照法度行事。

(9) **俟**：等候。**命**：命運。

【語譯】

孟子說：「堯、舜的行為出於本性，商湯、周武王經由修身而回復本性。舉止儀容與應酬交際都合乎禮儀，是德行深厚達到極點。為死者哭泣而悲哀，不是為了給活人看。實踐道德而不違背，不是用來謀求官職。言語必定信實，不是用來端正自己的品行。君子按照法度行事，以此等待命運的安排罷了。」

【14.34】
【原文】

孟子曰：「說大人 (1)，則藐之，勿視其巍巍然 (2)。堂高數仞 (3)，榱題 (4) 數尺，我得志弗為也。食前方丈 (5)，侍妾 (6) 數百人，我得志弗為也。般樂 (7) 飲酒，驅騁 (8) 田獵，後車千乘，我得志弗為也。在彼者，皆我所不為也；在我者，皆古之制也，吾何畏彼哉？」

【註釋】

(1) **說**：遊說。**大人**：按此章文理，「大人」指位高權重的人，並非有高尚德行的人。

(2) **巍巍然**：高高在上。

(3) **堂**：殿堂。**仞**：古時的七尺。

(4) **榱題**:「榱」音「崔」（粵音 ceoi1、拼音 cuī），亦作「榱提」，原指屋簷的前端，此處指屋簷。

(5) **食**:酒菜。**方丈**:一丈見方，指飯桌。**食前方丈**:在面前的飯桌擺滿酒菜。

(6) **侍妾**:侍奉的姬妾。

(7) **般樂**:「般」音「盤」（粵音 pun4、拼音 pán）、解「大」，盡情玩樂。

(8) **驅騁**:策馬奔馳。

【語譯】

孟子說:「遊說位高權重的人，就要藐視他，不要把他們高高在上的樣子放在眼裡。殿堂高數仞（七尺），屋簷寬數尺，如果我得志不會這樣做;在面前的飯桌擺滿酒菜，侍奉的姬妾有數百人，如果我得志不會這樣做;盡情玩樂、飲酒，策馬奔馳打獵，隨從的馬車上千輛，如果我得志不會這樣做。他們所做的，都是我所不做的;我所做的，都符合古代的制度，我為甚麼要怕他們?」

【14.35】

【原文】

孟子曰:「養心莫善於寡欲 (1)。其為人也寡欲，雖有不存焉 (2) 者，寡矣;其為人也多欲，雖有存焉者，寡矣。」

《孟子》今註今譯

(1) **養心**：修養心性。**寡**：少。**欲**：通「慾」，慾望。朱熹《孟子集注》云：「欲，如口、鼻、耳、目、四肢之欲，雖人之所不能無，然多而不節，未有不失其本心者；學者所當深戒也。」

(2) **存**：通「全」，完整（無缺憾）；一說解保存。**焉**：於此，指心性。

【語譯】

孟子說：「修養心性，沒有比減少慾望更好的了。一個人如果慾望很少，即使心性有缺失，也是很少的；一個人如果慾望很多，即使心性完整，也是很少的。」

【14.36】

【原文】

曾皙嗜羊棗 [(1)]，而曾子不忍食 [(2)] 羊棗。公孫丑問曰：「膾炙與羊棗孰美？」

孟子曰：「膾炙 [(3)] 哉！」

公孫丑曰：「然則曾子何為食膾炙而不食羊棗？」

曰：「膾炙所同 [(4)] 也，羊棗所獨 [(5)] 也。諱 [(6)] 名不諱姓，姓所同也，名所獨也。」

【註釋】

(1) **曾皙**：曾參（曾子）的父親。**羊棗**：果名，稱為軟棗、羊矢棗，呈球形或橢圓形，其樹屬於柿樹科柿樹屬，落葉喬木。

(2) **不忍食**：曾參是著名的孝子，於父親曾皙死後怕睹物思人，

所以不忍心吃羊棗。

(3) **膾**：切細的肉絲。**炙**：燒烤的肉。

(4) **同**：共同喜好。

(5) **獨**：獨特嗜好。

(6) **諱**：古時尊敬的禮儀之一，避免直接稱呼君主或長輩的名字。

【語譯】

曾皙喜歡吃羊棗，曾子（曾參）因此不忍心吃羊棗。公孫丑問孟子說：「肉絲烤肉和羊棗，哪一樣好吃？」

孟子說：「肉絲烤肉呀！」

公孫丑說：「那麼曾子為什麼吃肉絲烤肉而不吃羊棗？」

孟子說：「肉絲烤肉是許多人的共同喜好，吃羊棗是曾皙獨特嗜好。譬如避諱只是避名而不避姓，因為姓是許多人的共同喜好，名卻是個人所獨有的。」

【14.37】
【原文】

萬章問曰：「孔子在陳曰 [1]：『盍歸乎來！吾黨之小子狂簡 [2]，進取不忘其初。』孔子在陳，何思魯之狂士？」

孟子曰：「孔子『不得中道而與之，必也狂狷乎！狂者進取，狷者有所不為也。』[3] 孔子豈不欲中道哉？不可必得，故思其次

也。」

「敢問何如斯可謂狂矣？」

曰：「如琴張[4]、曾晳、牧皮[5]者，孔子之所謂狂矣。」

「何以謂之狂也？」

曰：「其志嘐嘐然[6]，曰『古之人！古之人！』夷考其行[7]，而不掩焉[8]者也。狂者又不可得，欲得不屑不潔之士而與[9]之，是狷也，是又其次也。孔子曰：『過我門而不入我室，我不憾焉者，其惟鄉原[10]乎！鄉原，德之賊也[11]！』」

曰：「何如斯可謂之鄉原矣？」

曰：「『何以是嘐嘐也？言不顧行，行不顧言，則曰：古之人！古之人！』『行何為踽踽涼涼[12]？』生斯世也，為斯世也，善斯可矣。閹然媚[13]於世也者，是鄉原也！」

萬章曰：「一鄉皆稱原人焉，無所往而不為原人，孔子以為德之賊，何哉？」

曰：「非之無舉[14]也，刺[15]之無刺也；同乎流俗，合乎污世；居之似忠信，行之似廉潔；眾皆悅之，自以為是；而不可與入堯、舜之道，故曰『德之賊』也。孔子曰：『惡似而非者：惡莠[16]，恐其亂苗也；惡佞[17]，恐其亂義也；惡利口[18]，恐其亂信也；惡鄭聲[19]，恐其亂樂也；惡紫，恐其亂朱也；惡鄉原，恐其亂德也。』君子反經[20]而已矣。經正，則庶民興[21]；庶民興，斯無邪慝[22]矣。」

【註釋】

(1) **孔子在陳曰**：見於《論語・公冶長》5.22，原文為：「子在陳曰：『歸與！歸與！吾黨之小子狂簡，斐然成章，不知所以裁之。』」與此章略有不同。

(2) **黨**：家鄉（魯國）。**小子**：年青人。**狂**：狂放、志向遠大。
簡：行事簡約。

(3) **不得中道而與之......狷者有所不為也**：見於《論語·子路》
13.21，其中「中道」於《論語》作「中行」。**中道**：言行合乎中
庸之道，如何晏《論語集解》引包咸云：「中行，行能得其中者。
言不得中行則欲得狂狷者。」**狂**：激進、狂放。**狷**：音「眷」（粵
音 gyun3、拼音 juàn），或作「獧」，狷介、保守。

(4) **琴張**：見於《左傳·昭公二十年》「琴張宗魯死，將往弔
之。」及《莊子·大宗師》「子桑戶，孟之反、子琴張三人相與友。」
身份不詳。

(5) **牧皮**：春秋時代魯國人，可能曾從學於孔子。

(6) **嘐嘐然**：「嘐」音「交」（粵音 gaau1、拼音 xiāo），
志向遠大、說話誇張，但行為與言論不脗合。

(7) **夷**：助語詞，無義。**考**：考察。**行**：行為。

(8) **掩**：原指掩飾事實，「焉」是代名詞，指「嘐嘐然」的態度。
不掩焉：行為與言論不脗合。

(9) **與**：交往。

(10) **原**：或作「愿」，音「願」（粵音 jyun6、拼音

yuàn），老實、忠厚的樣子。**鄉愿**：表面是「老好人」、「好好先生」，實質是不明辨是非的偽君子。

(11) **鄉原，德之賊也**：見於《論語‧陽貨》17.13。

(12) **踽踽**：孤單地行走。**涼涼**：孤獨淒涼。**踽踽涼涼**：孤寡不合群。

(13) **閹**：閹人、宦官。**閹然**：像宦官那樣巴結別人。**媚**：嫵媚、奉承。

(14) **非**：非難、指摘。**舉**：舉證。

(15) **刺**：責備。

(16) **莠**：雜草。

(17) **佞**：音「濘」（粵音 ning6、拼音 nìng），巧言善辯。孔子認為花言巧語的人危險，見於《論語‧衞靈公》15.11「放鄭聲，遠佞人。鄭聲淫，佞人殆。」

(18) **利口**：口齒伶俐。孔子厭惡憑伶俐口才去顛覆國家的人，見於《論語‧陽貨》 17.18「惡紫之奪朱也，惡鄭聲之亂雅樂也，惡利口之覆邦家者。」

(19) **鄭聲**：鄭國的音樂。孔子認為鄭聲是淫蕩的音樂，《論

語‧衞靈公》15.11 云：「放鄭聲，遠佞人。鄭聲淫，佞人殆。」

(20) 反：同「返」、回歸。經：正道、常理。

(21) 興：興奮積極。

(22) 慝：粵音「溺」nik1、拼音 tè，匿藏於心中的邪念。

【語譯】

萬章問道：「孔子在陳國說：『為甚麼不歸去！我家鄉（魯國）的年青人狂放而行事簡約，進取而不忘本。』孔子在陳國，為甚麼思念魯國那些狂放的人？」

孟子說：「孔子『不能與言行合乎中庸之道的人交往，那就必定與狂放的人、保守（狷介）的人交往吧！狂放的人進取，保守的人不屑做某些行為。』孔子難道不想與言行合乎中庸之道的人交往嗎？不一定可以找到，所以想到次一等的。」

萬章問：「請問怎樣的人可以稱得上狂放的人？」

孟子說：「如琴張、曾皙、牧皮這些人，就是孔子所說狂放的人了。」

萬章問：「為甚麼說他們狂放？」

孟子說：「他們志向遠大、說話誇張，總是說『古人呀！古人呀！』可是一考察他們的行為，卻與其言論不脗合。如果這種狂放的人也找不到，就想找不屑做污穢事的人與他們交往，即是保守的人，他們比狂放的人又次一等了。孔子說：『經過我家門口卻不進我家，我不覺得遺憾的，大概只有所謂好好先生吧！好好先生，是戕害道德的賊！』」

萬章問：「怎樣的人可以稱為好好先生？」

孟子說：「（好好先生批評狂者說：）『為甚麼這樣志向遠大、說話誇張？說話與行為不脗合，行為與言論不脗合，就只會說：古人呀！古人呀！』（好好先生又批評保守的人說：）『為甚麼這樣孤寡不合群？』生在這世代，為這世代做事，只要做好就可以了。像宦官那樣奉承巴結世人的人，就是好好先生！」

萬章說：「全鄉的人都說他是好好先生，他無論到那裡都像個好好先生，孔子卻認為他是戕害道德的賊，為甚麼？」

孟子說：「要指摘這種人又舉不出甚麼證據，要責備他又沒有甚麼好責備的。他和世俗同流合污，為人好像忠誠老實，行為好像廉潔；大家都喜歡他，他自己以為正確；但卻不符合堯、舜之道，所以說他是『戕害道德的賊』。孔子說：『厭惡似是而非的東西：厭惡雜草，怕它混淆禾苗；厭惡巧言善辯，怕它混淆義；厭惡口齒伶俐，怕它混淆真相；厭惡鄭國的樂曲，怕它混淆雅樂；厭惡紫色，怕它混淆正宗的紅色；厭惡好好先生，怕他混淆道德。』君子回歸常理就可以了。常理得以回歸，人民就會積極；人民積極，就沒有邪惡了。」

【14.38】

【原文】

孟子曰：「由堯、舜至於湯，五百有餘歲，若禹、皋陶，則見而知之。若湯，則聞而知之。由湯至於文王，五百有餘歲，若伊尹、萊朱 [1]，則見而知之；若文王，則聞而知之。由文王至於孔子，五百有餘歲，若太公望、散宜生 [2]，則見而知之；若孔子，則聞而知之。由孔子而來至於今，百有餘歲，去聖人之世若此其未遠也。近聖人之居若此其甚 [3] 也，然而無有乎爾，則亦無有乎爾 [4]！」

(1) **萊朱**：商代成湯的賢臣。

(2) **散宜生**：散氏，名宜生，周文王的賢臣。

(3) **甚**：近。

(4) **然而無有乎爾，則亦無有乎爾**：朱熹《孟子集注》引林氏的解釋云：「孟子言孔子至今時未遠，鄒魯相去又近，然而已無有見而知之者矣；則五百餘歲之後，又豈復有聞而知之者乎？」認為前半句「然而無有乎爾」指沒有「見而知之」者，後半句「則亦無有乎爾」指五百多年後更不會有「聞而知之」者了，是孟子對沒有人繼承孔子學說的憂慮。朱熹《孟子集注》續云：「故於篇終，歷序群聖之統，而終之以此，所以明其傳之有在，而又以俟後聖於無窮也，其指深哉！」認為《孟子》的作者特意於全書的終章順序列出歷代聖人的道統，以闡明聖人之道的傳承，並等候後世無窮的聖人，喻意深遠。

【語譯】

孟子說：「從堯、舜到商湯，有五百多年，像夏禹、皋陶，是親眼看見堯、舜之道而知道的；像商湯，則是聽說堯、舜之道而知道的。從商湯到周文王，有五百多年，像伊尹、萊朱，是親眼看見商湯之道而知道的；像周文王，則是聽說商湯之道而知道的。從周文王到孔子，有五百多年，像太公望、散宜生，是親眼看見文王之道而知道的；像孔子，則是聽說周文王之道而知道的。從孔子到現在，有一百多年，離開聖人（孔子）的時代像這樣的不算遠，距離

聖人的家鄉像這樣的近，但是沒有親眼看見聖人之道而知道的，那麼也就沒有聽說聖人之道而知道的了吧！」

附錄一

孟子簡介

一、戰國時代

　　戰國時代（約公元前 403 年 - 公元前 222 年）是一個諸侯國與權臣你爭我奪的亂世。《戰國策附錄・劉向書錄》云：「夫篡盜之人，列為侯王；詐譎之國，興立為強。是以傳相放效，後生師之，遂相吞滅，并大兼小，暴師經歲，流血滿野，父子不相親，兄弟不相安，夫婦離散，莫保其命，潛然道德絕矣。晚世益甚，萬乘之國七，千乘之國五，敵侔爭權，蓋為戰國。貪饕無恥，競進無厭；國異政教，各自制斷；上無天子，下無方伯；力功爭強，勝者為右；兵革不休，詐偽并起。」描述了戰國時代制度崩潰，七大國（齊、楚、燕、韓、趙、魏、秦），諸侯你爭我奪，以及人民的慘況。同篇云：「及春秋時，……猶以義相支持，歌說以相感，聘覲以相交，期會以相一，盟誓以相救。……仲尼既沒之後，……捐禮讓而貴戰爭，棄仁義而用詐譎，苟以取強而已。……故孟子、孫卿儒術之士，棄捐於世，而遊說權謀之徒，見貴於俗。」指孔子死後各諸侯國崇尚戰爭，棄仁義，以強取勝，孟子及荀子（孫卿）等儒士唯有到處遊說著重權力及謀略的人。

　　明末清初「三大儒」之一的顧炎武於《日知錄・周末風俗》云：「春秋時，猶尊禮重信，而七國則絕不言禮與信矣；春秋時，猶宗周王，而七國則言王矣；春秋時，猶嚴祭祀，重聘享，而七國則無其事矣；春秋時，猶論宗姓氏族，而七國則無一言及之矣；春秋時，猶宴會賦詩，而七國則不聞矣；春秋時，猶有赴告策書，而七國時則無有矣。」指周朝的禮樂制度於戰國時代已崩潰，七國無禮、無信、無視制度。清代哲學家焦循《孟子正義》云：「周衰之末，戰國縱橫，用兵爭強，以相爭奪。當世取士，務先謀權，以為上賢，

先王大道，陵遲墮廢。」指各國爭強，廢棄先王之道。

　　戰國期間，各諸侯國君主致力追逐權力、拓展版圖，戰事連年，暴政盛行。孟子認為各諸侯國「爭地以戰，殺人盈野；爭城以戰，殺人盈城」（〈離婁上〉7.14），形容統治者是「未有不嗜殺人者」（〈梁惠王上〉1.6）。人民苦不堪言，農民被迫繳納重稅，也被強徵入伍，「民有饑色，野有餓莩」（〈梁惠王上〉1.4）及「仰不足以事父母，俯不足以畜妻子；樂歲終身苦，凶年不免於死亡。」（〈梁惠王上〉1.7）是當時的真實寫照。

　　《漢書．藝文志》云：「戰國縱橫，真偽紛爭，諸子之言紛然淆亂。」禮儀制度陷於崩潰，社會秩序紛亂之際，各種政治主張應運而生。南懷瑾認為春秋、戰國時期是百家爭鳴的時代，為後世奠定了博大精深的文化基礎。[1]孟子身處亂世，仍秉持「當今之世，舍我其誰」（〈公孫丑下〉4.13）的堅毅精神，以鼓吹「王道」（〈梁惠王上〉1.3）為己任，希望減輕民間疾苦，顯示其知識分子的風骨。

二、孟子生平

　　孟子名軻，字子輿，戰國時代中期鄒（或「騶」）國人，是儒家學說的重要哲學家、思想家之一，被尊稱為「亞聖」。《史記．孟子荀卿列傳》云：「孟軻，騶人也。受業子思之門人。道既通，游事齊宣王，宣王不能用。適梁，梁惠王不果所言，則見以為迂遠而闊於事情。當是之時，秦用商君，富國彊兵；楚、魏用吳起，戰勝弱敵；齊威王、宣王用孫子、田忌之徒，而諸侯東面朝齊。天下

---

1. 南懷瑾：《孟子旁通》（一），台北：老古文化事業股份有限公司，1984 年 4 月台灣第三次印刷，第 4 頁。

方務於合從連衡，以攻伐為賢，而孟軻乃述唐、虞、三代之德，是以所如者不合。退而與萬章之徒序詩書，述仲尼之意，作《孟子》七篇。」僅以 137 字介紹孟子。

孟子的生卒年不詳，大致有以下三種說法：

一、公元前 372 年 - 公元前 289 年（周烈王 4 年 - 周赧王 26 年），享年 83 歲，此說法廣為現代學者所接受。孔子卒於公元前 479 年，所以孟子生於孔子死後約一百年。

二、公元前 390 年 - 公元前 305 年（周安王 12 年 - 周赧王 10 年），享年 85 歲，此說法見於錢穆的《先秦諸子繫年·諸子生卒年世約數》。

三、公元前 385 年 - 公元前 304 年（周安王 17 年 - 周赧王 11 年），享年 81 歲，此說法見於楊伯峻的《孟子譯注》。

據說孟子的父親名「廖」或「激」、字公宜，於元仁宗延祐三年（公元 1316 年）被追封為「邾國公」。據說孟子的母親姓仉（音「蔣」），但無實證。孟子是魯國貴族孟孫氏的後裔，年幼喪父，由母親撫養成人。《史記·韓詩外傳》云：「孟子少時誦，其母方織，孟輟然中止，乃復進，其母知其諠也，呼而問之曰：『何為中止？』對曰：『有所失復得。』其母引刀裂其織，以此誡之；自是之後，孟子不復諠矣。孟子少時，東家殺豚，孟子問其母曰：『東家殺豚，何為？』母曰：『欲啖汝（按：想買給你吃）。』其母自悔而言曰：『吾懷妊是子，席不正，不坐；割不正，不食；胎教之也。今適有知而欺之，是教之不信也。』乃買東家豚肉以食之，明不欺也。《詩》曰：『宜爾子孫繩繩兮。』言賢母使子賢也。」提及孟母剪斷織布（「斷機杼」）教導兒子要專心向學，以及買豬給

《孟子》今註今譯

兒子吃，教導兒子言出必行。

　　西漢文學家劉向於《列女傳‧母儀》描述「孟母三遷」的故事，云：「鄒孟軻之母也，號『孟母』，其舍近墓。孟子之少也，嬉遊為墓間之事，踴躍築埋。孟母曰：『此非吾所以居處子。』乃去，舍市旁。其嬉戲為賈人衒賣（按：叫賣）之事，孟母又曰：『此非吾所以居處子也。』復徙舍學宮之旁。其嬉遊乃設俎豆，揖讓進退，孟母曰：『真可以居吾子矣！』遂居。及孟子長，學六藝，卒成大儒之名，君子謂孟母善以漸化。此三遷之事也。」兒童啟蒙讀物《三字經》云：「昔孟母，擇鄰處。子不學，斷機杼。」也提及孟母三遷，兒子卻無心學習，毅然剪斷織布；自始孟子專心向學，沒有辜負母親教誨。

　　根據《史記‧孟子荀卿列傳》，孟子曾「受業子思之門人」。子思姓孔名伋，是孔子之孫，相傳是「四書」之一《中庸》的作者。《荀子‧非十二子》云：「略法先王而不知其統，然而猶材劇志大，聞見雜博。案往舊造說，謂之『五行』，甚僻違而無類，幽隱而無說，閉約而無解。案飾其辭，而祇敬之，曰：『此真先君子之言也。子思唱之，孟軻和之。』世俗之溝猶瞀儒、嚾嚾然不知其所非也，遂受而傳之，以為仲尼、子游為茲厚於後世：是則子思、孟軻之罪也。」荀子嚴厲批評子思及孟軻（孟子），視兩人為一派（「思孟學派」）。孟子說自己曾私下從學於多人，如「予未得為孔子徒也，予私淑諸人也」（〈離婁下〉8.22）。孟子對孔子推崇備至，認為「自有生民以來，未有孔子也」（〈公孫丑上〉3.2），「乃所願，則學孔子也」（〈公孫丑上〉3.2）以孔子為學習榜樣。孟子認為「五百年必有王者興，其間必有名世者」（〈公孫丑下〉4.13），

以傳頌孔子之道為己任。

　　東漢末期經學家趙岐於《孟子題辭》指孟子「生有淑質」並「治儒術之道，通五經，尤長於《詩》、《書》。」焦循於《孟子正義》認為孟子通曉古代經典，深明古代聖王之道，云：「孟子於《春秋》獨標亂臣賊子懼，為深知孔子作《春秋》之旨。至於道性善，稱堯、舜，則於通德類情，變通神化，已洞然於伏羲、神農、黃帝、堯、舜、文王、周公、孔子之道，獨《詩》、《書》云乎哉！」

　　南宋理學家朱熹對孟子推崇備至，於《孟子序說》引述「二程」（北宋理學家程顥、程頤兄弟）的話：「孟子有功於聖門，不可勝言。仲尼只說一個仁字，孟子開口便說仁、義。仲尼只說一個志，孟子便說許多養氣出來。只此二字，其功甚多。」及「孟子有大功於世，以其言性善也。」《孟子序說》續云：「孟子性善，養氣之論，皆前聖所未發。」指孟子以孔子的學說為基礎，對仁、義、養氣、性善等概念有創新之處。

　　清代學者章學誠於《文史通義》云：「孟子，善學孔子者也；夫子言仁知而孟子言仁義，夫子為東周而孟子王梁、齊；夫子信而好古，孟子乃曰『盡信《書》，則不如無《書》』（按：出自〈盡心下〉14.3），而求孔子者必自孟子也。」[2] 指孟子繼承孔子之學。

　　不少學者認為孟子約於四十歲開始周遊列國，最先往鄰近鄒國的小國遊說，其後周遊於齊國、宋國、魏國等大國。孟子以推行王道、仁政為己任，曾獲諸侯禮待，更一度擔任齊宣王的客卿，於齊國的稷下學宮講學。焦循《孟子正義》云：「孟子閔悼堯、舜、湯、

2. 章學誠：《文史通義》，北京：古籍出版社，1956年，第76頁。

文、周、孔之業將遂湮微，正塗壅底，仁義荒怠，佞偽馳騁，紅紫亂朱。於是則慕仲尼周流憂世，遂以儒道遊於諸侯，思濟斯民；然由不肯枉尺直尋，時君咸謂之迂闊於事，終莫能聽納其說。」指孟子有見歷代聖賢的功業逐漸式微，仁義荒廢，遂以儒道周遊於諸侯之間，冀望當權者接納其學說，但大部分諸侯國君主不為所動。

孟子於晚年深感其政治主張難以實現，經歷約二十年周遊列國的生涯，於六十多歲返回鄒國，授徒講學，與學生一起著書立說。北宋政治家王安石賦《詠孟子》詩云：「沉魄浮魂不可招，遺編一讀想風標。」讚揚孟子的氣魄及《孟子》一書的影響力。

三、孟子年譜

孟子生於公元前 372 年（周列王 4 年）。

3 歲（公元前 369 年、周列王 7 年），孟子喪父，孟母三遷。

15 歲（公元前 357 年、周顯王 12 年），齊威王即位，廣招有能之士聚於稷下。

25 歲（公元前 347 年、周顯王 22 年），齊國將領匡章擊敗秦國軍隊。

40 歲（公元前 332 年、周顯王 37 年），孟子在鄒，答鄒穆公問（〈梁惠王下〉2.12）。

41 歲（公元前 331 年、周顯王 38 年），孟子在齊國邊境平陸（〈公孫丑下〉4.4）。

43 歲（公元前 329 年、周顯王 40 年），孟子在齊國，見宰相儲子（〈離婁下〉8.32），其後與齊國將領匡章交往（〈滕文公

下〉6.10）。

47 歲（公元前 325 年、周顯王 44 年）荀卿（荀子）從趙國遊學於齊國，孟子在宋國。

49 歲（公元前 323 年、周顯王 46 年），孟子從宋國往魯國。

50 歲（公元前 322 年、周顯王 47 年），魯平公欲見孟子，受臧倉阻撓（〈梁惠王下〉2.16）。孟子返回鄒國見鄒穆公，其後前往滕國。

52 歲（公元前 320 年、周慎靚王元年），孟子遊魏國。

53 歲（公元前 319 年、周慎靚王 2 年），梁惠王卒，孟子從魏國往齊國。

57 歲（公元前 315 年、周慎靚王 6 年），齊國攻打燕國，孟子與齊宣王討論攻打燕國一事（〈梁惠王下〉2.10），宣王不聽孟子勸告。

60 歲（公元前 312 年、周赧王 3 年），孟子離開齊國（〈公孫丑下〉4.14）。

83 歲（公元前 289 年、周赧王 26 年），孟子逝世。

四、孟子的個性

焦循於《孟子正義》云：「孟子長於譬喻，辭不迫切，而意已獨至。」孟子善於運用比喻及寓言闡述其觀點，譬如以逃兵「以五十步笑百步」（〈梁惠王上〉1.3）、「牛山之木嘗美」比喻人的本心（〈告子上〉11.8）、「雖有天下易生之物也，一日暴之，十日寒之」比喻善心（〈告子上〉11.9）、「一人雖聽之，一心以為有鴻鵠將至，思援弓繳而射之」（〈告子上〉11.9）以棋藝高手

弈秋的學生不專心學習，強調專心致志的重要性。

孟子也擅長「知言」，即是分辨別人說話的對錯，有如〈公孫丑上〉3.2 所云：「我知言，我善養吾浩然之氣。」孟子的性格活靈活現，為人耿直，心直口快。譬如梁惠王詢問孟子「不遠千里而來，亦將有以利吾國乎？」（〈梁惠王上〉1.1），孟子質疑梁惠王奉行功利主義，毫不客氣地說「何必曰利，亦有仁義而已矣。」

孟子致力為民請命，提出改善人民生活的經濟原則，包括「制民之產」（〈梁惠王上〉1.7）、「取於民有制」（〈滕文公上〉5.3）、「不違農時」（〈梁惠王上〉1.3）等。

孟子也致力教學。〈滕文公下〉6.4 云：「後車數十乘，從者數百人，以傳食於諸侯。」可見跟隨他周遊列國的學生不少。此外，〈盡心上〉13.20 云：「君子有三樂，而王天下不與存焉。父母俱存，兄弟無故，一樂也；仰不愧於天，俯不怍於人，二樂也；得天下英才而教育之，三樂也。」可見孟子以教誨別人為樂。

五、孟子的地位

孟子是儒家心性學的開創者之一，不少當代學者對孟子推崇備致。唐端正認為道是儒家的理想所在，孟子的偉大貢獻在於能夠在一切權威勢利之外，確立人道的尊嚴[3]；孟子是傑出的衛道者，使孔學大明於天下[4]。孟子於楊、墨之言充斥天下之時，孔子的仁道被世人忽視之際，作為孔子之道的衛道者。[5] 杜維明認為孟子是一

---

3. 唐端正：《解讀儒家現代價值》，香港：商務印書館，2011 年 7 月第一版，第 16 頁。
4. 唐端正：《先秦諸子論叢》，台北：東大圖書，1995 年 11 月四版，第 84 頁。
5. 唐端正：《解讀儒家現代價值》，香港：商務印書館，2011 年 7 月第一版，第 14 頁。

位活生生、體驗生活和進行創造的思想家。[6]

孟子的地位及影響力毋容置疑，被尊稱為「亞聖」。以下列出歷代對孟子的尊稱，以供參考（見**圖表1**）。

圖表1　歷代對孟子的尊稱

年份（公元）	中國朝代、帝號、年號	事項	尊稱
1083	北宋神宗元豐六年	追封	鄒國公
1330	元文宗至順元年	加贈	鄒國亞聖公
1530	明世宗嘉靖九年	-	亞聖

6. 杜維明：《仁與修身：儒家思想論集》，北京：生活讀書新知三聯書店，2013年6月，第68頁。

《孟子》今註今譯

附錄二
《孟子》概説

《孟子》是我國「四書」（《大學》、《中庸》、《論語》及《孟子》）之一，全書十四篇，分二百六十章，三萬五千多字[1]，是研究孟子為人、思想，以至儒家學說的重要典籍之一。《孟子》與《論語》均是以記言為主的語體文，兩者有異曲同工之妙。《孟子》流暢淋漓、詞鋒銳利，《論語》則言簡意賅、含蓄。《孟子》記述孔子的言行雖然與《論語》有出入，但大致脗合。

一、《孟子》的作者

　　《孟子》的風格一致、行文連貫，遣詞用字嚴謹，應是少數作者精心編輯的成品。歷來對《孟子》的作者有以下三種說法（**見圖表2**）：

　　一、**孟子是唯一作者**。趙岐於《孟子題辭》云：「此書，孟子之所作也，故總謂之《孟子》。」及「孟子退自齊、梁，述堯、舜之道而著作焉，此大賢擬聖而作者也。」指孟子仿傚聖賢（孔子）而著《孟子》。焦循云：「《論語》是諸弟子記諸善言而編成集，故曰《論語》，而不號《孔子》。《孟子》是孟軻所自作之書，如《荀子》，故謂之《孟子》。」宋代理學家朱熹認為「《孟子》疑自著之書，故首尾文字一體，無些子瑕疵。不是自下手，安得如此好？」及「觀七篇筆勢如鎔鑄而成，非綴緝可就。」此外，清代閻若璩於《孟子生卒年月考》云：「《論語》成於門人之手，故記聖人容貌甚悉；（《孟子》）七篇成於己手，故但記言語或出處耳。」魏源有類似的看法，於《孟子年表考》云：「七篇中無述孟子容貌言動，與《論語》為弟子記其師長不類，當為手著無疑。」閻若璩及魏源均認為《孟子》出於孟子手筆，所以記事而不記自己容貌。

---

1. 歷代對《孟子》總字數的統計不一，東漢趙岐《孟子題辭》、明代陳士元《孟子雜記》及清代焦循《孟子正義》的統計分別為 34,685 字、35,410 字及 35,226 字。根據筆者逐章統計，《孟子》全書有 35,380 字（見本附錄**圖表 3**）。

二、**孟子的弟子萬章、公孫丑等人是作者，他們於孟子死後整理並編輯老師的言論成書**。韓愈於《答張籍書》云：「孟軻之書，非軻自著。軻既歿，其徒萬章、公孫丑相與記軻所言焉耳。」認為《孟子》是孟子死後，由其弟子合著。宋代晁公武於《郡齋讀書志》云：「按此書韓愈以為弟子所會集，非軻自作。今考其書，則知愈之言非妄也。書載孟子所見諸侯皆稱謚，如齊宣王、梁惠王、梁襄王、滕定公、滕文公、魯平公是也。夫死然後有謚，軻著書時，所見諸侯不應皆死，且惠王元年至平公之卒凡七十七年。孟子見梁惠王，王目之曰『叟』，必已老矣，決不見平公之卒也。」指《孟子》提及的諸侯均以死後的謚號稱呼，如果孟子是作者，他所見的諸侯仍在生；而梁惠王元年（公元前 370 年）與魯平公的卒年（公元前 303 年）相差 67 年，梁惠王稱孟子為「叟」（老先生），孟子不可能是《孟子》的作者。而清代崔述於《孟子事實》云：「《孟子》七篇之文，往往有可議者，如禹決汝漢、排淮泗而注之江，伊尹五就湯、五就桀之屬，皆於事理未合。果孟子自著，不應疏略如是。」指《孟子》一書有疏漏之處，如果孟子是作者，不應如此疏漏。但有意見認為孟子「禹決汝漢、排淮泗而注之江」的說法雖然有違地理常識，旨在說明禹治水有功；而伊尹「五就湯、五就桀」也非史實，孟子旨在以伊尹的忠誠支持其觀點。清代周廣業於《孟子四考》卷二云：「此書敘次數十年之行事，綜述數十人之問答，斷非輯自一時，出自一事。其始章、丑之徒追隨左右，無役不從；於孟子之言動，無不熟察而詳記之。每章冠以『孟子曰』者，重師訓，謹授受，兼法《論語》也。」認為《孟子》一書的輯錄的過程較長，最初的章節由孟子的弟子萬章、公孫丑等撰寫，並效法孔子弟子輯錄《論語》的做法。

三、**孟子是主要作者，與弟子合著**。此說法廣為現代學者所接

受。司馬遷於《史記・孟子荀卿列傳》提出此說法，云：「（孟子）退而與萬章之徒序《詩》、《書》，述仲尼之意，作《孟子》七篇。」焦循也認為《孟子》一書乃孟子所作，但有弟子參與，於《孟子正義》云：「仲尼有云：『我欲託之空言，不如載之行事之深切著明也。』於是退而論集所與高弟弟子公孫丑、萬章之徒難疑答問，又自撰其法度之言，著書七篇。」[2]清代思想家魏源於《孟子年表考》云：「又公都子、屋廬子、樂正子、徐子（按：徐辟）皆不書名，而萬章、公孫丑獨名，《史記》謂退而與萬章之徒作七篇者，其為二人親承口授而筆之書甚明（咸邱蒙、浩生不害、陳臻等偶見，或示得預記述之列）。與《論語》成於有子、曾子門人故獨稱子者，殆同一間，此其可知者。」指《孟子》一書由孟子主筆，並親口授予弟子萬章、公孫丑，由後者編寫成書。

《孟子》成書的時期並無定案，可能是戰國中期至末期。

圖表 2　關於《孟子》作者的主要說法

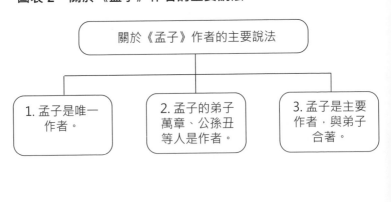

2. [清]焦循：《孟子正義》上冊，北京：中華書局，2009 年 6 月，第 3 頁。

二、《孟子》的篇數

《孟子正義》云:「二百六十一章,三萬四千六百八十五字。」今傳《孟子》有七篇,各篇分上、下卷,共十四卷。《漢書·藝文志》云:「《孟子》十一篇。」及東漢泰山太守應劭於《風俗通義·窮通》云:「(孟軻)又絕糧於鄒、薛,困殆甚,退與萬章之徒序《詩》、《書》、仲尼之意,作書中、外十一篇。」上述兩文獻均指《孟子》有十一篇。

東漢趙岐著《孟子章句》,其〈題辭〉云:「又存《外書》四篇——〈性善辯〉、〈文說〉、〈孝經〉、〈為政〉——其文不能宏深,不與《內篇》相似,似非《孟子》本真,後世依放而托也。」趙岐認為《孟子》十一篇分《內書》、《外書》,其中《內書》有七篇(即今傳〈梁惠王〉、〈公孫丑〉、〈滕文公〉、〈離婁〉、〈萬章〉、〈告子〉及〈盡心〉篇),而《外書》四篇則名為〈性善〉、〈文說〉、〈孝經〉及〈為政〉。趙岐認為《外書》四篇為偽作,不加註釋;久而久之,該四篇逐漸佚失。焦循《孟子正義》云:「又有《外書》四篇:〈性善〉、〈辯文〉、〈說孝經〉、〈為政〉,其文不能宏深,不與內篇相似,似非《孟子》本真,後世依放而託之者也。」指《外書》四篇的風格與《內篇》不同,不似《孟子》的真實風格,被後世遺棄。

三、《孟子》的篇目

《孟子》的篇目與內容無關,而是取每篇首章首句的前兩、

三個字為篇名。七篇的篇目依次為〈梁惠王〉、〈公孫丑〉、〈滕文公〉、〈離婁〉、〈萬章〉、〈告子〉、〈盡心〉，每篇分上、下卷，共十四卷。東漢趙岐於《孟子題辭》云：「儒家唯有《孟子》宏遠微妙，縕奧難見，宜在條理之科。於是乃述己所聞，證以經傳，為之章句，具載本文，章別其指，分為上下，凡十四卷。」指《孟子》的內容精妙、有條理，七篇分十四卷。北宋學者孫奭於《孟子注疏題辭解》云：「據趙氏（按：趙岐）分章，〈梁惠王〉篇凡二十有一章，……總計之是二百六十一章。」指東漢趙岐將《孟子》分為二百六十一章。

今傳《孟子》分十四篇、二百六十章，各篇由 2,276 字至 2,927 字不等，共 35,380 字，其中最長的〈梁惠王上〉1.7 章（即齊宣王問「齊桓、晉文之事」一章）有 1,313 字，最短的是有 10 字的〈離婁下〉8.10 章（孟子曰：「仲尼不為已甚者。」）及〈告子下〉12.12 章（孟子曰：「君子不亮，惡乎執？」）。各篇的篇目、章數及字數見於以下**圖表 3**。

圖表 3　《孟子》的篇目、章數及字數

篇次	篇目	章數	字數
1	梁惠王上	7	2,442
2	梁惠王下	16	2,927
3	公孫丑上	9	2,689
4	公孫丑下	14	2,454
5	滕文公上	5	2,496
6	滕文公下	10	2,550
7	離婁上	28	2,394
8	離婁下	33	2,355
9	萬章上	9	2,674
10	萬章下	9	2,452
11	告子上	20	2,640
12	告子下	16	2,612
13	盡心上	46	2,419
14	盡心下	38	2,276
	總計：	260	35,380

四、《孟子》的編排

　　焦循於《孟子正義》附有〈孟子篇叙〉，詳述《孟子》七篇的編排，云：「孟子以為聖王之盛，唯有堯、舜。堯、舜之道，仁義為上。故以梁惠王問利國，對以仁義為首篇也。仁義根心，然後可以大行其政。故次之以公孫丑問管、晏之政，答以曾西之所羞也。政莫關於反古之道，滕文公反古，故次之以文公，為世子始有從善思禮之心也。奉禮之謂明，明莫甚於離婁，故次之以離婁之明也。明者當明其行，行莫大於孝，故次之以萬章，問舜往於田號泣也。孝道之本，在於情性，故次之以告子論情性也。情性在內，而主於

心，故次之以盡心也。盡己之心與天道相通，道之極者也，是以終於盡心也。」

周廣業則分析《孟子》各篇之間的關係，云：「首、次二篇，以天終，末篇以天始；〈梁惠王〉以王道始，〈盡心〉以聖學終；〈公孫丑〉由王道推至聖學，其為章二十有三，記齊事者十有五，餘八章皆言仁義，又王道也......〈滕文公〉亦兼舉聖學、王道，......〈離婁〉、〈萬章〉、〈告子〉、〈盡心〉發端言堯、舜心性，與〈滕文公〉同。其後皆雜說訓言。而〈萬章〉一篇，又知人論世之林。此則七篇大致。」認為《孟子》七篇的次序經過精心安排，以王道（堯、舜之道）、聖學（商湯、周文王、周武王、周公、孔子之學）及仁義之道貫穿。

綜觀《孟子》一書，章與章之間並沒有明顯的聯繫，有個別章節的內容相約，難以斷定各篇的排列次序有精密的邏輯性。

五、《孟子》的思想

性善

《孟子》的主要思想是性善論，對後世的影響深遠。「性」指人或事物原有的屬性，譬如〈盡心上〉13.38「形、色，天性也」及〈告子上〉11.8「牛山之木嘗美矣......人見其濯濯也，以為未嘗有材焉，此豈山之性也哉？」的「性」均指屬性。《孟子》全文有114個「善」字，可見其對善的重視。「性善」一詞於《孟子》始見於〈滕文公上〉5.1「孟子道性善，言必稱堯、舜。」一句。〈告

子上〉篇則有多章詳述「性善」，其中第 11.6 章云：「乃若其情，則可以為善矣，乃所謂善也。若夫為不善，非才之罪也。惻隱之心，人皆有之；羞惡之心，人皆有之；恭敬之心，人皆有之；是非之心，人皆有之。惻隱之心，仁也；羞惡之心，義也；恭敬之心，禮也；是非之心，智也。仁義禮智，非由外鑠我也，我固有之也，弗思耳矣。」指惻隱之心、羞惡之心、恭敬之心、是非之心等「四心」是「人皆有之」的屬性，人可以根據實情為善。公都子（孟子學生）問孟子：「告子曰：『性無善無不善也。』或曰：『性可以為善，可以為不善；是故文、武興，則民好善；幽、厲興，則民好暴。』或曰：『有性善，有性不善。』」（〈告子上〉11.6）可見孟子的年代對人性至少有三種說法：性無善無不善；性可以為善，可以為不善；有性善，有性不善。

　　孟子的哲學思想以性善為核心，重點如下：
　　一、**人類具有共同的本性，以一些道德價值（如：仁、義、禮、智、信等）為基礎**。孟子認為人與禽獸的差別不大（〈離婁下〉8.19「人之所以異於禽獸者幾希」），但人有思想（〈告子上〉11.15「心之官則思，思則得之，不思則不得也」），於社會層面有獨特的角色。孟子認為「故理義之悅我心，猶芻豢之悅我口。」（〈告子上〉11.7），以腳形、口味作類比推論，提出人同此心、心同此理，人有共通的屬性。
　　二、**人性本善是與生俱來**。孟子認為「惻隱之心，仁之端也；羞惡之心，義之端也；辭讓之心，禮之端也；是非之心，智之端也。人之有是四端也，猶其有四體也。」（〈公孫丑上〉3.6）人的同情心、羞恥心、恭敬心和是非心分別是仁、義、禮、智的「四端」（開端），是「人皆有之」（〈告子上〉11.6）。如果人能夠發展

「四端」，便能達致仁、義、禮、智。錢穆認為「四端」是人類心理高尚的表現，人人都有超人高尚的可能，以鼓勵世人悉力以赴。[3] 唐端正則認為人性本善有大體和小體之分，大體指人生命中價值之大者（包括仁、義、禮、智之心），小體是人生命中價值之小者（包括耳、目、口、鼻之慾等），兩者均是生命所追求的價值。[4]

　　三、**任何人均可以透過學習、自我修養，達致完美的道德標準**。錢穆認為能否達致善因人而異，孟子以堯、舜為世人的最高標準（〈告子下〉12.2「人皆可以為堯、舜」），使人盡力而為、反求於己。[5] 孟子認為「仁、義、禮、智根於心」（〈盡心上〉13.21），肯定了人的道德意識是「有諸內，必形諸外」（〈告子下〉12.6）。如果人能夠充分發揮其與生俱來的「良知」（〈盡心上〉13.15），最終可以成為頂天立地的「大丈夫」（〈滕文公下〉6.2）。孟子認為「學問之道無他，求其放心而已矣」（〈告子上〉11.11），教育能夠喚醒世人心中固有的善念，「反求諸己」（〈離婁上〉7.4）去自省，人人可以成為君子。

　　四、**人不為善並非屬性的問題，而是受了外在環境的影響**。孟子指「若夫為不善，非才之罪也」（〈告子上〉11.6）及「非天之降才爾殊也，其所以陷溺其心者然也。」（〈告子上〉11.7），為不善是良心受了外在環境的污染、脅迫，或良心被「放」了出去（〈告子上〉11.8「其所以放其良心者，亦猶斧斤之於木也」），解決的方法是找回良心（〈告子上〉11.11「求其放心」）。

仁

　　孟子繼承了孔子仁的思想並加以發揮，《孟子》全文有 158 個「仁」字，27 次將仁、義並舉。《孟子》多章提及仁的內涵，指仁是人的本心（〈告子上〉11.11「仁，人心也」），是作為人

---

3. 錢穆：《四書釋義》，台北：素書樓文教基金會，2005 年 6 月，第 236 頁。
4. 唐端正：《解讀儒家現代價值》，香港：商務印書館，2011 年 7 月第一版，第 40-41 頁。
5. 錢穆：《四書釋義》，台北：素書樓文教基金會，2005 年 6 月，第 232、237 頁。

的道理（〈盡心下〉14.16「仁也者，人也」）。孟子認為仁植根於心，由內而外（〈盡心上〉13.21「君子所性，仁、義、禮、智根於心」）。孟子非常重視「五倫」，尤重親情，指仁的實質是侍奉父母（〈離婁上〉7.27「仁之實，事親是也」、〈盡心上〉13.15「親親，仁也」）。孟子更將仁的地位提升至天、人的層面，認為仁是「天之尊爵」、「人之安宅」（〈公孫丑上〉3.7）。

孟子詳述仁的作用，認為仁帶來榮耀（〈公孫丑上〉3.4「仁則榮」）。孟子分別以居所、道路比喻仁、義，仁者「居仁由義」便萬事俱備（〈盡心上〉13.33「居仁由義，大人之事備矣」）、得以滿足（〈告子上〉11.17「飽乎仁義」）。孟子以水能滅火作比喻，肯定仁的正面作用，但慨歎於戰國時代仁者的舉措是杯水車薪，難以力挽狂瀾（〈告子上〉11.18「今之為仁者，猶以一杯水救一車薪之火也」）。孟子以伯夷、伊尹及柳下惠三位賢人為例，指君子的行為雖異，但方向一致，唯仁是好（〈告子下〉12.6「君子亦仁而已矣，何必同？」）孟子認為追求仁的手段是孔子所提倡的恕道（《論語・顏淵》12.2「己所不欲、勿施於人」），「強恕而行」（〈盡心上〉13.4）就能達致仁。

孟子多次描述仁者的表現，認為「仁者無敵」（〈梁惠王上〉1.5），是不可失的人才（〈梁惠王下〉2.15「仁人也，不可失也」）、愛惜親人和賢人（〈盡心上〉13.46「仁者無不愛也，急親賢之為務」）、受人尊敬（〈離婁下〉8.28「仁者愛人，有禮者敬人」）、誨人不倦（〈公孫丑上〉3.2「教不倦，仁也」），以及能夠推己及人（〈盡心下〉14.1「仁者，以其所愛及其所不愛」）。

義

　　《孟子》全文有 107 個「義」字，首篇首章是著名的義、利之辨，梁惠王問孟子「不遠千里而來，亦將有以利吾國乎？」孟子直接質問梁惠王「王何必曰利？亦有仁義而已矣。……王亦曰仁義而已矣，何必曰利？」（〈梁惠王上〉1.1）義是道義，利是利益。孟子繼承了孔子「君子喻於義，小人喻於利」的說法（《論語·里仁》4.16），批評當時的諸侯為了追求私利（譬如〈盡心下〉14.28 說的三寶：土地、人民、政事），而侵害公利、帶來災禍。

　　孟子認為義是人要走的正道（〈告子上〉11.11「義，人路也」），是羞惡之心的開端（〈公孫丑上〉3.6「羞惡之心，義之端也」），或會出現捨生取義的情況（〈告子上〉11.10「生亦我所欲也，義亦我所欲也；二者不可得兼，捨生而取義者也」）。社會各階層均可以行義：統治者行義，其他人會仿效（〈離婁上〉7.20「君義，莫不義」），有高尚德行的人不做不義之事（〈離婁下〉8.6「非義之義，大人弗為」）。士人不失義，以保持操守（〈盡心上〉13.9「故士窮不失義，達不離道」）。孟子以陳仲子不吃不義之祿、不住不義之室，帶出義的重要性（〈滕文公下〉6.10）。孟子也將義的概念套用至「五倫」關係，包括「君臣有義」（〈滕文公上〉5.4）、「無禮義，則上下亂」（〈盡心下〉14.12）及「敬長，義也」（〈盡心上〉13.15）等。

仁政

　　「仁政」一詞於《孟子》出現 10 次。春秋、戰國時代連綿不斷的戰事令人民受苦，所以孟子說「春秋無義戰」（〈盡心下〉14.2）、「民之憔悴於虐政」（〈公孫丑上〉3.1）。孟子認為仁

《孟子》今註今譯

政的前提是實行先王之道，否則是不智（〈離婁上〉7.1「為政不因先王之道，可謂智乎？」），就算統治者有仁心、聲望，也不能保證成功（〈離婁上〉7.1「今有仁心、仁聞而民不被其澤，不可法於後世者，不行先王之道也」）。孟子認為「國君好仁，天下無敵」（〈盡心下〉14.4），以及「行仁政而王，莫之能御也」（〈公孫丑上〉3.1）。孟子以齊宣王以羊易牛進行釁鐘的祭祀儀式為例，指統治者有仁心就能夠推行仁政（〈梁惠王上〉1.7「君子之於禽獸也，見其生，不忍見其死；聞其聲，不忍食其肉」），其他人會仿效（〈離婁上〉7.20「君仁，莫不仁」）。仁政帶來榮耀，反之就招來恥辱（〈公孫丑上〉3.4「仁則榮，不仁則辱」）。綜合而言，孟子的仁政思想是關心民間疾苦，以教化人民為中心，採用「保民」、「養民」及「教民」等具體手段。

「保民」旨在減輕刑罰及賦稅[6]，統治者要成為人民的父母，避免「庖有肥肉，廄有肥馬，民有饑色，野有餓莩」或殘害人民的苛政（〈梁惠王上〉1.4）。孟子認為「保民」包括優先照顧弱勢社群（包括鰥夫、寡婦、獨老及孤兒）（〈梁惠王下〉2.5「此四者，天下之窮民而無告者」）。

「養民」旨在滿足人民的生活需要，致力提高生活水平，國家才能安定、富強。孟子認為推行仁政要從根本著手，目標是建立富足的小康社會（〈梁惠王上〉1.7「王欲行之，則盍反其本矣？五畝之宅，樹之以桑，五十者可以衣帛矣」）。孟子提出「制民之產」（〈梁惠王上〉1.7）的概念，即是劃定給人民的產業足以享有富足的生活，統治者才受人民擁護。孟子也提出統治者取於民要有所節制，使有固定產業的人有恆心（〈滕文公上〉5.3「有恆產者有

6. 南懷瑾：《孟子旁通（一）：梁惠王篇》，台灣：老古文化事業股份有限公司，1995 年 4 月台灣第三次印刷，第 117-119 頁。

附錄二

恆心」），社會才能穩定。反之，「無恆產者無恆心」（〈梁惠王上〉1.7、〈滕文公上〉5.3）就會做出放蕩、偏僻、不正當或不節制的行為；等到人民犯了罪，然後懲治他們，就是陷害人民（〈梁惠王上〉1.7「及陷於罪，然後從而刑之，是罔民也」）。

孟子的「教民」思想旨在教育人民倫理道德、禮儀制度，以促使社會及國家安定，進而支持仁政。孟子認為「君仁，莫不仁；君義，莫不義」（〈離婁上〉7.20）。孟子曰：「仁，人之安宅也；義，人之正路也。」（〈離婁上〉7.10）提出「居仁由義」是正路，不行仁、義是自暴自棄。孟子曰：「仁，人心也；義，人路也。舍其路而弗由，放其心而不知求，哀哉！」（〈告子上〉11.11）指仁就是人心，即人的良心或本心，人放失其本心是悲哀的事。孟子曰：「善政，不如善教之得民也。善政，民畏之；善教，民愛之。善政，得民財；善教，得民心。」（〈盡心上〉13.14）指「善教」比「善政」更得民心。孟子提出「謹庠序之教，申之以孝悌之義」（〈梁惠王上〉1.3、1.7）及「設為庠序學校以教之」（〈滕文公上〉5.3）強調辦學及教育的重要性。孟子進而以「人之有道也：飽食、煖衣、逸居而無教，則近於禽獸。……教以人倫：父子有親，君臣有義，夫婦有別，長幼有敘，朋友有信。」（〈滕文公上〉5.4）點出人與禽獸之別，帶出「五倫」（君臣、夫婦、父子、兄弟、朋友）的重要性。

王道

戰國時代盛行「霸道」，統治者以力服人、追逐功利，為鞏固政權而不擇手段，人民陷於水深火熱之中。孟子認為「五霸者，三王之罪人也」（〈告子下〉12.7）批評「春秋五霸」是罪人，又認

為「堯、舜，性之也；湯、武，身之也；五霸，假之也。久假而不歸，惡知其非有也？」（〈盡心上〉13.30）堯、舜順着本性實行仁義，商湯、周武王靠身體力實行仁義，「春秋五霸」卻假借名義實行仁義。孟子多次比較「霸道」與「王道」，如「以力假仁者霸，霸必有大國。以德行仁者王，王不待大」（〈公孫丑上〉3.3），又如「王者之民，皞皞如也」（〈盡心上〉13.13），推崇有德行的王者。

雖然「王道」並非孟子首創，但他加以發揮。《尚書・周書・洪範》云：「無偏無黨，王道蕩蕩；無黨無偏，王道平平；無反無側，正道正直。」王道就是由王者興國之道，具體內容包括推行仁政、愛己及人。統治者要實現道德原則，以保證政權的持久性。人民的基本生活質素要得到保障，安心地各施其職。孟子曰：「堯、舜之道，不以仁政，不能平治天下。今有仁心仁聞而民不被其澤，不可法於後世者，不行先王之道也。」（〈離婁上〉7.1）其中「先王之道」就是「王道」，是堯、舜、商湯、周文王、周武王等古代聖王的治國之道。《孟子》的政治思想以民本政治為核心，推行「王道」（〈梁惠王上〉1.3）及仁政（〈梁惠王上〉1.5）。孟子認為要實踐「王道」，應以「性善」為基礎，統治者需要以「不忍人之心」行「不忍人之政」（〈公孫丑上〉3.6），以最終成為「大有為之君」（〈公孫丑下〉4.2）為目標。孟子也提出「得道者多助，失道者寡助。寡助之至，親戚畔之；多助之至，天下順之。」（〈公孫丑下〉4.1）指得道的統治者得人心，天下順從；奉行霸道而強迫人民服從的統治者失人心，眾叛親離。

民本思想

孟子透過雄辯滔滔的言辭，深入而系統地闡述民本思想。孟

子認為統治者需要透過人民的力量、民心去鞏固政權。孟子的名言「民為貴，社稷次之，君為輕」（〈盡心下〉14.14），將人民置於國家及君主之上。孟子云：「桀、紂之失天下也，失其民也；失其民者，失其心也。得天下有道：得其民，斯得天下矣；得其民有道：得其心，斯得民矣」（〈離婁上〉7.9），孟子認為一些統治者「庖有肥肉，廄有肥馬，民有饑色，野有餓莩」（〈梁惠王上〉1.4）統治者要得民心，得民心才能得天下。孟子認為「君有大過則諫；反覆之而不聽，則易位」（〈萬章下〉10.9）、「諸侯危社稷，則變置。」（〈盡心下〉14.14），贊成聲討殘害人民的暴君，以及改立危害國家社會的統治者。孟子進一步認為人民先於政事，外在誘因（如珍珠、美玉等珍寶）為統治者帶來災禍，如「寶珠、玉者，殃必及身」（〈盡心下〉14.28）。孟子也提倡統治者與民同樂，才能獲得人民擁戴，如「樂民之樂者，民亦樂其樂」（〈梁惠王下〉2.4）。

君子之道

「君子」一詞於《孟子》出現 81 次。孟子也提倡君子之道，認為君子的本性植根於仁、義、禮、智（〈盡心上〉13.21「君子所性，仁、義、禮、智根於心」），因此受人愛護、尊敬（〈離婁下〉8.28「仁者愛人，有禮者敬人。愛人者，人恆愛之；敬人者，人恆敬之」），有氣量、嚴肅（〈公孫丑上〉3.9「隘與不恭，君子不由也」）、守信（〈告子下〉12.12「君子不亮，惡乎執」）。

孟子對君子的行為有獨特的看法。他認為君子立志於仁（〈告子下〉12.8）、「不怨天」、「不尤人」（〈公孫丑下〉4.13）、正直（〈萬章下〉10.7「惟君子能由是路，出入是門也」）、志於

道（〈盡心上〉13.24「君子之志於道也，不成章不達」）、依法行事（〈盡心下〉14.33「君子行法」）、以名過其實為恥（〈離婁下〉8.18「故聲聞過情，君子恥之」）、不被收買（〈公孫丑下〉4.3「焉有君子而可以貨取乎？」）、與人一起行善（〈公孫丑上〉3.8「故君子於莫大乎與人為善」）。君子應該用正確的方法達致精深的境界、領悟道理（〈離婁下〉8.14「君子深造之以道……故君子欲其自得之也」），最終是修身而使天下太平（〈盡心下〉14.32「君子之守，修其身而天下平」）。

盡心、知性、知天、存心、養性、事天

孟子肯定天命的存在，提出「盡其心者，知其性也。知其性，則知天矣。存其心，養其性，所以事天也。殀壽不貳，修身以俟之，所以立命也。」（〈盡心上〉13.1）人要充分竭盡本心，以了解其本性，繼而了解天命。此外，人也要保存本心、養育本性，以應對天命，修身是安身立命之法。

孟子提出存心。孟子曰：「君子所以異於人者，以其存心也。君子以仁存心，以禮存心。」（〈離婁下〉8.28）所有人都有仁、義、禮、智之心，要把它好好保存。孟子曰：「大人者，不失其赤子之心者也。」（〈離婁下〉8.12）指有高尚德行的人，能夠保持嬰兒天真純樸之心。

孟子也提出養性。孟子曰：「牛山之木嘗美矣，……故苟得其養，無物不長；苟失其養，無物不消。孔子曰：『操則存，舍則亡；出入無時，莫知其鄉。』惟心之謂與？」（〈告子上〉11.8）指人的本性容易受損，需要妥善保養（「日夜之所息」、「雨露之

所潤」）。孟子曰：「養心莫善於寡欲。其為人也寡欲，雖有不存焉者，寡矣；其為人也多欲，雖有存焉者，寡矣。」（〈盡心下〉14.35）其中「養心」在於寡欲，減少令人喪失本心的外在因素，以收存心、養性之效。

反求諸己

　　孟子也秉承孔子的自省思想，並加以發揮。孟子云：「仁者如射：射者正己而後發；發而不中，不怨勝己者，反求諸己而已矣。」（〈公孫丑上〉3.7）以射箭比喻仁，其中要做到「反求諸己」的關鍵在於「身正」而「行有不得者，皆反求諸己；其身正，而天下歸之。」（〈離婁上〉7.4），「天下之本在國，國之本在家，家之本在身。」（〈離婁上〉7.5）而「身」是「己」，修身由己開始，進而治理好家、國、天下。孟子指「其自反而仁矣，自反而有禮矣，其橫逆由是也，君子必自反也，我必不忠。自反而忠矣，其橫逆由是也。」（〈離婁下〉8.28）提及人要「自反」，才能行得正、企得正，毋須患得患失。孟子亦豪言「萬物皆備於我矣。反身而誠，樂莫大焉」（〈盡心上〉13.4），其中「反身而誠」是達致「盡心」、「知性」、「知天」的手段之一。

六、《孟子》的地位

　　《孟子》於西漢前的地位不高。司馬遷的《史記》僅以137字為孟子立傳，但並非獨立成傳。東漢班固的《漢書‧藝文志》只把《孟子》置於《諸子略‧儒家類》，地位未見突出。

《孟子》今註今譯

戰國時代的荀子猛烈批評孟子，特別撰文攻擊子思及孟子，於《荀子‧非十二子》云：「略法先王而不知其統，猶然而材劇志大，聞見雜博。案往舊造說，謂之五行，甚僻違而無類，幽隱而無說，閉約而無解。......是則子思、孟軻之罪也。」

漢文帝為《孟子》立傳記博士，《孟子》的地位開始提升。東漢趙岐於《孟子章句》的〈題辭〉云：「《論語》者，五經之錧轄，六藝之喉衿也。《孟子》之書則而象之。」將《孟子》視為經書的傳記，為後人理解《孟子》的內容起決定性的作用。雖然王充的《刺孟》專門批評《孟子》的一些概念，但他於《論衡‧對作》認為「楊墨之學不亂傳義，則《孟子》之傳不造。」也把《孟子》視作傳。

趙岐於《孟子章句》的〈題辭〉云：「述己所聞，證以經傳，為之章句，具載本文，章別其旨，分為上下，凡十四卷。究而言之不敢以當達者，施於新學可以寤疑辨惑，愚亦未能審於是非，後之明者其違闕，儻改而正諸，不亦宜乎。」趙岐的註釋平實，廣為流傳並為後世註譯者接納。趙岐續云：「《孟子》閎遠微妙，縕奧難見。」指《孟子》包含了宏大深遠的概念，也觸及精細而複雜的問題。

唐代柳宗元認為《孟子》深奧，於《與楊京兆憑書》云：「誠使博如莊周，哀如屈原，奧如孟軻，壯如李斯，峻如馬遷，富如相如，明如賈誼，專如楊雄，猶為今之人，則世之高者至少矣。」[7]

唐代韓愈於《原道》提出儒家的道統，云：「堯以是傳之舜，舜以是傳之禹，禹以是傳之湯，湯以是傳之文、武、周公，周公傳

7. 柳宗元：《柳河東集》，北京：中華書局，1992年，第325頁。

附錄二

之孔子，孔子傳之孟軻，軻之死，不得其傳焉。荀與揚也，擇焉而不精，語焉而不詳。」韓愈於《讀荀》云：「始吾讀孟軻書，然後知孔子之道尊，聖人之道易行；……以為孔子之徒沒，尊聖人者，孟氏而已。晚得揚雄書，益尊信孟氏。」及「孟子醇乎醇者也」指孟子是孔子的正統傳人，值得尊敬的長者。

唐代宗寶應二年（公元 763 年）禮部侍郎楊綰疏請《論語》、《孝經》、《孟子》兼為一經。唐懿宗咸通四年（公元 863 年）進士皮日休向皇帝建議將《孟子》立為學科。唐文宗開成二年（公元 837 年）皇帝下詔為十二種儒學經典刊刻於石上，是為《開成石經》，以標準楷書書寫，包括《周易》、《尚書》、《詩經》、《周禮》、《儀禮》、《禮記》、《左傳》、《公羊傳》、《穀梁傳》、《孝經》、《論語》及《爾雅》，但《孟子》並未列入其中。

五代後蜀主孟昶命毋昭裔以楷書為《易》、《書》、《詩》、《儀禮》、《周禮》、《禮記》、《公羊》、《谷梁》、《左傳》、《論語》、《孟子》十一經刻石，其後由宋太宗翻刻，可能是《孟子》首次列為「經書」。宋神宗時期，《孟子》被正式列為經書，研究《孟子》的專著如孫奭的《孟子注疏》、朱熹的《孟子集注》等相繼擁現。

北宋神宗熙寧四年（公元 1071 年），《孟子》首次被列入科舉考試的科目。北宋文學蘇洵於《上歐陽內翰書》云：「《孟子》之文，語約而意盡，不為嶄刻斬絕之言，而其鋒不可犯。」指孟子的文字言簡意賅，論據強而有力。相對於戰國時代其他思想家（如商鞅、荀子、莊子等）的著作，《孟子》多章比較長篇，但邏輯性

強、言辭尖銳、與別不同。

清代焦循的《孟子正義》以漢代趙岐的注為基礎，廣納多位清代學者的研究成果，加上其本人對名物的訓釋，成為當時註譯《孟子》的代表作之一。焦循《孟子正義》云：「包羅天地，撲叙萬類，仁義道德，性命禍福，粲然靡所不載。」認為《孟子》的內容包羅萬有。而戴震的《孟子字義疏証》及康有為的《孟子微》等均增進了《孟子》一書的研究。

當代學者對《孟子》也讚譽有嘉。錢穆認為《論語》和《孟子》是儒家的正統，也是中國文化精神結晶所在，應當奉為無上的聖典[8]，《孟子》的貢獻有三方面：（一）發明性善的義理。《孟子》講身心、義理，與孔子並無二致，個別地方講得更詳盡、細密。[9]孟子關於性善的標準，體現於「大人」等聖人、君子，而善並沒有終極，成為文化的期望。（二）闡述養氣。孟子云：「我善養吾浩然之氣。其為氣也，至大至剛以直，養而無害，則塞於天地之間。」（〈公孫丑上〉3.2）浩然之氣能夠集結各獨立個體的義，成為共同的本體，從而達致人性之善。（三）闡述知言。知言是養氣的功夫，在乎領悟人心，是心學的一種。孟子認為盡心可以知性，盡性可以知天（〈盡心上〉13.1）；人在知言之後，便能夠卓然自立，不受迷惑，以其浩然之氣窮盡人性之善。[10]

唐端正認為孟子要分辨人禽之辨、義利之辨、公私之辨，以及捍衛人道、義道、公道、王道及諸夏的文明之道。[11]他認為孟子所謂「心」，即孔子所謂「仁」，兩者皆以感通為性。若果人為了滿足小體的慾望而令大體的價值不能感通，以小害大，這便是惡[12]

8. 錢穆：《四書釋義》，台北：素書樓文教基金會，2005 年 6 月，第 4 頁。
9. 錢穆：《勸讀論語和論語讀法》，北京：商務印書館，2014 年 12 月第 1 版，第 177 頁。
10. 錢穆：《四書釋義》，台北：素書樓文教基金會，2005 年 6 月，第 149-152 頁。
11. 唐端正：《解讀儒家現代價值》，香港：商務印書館，2011 年 7 月第一版，第 14 頁。
12. 唐端正：《解讀儒家現代價值》，香港：商務印書館，2011 年 7 月第一版，第 41 頁。

附錄二

徐復觀認為孟子的性善說成立之後，才能真正談人格的尊嚴，才能從根本上建立人與人之間的信賴，才能對人類前途樹立信心。[13] 章學誠認為孟子的話是完整的文章，於《文史通義》云：「《論語》記夫子之微言，而曾子、子思述作以垂訓，至《孟子》而其文然後閎肆焉。」指《孟子》的文章豐富，文筆能夠肆意發揮。

13. 徐復觀著，李維武編：《徐復觀文集（修訂本）》（第一卷〈文化與人生〉），湖北：湖北人民出版社，2009 年第 2 版，第 41 頁。

附錄三

《孟子》主要人物索引

《孟子》提及不少人物及事跡，分布於各章。此外，同一人的稱謂於不同章句並不一致，有時用全名，有時用字號或諡號。若讀者對有關人物不熟悉，將難以掌握。以下將《孟子》提及的主要人物分為十類，包括：一、遠古、傳說人物；二、夏朝人物；三、商朝人物；四、周朝人物；五、孟子弟子；六、孔子、孔子弟子；七、諸侯國君主；八、卿大夫、陪臣、官員；九、樂師；十、其他人物。每類人物按筆劃序排列，列出簡介及《孟子》的篇章位置，方便查閱。部分人物出現於《孟子》多章，此書一般於其首次出現時詳述背景，以免重覆。

一、遠古、傳說人物

人物 （姓名、別稱）	簡介	篇章
丹朱	堯的兒子，名朱，封於丹，所以叫「丹朱」。	〈萬章上〉9.5-9.6
堯（姓伊祁，名放勳，稱「唐堯」）	「五帝」之一。	〈公孫丑上〉3.2、〈公孫丑下〉4.2、〈滕文公上〉5.1、5.4、〈滕文公下〉6.4、6.9、〈離婁上〉7.1、〈離婁下〉8.32、〈萬章上〉9.1-9.2、9.4-9.7、〈萬章下〉10.1、10.3、10.6、〈告子上〉11.6、〈告子下〉12.2、12.8、12.10、〈盡心上〉13.30、13.46、〈盡心下〉14.33、14.37-14.38

皋陶	為舜執掌刑法的大臣。	〈滕文公上〉5.4、〈盡心上〉13.35、〈盡心下〉14.38
瞽瞍	舜的父親，雙目失明。	〈萬章上〉9.2、9.4、〈告子上〉11.6、〈盡心上〉13.35
稷（后稷、姬棄）	相傳是周朝的祖先，被奉為穀神。	〈滕文公上〉5.4、〈離婁下〉8.29
羿（后羿）	相傳為夏代有窮國的君主。	〈離婁下〉8.24、〈告子上〉11.20、〈盡心上〉13.41
舜（姓姚，有虞氏，名重華，稱「虞舜」）	「五帝」之一，受堯帝賞識而獲遜位。	〈公孫丑上〉3.2、3.8、〈公孫丑下〉4.2、〈滕文公上〉5.1、5.4、〈滕文公下〉6.4、6.9、〈離婁上〉7.1、7.26、7.28、〈離婁下〉8.1、8.19、8.28、8.32、〈萬章上〉9.1-9.7、〈萬章下〉10.1、10.3、10.6、〈告子上〉11.6、〈告子下〉12.2-12.3、12.8、12.10、12.15、〈盡心上〉13.16、13.25、13.30、13.35、13.46、〈盡心下〉14.6、14.33、14.37-14.38
象	舜的弟弟，舜的後母所生。	〈萬章上〉9.2-9.3、〈告子上〉11.6
驩兜	堯、舜兩帝的臣子，與共工一起作惡，舜即位後將驩兜放逐到崇山。	〈萬章上〉9.3

二、夏朝人物

人物 （姓名、別稱）	簡介	篇章
禹（姓姒，稱「大禹」、「夏禹」）	夏朝的開國君主。相傳以疏導方法成功治水，受舜帝賞識而獲禪讓。	〈公孫丑上〉3.8、〈滕文公上〉5.4、〈滕文公下〉6.9、〈離婁下〉8.20、8.26、8.29、〈萬章上〉9.6、〈告子下〉12.11、〈盡心下〉14.22、14.38
桀	夏朝末代君主。	〈梁惠王下〉2.8、〈離婁上〉7.9、〈萬章上〉9.6、〈告子下〉12.2、12.6、12.9-12.10
啟	禹的兒子。	〈萬章上〉9.6
離婁	亦稱「離朱」，相傳為黃帝時人，視力極強，能於百步之外望見秋毫之末（野獸於秋天新長細毛的末端）。	〈離婁上〉7.1
鯀	禹的父親，被堯封為崇伯，有崇部落的首領。鯀曾經以岸邊築河堤的方法治水九年，但水位越來越高，未能長遠治水。舜即位後，鯀被誅殺於羽山。	〈萬章上〉9.3

三、商朝人物

人物 （姓名、別稱）	簡介	篇章
仲壬	商湯之幼子、外丙之弟。	〈萬章上〉9.6

伊尹	商朝開國君主商湯的宰相。	〈公孫丑上〉3.2、〈公孫丑下〉4.2、〈萬章上〉9.6-9.7、〈萬章下〉10.1、〈告子下〉12.6、〈盡心上〉13.31、〈盡心下〉14.38
伯夷	商朝末年孤竹國第八代君主孤竹君的長子。孤竹君臨終時，遺命立三子叔齊為繼承人。叔齊以兄弟倫理為由讓位給長兄伯夷，伯夷則以父命不可違而不接受，最後伯夷、叔齊逃往西伯侯姬昌（其後的周文王）處，孤竹君二子亞憑繼承君位。周滅商後，伯夷、叔齊以吃周朝的糧食為恥，餓死於首陽山。	〈公孫丑上〉3.2、3.9、〈滕文公下〉6.1、〈離婁上〉7.13、〈萬章下〉10.1、〈告子下〉12.6、〈盡心上〉13.22、〈盡心下〉14.15
傅說	商代第二十二任君主武丁時期（公元前十一世紀）的人，傳說中傳說是一名於傅岩（今山西省運城市平陸縣）築牆的奴隸，武丁夢見名「說」的聖人，其後於傅岩遇見傅說，起用為相，造就「武丁中興」。	〈告子下〉12.15
商湯（成湯、履）	商朝開國君主。	〈梁惠王下〉2.3、2.8、2.11、〈公孫丑上〉3.1、3.3、〈公孫丑下〉4.2、4.12、〈滕文公下〉6.5、〈離婁上〉7.9、〈離婁下〉8.20、〈萬章上〉9.6-9.7、〈告子下〉12.2、12.6、〈盡心上〉13.30、〈盡心下〉14.33、14.38

外丙	商湯之子、太丁之弟。	〈萬章上〉9.6
太丁	商湯的太子。	〈萬章上〉9.6
太王（大王、古公亶父）	姬亶父，周武王的曾祖父，被周武王追封為「周太王」。	〈梁惠王下〉2.3、2.5、2.14
太甲	商代太丁之子，商湯的嫡長孫。	〈萬章上〉9.6
微仲	微子之弟，名衍，紂王之兄，周朝宋國的第二任國君。微仲去世後，其子稽繼位，是為宋稽公。	〈公孫丑上〉3.1
微子（啓）	商朝紂王的同母兄長，「微」是封國名，「子」是爵名。周公（周公旦）於武王死後封微子於宋，微子成為宋國始祖。	〈公孫丑上〉3.1、〈告子上〉11.6
比干	商朝末代君主紂王的叔父。	〈公孫丑上〉3.1、〈告子上〉11.6
箕子（胥余）	商朝紂王的叔父，「箕」是封國名，「子」是爵名。	〈公孫丑上〉3.1
紂	商朝末代君主。	〈梁惠王下〉2.3、2.8、〈公孫丑上〉3.1、〈滕文公下〉6.9、〈離婁上〉7.9、7.13、〈萬章上〉9.6、〈萬章下〉10.1、〈告子上〉11.6、〈盡心上〉13.22
膠鬲	商朝紂王的大臣，相傳他是姬昌（其後被追封為「周文王」）推薦給紂王。孟子形容「膠鬲舉於魚鹽之中」。	〈公孫丑上〉3.1、〈告子下〉12.15
萊朱	商湯的賢臣。	〈盡心下〉14.38
飛廉	亦作「蜚廉」，相傳他善跑，為商紂所重用。	〈滕文公下〉6.9
高宗（武丁）	商朝第二十三任君主。	〈公孫丑上〉3.1

四、周朝人物

人物 （姓名、別稱）	簡介	篇章
公劉	周朝始祖后稷的曾孫，為周朝奠定基業。	〈梁惠王下〉2.5
太公	姜姓，呂氏，名尚、望，字子牙，也稱「太公望」、「姜太公」、「飛熊先生」。相傳姜子牙於渭水僅以魚絲垂直釣魚，遇到求賢若渴的姬昌（周文王）。	〈離婁上〉7.13、〈告子下〉12.8、〈盡心上〉13.22、〈盡心下〉14.38
周公（姬旦、周公旦、旦叔）	周朝周武王之弟。	〈公孫丑上〉3.1、〈公孫丑下〉4.9、〈滕文公上〉5.1、5.4、〈滕文公下〉6.9、〈離婁下〉8.20、〈萬章上〉9.6、〈告子下〉12.8
周文王（姬昌、西伯）	周朝周武王之父。	〈梁惠王上〉1.2、〈梁惠王下〉2.2-2.3、2.5、2.10、〈公孫丑上〉3.1、3.3、〈滕文公上〉5.1、5.3、〈滕文公下〉6.9、〈離婁上〉7.7、7.13、〈離婁下〉8.1、8.20、〈告子下〉12.2、〈盡心上〉13.10、13.22、〈盡心下〉14.19、14.22、14.38
周武王（姬發）	周朝開國君主，周文王之子、周公之兄。	〈梁惠王下〉2.3、2.8、2.10、〈公孫丑上〉3.1、〈公孫丑下〉4.12、〈滕文公下〉6.5、6.9、〈離婁下〉8.20、〈盡心上〉13.30、〈盡心下〉14.4、14.33

| 散宜生 | 周文王的賢臣。 | 〈盡心下〉14.38 |

| 管叔 | 周武王之弟。武王滅殷後，封紂王之子武庚祿父為諸侯，以延續殷族的世系，治理殷人。武王分封三位弟弟霍叔於霍（今山西省霍州市）、管叔於管（今河南省鄭州市）、蔡叔於蔡（今河南省駐馬店市上蔡縣），監視武庚，是為「三監」。 | 〈梁惠王下〉2.1 |

五、孟子弟子（戰國時代）

人物 （姓名、別稱）	簡介	篇章
公孫丑	齊國人。	〈公孫丑上〉3.1-3.2、〈公孫丑下〉4.2、4.6、4.14、〈滕文公下〉6.7、〈離婁上〉7.18、〈告子下〉12.3、12.13、〈盡心上〉13.31-13.32、13.39、13.41、〈盡心下〉14.1、14.36
公都子	齊國人，戰國時代學者。	〈公孫丑下〉4.5、〈滕文公下〉6.9、〈離婁下〉8.30、〈告子上〉11.5-11.6、11.16、〈盡心上〉13.43
充虞	孟子學生。	〈公孫丑下〉4.7、4.13、〈盡心下〉14.25

咸丘蒙	複姓咸丘，名蒙，戰國時代齊國人。	〈萬章上〉9.4
屋廬連（屋廬子）	複姓屋廬，名連。	〈告子下〉12.1、12.5
盆成括	複姓盆成，名括，曾在齊國做官。	〈盡心下〉14.29
徐辟（徐子）	身份不詳。	〈滕文公上〉5.5、〈離婁下〉8.18
桃應	身份不詳。	〈盡心上〉13.35
高子（高叟）	齊國人。	〈公孫丑下〉4.12、〈告子下〉12.3、〈盡心下〉14.21-14.22
陳代	身份不詳。	〈滕文公下〉6.1
陳臻（陳子）	身份不詳。	〈公孫丑下〉4.3、4.10、〈告子下〉12.14、〈盡心下〉14.23
彭更	身份不詳。	〈滕文公下〉6.4
萬章（萬子）	戰國時代鄒國人（一說齊國人）	〈滕文公下〉6.5、〈萬章上〉9.1-9.3、9.5-9.9、〈萬章下〉10.3-10.4、10.6-10.8、〈盡心下〉14.37
樂正克（樂正子、克）	複姓樂正，名克。	〈梁惠王下〉2.16、〈離婁上〉7.24-7.25、〈告子下〉12.13、〈盡心下〉14.25

六、孔子、孔子弟子（春秋時代）

人物 （姓名、別稱）	簡介	篇章
卜商（商、子夏）	字子夏，可能是晉國人（今河南省焦作市溫縣西南），少孔子44歲，生於公元前507年，卒年不詳。	〈公孫丑上〉3.2、〈滕文公上〉5.4
孔子（仲尼、夫子）	孔子名丘，字仲尼，春秋末期魯國鄹（音「鄒」）邑昌平鄉人（今山東省曲阜市東南尼山附近）。據說孔子的母親顏徵在禱於尼丘山（今曲阜市東南）而得孔子，生而頭頂中低周高（「圩頂」），故名丘。	〈梁惠王上〉1.4、1.7、〈公孫丑上〉3.1-3.4、3.7、〈滕文公上〉5.2、5.4、〈滕文公下〉6.1、6.3、6.7、6.9、〈離婁上〉7.2、7.7-7.8、7.14、〈離婁下〉8.10、8.18、8.21-8.22、8.29、〈萬章上〉9.4、9.6、9.8、〈萬章下〉10.1、10.4-10.5、10.7、〈告子上〉11.6、11.8、〈告子下〉12.3、12.6、〈盡心上〉13.24、〈盡心下〉14.17-14.19、14.37-14.38
冉求（冉有、求、冉子）	字子有，衛國人，少孔子29歲，生於公元前522年，卒年不詳。	〈離婁上〉7.14
冉耕（冉伯牛、冉牛、伯牛）	字伯牛，魯國人（今山東省荷澤市郾城縣），少孔子7歲，生於公元前544年，卒年不詳。	〈公孫丑上〉3.2
仲由（子路、季路、由）	字子路、季路，魯國卞邑人（今山東省濟寧市泗水縣東卞橋鎮），少孔子9歲，公元前542年-公元前480年。	〈公孫丑上〉3.1、3.8、〈滕文公下〉6.7、〈萬章上〉9.8

有若（有子）	字子有，魯國人，少孔子43歲（一說33歲），生於公元前518年，卒年不詳。	〈公孫丑上〉3.2、〈滕文公上〉5.4
言偃（言游、子游、偃）	字子游，吳國人（今江蘇省常熟市），少孔子45歲，公元前506年-公元前443年。	〈公孫丑上〉3.2、〈滕文公上〉5.4
宰予（宰我、予）	字子我，魯國人（今山東省曲阜市），少孔子29歲，公元前522年-公元前458年。	〈公孫丑上〉3.2
曾參（參、曾子）	曾皙之子，字子輿，魯國武城人（今山東省濟寧市嘉祥縣），少孔子46歲，公元前505年-公元前435年（一說436年）。	〈梁惠王下〉2.12、〈公孫丑上〉3.1、〈離婁上〉7.19、〈盡心下〉14.36
曾蒧（曾皙、曾點、點）	字子皙，曾參之父，魯國武城人（今山東省濟寧市嘉祥縣），生卒年不詳。	〈盡心下〉14.36
閔損（閔子騫、閔子）	字子騫，魯國人（今山東省曲阜市），少孔子15歲，公元前536年-公元前487年。	〈公孫丑上〉3.2
端木賜（子貢、賜）	字子貢、子贛，衛國人（今河南省衛輝市），少孔子31歲，公元前520年-公元前456年（一說446年）。	〈公孫丑上〉3.2、〈滕文公上〉5.4
顏回（顏淵、回）	字子淵，魯國人（今山東省曲阜市），少孔子30歲，公元前521年-公元前481年。	〈公孫丑上〉3.2、〈滕文公上〉5.1、〈離婁下〉8.29
顓孫師（子張、師）	字子張，陳國人（今河南省周口市淮陽縣），少孔子48歲，生於公元前503年，卒年不詳。	〈公孫丑上〉3.2、〈滕文公上〉5.4

七、諸侯國君主

人物 （姓名、別稱）	簡介	篇章
勾踐	春秋時越國國君（公元前497年至公元前465年在位），於公元前494年為吳王夫差所敗，其後「臥薪嘗膽」發奮圖強，最終於公元前473年滅吳。	〈梁惠王下〉2.3
子噲	燕王噲，姬姓燕氏，戰國時期燕國的第三十八任國君（公元前320年至公元前318年在位）。燕王噲讓宰相子之專權，聽信鹿毛壽之言效法堯禪讓予許由的做法，將王位禪讓予子之，子之接受。	〈公孫丑下〉4.8
晉平公	春秋時代晉國君主，姬姓，名彪，晉悼公之子，公元前557年 - 公元前532年在位。	〈萬章下〉10.3
晉文公（姬重耳）	姓姬名重耳，晉獻公次子。曾流亡國外十九年，在秦穆公協助下回晉國，公元前636年至公元前628年在位，任用賢才，成為「春秋五霸」之一。	〈梁惠王上〉1.7、〈離婁下〉8.21、〈告子下〉12.7、〈盡心上〉13.30
梁惠王	魏惠王（公元前400年 - 公元前319年），「惠」是諡號。於公元前370年繼父親魏武侯即位，即位後九年由安邑遷都大梁，所以又稱「梁惠王」。	〈梁惠王上〉1.1-1.5

梁襄王	梁惠王之子，名嗣，公元前 318 年至公元前 296 年在位。	〈梁惠王上〉1.6
滕定公	滕文公之父，戰國時代滕國第二十九任君主，姬姓，子爵。	〈滕文公上〉5.2
滕文公（文公）	戰國時代滕國的第三十任君主，公元前 326 年繼位，崇尚孟子之學。	〈梁惠王下〉2.13-2.15、〈滕文公上〉5.1、5.3-5.4
秦穆公	又名秦繆公，嬴姓趙氏，名任好，春秋時代秦國的第九任君主，「春秋五霸」之一。	〈萬章上〉9.9
衛出公（蒯輒、姬輒、衛君、衛孝公）	衛國第二十九任君主，衛靈公之孫、蒯聵之子。蒯輒之父蒯聵得罪了衛靈公的夫人南子，逃往晉國。靈公死後，蒯輒被立為君，是為衛出公。	〈萬章下〉10.4
衛靈公（姬元）	衛國第二十八任君主，姓姬名元，公元前 534 年至公元前 493 年在位。因政治昏亂，其夫人南子干政。	〈萬章下〉10.4
費惠公	春秋時代費國君主，姬姓、季氏，「惠」是謚號。	〈萬章下〉10.3
鄒穆公（穆公）	戰國時代鄒國君主，約公元前 382 年至公元前 330 年在位。	〈梁惠王下〉2.12
魯平公（魯侯）	魯國第三十三任君主，姓姬名叔，又名「旅」，「平」是謚號。	〈梁惠王下〉2.16
魯繆公	魯國第二十九任君主，姓姬名顯，公元前 410 年至公元前 377 年在位。繆公禮賢下士，尤為尊崇子思（孔伋）。	〈公孫丑下〉4.11、〈告子下〉12.6

齊宣王	姓田，名辟疆。齊威王之子，齊湣王之父，約公元前 319 年至公元前 301 年在位。	〈梁惠王上〉1.7、〈梁惠王下〉2.1-2.10、〈公孫丑下〉4.4、〈離婁下〉8.3、8.32、〈萬章下〉10.9、〈盡心上〉13.36、13.39
齊景公（姜杵臼）	齊國國君，姓姜，名杵臼，公元前 547 年至公元前 490 年在位，「景」是諡號。	〈梁惠王下〉2.4、〈公孫丑上〉3.1、〈滕文公上〉5.1、〈滕文公下〉6.1、〈離婁上〉7.7、〈萬章下〉10.7
齊桓公（姜小白）	姓姜名小白，齊襄公之弟。因襄公無道而出走。其後襄公被弒，回國即位，公元前 685 年至公元前 643 年在位。任用管仲為相，成為「春秋五霸」之一。	〈梁惠王上〉1.7、〈公孫丑下〉4.2、〈離婁下〉8.21、〈告子下〉12.7、〈盡心上〉13.30

八、卿大夫、陪臣、官員

人物（姓名、別稱）	簡介	篇章
子之	燕王噲的宰相，其後篡位自成燕王。齊國攻打燕國，子之被齊兵所殺。	〈公孫丑下〉4.8
子產（公孫僑）	鄭國大夫，字子產，鄭穆公之孫。於鄭簡公、鄭定公時期執政 22 年，成為賢相。	〈離婁下〉8.2、〈萬章上〉9.2
子濯孺子	鄭國大夫。	〈離婁下〉8.24

公行子	戰國時代齊國大夫。	〈離婁下〉8.27
公孫衍	魏國人，戰國中期的縱橫家，曾任魏國犀首一職，又號「犀首」。	〈滕文公下〉6.2
公儀子	公儀休，又名公孫儀，春秋時代魯國宰相。公儀休奉公守法，推行廉政。	〈告子下〉12.6
太宰（冢宰）	官名，又稱「冢宰」，掌管國君宮廷事務的官員。此人的身份不詳。	〈滕文公上〉5.2
孔距心	平陸（齊國邊境的都邑）的長官。	〈公孫丑下〉4.4
王驩（子敖、右師）	王驩，字子敖，齊國權臣。	〈公孫丑下〉4.6、〈離婁上〉7.24-7.25、〈離婁下〉8.27
司城貞子	陳國（一說宋國）大夫。	〈萬章上〉9.8
白圭（丹）	白丹，戰國時代人，曾任魏國宰相，擅於築堤治水。	〈告子下〉12.10-12.11
匡章（章子、匡子）	戰國時期齊國人，於齊威王、齊宣王時擔任將軍，曾大敗燕軍。	〈滕文公下〉6.10、〈離婁下〉8.30
宋桓司馬（桓魋）	宋國的大夫，「司馬」是官職（主管軍事行政），或稱「向魋」。宋桓公的後代，所以又稱「桓魋」。	〈萬章上〉9.8
杞梁	名殖，春秋時代齊國大夫，與華周跟從齊莊公（齊國第十二任君主）伐莒（音「舉」）國時戰死。	〈告子下〉12.6
沈同	齊國大臣。	〈公孫丑下〉4.8

周霄	戰國時代魏國人。《戰國策·魏二·魏文子田需周霄相善》提及周宵、魏文子（田文）、田需三人本為好友，欲加罪犀首（即〈滕文公下〉6.2 提及的公孫衍）。公孫衍為此擔心，離間魏王，促使魏王任命魏文子為相國，從此魏文子背棄好友田需、周霄。	〈滕文公下〉6.3
孟獻子	春秋時代魯國孟孫氏的第五代宗主，姓姬，氏仲孫，名蔑，「獻」是諡號，「三桓」（季孫氏、叔孫氏、孟孫氏，魯桓公之後代）之一。	〈萬章下〉10.3
季桓子（季孫斯）	魯國正卿，姓姬，氏季孫，名斯，「桓」是諡號。季平子（季孫意如）之子，季康子（季孫肥）之父。於魯定公五年（公元前 505 年）至哀公三年（公元前 492 年）為上卿，「三桓」之一，把持朝政。	〈萬章下〉10.4
季康子（季孫肥、康子）	魯國正卿，姓姬，氏季孫，名肥，「康」是諡號。季桓子（季孫斯）之子。於魯哀公三年當權，哀公二十七年卒。「三桓」之一，把持朝政。	〈離婁上〉7.14
東郭氏	齊國大夫。	〈公孫丑下〉4.2
泄柳（子柳）	春秋時代魯國人，魯繆公時期的賢臣。	〈公孫丑下〉4.11、〈滕文公下〉6.7、〈告子下〉12.6
柳下惠（展獲）	魯國大夫，姓展名獲，字子禽（或「季」），「柳下」是受封地的名稱，「惠」是妻子倡議給他的私諡（並非國家正式授予），人稱「柳下惠」。	〈公孫丑上〉3.9、〈萬章下〉10.1、〈告子下〉12.6、〈盡心上〉13.28、〈盡心下〉14.15

胡齕	齊宣王的臣僚。	〈梁惠王上〉1.7
孫叔敖	羋姓，蒍氏，名敖，字孫叔，春秋時代楚國郢都人。孫叔敖隱居於海邊，被楚王發掘後任職令尹（宰相）。	〈告子下〉12.15
宮之奇	春秋時代虞國賢大夫。晉國以璧（美玉）及良馬利誘虞國君主，借路攻打虢國。宮之奇勸諫虞君，虞君不從。宮之奇預計晉軍滅虢回程時會攻打虞國，攜家人逃離虞國。	〈萬章上〉9.9
晏平仲（晏嬰、晏子）	齊國大夫，姓晏名嬰，字仲，「平」為諡號，於齊靈公、齊莊公及齊景公時期執政。	〈梁惠王下〉2.4、〈公孫丑上〉3.1
張儀	魏國人，戰國中期的縱橫家，與蘇秦同學於鬼谷子（王詡，謀略家、縱橫家的鼻祖），其後張儀、蘇秦分別成為秦國及趙國的宰相。	〈滕文公下〉6.2
莊暴（莊子）	齊宣王的近臣。	〈梁惠王下〉2.1
蚔鼃	戰國時代齊國大夫。	〈公孫丑下〉4.5
陳賈	齊國大夫。	〈公孫丑下〉4.9
景子（景丑氏）	齊國大夫。	〈公孫丑下〉4.2
華周	或作華舟、華旋，春秋時代齊國大夫，與杞梁跟從齊莊公（齊國第十二任君主）伐莒（音「舉」）國時戰死。	〈告子下〉12.6
陽貨	季氏家臣（「陪臣」），具權勢。魯定公五年（公元前505年）季平子死，陽貨囚禁季平子之子（季桓子）而把持國政。陽貨其後企圖剷除「三桓」但失敗，於魯定公九年（公元前501年）逃往晉國。	〈滕文公下〉6.7

趙孟	春秋時代晉國正卿趙盾，字孟。他的子孫（如：趙文子趙武、趙簡子趙鞅、趙襄子趙無恤等）都被稱為趙孟，指代有權勢的人。	〈告子上〉11.17
趙簡子	原名趙鞅，又名志父，亦稱趙孟，「簡」為諡號，春秋時期晉國的卿大夫，致力改革國政。	〈滕文公下〉6.1
儲子	齊國人，齊國的宰相，「子」是尊稱。「儲子」向齊閔宣王建議伐燕。	〈離婁下〉8.32、〈告子下〉12.5
彌子瑕（彌子）	衛靈公的寵臣	〈萬章上〉9.8
戴不勝	宋國大臣。	〈滕文公下〉6.6
戴盈之	戰國時代宋國大夫。	〈滕文公下〉6.8
顏讎由	衛國賢大夫，孔子學生子路的妻兄。	〈萬章上〉9.8

九、樂師

人物 （姓名、別稱）	簡介	篇章
大師（太師）	古代的首席樂師。	〈梁惠王下〉2.4
師曠	春秋時代晉國的著名樂師，是晉平公的太師。	〈離婁上〉7.1

十、其他人物

人物 （姓名、別稱）	簡介	篇章
子叔疑	人名，身份不詳。	〈公孫丑下〉4.10
子思（孔伋、伋）	孔子之孫，孔伋（公元前 483 年 - 公元前 402 年）。於元代文宗至順元年（1330 年）被追封為「述聖公」，後世尊稱為「述聖」。子思相傳是孔子弟子曾參（曾子）的弟子。	〈公孫丑下〉4.11、〈滕文公上〉5.5、〈離婁下〉8.31、〈萬章下〉10.3、10.6、〈告子下〉12.6
子莫	戰國時代魯國人，生平不詳。	〈盡心上〉13.26
子都	公孫子都，姬姓，名閼，字子都，春秋時代鄭國的英俊男子。	〈告子上〉11.7
子襄	曾參（曾子）弟子。	〈公孫丑上〉3.2
公明高	曾子學生，春秋時代魯國武城人。	〈萬章上〉9.1
公明儀	複姓公明，名儀，魯國賢人。	〈滕文公上〉5.1、〈滕文公下〉6.3、6.9、〈離婁下〉8.24
公輸子	姬姓，公輸氏，名班（或「般」、「盤」），魯國人，又稱「魯班」，古代著名的巧匠。公輸班約生活於春秋末年（魯定公或哀公時）。	〈離婁上〉7.1
尹士	齊國人。	〈公孫丑下〉4.12
尹公之他	衛國人。	〈離婁下〉8.24
王子墊	齊宣王的兒子，名墊。	〈盡心上〉13.33

王良	春秋末年著名的駕車人，即《左傳·哀公二年》所載的郵無恤。	〈滕文公下〉6.1
王豹	衛國人（一說齊國人），擅長歌唱。	〈告子下〉12.6
王順	戰國時代人，身份不詳。	〈萬章下〉10.3
北宮錡	複姓北宮，名錡，戰國時代衛國人。	〈萬章下〉10.2
北宮黝	戰國時期齊國勇士，複姓北宮，名黝。	〈公孫丑上〉3.2
申詳	可能是孔子學生子張（顓孫師）之子。	〈公孫丑下〉4.11
亥唐	春秋時代晉國人，隱士。晉平公時，朝中多賢臣，但亥唐不願做官，隱居陋巷。	〈萬章下〉10.3
夷子（夷之）	姓夷、名之，墨家信徒。	〈滕文公上〉5.5
成覸（靚、覵）	齊國勇士。	〈滕文公上〉5.1
百里奚	複姓百里，名奚（或傒）。	〈萬章上〉9.9、〈告子下〉12.6、12.15
西子（西施）	春秋時代越國美女。	〈離婁下〉8.25
告子	戰國時期思想家，與孟子同期；姓名不詳，一說名不害，曾受教於墨子。	〈公孫丑上〉3.2、〈告子上〉11.1-11.4、11.6、〈告子下〉12.8
宋勾踐	生平不詳。	〈盡心上〉13.9
宋牼（宋鈃、宋榮）	戰國時代宋國著名學者，主張和平、反戰。	〈告子下〉12.4
沈猶行（沈猶）	複姓沈猶，名行，曾子學生。	〈離婁下〉8.31
孟仲子	孟子的堂兄弟，曾跟隨孟子學習。	〈公孫丑下〉4.2
孟季子（季子）	可能是孟子的堂弟孟仲子。	〈告子上〉11.5
孟施舍	姓孟名舍，「施」為發語詞。生平不詳，一說他與「孟賁」是同一人。	〈公孫丑上〉3.2

孟賁	古代勇士，衛國人。《史記·范雎蔡澤列傳》云：「成荊、孟賁、王慶忌、夏育之勇焉而死。」裴駰《史記集解》引許慎曰：「勇賁，衛人。」唐代司馬貞《史記索隱》云：「賁，孟賁；育，夏育也。《尸子》云：『孟賁水行不避蛟龍，陸行不避兕虎。』」其後「賁育」成為勇士的代稱。	〈公孫丑上〉3.2
季任	任國君主之弟。	〈告子下〉12.5
季孫	身份不詳。	〈公孫丑下〉4.10
易牙	春秋時代齊國人，也稱「狄牙」。易牙是齊桓公的內侍，擅長烹調，善於逢迎，甚得齊桓公寵愛。	〈盡心上〉13.7
牧皮	春秋時代魯國人，可能曾從學於孔子。	〈盡心下〉14.37
牧仲	孟獻子之友。	〈萬章下〉10.3
長息	戰國時代人，身份不詳。	〈萬章下〉10.3
弈秋	春秋時代魯國人，自學而成為棋藝高手。	〈告子上〉11.9
段干木	春秋末期魏國安邑（今山西省運城市夏縣）人，約公元前475年-公元前396年，名克，封於於段，為干木大夫，故稱段干木。段干木為人清高，不屑做官。魏文侯之弟魏成子極力推薦段干木，魏文侯親自登門拜訪段干木，後者卻翻牆逃避。	〈滕文公下〉6.7
時子	齊宣王的臣子。	〈公孫丑下〉4.10
浩生不害	複姓浩生，名不害，齊國人。	〈盡心下〉14.25
烏獲	戰國時代秦武王的大力士，其後成為大力士的代稱。	〈告子下〉12.2

庾公之斯	衛國大夫。	〈離婁下〉8.24
曹交	身份不詳。	〈告子下〉12.2
淳於髡	戰國時代齊國著名辯士，獲齊威王拜為政卿大夫，善於鑑面辨色。	〈離婁上〉7.17、〈告子下〉12.6
許行（許子）	戰國時代楚國人，農家的代表人物之一，生平不詳。	〈滕文公上〉5.4
陳仲子	齊國人，又稱田仲、陳仲、於陵子（因居於於陵）。	〈滕文公下〉6.10
陳良	楚國儒者。	〈滕文公上〉5.4
陳戴（戴）	陳仲子之兄，齊國人。	〈滕文公下〉6.10
景春	孟子同期人，戰國時代縱橫家。	〈滕文公下〉6.2
曾元	孔子學生曾參（曾子）的長子，魯國人。	〈離婁上〉7.19
曾西	曾申，字子西，魯國人，孔子學生曾參的次子。	〈公孫丑上〉3.1
然友	滕國太子（其後的滕文公）的老師。	〈滕文公上〉5.2
盜跖	春秋時代魯國大盜，賢者柳下惠之弟。跖以姬為姓，展氏，名跖（又作蹠、雄），又名柳下跖、柳展雄。	〈滕文公下〉6.10
馮婦	姓馮，名婦，能赤手空拳與老虎搏鬥。	〈盡心下〉14.23
慎子（慎滑釐）	戰國時代魯國人，善於用兵。	〈告子下〉12.8
楊朱（楊子、楊氏）	魏國人（一說秦國人），戰國初期的思想家，主張貴生、重己。	〈滕文公下〉6.9、〈盡心上〉13.26、〈盡心下〉14.26
貉稽	身份不詳。	〈盡心下〉14.19
綿（緜）駒	齊國人，擅長歌唱。	〈告子下〉12.6
臧倉	戰國末期魯國人，魯平公的男寵。	〈梁惠王下〉2.16

墨翟（墨子、墨氏）	戰國時期魯國人（一說宋國人、滕國人），著名思想家，墨家學派創始人，人稱「墨子」，提倡尚賢、兼愛、非攻、節用、節葬、非命等概念。	〈滕文公下〉6.9、〈盡心上〉13.26、〈盡心下〉14.26
樂正裘	孟獻子之友。	〈萬章下〉10.3
滕更	滕國君主之弟，曾向孟子求學。	〈盡心上〉13.43
瘠環	身份不詳。	〈萬章上〉9.8
顏般	戰國時代人，費惠公之友。	〈萬章下〉10.3
癰疽	衛國的外科醫生；一說是一名宦官。	〈萬章上〉9.8

附錄四

《孟子》名言名句索引

《孟子》有不少句子是膾炙人口的成語，發人深省。以下按筆劃序列出《孟子》的名言、名句及其篇章號碼，讓讀者回味《孟子》的精髓。

一畫

名言、名句	篇章
一毛不拔（拔一毛而利天下，不為也）	〈盡心上〉13.26
一暴十寒（一日暴之、十日寒之）	〈告子上〉11.9

二畫

名言、名句	篇章
人皆可以為堯、舜	〈告子下〉12.2
人皆有不忍人之心	〈公孫丑上〉3.6

三畫

名言、名句	篇章
上下交征利	〈梁惠王上〉1.1

四畫

名言、名句	篇章
不以規矩，不能成方圓	〈離婁上〉7.1

不孝有三，無後為大	〈離婁上〉7.26
不言而喻（四體不言而喻）	〈盡心上〉13.21
不恥不若人，何若人有	〈盡心上〉13.7
五十步笑百步	〈梁惠王上〉1.3
五百年必有王者興，其間必有名世者	〈公孫丑下〉4.13
仁者無敵	〈梁惠王上〉1.5、〈公孫丑上〉3.5、〈滕文公下〉6.5、〈離婁上〉7.7、〈盡心下〉14.1、14.4
天之本在國，國之本在家，家之本在身	〈離婁上〉7.5
天時不如地利，地利不如人和	〈公孫丑下〉4.1
天將降大任於是人也，必先苦其心志，勞其筋骨，餓其體膚，空乏其身，行拂亂其所為	〈告子下〉12.15
天無二日，民無二王	〈萬章上〉9.4
心悅誠服（中心悅而誠服者也）	〈公孫丑上〉3.3
手舞足蹈（足之蹈之，手之舞之）	〈離婁上〉7.27
水深火熱（如水益深，如火益熱）	〈梁惠王下〉2.10
父母之心，人皆有之	〈滕文公下〉6.3
父母之命，媒妁之言	〈滕文公下〉6.3
以身殉道	〈盡心上〉13.42
以德服人	〈公孫丑上〉3.3

五畫

名言、名句	篇章
出爾反爾（出乎爾者，反乎爾者也）	〈梁惠王下〉2.12
出類拔萃（出於其類，拔乎其萃）	〈公孫丑上〉3.2
左右逢源（取之左右逢其原）	〈離婁下〉8.14
民為貴，社稷次之，君為輕	〈盡心下〉14.14
民歸之，由水之就下	〈梁惠王上〉1.6
生於憂患而死於安樂也	〈告子下〉12.15

六畫

名言、名句	篇章
先知先覺（使先知覺後知，使先覺覺後覺）	〈萬章上〉9.7、〈萬章下〉10.1
同流合污（同乎流俗，合乎污世）	〈盡心下〉14.37
好色，人之所欲	〈萬章上〉9.1
好為人師（人之患在好為人師）	〈離婁上〉7.23
如喪考妣	〈萬章上〉9.4
有諸內，必形諸外	〈告子下〉12.6
老吾老，以及人之老；幼吾幼，以及人之幼	〈梁惠王上〉1.7
自怨自艾	〈萬章上〉9.6
自暴自棄（自暴者，不可與有言也；自棄者，不可與有為也。）	〈離婁上〉7.10

七畫

名言、名句	篇章
似是而非（惡似而非者）	〈盡心下〉14.37
君之視臣如手足，則臣視君如腹心	〈離婁下〉8.3
仰不愧於天，俯不怍於人	〈盡心上〉13.20
救民於水火之中（民以為將拯己於水火之中也）	〈梁惠王下〉2.11、〈滕文公下〉6.5
男女授、受不親	〈離婁上〉7.17
言歸於好	〈告子下〉12.7
赤子之心	〈離婁下〉8.12
附庸（不達於天子，附於諸侯，曰附庸）	〈萬章下〉10.2

八畫

名言、名句	篇章
事半功倍（事半古之人，功必倍之）	〈公孫丑上〉3.1
來者不拒	〈盡心下〉14.30
夜以繼日	〈離婁下〉8.20
妻離子散（兄弟妻子離散）	〈梁惠王上〉1.5、〈梁惠王下〉2.1
孤臣孽子	〈盡心上〉13.18
彼一時，此一時也	〈公孫丑下〉4.13
拒（距）人於千里之外	〈告子下〉12.13
放乎四海	〈離婁下〉8.18
明察秋毫（明足以察秋毫之末，而不見輿薪）	〈梁惠王上〉1.7
杯水車薪（猶以一杯水救一車薪之火也）	〈告子上〉11.18
枉己者，未有能直人者也	〈滕文公下〉6.1
金聲玉振（集大成也者，金聲而玉振之也）	〈萬章下〉10.1

九畫

名言、名句	篇章
卻之不恭（卻之、卻之為不恭）	〈萬章下〉10.4
春秋無義戰	〈盡心下〉14.2
流連忘返（從流下而忘反謂之流，從流上而忘反謂之連）	〈梁惠王下〉2.4
為民父母	〈梁惠王上〉1.4、〈梁惠王下〉2.7、〈滕文公上〉5.3
為富不仁（為富不仁矣，為仁不富矣）	〈滕文公上〉5.3
食色，性也	〈告子上〉11.4

十畫

名言、名句	篇章
修身立命（修身以俟之，所以立命也）	〈盡心上〉13.1
浩然之氣	〈公孫丑上〉3.2

十一畫

名言、名句	篇章
專心致志	〈告子上〉11.9
得天下英才而教育之	〈盡心上〉13.20
得道者多助，失道者寡助	〈公孫丑下〉4.1
捨生取義（生亦我所欲也，義亦我所欲也；二者不可得兼，捨生而取義者也。）	〈告子上〉11.10
捨我其誰（當今之世，舍我其誰也）	〈公孫丑下〉4.13
羞惡之心	〈公孫丑上〉3.6、〈告子上〉11.6
魚與熊掌（魚，我所欲也；熊掌，亦我所欲也）	〈告子上〉11.10

十二畫

名言、名句	篇章
再作馮婦（晉人有馮婦者，善搏虎）	〈盡心下〉14.23
勞心勞力（勞心者治人，勞力者治於人）	〈滕文公上〉5.4

名言、名句	篇章
富貴不能淫，貧賤不能移，威武不能屈，此之謂大丈夫	〈滕文公下〉6.2
惻隱之心	〈公孫丑上〉3.6、〈告子上〉11.6
揠（拔）苗助長（助之長者，揠苗者也）	〈公孫丑上〉3.2
無父、無君是禽獸也	〈滕文公下〉6.9
無恥之恥，無恥矣	〈盡心上〉13.6
登泰山而小天下	〈盡心上〉13.24
集大成者	〈萬章下〉10.1
順天者存，逆天者亡	〈離婁上〉7.7

十三畫

名言、名句	篇章
當務之急（當務之為急）	〈盡心上〉13.46
萬物皆備於我矣	〈盡心上〉13.4

十四畫

名言、名句	篇章
寡不敵眾（寡固不可以敵眾）	〈梁惠王上〉1.7
盡信《書》，則不如無《書》	〈盡心下〉14.1
綽綽有餘（綽綽然有余裕哉）	〈公孫丑下〉4.5
與人為善	〈公孫丑上〉3.8
與民同樂（與民偕樂）	〈梁惠王上〉1.2、〈梁惠王下〉2.1、2.4

十五畫

名言、名句	篇章
摩頂放踵	〈盡心上〉13.26
窮不失義，達不離道	〈盡心上〉13.9
窮則獨善其身，達則兼善天下	〈盡心上〉13.9
緣木求魚	〈梁惠王上〉1.7

十六畫

名言、名句	篇章
橫行天下（一人衡行於天下）	〈梁惠王下〉2.3

二十一畫

名言、名句	篇章
顧左右而言他	〈梁惠王下〉2.6

二十五畫

名言、名句	篇章
觀於海者難為水	〈盡心上〉13.24

參考書目

[東漢] 趙歧：《孟子註疏》，北京：北京大學出版社，1999年6月。

[宋] 朱熹《四書集注》，長沙：岳麓書社，2007年2月第2次印刷。

[宋] 朱熹《孟子集注》，山東：齊魯書社，1996年7月第2次印刷。

[清] 焦循撰、沈文倬點校：《孟子正義》（上、下冊），北京：中華書局，2009年6月第7次印刷。

方勇：《孟子》，北京：中華書局，2010年6月第1版。

世一編輯部：《新注新譯四書讀本》，台南：世一文化事業股份有限公司，2008年12月初版六刷。

牟宗三：《中國哲學十九講：中國哲學之簡述及其所涵蘊之問題》，台北：學生書局，2002年8月。

杜維明：《仁與修身：儒家思想論集》，北京：生活·讀書·新知三聯書店，2013年6月。

杜維明：《靈根再植：八十年代儒學反思》，北京：北京大學出版社，2016年4月。

金良年：《孟子譯注》，上海：上海古籍出版社，1995年12月第1版。

南懷瑾：《孟子旁通（一）：梁惠王篇》，台北：老古文化事業股份有限公司，1984年4月台灣第三次印刷。

唐端正：《先秦諸子論叢》，台北：東大圖書，1995年11月四版。

唐端正：《解讀儒家現代價值》，香港：商務印書館，2011年7月第一版。

徐洪興：《孟子精讀》，上海：復旦大學出版社，2010年8月第1版第1次印刷。

徐復觀著、李維武編：《徐復觀文集（修訂本）》（第一卷〈文化

《孟子》今註今譯

與人生〉）‧湖北：湖北人民出版社‧2009 年第 2 版。

章學誠：《文史通義》‧北京：古籍出版社‧1956 年。

陳生璽：《張居正講評〈孟子〉皇家讀本》（上、下冊）‧上海：
　　上海辭書出版社‧2007 年 1 月第 1 版。

傅斯年：《性命古訓辨證三卷》‧台北：五南圖書‧2013 年 6 月初版。

曾國藩：《曾國藩孟子心得》‧北京：華文出版社‧2009 年 12
　　月第 1 版。

黃俊傑：《孟子》‧香港：中華書局‧2012 年 7 月初版。

傅佩榮：《人性向善：傅佩榮談孟子》‧台北：天下遠見出版股份
　　有限公司‧2007 年 10 月第 1 版。

傅佩榮：《傅佩榮解釋孟子》‧北京：東方出版社‧2012 年 7 月
　　第 1 版。

楊伯峻：《孟子譯注》（典藏版）‧北京：中華書局‧2016 年 6
　　月第 1 版。

楊澤波：《孟子性善論研究》（修訂版）‧北京：中國人民大學出
　　版社‧2010 年 6 月第 1 版。

萬麗華、藍旭譯注：《孟子》‧北京：中華書局‧2007 年 3 月第
　　4 次印刷。

劉述先：《論儒家哲學的三個大時代》（重排本）‧香港：香港中
　　文大學出版社‧2015 年。

錢穆：《四書釋義》‧台北：素書樓文教基金會‧2005 年 6 月。

錢穆：《勸讀論語和論語讀法》‧北京：商務印書館‧2014 年 12
　　月第 1 版。

參考書目

書名　　《孟子》今註今譯

作者　　羅天昇 (Vincent Law)

出版人　黃畋貽
設計　　安東尼

出版　　新天文化發展有限公司 | 新天出版社
　　　　電話：(852) 2111 1013
　　　　傳真：(852) 2111 1277
　　　　電郵：info@suneglobal.com
　　　　網址：www.suneglobal.com
　　　　地址：香港中環皇后大道中 70 號卡佛大廈 11 樓 04 室

印刷　　陽光印刷製本廠
　　　　電話：(852) 2682 1566
　　　　傳真：(852) 2682 1677
　　　　地址：香港柴灣祥利街 7 號萬峯工業大廈 11 樓 B15 室

版次　　二〇二二年六月 香港初版
定價　　港幣一百八十八元

國際書號ISBN：9789881445049